现代城市社会与文化丛书

# 多山地区“空巢村”人口再分布与新型城镇化研究

曾明星　冯　强　王大犇　著

中国社会出版社
国家一级出版社·全国百佳图书出版单位

**图书在版编目（CIP）数据**

多山地区“空巢村”人口再分布与新型城镇化研究 / 曾明星，冯强，王大犇著．—北京：中国社会出版社，2021.10

（现代城市社会与文化丛书 / 文军主编）

ISBN 978-7-5087-6564-8

Ⅰ.①多… Ⅱ.①曾… ②冯… ③王… Ⅲ.①山区农村—农村人口—人口分布—研究—中国 ②山区农村—城市化—研究—中国 Ⅳ.①C924.24 ②F299.21

中国版本图书馆 CIP 数据核字（2021）第 097311 号

---

**书　　名：** 多山地区“空巢村”人口再分布与新型城镇化研究

**著　　者：** 曾明星　冯　强　王大犇

---

**出 版 人：** 浦善新

**终 审 人：** 李　浩

**责任编辑：** 陈　琛

---

**出版发行：** 中国社会出版社　**邮政编码：** 100032

**通联方式：** 北京市西城区二龙路甲 33 号

**电　　话：** 编辑室：（010）58124835

销售部：（010）58124835

（010）58124836

**网　　址：** shcbs.mca.gov.cn

**经　　销：** 各地新华书店

中国社会出版社天猫旗舰店

---

**印刷装订：** 北京虎彩文化传播有限公司

**开　　本：** 170 mm×240 mm　1/16

**印　　张：** 21.5

**字　　数：** 320 千字

**版　　次：** 2021 年 10 月第 1 版

**印　　次：** 2021 年 10 月第 1 次印刷

**定　　价：** 82.00 元

中国社会出版社微信公众号

# 总　序

“城市”作为人类文明的载体一直是社会学关注的重要议题，可以说，社会学学科在很大程度上是基于对近代城市社会与文化剧烈变革的极度关注而逐步形成和发展起来的。从某种意义上说，社会学学科的命运与现代化背景下的城市发展的命运一样，它们是在互为哺育中紧密伴随而共同成长的。

然而，现代城市社会与文化却处处充满着各种不平衡的张力，犹如现代性本身所蕴含的内在矛盾和张力一样，现代城市社会与文化也一直充斥着各种难以厘清的问题甚至矛盾。在城市里，有生存的机会，有自律、理性，但也有生存的压力，人们必须要学会独立、自助；在城市里，人们获得了独处的机会，但却必须同时承受孤独与冷漠；在城市里，人们有了现代文明创造的一切便利，但所有的设施和服务几乎都是通过金钱与人们发生关系，经济关系虽会使人们变得理性，但也会变得更加无情。当初，那些为了摆脱传统乡村“束缚”而到城市中寻找“自由”的人们，如今却必须学会适应这个“陌生”和“无奈”的社会。因此，现代城市及其所表现出来的种种特性已不仅仅是一种社会现象，也是一种文化现象。作为表征人类联系的某种具体形式，城市本身就蕴含着人类社会与文化的种种关联性，是人类物质生活和精神文化世界的交汇地，也是各种社会与文化现象的演绎场所与流动的空间。可以说，现代城市到处都充满着魅力、迷惑甚至矛盾，或许正因为如此，它也吸引着越来越多研究者的目光和兴趣。

近一二十年来，在中国经济快速增长和社会高速转型的大背景下，城市作为现代社会中的经济"增长机器"，正在迅速催生中国"城市奇迹"的出现，已经有越来越多的中国城市进入了世界500强城市之列。与此同时，城市社会的不满情绪普遍增加，社会与文化危机事件接连而起，呈现出高频次、多领域、大规模的态势。以当前中国许多城市普遍追求的城市化为例，自改革开放以来，城市化就成了现代性张扬的一个极好的展示舞台，在"经济增长"和"GDP主义"的狂热追逐下，城市化自然充当了发展主义的排头兵，并在人类历史较短的时期内就创造了一个一个的"城市奇迹"，完成了对整个世界的改造——把一块块恬静幽雅的田园变成了拥挤不堪的热土。直到现在那些没有很好地实现城市化的地区还在后悔当初没有抓住机遇，希望自己能够奋起直追，用城市化来彻底改变自己落后的命运。这种城市的经济奇迹与社会文化危机并存的独特现象不仅极大地影响到中国城市的经济社会发展与公共治理，还将对城市基层社会的政治生态和文化体验产生巨大的挑战。毫无疑问，这种"城市奇迹"与城市社会文化危机并存的现象已经成为一个极为重要且急需探究的理论议题与现实问题，也亟待城市社会学者和文化学者的高度关注和重视。因此，我们不仅必须时刻保持自身对"现代城市社会与文化"的想象力和洞察力，而且还应当始终培养一种实践品格，以积极的姿态介入城市的日常生活之中，用"社会学的想象力"直面中国城市社会的重大公共议题，参与公共辩论，增进公共理性。

华东师范大学社会学学科具有悠久的历史和雄厚的根基，自1913年中国第一个社会学系建立以来，华东师范大学在其前身沪江大学、大夏大学等学术前辈的开拓性贡献下，就为城市研究打下了坚实的学科基础，建立了深厚的学术传统。1979年中国恢复重建社会学学科伊始，华东师范大学就率先并明确提出了把"城市社会与文化"作为学科建设和学术研究的主攻方向。经过30余年的学科发展，逐步建立了从本科、硕士到博士、博士后的完整的社会学一级学科培养体系，不仅设立了以共同突出“城市社会与文化研究”为学术特色的社会学、人口学、民俗学、人类学四个专业博士点，而且还建立了一批跨学科的城市研究机构，并由此成为教育部人文社会科学重点研究基地华东师范大学中国现代城市研究中心的核心组成单位。

2009年，在原社会学系和人口研究所的基础上，华东师范大学整合了校内社会学学科资源和城市研究队伍，建立了社会发展学院，下设社会学系、社会工作系、人口学研究所、民俗学研究所和人类学研究所五个基本单位，各专业在继承“城市社会与文化”研究传统的基础上得到了均衡发展和有效管理。为了进一步凸显这一学科特色和共同的研究方向，学院拟以丛书的形式组织和资助一批学术专著的出版，并明确强调该丛书不仅要突出现代城市社会与文化研究的原创性、实证研究特色，而且要积极鼓励各种跨学科、前沿性、国际化的城市研究，不断拓宽城市社会与文化研究的视野。本丛书所有受到资助出版的专著都经过学院学术委员会的严格评审，代表了近期我院有关城市社会与文化研究的最新成果。

毫无疑问，以“现代性”作为问题意识，通过对“城市社会与文化”的多面向解析，自觉地把“城市研究”的视野与“现代性反思”的论域有机地结合起来，力图在跨学科、跨文化的意义上推动以“社会与文化”为中心的城市研究具有非常重要的现实意义和学术价值。近年来“城市研究”之所以渐成热点，不仅是其顺应了当代社会理论发展的一个新趋向，即企图超越以“现代民族国家”为基本单位的分析范畴，寻找研究历史和现实的更具体、更微观同时也更生动的分析单位，更重要的是，“城市”始终处于“现代社会与文化”的核心位置，是我们理解社会文化变迁轨迹和把握未来发展趋势的风向标，也是人、社会、环境多向互动的重要场所。因此，在“现代性反思”的视野中，我们不仅需要重新考量中国现代城市社会与文化的发展历程、社会动力和文化影响，而且必须把“城市”作为一个整体，放置到与经济环境、人文地理、自然生态的复杂关系网络中予以重新定位，通过现代性的反思来促进中国城市社会和文化的实践发展与理论提升，进而培育出一个能够激发更多学科兴趣的城市研究方向和学科特色，或许，这正是我们今后持续努力的一个共同目标。

华东师范大学社会发展学院学术委员会主任 

2014 年国庆节，于上海

# 序　言

持续的劳动力转移大潮，使我国中西部出现了“空巢村”现象。多山地区受地形、生态环境和交通等因素的制约，经济社会发展更为艰难，长期的人口迁出使“空巢村”现象更为普遍。与一般的人口迁出村庄相比，多山地区“空巢村”问题更为严重，它导致这些地区在农业发展、农地维系、留守家庭孩子教育、养老、家庭照料及农村社区安全维护等方面面临严重问题。无论迁移模式、迁移时间和距离如何，迁移人口大多还得回到流出地，但“空巢村”大多荒芜，因而回流人员大部分会流向中心城镇。因此，今后“空巢村”留守人员是迁是留及返乡人员怎样安置，将成为当地政府亟待解决的人口再分布问题。

本研究从赣南“空巢村”留守人员生存及流出人员流迁状况调研入手，分析了多山地区城市化进程中出现的人口合理再分布、流出人员土地依存关系、留守人员养老及家庭照料等问题，进而探讨了因“空巢村”问题加剧而带来的社会、经济深刻后果及其对未来新型城镇道路产生的影响，并以此为理论依据提出了相应的应对措施。

因本著作主要以2010年全国第六次人口普查数据为基础研究资料，故文中所选取的其他统计资料，为统一口径，一般采用该年份或更相近年份的数据。根据研究与分析，当前而言，多山地区“空巢村”人口合理再分布的主要问题体现在以下四个方面：

首先，是“留守人口”的生存与发展问题。据课题组测算，2010年空巢的自然村达到133.16万个，占全国自然村总量的48.78%，农村空巢家庭户达10441.51万户；按行政村估计，则“空巢村”为14.8万个，约占全国行政村的23.2%，且这一趋势还在继续。据2017年中国城乡建设统计年鉴数据，2010—2017年，全国自然村减少28.1万个，与上一个十年相比，减少幅度有所下降，但日均减少量依然达110个村。另据第二次全国农业普查资料分析，我国山区留守人口数约为1.74亿人，结构上表现出更为严重的“三留守”特征，留守儿童、留守妇女和留守老人比重约为70%。因而，产生了严重的生存与家庭成员陪护问题。据赣南9乡镇的调查显示，“空巢村”人均年收入不到7000元，很多家庭处于赤贫状态，同时人均耕地少，不足1亩，1/4以上的家庭靠家庭成员汇回的务工收入生活，农业收入仅占家庭收入的15%。同时，家庭照料负担重，有劳动能力的留守人员中近40%没有工作，主要是照顾老人、孩子，且家庭成员有慢性病及严重疾病的家庭占20%。另外，由于生源的减少，很多山区乡村学校“撤点并校”，进城进镇，为此给周边城镇带来了大量的“教育移民”，在一定程度上加重了多山地区家庭的经济和陪护负担。因此，多山地区“空巢村”留守人口的生存压力、老年护理、儿童教育等负担巨大。

其次，是流出人员的农地维系及福利保障问题。近几十年来，农村流出人员对农地的依存度呈不断下降的趋势。据2017年上海市流动人口动态监测数据显示，流动人口家庭每亩农地年均收益仅1100元，且农地户均只有1.6亩，因而相对于进城务工收入而言无足轻重。农村地区流出人员采取的农地维系形式有五种，即为亦农亦工或留守人员自家耕种、出租、代耕、土地流转及撂荒或半撂荒等。在这几种土地处置方式中，土地流转优点较多，契约关系较稳定，专业化水平较高，但多山地区市场发育还不够健全，风险保障还未建立，因而农户的流转意愿都不高。尽管“弃地”与“离地”趋势显著上升，但并不意味着农民愿意放弃土地承包权。这是因为土地是一种稀缺资源，它能带来当前收益和预期收益，对农民而言也是其城镇失业和生活困顿时的重要保障，同时也承载着故土情感。因此，在城镇化发展加剧的背景下，农民是否可“带地进城”及政策如何实施，成为未来农村土地变革的要点。

农地撂荒，也是农地维系的一大问题。据全国流动人口动态监测数据显示，当前农地撂荒比重并不大，占4.23%。但课题组在赣南山区调研时了解到，山区农地撂荒状况比较严重，且存在退耕还林范围扩大的问题，即不应该退耕的土地因为多年撂荒而作“退耕”处理，导致耕地的流失和资源的浪费。

再次，是多山地区“内涵式”新型城镇化实施问题。我国20世纪90年代以后城镇发展进入了快速增长阶段，年均城镇化率增长超过了1个百分点，城镇人口增长量世界罕见。但大量的农业人口转移到城镇后却难以融入城市社会，无法享受与城镇居民平等的基本公共服务，加剧了城镇中的“二元分割”。很多小城镇发展中，也出现了类似的问题，导致了很多地区农民“被上楼”及“半城镇化”现象。鉴于此，党中央、国务院于2014年发布了《国家新型城镇化规划（2014—2020年）》，拟以全新的视角推行“新型城镇”的发展，以“内涵式”发展提升城镇化质量。对于多山地区而言，新型城镇化不但要体现“以人为本”“平等”“融入”“质量”等内容，并以如何让进城农民尽快穿上“五件体制衣服”为前提。同时，更紧迫的任务是，还要处理好城镇化与“空巢村”凋敝、萎缩中出现的人口生存及回流人员分布等问题。这些问题具体表现为核心城镇“一镇独大”、城镇产业发展及就业吸纳能力提升、回乡农民工角色转变与社会融入、城镇建设用地的“增减挂钩”“退耕还林”与农地“弃耕”等，其治理难度大，需有新思维和新方法。

最后，未来的乡村发展及村镇体系构建问题。尽管自然环境因素对人口区域分布影响日趋减弱，但它对人口分布的影响依然根深蒂固，因而多山地区长期的人口迁出还将成为常态。城镇化是社会经济发展的必然趋势，且与乡村人口之间存在此消彼长的关系。为此，城镇的发展与繁荣，是否必然导致乡村的凋敝甚至消亡？这是未来乡村发展中必须回答的逻辑问题。

在当前的社会、经济发展与人口迁移大背景下，多山地区发展出了其独特的城镇化模式。随着城乡人口大迁移的深入发展，城乡之间的经济、社会及文化力量杠杆不断向城镇倾斜，使得很多农村地区逆转为“依赖”城市供养的反常现象。因此，在城镇化动力上也与以往截然不同，其经济动力大大下降，代之而起的是社会、家庭等动力因素，最终形成了“家庭需求推动型”就地城镇化和“候鸟式”异地城镇化两大城镇化模式。其中，前者具体包括乡村教育集聚型、婚嫁需求型及务工者“回乡筑巢”型城镇化，后者则包括进城务工型、异地教育迁移型及“老漂族”隔代照料型城镇化模式。这些城镇化模式有着不同的特点及问题，对其进行深入研究有助于多山地区人口合理再分布相关政策的制定。

鉴于上述问题，课题组提出以下治理对策：

(1) 以“带地进城”（含“带权”）保障农民农地权益，提高农民农地依存度，促进城镇化发展。城乡人口大迁移背景下，农民“带地进城”成为必然之势。特别是随着城镇户籍背后所赋予的养老、医疗、就业、升学等功能和权利被逐渐剥离后，由于城镇的快速发展，特别是城镇周边土地的预期收益的极大提升，使农民进城热情渐趋下降，也导致了农民以“放弃土地”换取“城镇身份”的交换行为难以进行。多山地区土地分散，地形复杂，不利于机械化作业，大部分地区远离中心城镇及市场，使“带地进城”更为必要。通过调研，课题组认为，对于处于城镇化规划区域内的农地，在未被征用时，农户可以“带地”的方式“进城”，而以流转形式委托给公司经营的农地，则可以“村社集体”名义订立使用合同，保留农民群体的知情权、建议权和一定的处置权，并按约定获取农地分红，农户以“带权”形式进城。这种“权”包括股权、期权等，同时必须体现农地的未来增长收益。具体做法可采用政府牵头、村社集体和农民代表参与、第三方运作的多方协商机制进行，切实确保农民权益得到最大限度的保护。

（2）合理实施乡村振兴、“易地搬迁”及乡村拆并策略，促进多山地区“空巢村”人口合理再分布。尽管“空巢村”的形成，在表面上是由于农村大量青壮年劳动力流向城镇导致乡村人口锐减而留下老幼妇孺人口而产生的，但其形成更有其深刻的社会、经济及制度等原因。为缓解“空巢村”现象可能产生的社会问题，可选择乡村振兴、“易地搬迁”及乡村拆并等方式，促进“空巢村”的优化与调整。而对多山地区而言，可采用合理振兴和“选择性”拆并等模式。例如，对于老、少、边区乡村，由于国家安全和少数民族发展的历史影响，可进行保护性恢复发展；在非边境的中西部地区，可根据自然条件及社会经济发展历史状况，采取合理振兴、选择性拆并或整村搬迁相结合的策略；对于经济发达地区乡村，则以“易地搬迁”为主保护环境和耕地，并通过城乡用地的“增减挂钩”策略，盘活城镇用地，加快城镇化进程。

（3）构建以“空巢村”拆并为基础的县域村镇体系。村镇体系调整和重构，很大程度上是人口与资源的重新配置。“空巢村”人口再分布，需要在合理的村镇体系基础上，通过“易地搬迁”“居民点拆并”及“土坯房”改造等工程进行重新布局。同时，在认识上，要明确农村教育是城镇教育的重要组成部分，把有选择地推进乡村教育城镇化作为“空巢村”人口合理再分布的突破口。在“易地搬迁”“居民点拆并”“土坯房”改造过程中，出现的诸多问题也需引起必要的重视。在村庄调整对象的选择上，可首先选择人口迁出多的“空巢村”作为突破口，对无人、无特色产业及无特色资源的“空巢村”，试行“整村搬迁”策略。其次，对于留守人口不多的村是“拆”是“留”，据实而定。特别地，综合型、区域中心型两类中心村，留守人口不多且为50%以下的“空巢村”，如属“候鸟式”人口回流村，可进行维护与修复。最后，对于“集村”和“自然村”，如“空巢”程度较高，对于“集村”，除属产业主导型、人口导入型、工贸型、交通节点型村外，可考虑进行拆并或实行引导性迁离。而对于“自然村”，除资源型、农业项目型、乡村旅游型及民俗文化型等特色村外，可进行拆并与搬迁。对不同类型的山区村庄，可按以下思路进行调整：首先，是对于中小城镇的毗邻村，人口主要以迁往“集村”和“城镇”为主；其次，对于中小城镇的远郊村，则以“新农村建设点”为重要依托进行调整；最后，是对生存艰难的典型山区村庄，主要以“易地搬迁”为主导实施拆并，同时要把农村学校布点纳入县域村镇体系中，合理推进城乡教育一体化进程。

（4）改善留守人员生存状况，提高留守家庭子女教育、医疗及养老等服务。充分利用财政转移措施，根据“政府托底，能保尽保”的原则，为留守贫困家庭提供经济上的支持。除对留守儿童进行关怀、帮助以外，还需创造条件如进行资金、项目等支持增加就业岗位，以促进农村劳动力就地转移，或帮助外出务工人员进行家庭迁移等。子女教育、养老、医疗及家庭照料等服务是留守人员最重要的需求，也是最大的问题所在。老龄化是世界性的大趋势，而多山地区老龄化状况更为严重。实质上，“空巢村”是“空巢”家庭问题的延续和发展，但又远非单个“空巢”家庭问题的总和，如城市“空巢家庭”照料问题可通过市场化来解决，而“空巢村”照料则没有办法市场化。这正是当前“空巢村”养老问题的一大难点，具体地说，就是“空巢村”养老服务的社会化问题。因此，政府应该采取有效措施，包括更大地发挥社会组织、志愿者、社区互助等组织形式的作用，或创造条件尝试“集中养老”或“异地养老”等模式，采用新思路，推出新规划，解决留守人员的实际困难与问题。

总而言之，多山地区“空巢村”诸多问题的出现，对未来的农村城镇化道路选择及乡村振兴发展提出了新的挑战。特别的是回乡农民在中心城镇无论购房与否，都将成为事实上的“失地农民”，因此在其流出期间和回乡之后农地如何维系、流转及其福利如何保障等，将成为新的难题。由于子女教育、医疗和养老服务等原因，山区留守人员也在向中心城镇转移，这在一定程度上加速了城镇化步伐，但农村老龄化及家庭照料等问题也由农村转移到城镇，因而又加剧了中心城镇的压力。本研究对多山地区“空巢村”人口合理再分布问题进行的探索，纯属抛砖引玉，因为“空巢村”及乡村城镇化问题纷繁复杂，需要有关职能部门及更多的专家、学者予以更多的关注，并提出真知灼见和行之有效的办法。鄙人限于知识水平和研究能力，难以对相关问题提出更深刻的见解，但笔者愿意与有志于这方面的专家、学者一道开展更广泛的合作。

# 目　录

# 第一章　研究背景与问题提出

持续的劳动力转移大潮，使中西部出现诸多“空巢村”现象①②③，有的研究者也称它为“空心村”④。多山地区受地形、生态环境和交通条件等因素的制约，社会经济发展更为艰难。诸多研究表明，尽管自然环境因素对人口区域分布影响日趋减弱，但下降幅度仍然很有限，其对人口分布的影响依然根深蒂固⑤，因而多山地区长期的人口迁出成为常态。与一般的人口迁出村相比，“空巢村”人口迁出问题更为严重。无论迁移模式、迁移时间和距离如何，迁移人口大多还得回到流出地，但“空巢村”大多荒芜，加之很多外出人员多年未从事过农事，对农业生产技能已经生疏或压根不愿意再从事此类产业了，因而回流人口大部分流向中心城镇。“空巢村”现象将造成一系列的社会、经济问题，它们对人口分布及相关社会治理也产生了巨大的影响。还有一个问题是，城镇化是社会经济发展的必然趋势，其核心是人，但在人口总量一定或增长不大的情况下，必然与乡村人口之间存在此消彼长的矛盾。因此，城镇的发展与繁荣，是否必然意味着乡村或村落的衰退甚至消亡，即城市发展是否村落宿命？这是一个城市化发展与村落变动逻辑的问题。对多山地区而言，今后“空巢村”留守人员是迁是留及返乡人员怎样安置，将成为亟待解决的人口再分布问题，其症结和出路又何在，所有这些均需进行深入的研究。

---

① 彭迈：《“空巢村”现象对新农村建设的影响》，载《中州学刊》2007 年第 3 期，第 125-127 页。

② 彭迈：《农村劳动力转移后“空巢村”的隐忧与治理》，载《经济与管理研究》2008 年第 4 期，第 49-53 页。

③ 欧璟华、姚树洁、武斌：《中国“空巢村”：陕北农村案例研究》，载《当代经济科学》2015 年第 4 期，第 72-80 页。

④ 周祝平：《中国农村人口空心化及其挑战》，载《人口研究》2008 年第 2 期，第 45-52 页。

⑤ 杜本峰、张耀军：《高原山区人口分布特征及其主要影响因素——基于毕节地区的 Panel Data 计量模型分析》，载《人口研究》2011 年第 5 期，第 90-101 页。

# 第一节 研究背景及意义

## 一、研究背景

人口分布是社会、经济、历史、自然等多种因素影响下形成的，但对一定区域而言，生产力和生产方式的决定作用更为重要。区域经济发展将促进“人口聚集”，进而影响区域人口再分布，反过来，“人口聚集”又将带来“聚集效应”，从而促进区域经济发展。这些道理是毋庸置疑的。近几十年间，中国区域经济状况发生了巨大的变化，各地由于资源、技术、人才等的发展差异，区域发展潜力和竞争优势在经济发展中表现各异。特别是在经济、科技迅速发展的今天，人口分布更为“理性”，经济、商贸等因素对人口再分布的驱动更为明显，而资源环境承载力的制约似乎成为更次要的原因。因而，人口迁移与区域经济发展的关系更为密切。

区域人口城乡大迁移后，我国人口分布的重大变化，特别是我国农村地区普遍出现“空巢村”现象，对我国的人口、经济及社会造成了巨大的影响。未来人口空间如何发展，人口如何再分布才是科学、合理的？而以“人口聚集”为导向的人口再分布，对区域经济、社会又产生了哪些深刻的影响？一方面全国人口向经济“极化增长区”集聚，另一方面很多经济快速增长的区域又出现日益严重的“民工荒”甚至大量人口“流出”或“回流”的现象。当前的人口规模、结构的变动与社会经济之间到底存在一种怎样的互动响应关系？近年来各地区经济、产业结构调整与提升，又将对城乡人口分布及“空巢村”现象产生何种影响？鉴于此，有关部门又需采取哪些重大的政策措施，等等。所有这些，都是本研究需深入探讨的问题。

### （一）我国人口格局的深刻变动

2000年后，我国人口分布的社会经济环境受全球化浪潮的冲击和市场经济环境的导引，在区域经济、社会、居民生活和思想观念等诸领域同时发生着深刻的变化。具体表现在以下几个方面，为了便于对比，本书采用与第五次全国人口普查（以下简称“五普”）、第六次全国人口普查（以下简称“六普”）时相应年份的经济数据进行分析。

1. 区域经济增长迅速，区域差异依然显著

产业格局变动与区域经济增长间关系密切，呈现一种“复合变动”的规律，同时它们之间的互动影响又成为人口空间再分布的重要诱因。当前及今后的人口区域流动决策实施、变动方向及模式选择将更具自主性，就迁移个体而言，其行为更为“理性”，成本-效应理论对其迁移决策的诱导作用更强。近20年来，我国宏观和微观经济状况均发生了巨大的变化，区域生产能力和技术水平得到迅速的提升，但区域差异仍然非常显著，有的地区甚至出现拉大的趋势，产业聚集程度更加明显，同时区域经济增长与城市集群发展的互动态势更加紧密，这些都是影响区域人口流动的重要原因。

2000—2010年，东部、中部和西部GDP总产值呈现加速上升态势，但上涨幅度依然是东部大于中部，中部大于西部（如图1.1.1所示）。从东、中、西部居民人均可支配收入水平看，发展趋势也是如此。增长幅度东部快于中部，而中部又快于西部，城镇快于农村，且在2005年后增长幅度明显加快（如图1.1.2所示）。

但从逐年的增长情况看，在2004年以前，东部明显大于中、西部，而此后西部大开发的效果开始显现，西部发展突飞猛进，很多年份增长率均在20%以上，而东部则相对较低。在2000—2010年的10年中，西部的GDP总量按扣除价格因素后计算增长了3.89倍，东部为3.50倍，中部为3.23倍，中部为最低。与2000年相比，2010年各区域在全国国民生产总值增长中，东、中、西三大区域分别增长了0.03、-1.52和1.49个百分点，西部地区增速明显提高。而人均可支配收入三大地区增长幅度则相差不大，但在数量上，依然是东部地区远高于中部和西部地区。对个人和家庭而言，人均可支配收入更有意义，从增长幅度上看，东部、中部、西部的情况发生了较大变化，城市人均可支配收入中部地区增长最快，其次是东部地区，西部增长最慢，农村地区增长最快的也是中部，其次是西部，东部最低（如表1.1.1所示）。因为我国人口迁移的主要方向是农村流向城市，因此中部地区城市人均收入的快速增加，有助于人口的中部回归，但其人均收入与东部差距依然较大，这又促使着人口的主导迁入区域依然是东部。

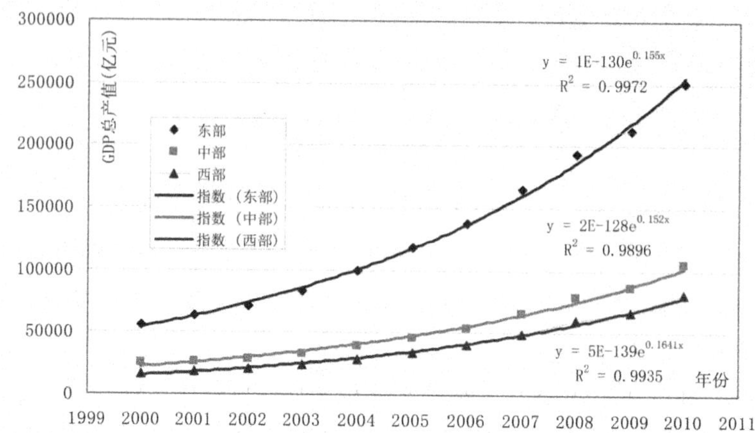


**图 1.1.1　2000—2010 年东、中、西部地区 GDP 变化趋势**

资料来源：《中国统计年鉴》（2001—2011）。

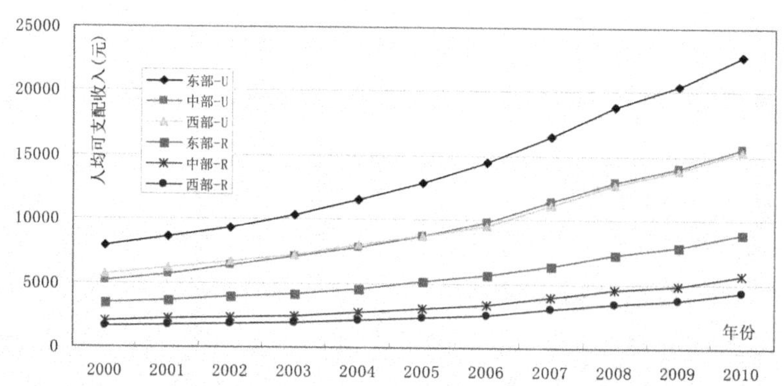


**图 1.1.2　2000—2010 年东、中、西部地区城镇与农村人均可支配收入变化趋势**

资料来源：同图 1.1.1。

**表 1.1.1　2000 年与 2010 年东、中、西部地区 GDP 及居民可支配收入状况**

单位：亿元、元、%

| GDP | | 全国 | 东部 | 中部 | 西部 |
|---|---|---|---|---|---|
| 2010 | 总量 | 437041.99 | 250487.94 | 105145.56 | 81408.49 |
| | 比重 | 100.00 | 57.31 | 24.06 | 18.63 |
| 2000 | 总量 | 97209.37 | 55689.58 | 24865.17 | 16654.62 |
| | 比重 | 100.00 | 57.29 | 25.58 | 17.13 |

续表

| GDP | | 全国 | | 东部 | | 中部 | | 西部 | |
|---|---|---|---|---|---|---|---|---|---|
| 与 2000 年相比 | 数量增减 | 339832.62 | | 194798.36 | | 80280.39 | | 64753.87 | |
| | 增长率 | 349.59 | | 349.79 | | 322.86 | | 388.80 | |
| | 所占比重变化 | - | | 0.03 | | -1.52 | | 1.49 | |
| 居民人均可支配收入 | | 全国 | | 东部 | | 中部 | | 西部 | |
| | | 城镇 | 农村 | 城镇 | 农村 | 城镇 | 农村 | 城镇 | 农村 |
| 2010 | 数量 | 17923.84 | 6324.27 | 22789.90 | 8925.87 | 15592.41 | 5654.51 | 15389.20 | 4392.42 |
| | 比重 | 100.00 | 100.00 | 127.15 | 141.14 | 86.99 | 89.41 | 85.86 | 69.45 |
| 2000 | 数量 | 6222.32 | 2394.25 | 7849.88 | 3475.72 | 5169.21 | 2074.72 | 5647.88 | 1632.31 |
| | 比重 | 100.00 | 100.00 | 126.16 | 145.17 | 83.08 | 86.65 | 90.77 | 68.18 |
| 与 2000 年相比 | 数量增减 | 11701.52 | 3930.02 | 14940.02 | 5450.15 | 10423.20 | 3579.79 | 9741.32 | 2760.11 |
| | 增长率 | 188.06 | 164.14 | 190.32 | 156.81 | 201.64 | 172.54 | 172.48 | 169.09 |
| | 所占比重变化 | - | - | 0.99 | -4.03 | 3.92 | 2.76 | -4.91 | 1.28 |

资料来源：同图 1.1.1。

2000—2010 年，全国各省（自治区、直辖市）GDP 总量增幅巨大，同时区域增长不平衡性也较为明显。全国 GDP 增长幅度均在 2 倍以上，大部分省区增长率达到 3~5 倍，其中增幅最大的为内蒙古，达到 7.33 倍，其次为宁夏与陕西，分别为 5.36 倍和 5.1 倍。总体上，东部省（自治区、直辖市）增速相对放缓（见图 1.1.3）。同时，全国人均 GDP 增长也非常迅速，除上海市较低外，增长幅度均在 2 倍以上，大部分省（自治区、直辖市）达到 3~4 倍，最高的内蒙古为 6.99 倍（见图 1.1.4）。2000 年全国人均 GDP 最高的为上海，全市为 2.83 万元/人，有 8 省（直辖市）进入万元大关，分别是上海、北京、天津、浙江、江苏、福建、广东和辽宁，但总体上水平都较低，人均 5000 元以下的省（自治区、直辖市）还多达 9 个，占近1/3，最低的贵州人均只有 2600 元。到 2010 年，全国平均人均 GDP 由 0.81 万元提高到 3.31 万元，最高的上海、北京、天津均在 7 万元以上（见图 1.1.5、图 1.1.6）。因此，全国区域经济水平得到了极大提升，但区域发展差异依然非常显著。

同时，还出现两种趋势：一是发达地区的集聚化程度进一步增强，如反映离散程度的多项指标均有大幅的增长，人均 GDP 极差（R），从 2000

年的2.57万元增加到2010年的6.13万元，即绝对差距大大扩大，而四分位间距（Q）从0.47增加到1.97，标准差（S）从0.5281增加到1.6666；二是多数区域间的发展程度又呈均衡化趋势，2010年的变异系数（CV）为0.5041，比2000年的数值（0.6494）有所下降（见表1.1.2）。对个人迁移流动的决策与选择而言，绝对差距比相对差距作用更大更明显，人们会更关注自己年收入只有2万元而他人是10万元，而不会关注今年与去年相比自己与别人差距缩小了几个百分点。因此，区域间收入的绝对差距的扩大将大大刺激区域人口流动行为的进一步增强。

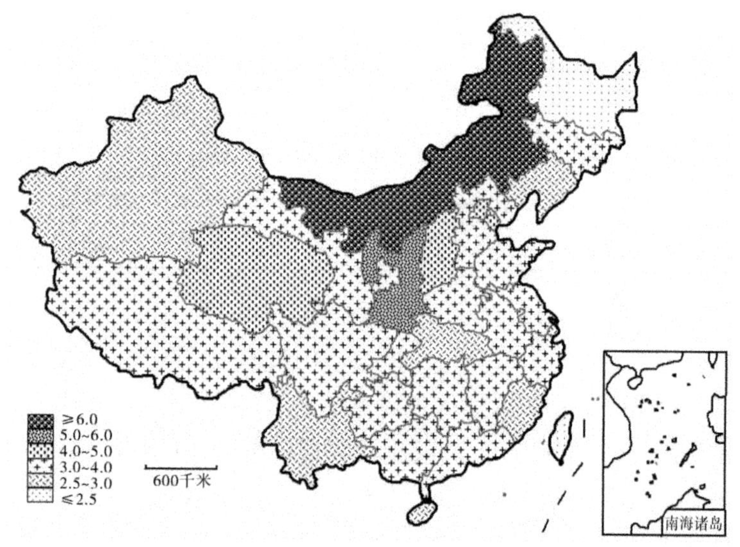


图1.1.3　2000—2010年中国各省（自治区、直辖市）GDP总量增长倍数

表1.1.2　2000—2010年中国各省区市人均GDP离散程度指标

单位：万元、%

| 离散指数 | 极差（R） | 均值（E） | 四分位间距（Q） | 标准差（S） | 变异系数（CV） |
|---|---|---|---|---|---|
| 2000年 | 2.57 | 0.81 | 0.47 | 0.5281 | 0.6494 |
| 2010年 | 6.13 | 3.31 | 1.97 | 1.6666 | 0.5041 |

资料来源：同图1.1.1。

2. 产业格局变动剧烈，第二、第三产业大幅提升

2000—2010年，我国第一、第二、第三产业结构有很大的改善，但第三产业所占比重仍然较低，这是我国产业结构中的一个重要问题，同时产

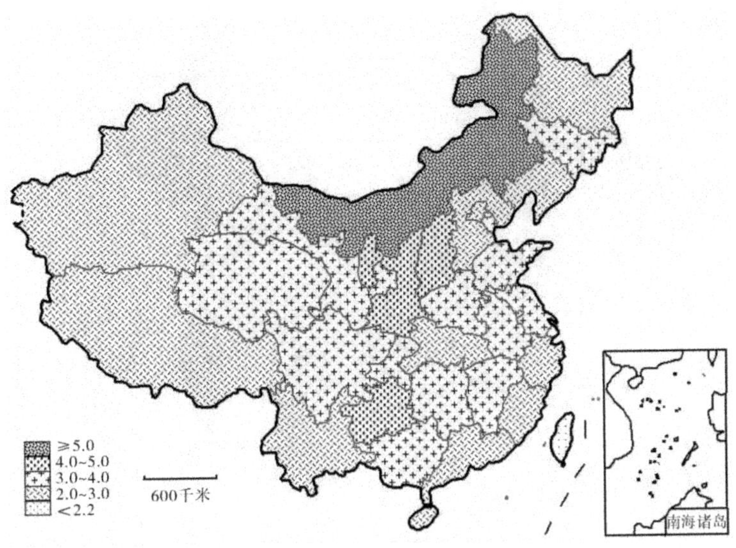


图 1.1.4 2000—2010 年中国各省（自治区、直辖市）人均 GDP 增长倍数

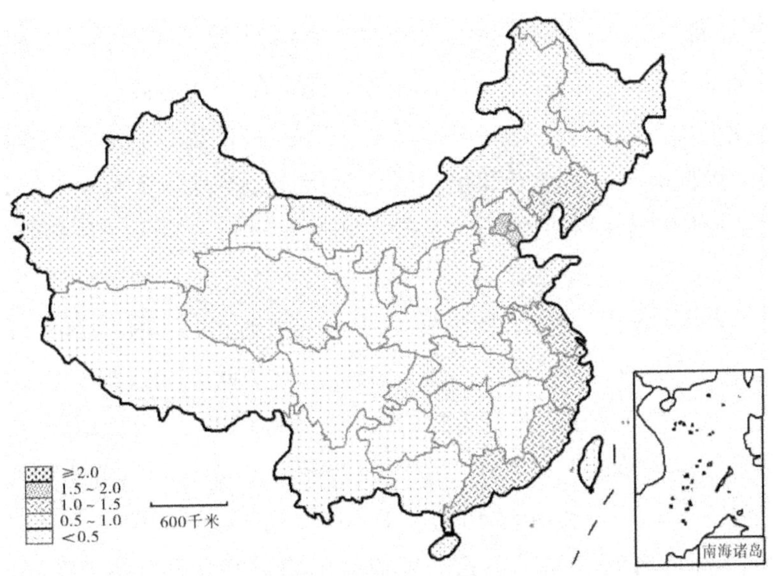


图 1.1.5 2000 年中国各省（自治区、直辖市）人均 GDP 状况（万元）

业结构格局变动剧烈，且区域差异显著。总体上，第一产业呈现下降的趋势，从 2000 年的 15.27%下降到 2010 年的 9.27%，第二产业和第三产业均呈上升趋势，分别从 2000 年的 47.10% 和 37.63% 上升到 50.35% 和

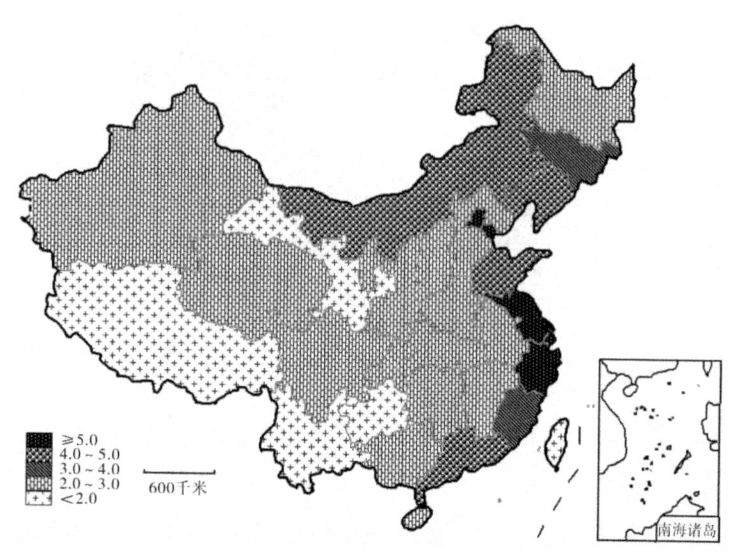


图 1.1.6 2010 年中国各省（自治区、直辖市）人均 GDP 状况（万元）

40.37%（如表 1.1.3 所示）。根据“霍夫曼定律”，“消费品工业净产值”占“资本品工业净产值”的比例越小说明工业化程度越高，在工业化体系中，经济和社会越发达。2000 年以后，我国一直在进行产业结构调整，很多省份明确提出汽车、电子和生物医药等行业为本地区支柱产业，因此对资本品工业特别是创新型的高技术产业越来越重视和发展，使得霍夫曼比例越来越低，很多已经降到 1.0 以下，已进入重化工业的后期阶段。根据区域经济发展理论，经济结构的转变分为三大阶段：一是初级产品阶段，是产业结构转变的起始阶段，人均 GDP 为 100 美元以下，合 2010 年约 700 美元；二是工业化阶段，人均 GDP 为 100~1000 美元，合 2010 年约 700~7000 美元，这一阶段，产业结构由初级产品生产迅速向制造业生产转变；三是发达经济阶段，人均 GDP 超过 1000 美元，即合 2010 年 7000 美元以上，产业结构转变基本完成，进入产业结构稳定的发展时期。从人均 GDP 水平看，2000 年我国绝大部分省区市为工业化阶段，部分如广西、甘肃和贵州还处于农业化阶段，到 2010 年后，这三个省份也进入了工业化阶段，而有部分省（自治区、直辖市）如上海、北京、天津、江苏、浙江和内蒙古等已进入发达经济发展阶段。但从产业结构水平看，大部分还处于工业化“加速发展期”，有的还处于“起飞期”，甚至是“起步期”，因为所有省（自治区、直辖市）产业结构还处于急剧变动之中，发达经济所要求的“产业结构稳定”的特点还没有显现。中国与发达国家如美国的产业结构相比，一个显著特征就是第三产业明显较低，而第二产业则较高，同时发达国家的产业结构相对稳定，而我国还处于迅速变动之中（如表 1.1.4 所示）。

**表 1.1.3 2000 年与 2010 年东、中、西部地区产业结构状况**

单位：亿元、%

| 区域 | | 2000 | | | 2010 | | |
|---|---|---|---|---|---|---|---|
| | | 第一产业 | 第二产业 | 第三产业 | 第一产业 | 第二产业 | 第三产业 |
| 增加值 | 全国 | 14844.3 | 45783.87 | 36581.11 | 40532.83 | 220064.73 | 176444.37 |
| | 东部 | 6375.8 | 27377.8 | 21935.9 | 16257.4 | 124530.1 | 109700.4 |
| | 中部 | 4761.72 | 11492.83 | 8610.61 | 13574.12 | 54840.73 | 36730.7 |
| | 西部 | 3706.78 | 6913.24 | 6034.6 | 10701.31 | 40693.9 | 30013.27 |
| 比重 | 全国 | 15.27 | 47.10 | 37.63 | 9.27 | 50.35 | 40.37 |
| | 东部 | 11.45 | 49.16 | 39.39 | 6.49 | 49.72 | 43.79 |
| | 中部 | 19.15 | 46.22 | 34.63 | 12.91 | 52.16 | 34.93 |
| | 西部 | 22.26 | 41.51 | 36.23 | 13.15 | 49.99 | 36.87 |

资料来源：同图 1.1.1。

**表 1.1.4 2000—2010 年中国与美国产业结构比较**

单位：%

| 年份 | 第一产业 | | 第二产业 | | 第三产业 | |
|---|---|---|---|---|---|---|
| | 中国 | 美国 | 中国 | 美国 | 中国 | 美国 |
| 2000 | 15.1 | 1.0 | 45.9 | 21.7 | 39.0 | 77.3 |
| 2001 | 14.4 | 1.0 | 45.1 | 20.8 | 40.5 | 78.2 |
| 2002 | 13.7 | 0.9 | 44.8 | 20.0 | 41.5 | 79.1 |
| 2003 | 12.8 | 1.0 | 46.0 | 19.8 | 41.2 | 79.2 |
| 2004 | 13.4 | 1.2 | 46.2 | 20.3 | 40.4 | 78.5 |
| 2005 | 12.1 | 1.0 | 47.4 | 20.3 | 40.5 | 78.7 |
| 2006 | 11.1 | 0.9 | 48.0 | 20.7 | 40.9 | 78.4 |
| 2007 | 10.8 | 1.0 | 47.3 | 20.4 | 41.9 | 78.6 |
| 2008 | 10.7 | 1.1 | 47.5 | 19.8 | 41.8 | 79.1 |
| 2009 | 10.3 | 0.9 | 46.3 | 18.6 | 43.4 | 80.5 |
| 2010 | 9.3 | - | 50.4 | - | 40.4 | - |

资料来源：2001—2011 年《中国统计年鉴》及国研网统计数据库。

从全国各省区市来看，大部分地区第二产业还在50%以上，最高的河南为57.3%，最低的是北京为24.0%，而第三产业最高的是北京，达到75.1%，最低的是河南为28.6%，其中50%以上的省区市只有三个，分别为北京、上海和西藏（如表1.1.5所示）。2000—2010年，产业结构的区域分布发生了很大的变化，全国总体上第一产业下降，降幅为6.0个百分点，第二、第三产业均上升，增幅分别为3.25个和2.74个百分点，第二产业比重增长仍然快于第三产业。第二产业比重增长幅度最大的达到19.2%（贵州），增幅10%以上的还有天津（14.9%）、安徽（13.6%）、湖北（11.9%）、四川（10.6%）及山东（10.3%）等，其中还有9省区市增幅达到5~10个百分点。同时，有6省区市出现一定幅度的下降，其中内蒙古、重庆和江苏降幅均值在5个百分点以上，分别为-14.1%、-7.2%和-5.4%。第三产业变化幅度更大，有21省区市比重增加，增幅最大的为内蒙古，达到16.8%，其次是新疆，为13.6%。总的来看，比重下降的省区市达到10个，降幅最大的为贵州（-7.2%）、湖北（-7.8%），如图1.1.7、图1.1.8所示。

产业结构不能完全说明区域的不同发展程度，其变化状况跟发展基础和产业功能定位有关。同时，还有一种观点是，如果一个地区没有经过较为彻底的工业化，而一味地追求所谓结构的“高级化”，即第三产业比重较高的一种状态，将对区域经济产生消极的影响。因为第二产业是国民经济的“骨架”，而第三产业是“有机组织”，只有组织而无骨架的机体，可想而知，一些消费型城市就是这种形态，所谓的“没有生产，只有消费”的地区。因此，比较合理的产业结构就是，在区域工业比较发达的前提下，优化结构，使第三产业特别是生产性服务业有较大的发展才能对区域经济发展有利，当然，生产性服务业要繁荣，第二产业必然特别是现代高知识、高技能的产业要相对发达才对生产服务性行业有需求。

产业结构与就业结构是相互协调的，有什么样的产业结构，就有什么样的就业结构。第一产业的大幅下降和第二、第三产业的显著提升，有利于解放大量的农村劳动力，并转移到城市地区的第二、第三产业，这是必然的。第二、第三产业职业细分程度较高，易于吸引较大量的就业，就业乘数效应也越大，因此产业结构的区域差异，必然引起吸纳劳动力在区域间的差异，进而促使人口在区域间流动出现较大的差异化。

表 1.1.5　2010 年中国各省区市产业结构状况　　单位:%

| 省区市 | 第一产业 | 第二产业 | 第三产业 | 省区市 | 第一产业 | 第二产业 | 第三产业 |
|---|---|---|---|---|---|---|---|
| 全国 | 9.3 | 50.4 | 40.4 | 河南 | 14.1 | 57.3 | 28.6 |
| 北京 | 0.9 | 24.0 | 75.1 | 湖北 | 13.4 | 48.6 | 37.9 |
| 天津 | 1.6 | 52.5 | 46.0 | 湖南 | 14.5 | 45.8 | 39.7 |
| 河北 | 12.6 | 52.5 | 34.9 | 广东 | 5.0 | 50.0 | 45.0 |
| 山西 | 6.0 | 56.9 | 37.1 | 广西 | 17.5 | 47.1 | 35.4 |
| 内蒙古 | 9.4 | 54.6 | 36.1 | 海南 | 26.1 | 27.7 | 46.2 |
| 辽宁 | 8.8 | 54.1 | 37.1 | 重庆 | 8.6 | 55.0 | 36.4 |
| 吉林 | 12.1 | 52.0 | 35.9 | 四川 | 14.4 | 50.5 | 35.1 |
| 黑龙江 | 12.6 | 50.2 | 37.2 | 贵州 | 13.6 | 39.1 | 47.3 |
| 上海 | 0.7 | 42.1 | 57.3 | 云南 | 15.3 | 44.6 | 40.0 |
| 江苏 | 6.1 | 52.5 | 41.4 | 西藏 | 13.5 | 32.3 | 54.2 |
| 浙江 | 4.9 | 51.6 | 43.5 | 陕西 | 9.8 | 53.8 | 36.4 |
| 安徽 | 14.0 | 52.1 | 33.9 | 甘肃 | 14.5 | 48.2 | 37.3 |
| 福建 | 9.3 | 51.0 | 39.7 | 青海 | 10.0 | 55.1 | 34.9 |
| 江西 | 12.8 | 54.2 | 33.0 | 宁夏 | 9.4 | 49.0 | 41.6 |
| 山东 | 9.2 | 54.2 | 36.6 | 新疆 | 19.8 | 47.7 | 32.5 |

资料来源：据 2010 年第六次全国人口普查数据。

3. 人们对经济、社会和生活追求的转变

改革开放后，特别是近十几年来，中国经济、社会发生了巨大的变化，随着经济的高速发展和生活水平的稳步提升，人们对物质生活和金钱的追求越来越不同，人生观、价值观和职业观也发生了显著变化。在对物质财富的追求上，从以往单纯以追求经济利益为主要目的的择业观、生活观，转变为以追求经济利益并兼顾自身发展和生活品质提升等为主要目的的多元目标。这种转变在迁移原因上，则表现出更为多元化的特征。如在“五普”与“六普”表现出的“迁移原因”中，出现了几个重大的变化：一是“务工经商”类迁移人口大幅增加，比重由“五普”时的 30.73%提

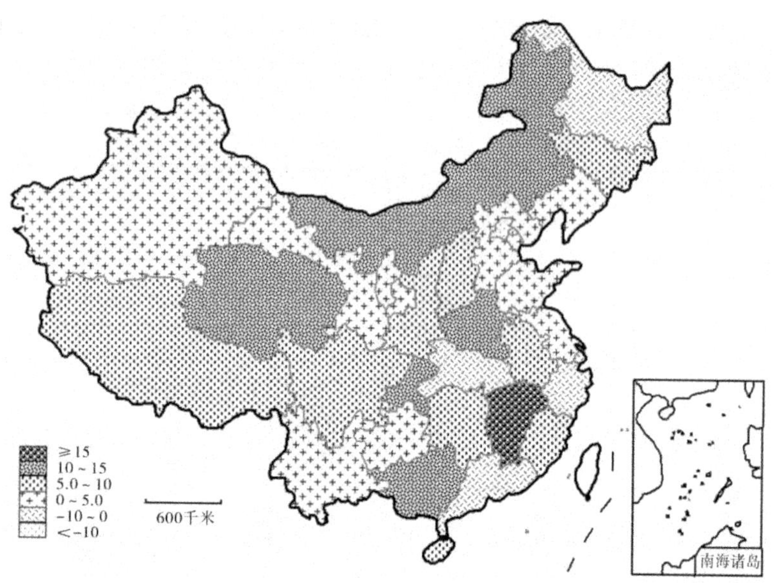


图 1.1.7　2010 年与 2000 年相比的各省（自治区、直辖市）第二产业比重变化（%）

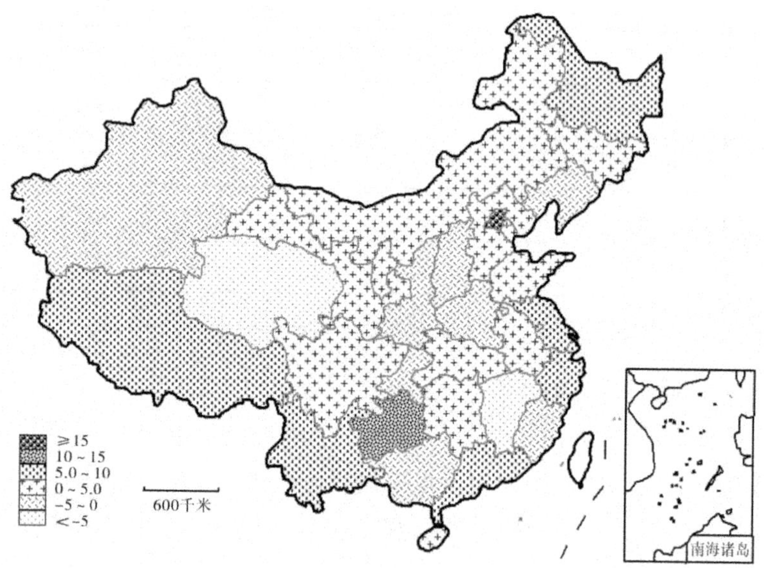


图 1.1.8　2010 年与 2000 年相比的各省（自治区、直辖市）第三产业比重变化（%）

升到“六普”的 45.97%，即使考虑两次普查统计口径的变化，年均增长率依然达到 4.11 个百分点，这说明就业的市场化趋势在增强，区域间就业选择自由度大大增强；二是“随迁家属”比重增加，由于户籍、就学等制度改革的推进，使得人口迁移向社会化、多元化方向发展，从“其他”类迁移较大幅度增长上也说明了其迁移的多样性特征；三是“婚姻嫁娶”迁移大幅减少，从“五普”的12.02%下降为“六普”的3.20%，这一方面反映区域间的“两地婚姻”（即两地分居现象）在明显减少，也反映了很多家庭已实现了团聚，同时也侧面体现了政策、制度更为人性化，“家庭式”迁移正在增加。

在更为成熟的市场经济条件下，人们的价值观念取向更趋于务实，这种变化在人们的从业和择业观念上表现得更加明显。进入2000年以后，自由择业日渐成为一种社会现实，随着“单位制”的逐渐解体和社会就业压力的增大，国家加大了市场导向性就业政策的改革与引导，对人们的就业价值观变化起到了深刻的引导作用。从业者在择业目标上，更关注自身潜能的发挥和自我价值的实现，特别是青年人在选择就业时，常常不把当前的经济利益放在首位，而是把是否能为自己今后提供良好的发展前景放在第一位。同时，职业风险意识正在增强，从业者不但关注利益和经济风险，同样也更加重视法律风险和人身风险，如因职业而产生的各种职业损伤、高负荷工作带来的精神压力、工作过失导致的法律责任等，已成为外来人口就业维权的主要趋势。在职业流动方面，主动变换工作的意识进一步增强，“跳槽”从一种“心理负担”甚至“心理恐惧”变为一种“再次择业”的常态，甚至是一种职业发展的更好路径选择。

我国人口区域流动从改革开放以来特别是20世纪90年代后迅速增长，从迁移结构和流向看，主要以农村青壮年劳动力向经济发达的城市地区流动。他们是第一代农民工，而30年后的现在，第一代农民工大部分因年龄原因退出了流动人口队伍，当前来到城市的是他们的后代，也称为“新生代”农民工，他们与父辈在进城目的、人生观、对生活的追求等思想观念方面都有很大的不同。第一代农民工流入城市的主要目的是务工经商，他们到城市挣钱，目的是回到农村消费，建设家园。而“新生代”农民工，在文化素质方面有很大的提高，进入城市打工虽然是其主要目的，但“向往城市生活”却越来越成为他们流动的重要原因。同时，年青一代农民工进入城市的目的从“向往城市生活”过渡到“享受城市生活”，很多不是像其父辈一样为养家糊口到城市来“讨生活”，而是因“向往城市生活”

来到城市的。在未来去向方面，他们不是想落叶归根回到农村，而大多是想继续留在城市，跟城市人一样过城市生活，同时在生活方式和消费观念上也与城市青年相差无几，如很多“80后”“90后”农民工也过着“月光族”的生活。

据2006年9月11日《中国青年报》刊登的珠江三角洲地区新生代农民工思想状态调查显示，大部分“80后”农民进城打工的目的并不是为了赚钱，“以挣钱为目的”只占到被调查群体的18.2%，“80后”与他们的父辈“50后”“60后”甚至“70后”农民工在思想观念上也有很大的不同，其他年龄段的农民工大部分是以“出来挣钱”为主要目的，如“50后”为55.6%，“60后”是76.2%，“70后”仍占34.9%。在思想观念上，“80后”有71.4%选择“刚毕业，出来锻炼自己”“想到外面玩玩”“学一门技术”和“在家乡没意思”。同时，因为没有挣钱压力，“80后”可以随心所欲地换工作，平均每人每年换工作0.45次，而大部分人换工作的理由是“自己不喜欢那个工作”或者只是“想换个环境”等。而在“70后”和“60后”农民工看来，工作没有“喜欢不喜欢”，只有“挣多挣少”的问题[①]。现在“90后”农民工也陆续进入了劳动队伍，他们对这支流动的劳动大军和农民工群体的思想冲击将更为巨大和复杂。由于当前流动人口结构、层次及社会、经济、政策环境等的变化，对区域人口流动的规模、流向及时间选择等均产生着巨大影响。

4. 人口及劳动力结构的变动

与10年前的2000年相比，我国劳动力结构发生了巨大的变化，主要表现在年龄结构、教育程度和家庭结构三个方面。

首先，是人口年龄结构的变化，主要表现在诸多经济发达地区人口老龄化趋势大幅加深。这一变化，使得这些区域在维持经济发展和社会服务等方面需要引入更多的外来人口，这是人口结构变动对外来人口需求的一个客观事实。与2000年相比，2010年60岁及以上常住人口各地均呈大幅上升态势，老龄人口比重全国平均上升了36.63%，其中增长幅度最大的达到52.81%（黑龙江）。从老龄化程度上看，2000年全国进

① 杜洁、刘小京、罗沛霖：《“80后”民工以挣钱为目的的只占18.2%》，2006年9月11日《中国青年报》，第2版。

入老龄化的省份有 14 个，全国平均老龄化程度为 10.46%，到 2010 年后，进入老龄化的省份增加到 26 个，全国老龄化水平上升到 13.32%，平均提高了 2.86 个百分点。其中，上升最快的有四川、湖北、黑龙江等省，分别上升了 4.91 个、4.44 个和 4.01 个百分点（如图 1.1.9 所示）。值得注意的是，由于劳动年龄人口的区域迁移，一方面使得很多本来老龄化程度很高的城市如上海、北京等，由于相对年轻的外来人口的流入而使人口趋于年轻化，而经济发展相对滞后的省份老龄化反而大大加重。从老龄化程度增长状况可以看出，老龄化程度上升较慢的一般都是外来人口大量流入的区域，如北京、上海、广东、天津及浙江等地区，其上升幅度分别为 0、0.09 个、0.95 个、0.97 个和 1.55 个百分点，明显低于全国的平均涨幅。

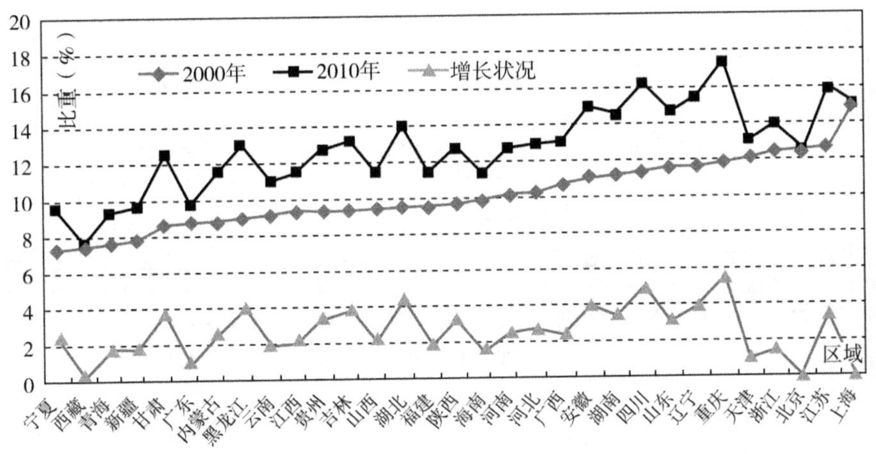


**图 1.1.9 2000 年与 2010 年各省（自治区、直辖市）60 岁及以上人口比重（%）**

其次，是人口及劳动力素质有较大提高。与“五普”相比，“六普”时人口的文化程度有很大的提升，全国大专及以上文化程度人口占 6 岁及以上人口比重由 3.81%提升到 9.53%，年均提升约 0.5 个百分点。这与我国近十几年对高等教育投资的增大和教育的重视是分不开的，尽管大学在扩招的过程中出现了一些问题，但在培养高层次人才，提升劳动人口素质等方面成效是显著的。很多大城市这种文化层次的提升效果更为显著，如北京提升了 15.30 个百分点，达到 32.84%，上海也提升了 11.46 个百分

表 1.1.6 2000 年与 2010 年各省（自治区、直辖市）大专及以上文化人口比重及平均受教育年限 单位：%、年

| 区域 | 大专及以上文化程度 | | 平均受教育年限 | | 2000—2010 年变化 | | 区域 | 大专及以上文化程度 | | 平均受教育年限 | | 2000—2010 年变化 | |
|---|---|---|---|---|---|---|---|---|---|---|---|---|---|
| | 2000 | 2010 | 2000 | 2010 | 文化程度 | 受教育年限 | | 2000 | 2010 | 2000 | 2010 | 文化程度 | 受教育年限 |
| 全国 | 3.81 | 9.53 | 7.62 | 8.76 | 5.72 | 1.14 | 河南 | 2.88 | 7.03 | 7.72 | 8.61 | 4.15 | 0.89 |
| 北京 | 17.54 | 32.84 | 9.96 | 11.49 | 15.3 | 1.53 | 湖北 | 4.12 | 10.16 | 7.75 | 8.96 | 6.04 | 1.21 |
| 天津 | 9.44 | 18.26 | 8.95 | 10.11 | 8.82 | 1.16 | 湖南 | 3.12 | 8.22 | 7.79 | 8.86 | 5.1 | 1.07 |
| 河北 | 2.89 | 7.93 | 7.74 | 8.83 | 5.04 | 1.09 | 广东 | 3.88 | 9.12 | 8.06 | 9.19 | 5.24 | 1.13 |
| 山西 | 3.74 | 9.29 | 8.01 | 9.17 | 5.55 | 1.16 | 广西 | 2.59 | 6.58 | 7.57 | 8.4 | 3.99 | 0.83 |
| 内蒙古 | 4.08 | 10.8 | 7.74 | 8.93 | 6.72 | 1.19 | 海南 | 3.49 | 8.43 | 7.66 | 8.85 | 4.94 | 1.19 |
| 辽宁 | 6.52 | 12.5 | 8.38 | 9.41 | 5.98 | 1.03 | 重庆 | 3.04 | 9.07 | 7.27 | 8.49 | 6.03 | 1.22 |
| 吉林 | 5.19 | 10.39 | 8.22 | 9.24 | 5.2 | 1.02 | 四川 | 2.68 | 7.13 | 7.07 | 8.12 | 4.45 | 1.05 |
| 黑龙江 | 5.07 | 9.54 | 8.22 | 9.11 | 4.47 | 0.89 | 贵州 | 2.16 | 5.82 | 6.16 | 7.41 | 3.66 | 1.25 |
| 上海 | 11.36 | 22.82 | 9.27 | 10.52 | 11.46 | 1.25 | 云南 | 2.23 | 6.21 | 6.36 | 7.54 | 3.98 | 1.18 |
| 江苏 | 4.14 | 11.48 | 7.85 | 9.08 | 7.34 | 1.23 | 西藏 | 1.45 | 6.11 | 3.48 | 5.25 | 4.66 | 1.77 |
| 浙江 | 3.4 | 9.86 | 7.47 | 8.58 | 6.46 | 1.11 | 陕西 | 4.5 | 11.2 | 7.71 | 9.07 | 6.70 | 1.36 |
| 安徽 | 2.49 | 7.27 | 7.00 | 8.08 | 4.78 | 1.08 | 甘肃 | 2.92 | 8.04 | 6.55 | 7.96 | 5.12 | 1.41 |
| 福建 | 3.16 | 8.98 | 7.49 | 8.76 | 5.82 | 1.27 | 青海 | 3.59 | 9.35 | 6.13 | 7.58 | 5.76 | 1.45 |
| 江西 | 2.82 | 7.56 | 7.55 | 8.53 | 4.74 | 0.98 | 宁夏 | 4.11 | 10.12 | 7.04 | 8.45 | 6.01 | 1.41 |
| 山东 | 3.55 | 9.32 | 7.58 | 8.72 | 5.77 | 1.14 | 新疆 | 5.63 | 11.6 | 7.7 | 8.85 | 5.97 | 1.15 |

点，达到 22.82%（如表 1.1.6 所示），这与 2000 年日本大学生比例 22.18%水平相当。同样，6 岁及以上人口人均受教育年限也有较大的提升，全国平均增加了 1.14 年，但这一变化在各地中较为均衡。总的来说，与发达国家相比，我国人口文化程度还有很大的差距，但近十几年来，发展成效显著。各大区域文化程度巨大的变动，与人口区域迁移的作用关系密切，同时由于迁移而使文化程度在区域间形成积淀作用，这又对今后的人口迁移提出了更高的要求。

最后，是新增的流动人口大部分是 20 世纪 80 年代后期及 90 年代前期出生的“新生代”，且从其家庭结构上看，大部分是独生子女。这种年龄状况和家庭结构，很难有像其父辈在城市里的吃苦耐劳精神，在流入区域和行（职）业选择及生活方式上与第一代农民工将有很大的不同，因此这在职业管理、氛围营造、社会管理等方面是一项新的任务和挑战。

5. 重大的经济、产业和社会政策变化

进入 2000 年后，我国在促进区域经济发展方面实施了重大的战略调整与战略优化，突出表现在东、中、西三大区域发展上转向均衡化的协调发展道路，制定并逐渐实施了规模空前的西部大开发战略和东北老工业区的挖潜与改造等项目，使区域发展差距在一定程度上有所缩小，特别是在基础设施建设方面，中、西部的发展尤为突出。但在西部大开发工程实施过程中，也出现了一些问题，特别是由于中西部人力资源、技术、基础设施等方面的差异，使得区域投资效益远远赶不上东部，很多企业仍然愿意留在东部，而事实上很多国家大型投资项目依然放在东部。

2007—2010 年，大型项目投资强度呈逐年增强趋势，全国当年新增投资额从 376.67 亿元增加到 2010 年的 1276.08 亿元，尽管中、西部占投资总额的比重在增加，但东部地区的投资规模依然很大，且很多年份还远远高于中、西部地区（见表 1.1.7）。从单个投资项目看，增长速度亦很大，如 2010 年 1 亿元以下的项目已不存在，年投资 100 亿元以上的特大型项目达到 5 个。从重大项目的投资结构看，中、西部地区大多是基本设施投资，特别是铁路、桥梁、能源等项目，这些投资的回报率较低，且是一种长期投资，因此它所能带动的区域经济、就业近期难以发挥作用，而东部地区主要是生产型、技术性项目，对区域经济的拉动作用相对较大，因而就吸引人口和就业而言比中、西部优势更为明显。还有，东部地区安排的项目数据要远远超过中、西部，且东部地区面积较小，因此投资密度要远远高于中、西部，容易形成规模经济效应，同时大部分投资依然投向经济发达的核心区域，特别是珠三角、长三角和环渤海等地区（如图 1.1.10 和图 1.1.11 所示）。因此，必然使这些地区原本比周边地区更高的吸引力进一步提升，而成为其他地区无法比拟的优势区域。

表 1.1.7　2007—2010 年分地区新开工大型项目投资状况

单位：亿元、%

| 区域 | | 2007 年 | 2008 年 | 2009 年 | 2010 年 |
|---|---|---|---|---|---|
| 投资规模 | 东部 | 219.16 | 1240.55 | 348.39 | 436.84 |
| | 中部 | 87.16 | 245.67 | 370.85 | 316.62 |
| | 西部 | 70.35 | 242.93 | 178.72 | 522.62 |
| | 合计 | 376.67 | 1729.15 | 897.96 | 1276.08 |
| 比重 | 东部 | 58.18 | 71.74 | 38.80 | 34.23 |
| | 中部 | 23.14 | 14.21 | 41.30 | 24.81 |
| | 西部 | 18.68 | 14.05 | 19.90 | 40.96 |

资料来源：据《中国统计年鉴》（2007—2011）。

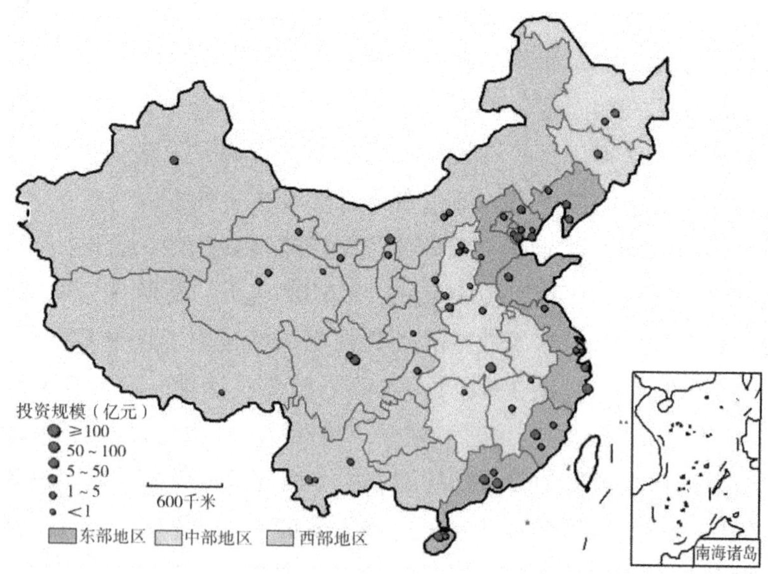


图 1.1.10　2007 年我国新开工大型项目分布及投资规模情况

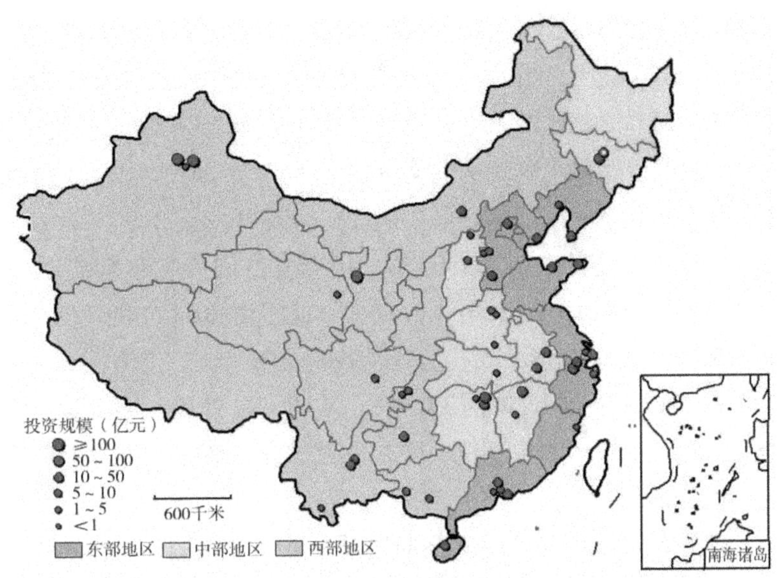


**图 1.1.11 2010 年我国新开工大型项目分布及投资规模情况**

近十几年来，我国还制定、实施和完善了诸多与区域发展相关的法律、法规，特别是在户籍、社会保障、就业、教育等方面，根据社会环境的变化和各社会利益群体的诉求及社会本身的发展需要，对相关政策、制度进行了不断的修订、充实与完善。城市地区普遍构建了城镇、小城镇及农村综合养老保险制度，很多地区基本把外来人口九年义务教育纳入了本地区的教育体系范畴。在就业方面，城乡之间、本地区与外来人员之间的限制逐步取消，同时对《中华人民共和国劳动法》进行了多次修订与完善，特别是 2010 年的修订，最大限度地保护了从业人员的合法权益，更有力地规范了用人单位的用工行为，最大限度地理顺了用人单位与员工的劳动合同关系。尤其是对农民工的权利保护方面发挥了更积极的作用，目前各地在农民工的就业限制、社会保障、子女教育等方面越来越向“市民待遇”靠拢。因此，长期以来的农民工常常被边缘化、就业限制多、同工不同酬、社会保障无保证、教育不平等问题，得到了进一步的改善，为城乡间、区域间人口的合理流动提供了制度上的保障。

### （二）我国人口分布及城乡迁移大势

据国家卫健委《中国流动人口发展报告（2018）》显示，2017 年我国流动人口规模为 2.44 亿人，占总人口的 17.55%，流动人口自 2015 年开始进入调整期。2015—2017 年连续 3 年下降，从 2015 年的 2.47 亿人减少到 2017 年的 2.44 亿人。其中，2015 年减少约 600 万人，2016 年减少 171 万人，2017 年减少 82 万人。尽管近几年来数量有所下降，但规模仍然很大。同时，在人口构成上的一大特点是，新生代流动人口成为“主力军”，且比重呈现稳步增长的态势。据《中国流动人口发展报告（2017）》显示，2016 年新生代流动人口达 64.7%，16~59 岁的劳动年龄流动人口中，“80 后”（出生于 1980—1989 年）流动人口比重由 2011 年的不足 50%升至 2016 年的 56.5%，“90 后”（出生于 1990—1999 年）流动人口的比重由 2013 年的 14.5%升至 2016 年的 18.7%。流动人口的庞大数量对我国人口流动过程、城市经济、城市面貌、未来的城镇化进程及乡村发展等均产生着举足轻重的影响。

1. 人口分布主要特征及空间格局变动：基于“五普”“六普”的对比分析

区域或城市发展的核心动力是人口，同时区域产业或经济格局的变动总是要体现在人口空间格局和分布的变动上。人口分布是人口过程在空间上的表现形式，它与区域资源、劳动力余缺、区域经济和社会发展状况等有密切的关系。近 10 年来，我国经济、产业及其他社会环境发生了深刻的变化，这在人口分布上得到充分的体现，具体变化概况包括以下几个方面：

（1）区域人口增长势头有所放缓，空间再分布格局更加显著。2000 年后，各大区域人口均有较大增长，但区域差异较为明显，主要体现在总体增长趋势有所放缓，与“五普”相比，增长规模则大大增加。从 20 世纪 90 年代区域人口迁移急剧增长后，近 10 年人口从中、西部往东部迁移的势头有所减退，空间分布的整体性均衡趋势逐渐凸显。具体体现在上涨幅度趋缓，增长率相对下降，沉降幅度缩小等。

“五普”时，按地区计算，增长幅度最高达到 320.35%（深圳），其次为 270.08%（东莞），增长率最高的前十位地区中广东占了 6 个，另外还有几个分别是海口、厦门、乌鲁木齐和嘉峪关市（甘肃），除嘉峪关市增长率为 45.04%外，其余 9 个地区均在 50%以上，同时人口增长的区域达到 310 个，增幅平均达到 14.08%。而人口下降的区域为 32 个，降幅最大的达-11.99%（乌兰察布盟），其次为-9.94%（河源市），平均下降幅度为-3.96%（如图 1.1.12 所示）。到“六普”时，增幅最高的降为 72.0%（厦门），其次是 69.15%（重庆中心市区），增幅前十位的地区，东部有厦门、苏州、深圳和北京 4 个，其他的全部来自西部，同时增幅超 50%的地区降为 4 个，增长区域也降为 247 个，在增长的地区中，平均增幅率降为 12.73%；然而，在人口下降的区域中，降幅却有大幅的提升，最大降幅达到-25.53%（重庆其他区县），下降区域达 96 个，其中降幅在-10%以上的为 11 个地区，平均降幅达到-5.67%（如图 1.1.13 所示）。这表明区域发展均衡性正在增强，区域人口增长和流动更加理性化，区域增长或下降所带来效应或影响正在加大，同时这种影响是互动变化的，且非某一省区内发生的，因此人口空间格局变动的整体性在增强，空间协调性格局更为显著。

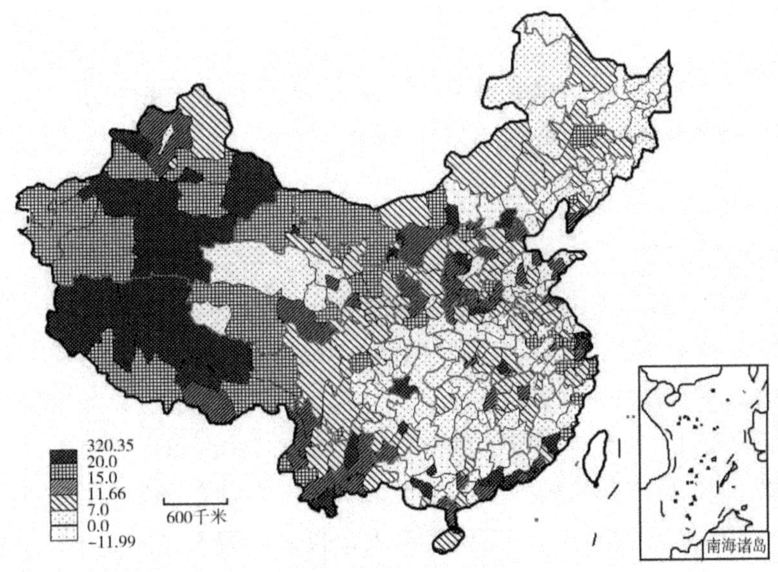


**图 1.1.12　1990—2000 年中国分地区人口增长率图（%）**

注：本图据国家统计局“五普”分县市数据而作。

（2）人口地理分布大势未变，东南偏集中格局依旧。中国由于地形、资源、气候等自然条件因素的作用，人口自古以来长期偏集于国土的东南部湿润、半湿润地区，而西北部高原、山地、沙漠、戈壁等由于高寒、干旱、半干旱等气候条件的影响，人口稀少。早在 1935 年胡焕庸先生在深刻研究的基础上，提出的“胡焕庸线”就是这种人口地理分布格局的高度概

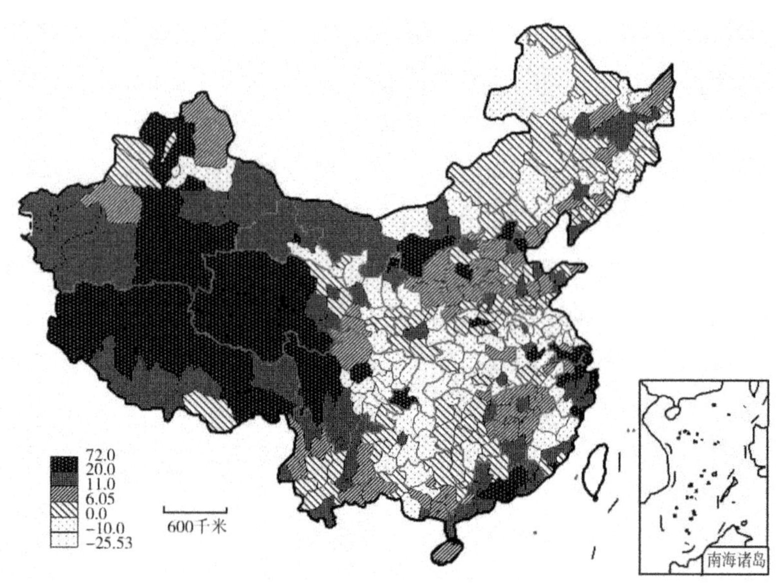


**图 1.1.13　2000—2010 年中国分地区人口增长率图（%）**

注：本图据国家统计局“六普”数据而作。

括。截至目前，我国人口分布格局到底怎样了？是否在深刻的人文经济活动中有所变化呢？

1935 年胡焕庸提出的“黑河（瑷珲）—腾冲”线东南半壁，土地面积占 36%（含外蒙古），人口为全国的 96%，而西北半壁土地为 64%，人口占 4%，两者平均人口密度比为 42.6∶1。1987 年，张善余教授根据中国 1982 年的人口普查数据进行了重新计算，得出“中国东半部面积占目前全国的 42.9%，西半部面积占全国的 57.1%……在这条分界线以东的地区，居住着全国人口的 94.4%；而西半部人口仅占全国人口的 5.6%”的结论（剔除了外蒙古）。

课题组根据“五普”“六普”数据，以地区为基本统计单位，据中国科学出版社标准中国政区图为底图，通过 GIS 软件进行了再次计算比较，结果显示，中国东半壁面积占全国的 47.95%（含中国台湾），“五普”时人口占 95.50%（含中国港澳台），到“六普”时，东半壁人口占 95.22%，平均人口密度比为 21.63∶1。西半壁占全国国土面积为 52.05%，“五普”时人口占 4.50%，到“六普”时，西半壁人口占 4.78%，从“五普”到“六普”东西半球平均人口密度比从 23.05∶1 降为 21.63∶1（如表 1.1.8

所示）。中国东、西半壁人口分布态势在图 1. 1. 14 和图 1. 1. 15 中得到更清楚的显示，不论是“五普”还是“六普”，东南部区域人口密度绝大部分在 500 人/平方千米以上，而西北半壁仅甘肃兰州、新疆乌鲁木齐、宁夏银川及内蒙古的呼和浩特、包头等地区人口达到 500 人/平方千米以上。人口规模超过 1000 万人的基本上分布在东南半壁，而两次人口普查相比，大部分地区人口规模更为巨大，但仍然偏集于东南部。因此，从总的情况看，中国人口分布的东西半壁态势基本未变，在东西半壁人口规模增长的同时，其平均人口密度差距有一定程度的缩小。从人口密度标准看，按国际上的划分标准，区域人口密度大于 100 人/平方千米的定为“人口密集区”，25~100 人/平方千米的为“人口中等区”，小于 1 人/平方千米的为“人口极稀区”。因此，从平均水平而言，我国东南半壁基本都是人口密集区。还有多个地区，其中“五普” 5 个、 “六普” 6 个地区，人口达到 2000 人/平方千米及以上密度。按城市和乡村聚集点密度标准，它们已经是城市地区，具体的是城市群地带区。

**表 1. 1. 8　2000 年与 2010 年中国东、西半壁人口分布格局**

单位：万平方千米、万人、%

| 区域 | | 数量 | | | 比重 | | |
|---|---|---|---|---|---|---|---|
| | | 东半壁 | 西半壁 | 合计 | 东半壁 | 西半壁 | 合计 |
| 面积 | | 460. 30 | 499. 70 | 960. 0 | 47. 95 | 52. 05 | 100 |
| 人口 | 2000 年 | 121489. 10 | 5722. 16 | 127211. 26 | 95. 50 | 4. 50 | 100 |
| | 2010 年 | 129845. 90 | 6516. 39 | 136362. 29 | 95. 22 | 4. 78 | 100 |

注：人口数为中国人口“五普”“六普”调查登记数（含中国港澳台地区），东、西半壁国土面积是据中国科学出版社标准中国政区图 GIS 数字化以地区为基本统计单元计算而得。

（3）东部增长势头不减，西部回归趋势明显。2000—2010 年中国人口再分布的另一个显著特征，就是西部人口出现明显的回升态势。中国人口自 20 世纪 80 年代初开始和 90 年代加速发展的人口转变及向东南部迁移洪流般的大势后，已进入“软着陆”阶段，对家庭和个体而言也进入了艰难的“投入-产出”成本预算决策时期，不管是生育还是迁移流动均趋向于较理性化。

从“五普”与“六普”分地区人口增长率图对比可知，总体上西部人

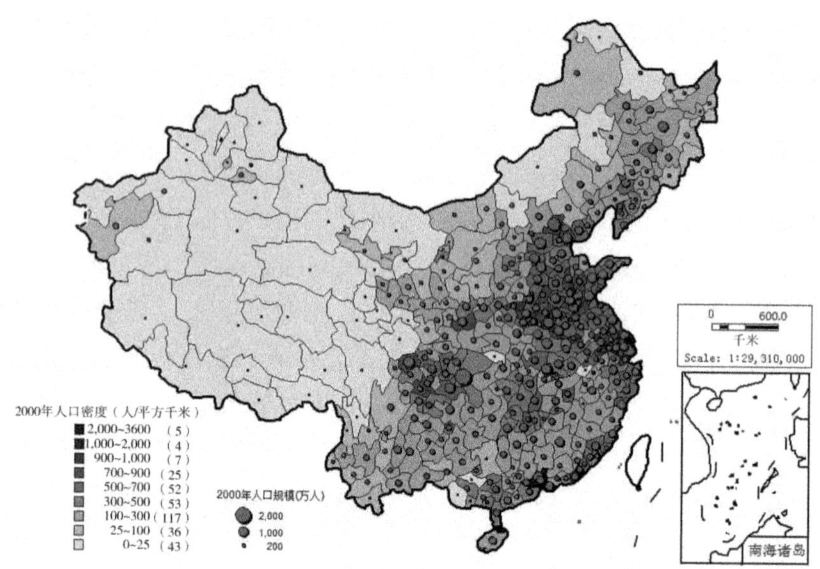


图 1.1.14　2000 年中国人口分布格局及密度状况

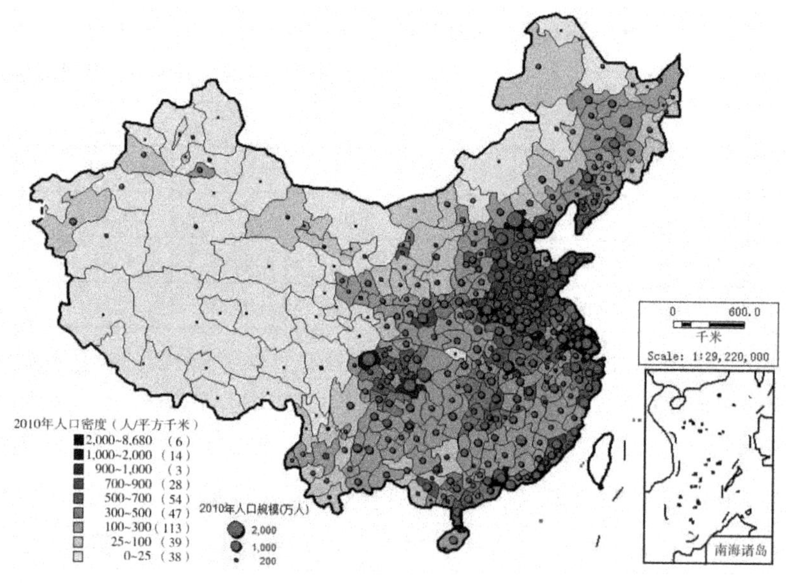


图 1.1.15　2010 年中国人口分布格局及密度状况

口增长快于东、中部，同时区域分异状况也比较明显，突出表现为存在较强的“极化增长”现象，主要是经济增长较快的城市逐渐成为“增长极”（如图 1.1.12 和图 1.1.13 所示）。而在“六普”增长率图中，可以清楚地看到，西部人口“理性回归”趋势较为明显，从人口增长的区域数量来看，东部 103 个地区中增长的为 85 个，占 82.52%，而西部 132 个地区人口增长的有 89 个，占 67.42%，中部 105 个地区，增长的 70 个，占 66.67%，比重较低。从人口规模看，东部总人口达到 5.50 亿人，比“五普”时增长了 6577.5 万人，增幅达 13.59%，占全国总人口比重提高了 2.3 个百分点；中部地区总人口为 4.69 亿人，增长 1575.64 万人，增幅 3.48%，占全国总人口比重下降了 1.28 个百分点；而西部地区总人口达到 3.14 亿人，增长 866.73 万人，增幅 2.84%，占全国总人口比重下降了－1.01 个百分点。

从全局看，东、中、西部人口增长差距依然在拉大，特别是东部地区增长势头依然不减，仍是我国人口最重要的承载区，同时虽然中、西部从大区域方面而论，属于人口相对下降区，但其中不乏重要的人口导入区，特别是城市化程度较高的区域。在当前的人口经济发展背景下，中、西部与经济相对发达的东部一样，人力资源特别是人才竞争已经悄然开始，更具竞争实力且产业发展更适合当前人口结构状况的区域，将成为吸引人才的重要区域，因此它们将继续影响未来中国人口区域分布的大局。

（4）“多中心聚集”格局逐渐形成，中部“空心化”趋势加剧。我国经过 40 多年的改革开放，人口、经济和社会等各个方面均得到了飞速发展，区域经济发展由梯度开发过渡到跳跃式发展，开发组织形式由“点”到“线”再到“面”，当前区域经济发展的聚集性更强，很多地区由“聚集型”转变为“集群型”的区域组合模式。区域经济与人口特别是人力资源的发展模式是高度相关的，因此人口增长也体现为显著的“聚集性”和“集群性”。从东、中、西部三大区域来看，东部增长依然强劲，增长趋势显著，全国形成“三极一带”的人口增长态势。所谓“三极”，一是东北部以哈尔滨为中心的“松嫩平原增长极”；二是以北京、天津等大城市为核心的“大京津冀增长极”，包括京、津、冀、鲁、晋、蒙东和辽中南等区域；三是西北部以乌鲁木齐、伊犁、石河子等为核心的“北疆增长极”。而“一带”，就是从长三角经济圈开始往南至广西防城、南宁的“沿海人口增长带”（如图 1.1.16 所示）。此外，还有中部的“昌九增长走廊”和“长株潭增长带”及以重庆、成都为中心的川西北增长区和以昆明为中心的滇黔增长区等。

与此同时，在中部出现了以重庆农村地区为核心的大范围人口负增长“沉降地带”，且出现了“中心空洞化”现象。还有一个异常显著的现象是，每个增长区域或增长点周边均出现人口负增长地区，或叫“沉降区”，因此这一升一降，就如一种“造山运动”，这明显是由于人口迁移而形成的，增长极增长程度越大，其周边区域沉降程度也越深。所以，人口增长极的人口增长主要是以吸引周边人口而形成的，特别是重庆地区表现得最为明显。人口自然增长给区域人口增长一般带来普长现象，而区域迁移变动给迁入与迁出区带来更为复杂的不确定因素。从当前我国人口区域增长态势来看，影响区域人口增长的主要因素已从自然增长转为区域间的迁移变动。

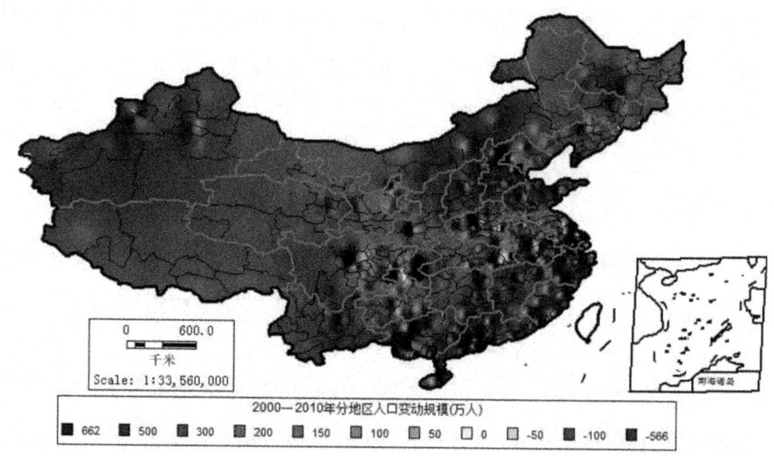


**图 1.1.16 2000—2010 年分地区人口增长变动状况**

注：本图经过了 135 度透视而成。

（5）区域人口规模大幅增加，增长率与人口规模间呈规则的“U”形关系。在人口规模与增长率关系上，中国人口区域发展规律非常显著。与“五普”相比，“六普”人口总量增加 9019.86 万人（普查登记数），增长了 7.26%。按地市统计，人口规模最大的是上海，为 2301.91 万人；其次是北京，为 1961.20 万人；再次是“重庆其他县区”、成都和重庆城区等，人口规模分别为 1516.09 万人、1404.76 万人及 1368.53 万人等。与“五普”时的最显著差异，就是“重庆其他县区”人口由 2082.09 万人降为 1516.09 万人，成为降幅最大的区域，从这里也可以看出城乡间人口迁移的大趋势。重庆相对于其他地区而言，地域辽阔，严格意义上，它可以称为一个省，因此市内乡村与中心城区间的差异非常显著，相对于重庆中心城区而言，“重庆其他县区”更多的还是农村地区，而目前人口从农村流向城市还处于高峰时期，因此其人口大幅度下降是必然的。从不同区域人口变动看，人口规模的增长趋势更为明显。2010 年与 2000 年相比，50 万~100 万人及 300 万~500 万人等级的地区变动相对平稳，区域个数基本保持不变，而 800 万~1000 万人及 1000 万人以上地区数量大幅增加，分别从 14 个和 5 个增加为 17 个和 14 个，而 500 万~800 万人及 50 万人以下区域数量呈现下降趋势（如表 1.1.9 所示）。从地区规模的迁移变化看，具有“跨越式”和“逐渐迁移”同时并存的特点，500 万~800 万人的区域主要向上一级和千万人口区域迁移，而人口增长等较低的区域主要以下一级流入为主。

**表 1.1.9　2000 年与 2010 年分人口规模等级地区（市）数量状况**

（单位：个、%）

| 人口规模 | 1000 万人以上 | 800 万~1000 万人 | 500 万~800 万人 | 300 万~500 万人 | 100 万~300 万人 | 50 万~100 万人 | 50 万人以下 | 合计 |
|---|---|---|---|---|---|---|---|---|
| 2000 年 | 5 | 14 | 68 | 90 | 119 | 21 | 25 | 342 |
| 比重 | 1. 46 | 4. 09 | 19. 88 | 26. 32 | 34. 80 | 6. 14 | 7. 31 | 100 |
| 2010 年 | 14 | 17 | 59 | 91 | 125 | 20 | 17 | 343 |
| 比重 | 4. 08 | 4. 96 | 17. 20 | 26. 53 | 36. 44 | 5. 83 | 4. 96 | 100 |

不同区域的人口增长幅度与其规模大小的关系非常密切。“六普”分地区人口最大增长率达到 72%（剔除行政规划变动因素后），据单个区域增长状况分析，人口规模波动趋势非常明显，而变化规律不显著（如图 1. 1. 17 所示）。但如按 0~50 万、50 万~100 万、100 万~200 万、200 万~400 万人的等级划分，其增长状况与人口规模间的相关关系就非常显著，并呈现明显的“U”形二次曲线分布，但其主要趋势是人口规模越大，增长率越高（如图 1. 1. 18 所示）。从人口增长动力上看，是 500 万人以下的区域为人口规模更大的区域提供了增量源泉，因此这些区域人口增长率呈递减趋势。从城乡构成分析，500 万人口以下的区域农村地区所占的比重较大，区域人口规模越小，农村地区比重就越大，因区域迁移使其人口下降幅度也越大。

2. 未来的人口分布与流动差异化格局总趋势

近十几年来，中国区域经济与人口分布状况发生了巨大的变化，区域

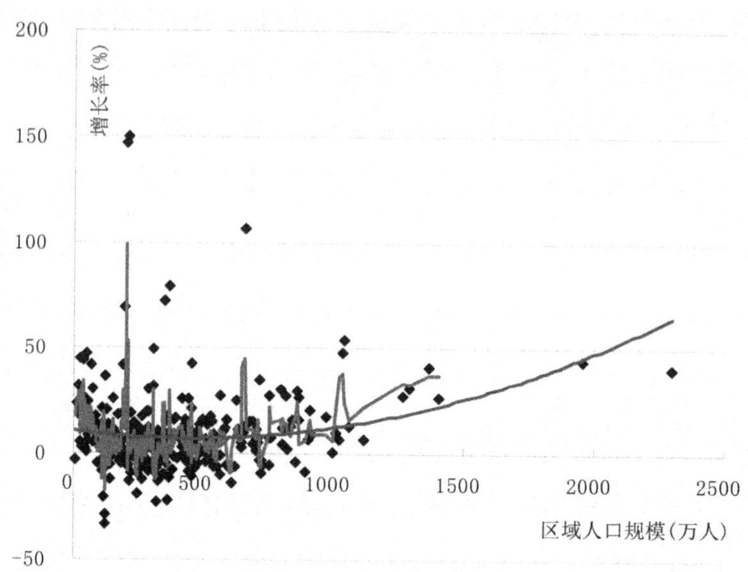


图 1.1.17　2000—2010 年不同规模区域人口增长异动状况

数据来源：全国第五次与第六次人口普查数据，下同。

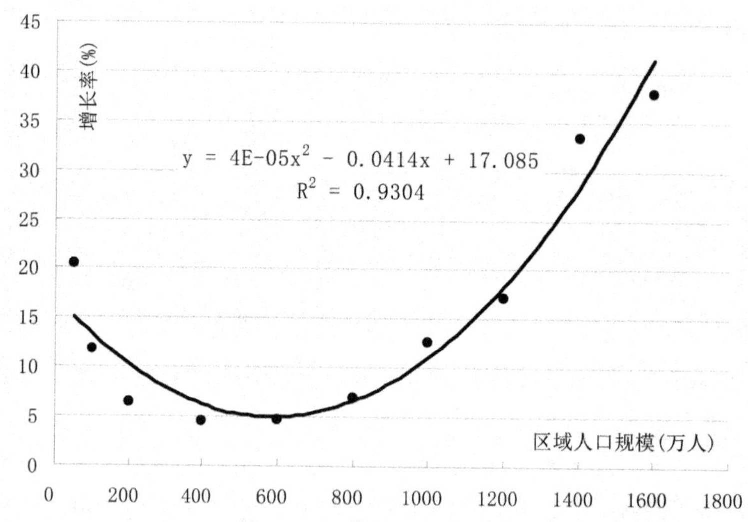


图 1.1.18　2000—2010 年人口增长率与区域人口规模关系

经济迅速增长，产业结构急剧变动，人口空间格局深刻调整。总体而言，未来人口区域分布与区域流动可概括为以下几种可能的趋势：

（1）人口依然向东部沿海聚集的同时，中、西部呈现一定的“回归”趋势。中国区域经济差距难以在短时期内大幅缩小，未来二三十年内，中国人口依然将向东部沿海聚集，但由于中、西部人口密度较低，土地、空间及其他自然资源较为丰富，加上国家西部大开发战略的逐步实施，东、中、西区域经济发展差距将进一步缩小，人口的中、西部回归速度将加速提升。在此过程中，人口区域迁移原因越来越多元化，社会因素将增强，纯经济因素趋于减弱，同时区域流向将更为复杂化，驻留时间更加延长。

（2）区域产业调整与转移进一步加快，将出现不同功能人口、劳动力的承接区域。未来产业结构和就业结构调整速度将进一步加快，东部产业、资金、技术条件较好的地区，将成为劳动密集型产业转移和技术、资金向内地辐射的重要源地，而中部地区由于气候、土地等优势将成为东部发达地区相关劳动密集型产业转移、承接的主要区域，中部劳动力和人口提升与回归将快于西部地区，而东部主要城市经济区则继续成为我国高素质人才导入的主承接区域。

（3）县域经济的发展，加剧着“就地城市化”进程。县域经济将成为区域经济发展的主要方向，根据相关规划和预测，未来30年内中国城市化率将提升到70%，因此“就地城市化”和中小城市的人口导入将成为未来城市发展主要趋势。

（4）“多中心集聚”特点更加显著，经济发达地区大城市仍是人口导入的首选区域。在省际迁移中，广东一枝独秀的局面开始改变，人口迁移重心已由珠三角转移到长三角及其他地区，“多中心集聚”将成为今后人口流动的重要特点。人口迁移越来越活跃，且以迁往东部发达区域为主，大城市仍将成为人口迁入的首选区域。而进入城市的人口洪流在抬升城市化水平的同时，还深刻影响着大城市郊区化发展格局。如北京、上海及广州等大都市，由于工业、商业及居住功能等的郊区化，使得人口逐渐向郊区集聚，特别是向中心产业区、主导产业区及中心镇集聚和转移成为郊区化的主要方向。

（5）由于多年计划生育政策的影响，我国人口快速进入了“第三次人口转变”。至20世纪末，我国人口增长进入“三低”状态，但由于人口惯性作用，15~59岁的劳动年龄人口总量大、比重高的状况依然未变，并在未来15~20年内仍然呈现增长趋势。因此，新增劳动力数量大，实现充分就业仍然是各地区政府的重要任务。

（6）未来农村人口还将在一定时期内继续流入城市，但幅度将大为减弱，城乡老龄化趋势也将加剧。由于农村地区受到人口老龄化趋势加剧与较年轻劳动年龄人口流出而产生的老龄化加剧影响，使农村地区老龄化程度远高于城市，出现城市相对年轻而农村老龄化程度更高的城乡基本格局，这种趋势未来较长时期内还将进一步加剧。

（7）“六普”时文化程度越高，人口流动性越大，未来这一趋势还将强化。文化程度高的人口流动性越大，对城镇化而言是利好，但对乡村振兴将是反向影响，因此乡村能否振兴的关键是农村流出的素质相对高的人才能否回乡。

（三）巨大区域发展差异下“空巢村”发展的必然

从发生机制看，“空巢村”是区域经济、社会甚至政治发展不平衡的产物，当前于中国而言主要是城乡二元结构下必然产生的社会经济现象。由于区域、城乡发展的不平衡，具体是居民之间在就业、收入、生活质量、社保、教育、医疗、文化、服务等方面存在的较大差异，而导致人口从经济、社会、服务欠发达的地区或政策性机会较少的地区向发达或机会多的地区转移的现象。这一状况大部分发生在乡村到城市的迁移之中，因而“空巢村”是由于以年轻人为主体的大量农村劳动力进城务工而导致农村年轻劳动力大量减少，以致使家庭、乡村出现“空心化”的集中表现，大量人口迁出后，必然导致农村出现房屋“空置”，田地“撂荒”，“人去楼空”等“空巢”状况。“空巢村”已成为我国特别是欠发达中西部农村地区的普遍问题。20 世纪 80 年代后，中国大地上掀起了波澜壮阔的“民工潮”，此时“空巢村”已经在人口大量流出的地区开始出现。“空巢村”出现初期是“空巢家庭”的出现，随着“空巢家庭”的增多，当村中“空巢家庭”达到一定数量时，“空巢村”就形成了。

## 二、研究意义

改革开放 40 多年来，中国经历了世界上最大也是最快的农村人口向城镇转移的过程。客观上，人口空间再分布就是人口在区域空间中的重新配置，包括人口规模和人口结构的空间变动，从人口规模变动的原因看，无非是自然增长和迁移变动。我国人口自然增长在实行计划生育政策的 10

年后，人口生育率就已进入更替水平，而后十几年时间里，多处地区甚至出现了负增长，至2000年前后进入了“第三次人口转变”，即人口发展转变为“三低”型。当前的人口空间再分布格局的形成，其主导因素是人口区域迁移所产生的。从迁移地区选择上看，基本上是农村到城市，即是农村人口城市化的一个重要过程。

城镇化是一种过程，其内容丰富，基本含义包括两个方面，即农村人口转变为城镇人口和农村用地转变为城镇用地的过程。城镇化从其形成原因而言，包括工业化、非农化、人口城镇化、用地城镇化及生活方式城镇化等，这些均是传统意义上的城镇化，与当前探索得较多的“新型城镇化”在内涵和形式上均有较大的差异。长期以来，中国农村城市化战略发展及实施过程中存在的一个较突出问题，就是把人口城市化仅仅看成是农业人口迁移到城市、城镇聚居致人口增加及城市规模扩大的过程，这无疑忽视了城市化的要义①。“土地城镇化”和“工业城镇化”是以“物”为主体，人口城镇化主要关注的是人口在空间位置上的转移，即从农村迁移到城市。而新型城镇化主要以“人”为第一要素和中心，它在制度平等的基础上，同时关注人的发展、人与人之间的融合及互爱，并形成内涵更为丰富的社区关系、情感关怀和心灵沟通，最终使人们达到“共荣共存”“亦邻亦友”及全面提升人口城镇化质量的过程。

当前，农村大量人口流出后，其未来的流向有三种可能：一是到流入地安居乐业，不再迁回农村；二是回到本地的城镇，从事非农职业或创业；三是回流到流出的农村，重新从事农业劳动。对于第二、第三种可能性，据目前情况看，由于很多农民工特别是“新生代”农民工，他们甚至连一天的农业劳动都没有从事过，实际已经离开了“土地”，他们也不具备种地的技能了。同时，长期在城市从事非农化职业，在生活习惯上与城市居民没有两样，因而他们回乡从事农业的可能已很小。因此，即使回乡，进入城镇的可能性更大，所以回到农村的农民工人数将不会太多。他们回去，更多是对农村有特别的感情或有涉农项目的人，以及在城镇生存比较艰难的人。所以，回乡农民工将更多地聚集在城镇及其周边地区，这

① 吴瑞君、曾明星：《人口迁移流动对城乡社会发展的影响》，载《人民论坛》2013年第4期，第10-12页。

对未来乡村振兴和中心城镇人口再分布影响巨大，特别是在多山地区的“空巢村”这一问题更为突出，因为迁出的人口比例更大，回流人员更不愿意回到流出的村庄。

还需重点关注的是，回乡农民在中心城镇无论购房与否，都将成为事实上的“失地农民”。因此，在其流出期间和回乡之后农地如何维系、流转及其福利如何保障等，将成为新的难题。同时，由于子女教育、医疗和养老服务等原因，山区留守人员也在向中心城镇转移，这在一定程度上加速了城镇化步伐，但农村老龄化及家庭照料等问题也由农村转移到城镇，因而又加剧了中心城镇的压力。本研究以新型城镇化为背景探索“空巢村”人口合理再分布问题，对多山地区今后的人口、经济协调发展更具现实意义。

## 第二节　新型城镇化背景下“空巢村”诱发的人口社会问题

大量青壮劳动力从农村流入城镇后，广大乡村出现诸多的“空巢村”，因此产生了一系列的社会问题。

### 一、“空巢村”与农村振兴、流出人员农地维系问题

“空巢村”现象在经济上，给多山地区农村振兴和发展带来巨大的影响，增加了流出人员农地维系和利用的难度，并给留守的老人、妇女带来更沉重的劳动负担①②③④。

（一）影响农村经济的持续发展和乡村振兴进程

由 Cobb-Dauglas 生产函数可知，生产总量与劳动力投入量、产出弹性

① 彭迈：《“空巢村”现象对新农村建设的影响》，载《中州学刊》2007 年第 3 期，第 125-127 页。

② 张世兵、彭蝶飞：《空巢村农民问题及新型农民培养路径——基于湖南省 5 县 10 村的实证研究》，载《湘潭大学学报》（哲学社会科学版）2014 年第 1 期，第 85-88 页。

③ 张世兵、彭蝶飞：《空巢村对现代农业的影响研究》，载《高等农业教育》2014 年第 7 期，第 101-106 页。

④ 丰凤：《欠发达地区“空巢村”治理与现代农业可持续发展研究》，载《长沙大学学报》2015 年第 6 期，第 9-11 页，第 26 页。

成正比，即生产量的增长与有效的劳动力投入量成正比，对一定群体而言，即与劳动力的教育程度、年龄、健康等状况关系密切。乡村迁入城镇的劳动力主要以年轻力壮及较高文化素质的农村精英人口即更有效的劳动力为主，因此在乡村劳动力不足的情况下，当他们离开后形成“空巢村”状况对乡村建设和经济持续发展将产生重大影响。据彭迈（2007）的研究，早在2006年“空巢村”现象已非常普遍，且处于不断加剧之中①。2006年，国家统计局河南调查总队对该省4200个农户的调查显示，在光山、民权等21县（市）的流出人口中，年龄在35岁以下的占73.8%，其中男性约为七成，且普遍是农村有文化、懂技术、会经营的青壮年劳动力，而农村留守人员大部分为老幼妇孺②。这种状况大大加剧了农村留守劳动力的老龄化，并导致劳动力素质整体走低，严重影响了当地新农村的发展和建设。据本课题组2015—2016年对赣南H县9大乡镇的调研发现，近10年来多山地区“空巢村”的严重情况并没有好转，甚至更为严重。在被调研的386人乡村样本中，男性占79.8%，峰值年龄为40~59岁，占59.16%，而15~39岁人口仅为17.28%，60岁及以上人口占23.56%，同时几乎每户都有劳动力外出务工，而新增劳动力在家务农者仅为个位数。当然被调研样本不能反映总人口结构情况，但由于调研是随机进行的，因此人口的性别偏离及年龄结构老龄化等问题可见一斑。因此，大量“空巢村”现象的出现并加剧导致农村经济、社会事业发展受到巨大的影响，特别是造成严重的土地资源浪费和土地流转困难等问题。

### （二）增加了流出人员农地维系和利用的难度

我国经济改革之所以发轫于农村，是基于80%的人口在农村及“三农”问题是中国的基本问题的历史必然选择。当时的农村改革没有现成模式，只能采取稳妥、循序渐进的方式，从最初的家庭联产承包开始，历经农产品购销体制、乡镇企业体制创新、农村劳动力非农转移，以及到20世纪末的城乡统筹发展等过程。在市场化和资源有效配置变革的推动下，农村经济取得了突出的发展成效，但进入20世纪90年代中期后，这种渐进

---

① 彭迈：《“空巢村”现象对新农村建设的影响》，载《中州学刊》2007年第3期，第125-127页。

② 杨凌：《调查表明农村留守劳动力年龄老化素质走低》，2006年8月10日《河南日报》，第3版。

式改革所带来的矛盾也开始凸显，主要表现在由于非永久迁移而产生的不完全城市化、农村土地产权的不稳定性及工业化过程中的农地征用等问题上[①]。同时，随着改革的深入，还暴露出其他比较严重的体制机制问题，如“二元结构”加剧了城乡不平等，外来人口“人户长期分离”导致了管理弱化、权益不均及公共服务供需脱节等问题。对农村土地管理而言，更突出的是流出人员农地关系难以维系，使有限的土地得不到合理的利用。一方面不利于农村生产力的充分发挥，造成大量土地严重浪费；另一方面也不利于农民收益的增加，使工农业间的差距继续拉大，并使这种恶性循环继续加剧，最终有碍于农村经济和社会的复兴与繁荣。

（三）给留守的老人、妇女带来更沉重的劳动负担

“空巢村”对家庭人口的影响体现在两个方面：一是“空巢村”部分家庭的人口整体外迁到城镇，原乡村没有人留下；二是家中劳动力外迁到城镇或其他地方，家中留下老人，或老人与未成年孩子，而形成典型的农村“空巢家庭”或“留守家庭”。所谓“空巢家庭”，一般是指无子女或子女长大后长期离开原来的家庭留下年迈父母或祖辈的家庭[②③]。一定意义上也是所谓的“纯老家庭”，而“长期”一般是至少一年中半年及以上时间[④]。而依据是否有子女，“空巢”家庭可分为“源发性空巢”和“次生性空巢”两类，前者为无子女家庭，后者为子女不在身边的家庭[⑤]。“留守家庭”则一般是成年子女外出而留下祖孙辈或丈夫外出而留下未成年子女与妻子、老人一起生活的家庭。不论是“空巢家庭”还是“留守家庭”，均给流出家庭和流出区域带来诸多经济、社会及家庭问题，首先是给留守老人、妇女等留守人员带来沉重的农业及家庭劳动等负担。“空巢村”加剧对经济、社会的影响：一是农村中具有更高素质人口大量迁入城镇，使

① 陶然、徐志刚：《城市化、农地制度与迁移人口社会保障——一个转轨中发展的大国视角与政策选择》，载《经济研究》2005 年第 12 期，第 45-56 页。

② 熊汉富：《空巢家庭：一个应当关注的老年群体——北京大学身边无子女家庭探析》，载《人口研究》1998 年第 3 期，第 51-53 页。

③ 谭琳：《新“空巢”家庭——一个值得关注的社会人口现象》，载《人口研究》2002 年第 4 期，第 36-40 页。

④ 陈建兰：《中国“空巢”家庭研究述评》，载《天府新论》2008 年第 2 期，第 105-109 页。

⑤ 王武林、安和平：《空巢老人特征及其生存质量状况分析》，载《“社会学与贵州‘十一五’社会发展”学术研讨会暨贵州省社会学会第四届会员代表大会论文集》2005 年。

得农村劳动力从过剩转为缺乏而严重影响劳动生产的维持；二是影响农村市场的发展，特别是有效需求下降。当前农村留守人员的结构特点，可用386199部队来概括，即留守妇女、儿童人口和老年人口，因此在人口结构上加剧了“老妇孺化”趋势①。劳动力进城后，部分田地荒芜或采取一定的模式进行农地维持，但大部分农地生产责任则落到妇女和老人身上，无疑大大增加了他们的负担。

## 二、加大农村儿童教育、照料及养老、护理等问题的破解难度

“空巢村”的大量出现，极大地影响着农村儿童教育、照料、养老及老年护理等，同时也不利于留守人员的精神抚慰和心理孤单问题的解决②③④。

### （一）威胁农村教育的维持和发展

美国经济学家斯蒂格利茨断言，新技术革命和城镇化将是影响未来世界最深刻的两件事情⑤。未来中国也是如此。当前中国城镇化率每年以高于1个百分点的速度在增加，使农村教育获得巨大发展机遇的同时，也让其面临着前所未有的挑战。城镇教育设施、师资条件及师生投入均优于农村，在农村人口逐渐迁往城镇的过程中，农村教育也随之向城镇转移，我国城乡间长期存在的“二元结构”限制了农村教育的发展，让农村孩子进入城镇学校一定程度上突破了这一结构的限制，为迁入城镇的孩子带来接受更好教育的机会，也使城乡教育呈现更大的公平性。在农村教育城镇转移初期是一种自发的循序渐进的过程，很少存在整个学校搬迁的现象，整校搬迁一般是农村学校无以为继时才采用的，因此首先迁入城镇学校的孩子往往来自农村中条件较好的家庭，这给留守原校的儿童带来一定不公和

① 何悦：《涪陵区乡“空巢村”发展存在的问题研究》，载《农村经济与科技》2016年第3期，第202-203页。

② 姚引妹：《经济较发达地区农村空巢老人的养老问题——以浙江农村为例》，载《人口研究》2006年第6期，第38-46页。

③ 周祝平：《中国农村人口空心化及其挑战》，载《人口研究》2008年第2期，第45-52页。

④ 陈坤秋、王良健、李宁慧：《中国县域农村人口空心化——内涵、格局与机理》，载《人口与经济》2018年第1期，第28-37页。

⑤ 侯晓光：《城镇化背景下农村中小学教育的生存境遇及改进路径》，载《基础教育研究》2014年第11期，第3-6页。

不良情绪影响外，更重要的还威胁着农村学校的可持续发展，加剧农村教育的“空壳化”和“夹缝中求发展”问题，甚至导致“空巢学校”的出现。农村学校生源萎缩必然影响教师队伍的稳定，在教育城镇化过程中，大批学校的新建、改建、扩建需要更多的师资力量，在人才市场化流动背景下，这些农村教师一般选择区位条件好、工资待遇高的城镇学校，加剧了农村师资的紧缺问题，极大地影响了农村教育的提升与发展。大量农村学龄儿童的外流，对外流孩子而言也面临更高的“风险”，增加就学成本和陪护成本，如很多城镇有大批父母或祖父母成为“陪读族”，影响了家庭生活质量，同时孩子在学习中需与条件更好的城镇家庭和学习成绩更优的同伴竞争，可能产生较大的心理负担甚至挫败感，不利于孩子的健康成长。

### （二）加剧农村养老与老年护理的困难

随着社会、经济的不断进步以及医疗条件技术的提高，人们的寿命越来越长，老龄化水平也越来越高，当前的老龄化发展状况已成为各国和地区普遍关注的重要问题。据《国民经济和社会发展统计公报》数据显示，2018 年末我国 60 周岁及以上人口达 2.49 亿人，占总人口的 17.9%，其中 65 周岁及以上人口为 1.67 亿人，占总人口的 11.9%。近 10 年中，我国老龄化水平呈现迅速提高态势。2010 年全国 65 岁及以上人口仅占 7.68%，到 2015 年底提升到 10.5%，而到 2018 年末为 11.9%，因而我国人口老龄化严重的现象，需引起高度重视。

我国城乡人口年龄结构呈现出较强的“流动人口”特征。从 2010 年城市、镇、乡村的年龄金字塔可知，城市人口呈现出“人口老龄化”和极不稳定型人口结构，镇人口则年龄结构更为稳定，乡村最为稳定（如图 1.2.1~图 1.2.3 所示）。但是，从 0~14 岁少儿人口、15~64 岁劳动年龄人口和 65 岁及以上人口比重看，情况则正好相反，乡村人口的年龄结构既最为老化又最为年轻，少儿人口比重为 19.16%，老年人口比重为 10.06%，总抚养系数最大，达到 41.29%。而城市人口则最为年轻，老年人口比重仅为 7.68%，同时少儿人口比重也是最小的，为 12.23%，因此总抚养系数比最小，为 24.86%，镇则介于两者之间（如表 1.2.1 所示）。

表 1.2.1　2010 年全国分城乡人口年龄结构及抚养系数 单位：万人、%

| 项目分类 | | | 城市 | 镇 | 乡村 |
|---|---|---|---|---|---|
| 人口数 | 全国 | 合计 | 40376.00 | 26624.55 | 66280.53 |
| | | 男性 | 20647.01 | 13657.07 | 33928.83 |
| | | 女性 | 19728.99 | 12967.48 | 32351.70 |
| | 0~14 岁 | 合计 | 4938.50 | 4492.47 | 12701.30 |
| | | 男性 | 2651.74 | 2447.81 | 6879.91 |
| | | 女性 | 2286.76 | 2044.66 | 5821.39 |
| | 15~64 岁 | 合计 | 32335.96 | 20008.21 | 46911.94 |
| | | 男性 | 16516.93 | 10176.04 | 23839.94 |
| | | 女性 | 15819.03 | 9832.17 | 23072.00 |
| | 65 岁及以上 | 合计 | 3101.55 | 2123.87 | 6667.29 |
| | | 男性 | 1478.35 | 1033.22 | 3208.98 |
| | | 女性 | 1623.20 | 1090.65 | 3458.31 |
| 比重 | 0~14 岁 | | 12.23 | 16.87 | 19.16 |
| | 15~64 岁 | | 80.09 | 75.15 | 70.78 |
| | 65 岁及以上 | | 7.68 | 7.98 | 10.06 |
| | 少儿抚养系数 | | 15.27 | 22.45 | 27.07 |
| | 老年赡养系数 | | 9.59 | 10.62 | 14.21 |
| | 总抚养系数 | | 24.86 | 33.07 | 41.29 |

资料来源：2010 年国家统计“六普”数据。

农村的这种人口结构，非常显著地反映出了人口流出区的典型特征，而城镇则相反，为人口流入区特征。由于乡村青壮年人口大量流入城市，乡村成了“老、弱、病、残、幼”的主要承载区，相对城镇而言呈现出“两头翘”的人口金字塔形状。即使是经济发达地区，“空巢村”现象也很严重，如浙江奉化裘村镇陶坑里村原有人口 500 多人，到 2008 年仅剩老人和儿童 40 多人，还有其附近的枫弄村原有人口 280 多人，到 2008 年仅剩 50 多人且 95%是老人①。尽管近几十年中我国城乡经济取得了显著的发展，但广大农村还普遍较为贫困。大量劳动力流出后，导致除农村经济发展所

① 彭迈：《农村劳动力转移后“空巢村”的隐忧与治理》，载《经济与管理研究》2008 年第 4 期，第 49-53 页。

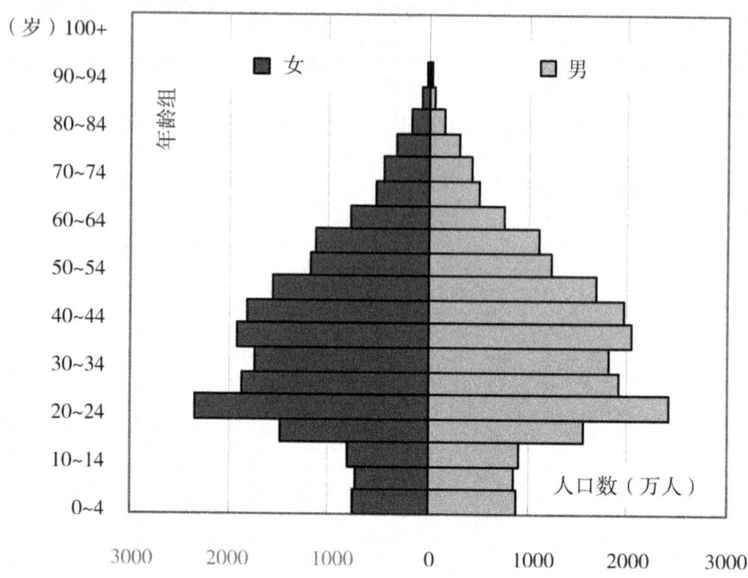


图 1.2.1 2010 年全国城市人口年龄结构状况

资料来源：2010 年国家统计“六普”数据，下同。

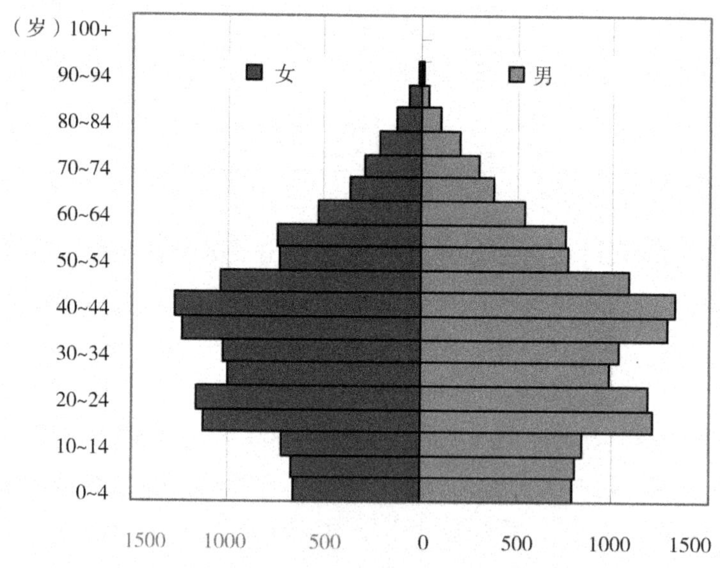


图 1.2.2 2010 年全国镇人口年龄结构状况

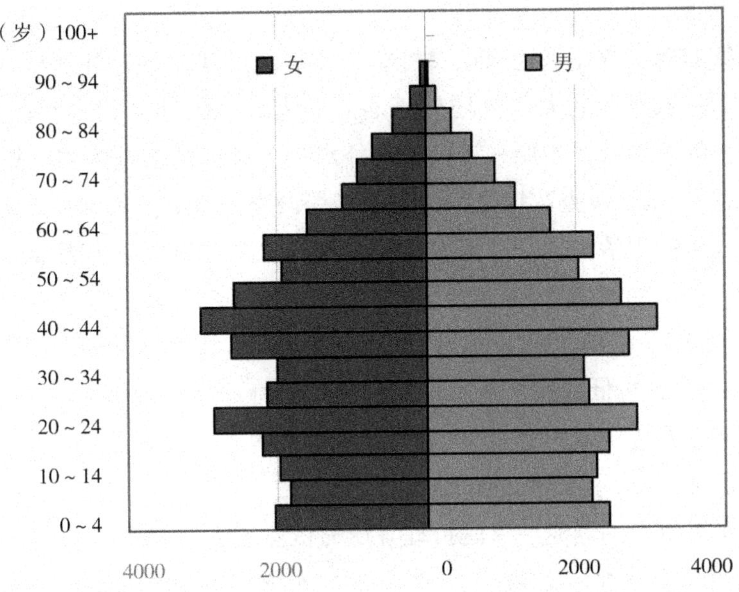


图 1.2.3 2010 年全国乡村人口年龄结构状况

需要的劳动力面临新的挑战外，更重要的是大大加重了农村养老服务、幼儿照料等方面的困难，同时还使农村的安全保护成为更紧迫的问题。

当前，农村留守老年人，不但要生活自理，更重要的还要照看孙辈，甚至参加田间体力劳动，而其自身还普遍存在较大的贫困问题，因此生活质量难以提高，甚至有的家庭基本生存无以为继。一般老年人收入低，且还要承受着繁重的照顾家庭的负担，同时指出老年人护理水平是生活质量的一项重要指标①。如何提高生活质量？Michael S. Rendall 等学者提出，最好的办法就是通过与家人生活在一起来消除贫困，他们在研究中指出，1984 年美国社会很多家庭如果没有家庭成员的共同居住，且没有遗赠的话，贫困率将比观察到的增加 42%②。同时，农村老年人由于年轻时沉重的家庭负担或体力劳动，健康状况普遍较差，甚至在发展中国家，贫困问

① M. Makiwane, S. A. Kwizera, "An Investigation of Quality of Life of the Elderly in South Africa, with Specific Reference to Mpumalanga Province," *Applied Research in Quality of Life*, Sep., 2006 (1): 297-313.

② Michael S. Rendall, Alden Speare, Jr., "Elderly poverty alleviation through living with family," *Journal of Population Economics*, Nov., 1995 (9): 383-405.

题还相当严重①。

在国家养老支撑体系还未在农村普遍建立且已建立的还处于低水平保障的前提下，农村养老大部分还处于居家养老、社会养老起步阶段之时，农村老年人的经济收入主要来源以子女外出务工寄回的款项为主。据2017年底河北省W镇的调查数据显示，在被接受调查的202个农村贫困老年人样本中，其主要生活来源排序依次是子女赡养、政府补贴（包括低保、特困户保障、基础养老金等）、自己赚取或者积蓄、亲属资助及其他，其比重分别为37.94%、30.15%、20.10%、7.79 %、4.02 %。同时，笔者了解到，目前W镇农村低保有一定程度的提高，但每月仍为210元，而参保的农村居民基础养老金仅为每月90元，这些资金根本无法满足老年人的养老需求。像这种情况，全国其他村镇也普遍存在。因此，总体上，农村居民特别是空巢老年人的养老、家庭护理等压力依然较大。

（三）导致留守人员精神抚慰和心理孤单等问题

早在2006年M. Makiwane对南非姆普马兰加省900名随机老年人样本进行"老年人生活质量调查研究"时揭示出，对老年人生活质量影响的关键因素主要包括四个方面，一是"一般健康"因素（general health），二是满足衣食住行的基本需求因素（satisfaction with basic needs of food, clothing and housing），三是心理健康因素（emotional well-being），四是交通、卫生、安全用水和安全等便利条件可得性的环境和谐因素（environmental harmony regarding access to amenities of transport, sanitation, safe water and security）等②。据此可知，除基本的物质条件满足外，身体及心理健康方面的需求与满足是农村留守老年人生活质量高低的两项重要指标。好的健康状况，对人的心理、精神有重要的影响。总体上，"空巢村"老年人健康状况不够理想，且治疗形式比较简单。据王飞鹏等对重庆潼南某"空巢村"的调研显示，有32.56%的空巢老人或多或少地患有慢性疾病，且难以得到较好的治疗。在病情发生时，仅有4.65%的老人得到较正规的治

① 韦璞：《贫困少数民族山区农村老年人社会支持网与生活满意度关系研究》，载《南方人口》2007年第1期，第45-50页。

② M. Makiwane, S. A. Kwizera, "An Investigation of Quality of Life of the Elderly in South Africa, with Specific Reference to Mpumalanga Province," *Applied Research in Quality of Life*, Sep., 2006 (1): 297-313.

疗，而23.26%的老人则自己买药吃，其余72.09%的老人是间歇性治疗，很少进行全面的检查和治疗[①]。究其原因，基本为治疗费用太贵，家庭负担太重，即使有部分报销的，普遍认为起付点太高对长期间歇性疾病没有太大意义，因此很多老人发病时常常选择拖延甚至采用迷信方式处理，最终错过最佳治疗时机而使病情恶化。

休闲、娱乐需要一定的设施、环境及同伴等条件，但农村文化、娱乐等设施普遍缺乏，同时由于人员大量流出，很难找到适合休闲的同伴，这就加剧了留守人员的生活单调和无聊感，加上经济、物质的困顿更使精神生活无趣单调，严重地影响着农村留守人员的生活情趣和心理调适。很多老人由于子女长期不在身边甚至每天连个交流的人都无法找到，因此“空巢村”老年人精神普遍空虚、无聊和孤单，同时农村老人文化素质较低，兴趣爱好少，网络等现代通信技术不会使用，难以带给他们更多的情趣，因而使精神生活陷入困顿。农村老年人受传统文化影响较深，思想、性格较为内向，娱乐、休闲方式及休闲技能较少，也没有城镇一样较广的“社交圈子”，因此在生活和心情上常出现抑郁、沮丧、孤寂等状况，致使生活不满情绪增加。更有甚者，常常愁容不展，长吁短叹，甚至自责、沉沦，与邻居也不常走动、不联系，也没有参加体育锻炼的习惯等，因而在生活上满意度普遍很低[②][③]。为此，对“空巢村”老人进行心理疏导，构建各种渠道关心他们的生活，鼓励其经常“走亲访友”，营造和睦的邻里社区关系，一定程度上能帮助提升“空巢村”留守老年人的生活满意度。

## 第三节　新型城镇化背景下“空巢村”现象对人口再分布及社会治理的影响

“空巢村”现象，对回流人口的合理再分布及村容村貌维护、社会治

---

① 王飞鹏、王君玲、林琴波：《农村空巢老人的养老困境及对策研究——以重庆市潼南县Z村调查为例》，载《西北人口》2013年第1期，第67-72页。

② 刘艺敏、朱炎、严浩军等：《上海市老年人生活满意度及影响因素的调查分析》，载《同济大学学报》（医学版）2004年第6期，第517-519页。

③ 李德明、陈天勇、李贵芸：《北京市老年人的生活满意度及其影响因素分析》，载《中国临床心理学杂志》2005年第1期，第58-60页。

安治理等产生重大的影响。

## 一、回流人口中心城镇“集聚”加剧了人口再分布的紧迫性

“空巢村”的加剧增加了回流人口安置的难度，如何对回流到中心城镇的无序“集聚”人口进行合理再分布将成为管理部门未来工作的一大问题[①②]。我国长期受农耕文化的影响重视安土重迁，一旦离开故土就会产生思乡之情，人们对世代生活的故土，具有深厚的感情，以至于老了也要“落叶归根”。当前，流动到城市的人口，大部分难以落户，甚至就业、小孩就学、养老等都存在很大的问题，在这种文化、经济等因素的影响下，外出务工的农村人口随着年龄的增长大部分还将回到家乡。

据国家卫健委发布的《中国流动人口发展报告（2018）》显示，2014—2017 年，全国流动人口三年连续下降，2017 年比 2014 年共减少了 850 多万人，这些下降的人口普遍回流到迁出地的县城或中心镇。同时，在年龄结构上，减少的流动人口群体集中在 45 岁以上人口，如 2017 年占总量 2.45 亿人的 22.8%。当前，流动人口主体已由“70 后”和“80 后”为主体转为“80 后”和“90 后”为主，其比重超过六成，且这些新生代七成以上打算在 5 年内返乡，返回地首选原居住地。根据对回流人口的调研发现，回流人口以 40~50 岁年龄段为主，并有超七成回流人员表示不愿再外出。如《21 世纪经济报道》，近年多个省份农民工回流明显，这些省份常住人口甚至净流入。同时，据近期多地统计局发布的报告称，近年来安徽、四川、山西、西藏、福建、宁夏、海南、重庆等常住人口处于净流入状态，而河北、青海、甘肃等地也表现为微流入，这显然是外出农民工回流而成的结果[③]。

流动人口一般都是多年甚至几十年在外地从事经济活动的群体，其城市非农化就业和城镇生活习惯基本养成，特别是来自山区农村的外出人口，他们回到家乡后基本不回原来的山村，而是集聚在城镇或城镇的周边

---

① 贺汉魂、廖鸿冰：《“归巢”农民工：“空巢”村庄农业发展的生力军》，载《经济师》2007 年第 12 期，第 51-52 页。

② 彭竞：《延边地区人口回流的变化博弈分析及策略研究》，载《人口学刊》2014 年第 5 期，第 96-104 页。

③ 定军：《多个省份农民工回流明显 这几省常住人口甚至净流入》，2019 年 4 月 5 日《经济日报》，第 3 版。

区域。人口流动，除导致人口数量的区域变动外，更重要的是使产业、服务等经济、社会特征出现区域迁移，因此大量的回流人员聚集原籍地城镇，势必给其家乡城镇带来就业、居住及人口再分布的困扰与挑战。四川是人口回流最大的省份，据流动人口监察数据显示，2015—2017 年，四川常住人口在 2015 年达到最低 8204 万人后，连续 3 年处于逐渐回升的过程中，2016 年为 8262 万人，2017 年达 8302 万人，平均每年回流 49 万人，但农村常住人口却仍处于下降之中，从 2015 年的 4292 万人，下降到 2017 年的 4085 万人，年均减少 103.5 万人。显然，外出务工的回流人口未回到农村而聚集于城镇，同时农村人口也还继续进入城镇。因此，当前的城镇需承接两股人流，一是回流人口，二是农村持续迁居城镇的人口。2015—2017 年，四川城镇每年需接纳这项人口达 150 万人以上，而近几年四川的就业状况却没有得到相应的改善。据 2017 年四川统计年鉴数据，2016 年底，农业所占岗位远超制造业，在 4860 万总就业人口中，农业就业人员高达 1827 万人，占 37.60%，而制造业为 601 万人，建筑业为 560 万人，住宿餐饮业 381 万人，居民服务和修理业 342 万人，批发零售业 295 万人，交通运输业 123 万人等。因此，就业结构还处于比较原始的状态，且 2015 年后四川工业增加值在达到 12085 亿元的峰值后则进入下降通道，至 2017 年降为 11517 亿元，降幅达 4.7%，这些回流人员的增加将给就业带来巨大的压力。

## 二、“空巢村”对村容村貌及基本设施维护的影响

大量人口流出不但对人们的出行模式、生活方式等产生影响①②，同时对村落本身的挑战似乎更为严峻③，特别是给村容、村貌及基本设施维护带来巨大的压力④，并使流出地村落在社会失序、安全、乡村结构维持等

① 周晓虹：《流动与城市体验对中国农民现代性的影响——北京“浙江村”与温州一个农村社会的考察》，载《社会学研究》1998 年第 5 期，第 58-71 页。

② 纪韶、李舒丹：《城市化进程中农民工生活方式的转变》，载《广东社会科学》2010 年第 2 期，第 39-47 页。

③ 卢成仁：《流动中村落共同体何以维系——一个中缅边境村落的流动与互惠行为研究》，载《社会学研究》2015 年第 1 期，第 166-190 页。

④ 盛虎：《“空巢村”的治安状况及治理对策研究》，载《湖北警官学院学报》2017 年第 3 期，第 61-67 页。

方面出现“治理性困境”[①][②]。村容、村貌由道路、广场、草地植被及其他自然景观等来体现，但基本设施是具有年限寿命的，需要定期维护，人文、自然环境也需经常维持。人口外流后，“空巢村”基本设施如道路、住房、通信、电视、用水、用电等，若无人使用、修复和维护将逐渐老化、破败。同时，在自然环境方面，将出现大量荒山、野地，加重水土流失，最终导致田地、广场等环境杂草丛生、脏乱不堪，严重破坏村容村貌。

此外，“空巢村”状况对农业生态和农田水利设施的影响也非常巨大，具体来说，将造成水利设施无人修复、维护，就更不用说新修水利了。因此，“空巢村”的加剧，不利于农业生产的持续发展，从而造成更严重的粮食、农业等问题，甚至影响国家粮食安全。郑风田教授指出，中国有70%以上的村庄没有任何农田水利建设投资，而能够获得国家投资的村庄仅为9.56%，当前中国农田水利建设欠账存在3万亿元的缺口，我国大型灌溉区骨干工程建筑物完好率不足40%，截至2003年，我国19.5亿亩耕地中有11.1亿亩“靠天吃饭”[③][④]。在水利建设投资中，政府投资的平均水平约占50%，远低于世界银行规定的69%的标准[⑤]。原财政部农业司司长赵鸣骥也表示，我国农业灌溉用水的利用系数只有0.45，是世界先进水平的一半，这几年中央大幅增加了水利投入，但真正用于农田水利上的数字很少，按现在的投资速度，几十年才能还完历史欠账，但新的欠账又来了。张好收也指出，我国的农田水利设施大部分兴建于20世纪50—70年代，一些农田水利工程老化失修、设备破损、效益衰减严重[⑥]。因此，“空

---

① 李淼、李巧兰：《流动人口的边缘性与村治秩序的震荡——以鄂西灵村为例》，载《华中师范大学学报》（人文社会科学版）2000年第2期，第12-17页。

② 徐增阳、甘霖：《农民流动与村民自治——流出村和流入村的分析》，载《浙江师范大学学报》（社会科学版）2006年第3期，第15-20页。

③ 郑风田：《加强农田水利建设刻不容缓——今年中央一号文件为何定位农田水利建设》，载《价格理论与实践》2011年第1期，第19-20页。

④ 郑风田：《我国农田水利建设的反思：问题、困境及出路》，载《湖南农业科学》2011年第1期，第1-7页。

⑤ 吴文庆、王立勇：《我国水利基础设施现状、问题与对策》，载《宏观经济管理》2011年第11期，第36-38页。

⑥ 张好收：《我国农田水利设施面临的问题及对策》，载《新乡学院学报》2011年第5期，第19-22页。

巢村”导致很多农田撂荒、半撂荒后，使农田水利设施的维护、修复更为艰难。

## 三、“空巢村”对社会治安维护的影响

“空巢村”的加重还有一个严重的问题，就是社会治安的维护。随着社会经济的发展，特别是大批农村劳动力进城务工后，不但增加了农村家庭的经济收入，同时也带回了更为开放的城市思想观念，使乡村由封闭逐渐转为开放。但社会矛盾和不安定因素也日益增加，使以往“夜不闭户”的乡村地区失去了往日的“安全感”，有的地区偷盗、骗取、抢劫等案件时有发生，特别是“空巢村”留守的老、幼、妇、孺因年龄、健康及身体等原因，无力抵抗入侵的不法分子，因而形成“有家无防”的安全失序局面。同时，“空巢村”基层组织也遭到严重破坏或不作为，村委成员一般经济状况较好，很多人已进城居住，加之留守人员数量稀少，居住分散，一旦村中出现安全事件更无力及时组织村民应对。调查显示，“空巢村”往往是经济发展较为落后的地区，地形多为丘陵和山地，交通极为不便，一旦出现问题即使及时报警，警方也难以及时抵达。更为严重的是，农村地区片警所管面积较大，警力也有限，出现紧急情况时，很难及时处理。因此，“空巢村”的治安防范呈现出较大的危机。

# 第二章 研究综述与研究设计

2000 多年前，亚里士多德曾说过，人们为了生活来到城市，为了生活得更加美好而定居于城市①。因此，人口由乡村流入城镇的人口城镇化，是人类聚落发展的必然趋势。本研究总的框架设计是，在对人类聚落形成、发展及其未来变化趋势进行分析的基础上，探索在当前城镇化背景下“空巢村”的发展规律及其将来的变动。为此，具体地分为四个部分进行论述。首先，对相关研究进行梳理与评述，了解人类聚落、“空巢村”等发展的基本状况；其次，对多山地区“空巢村”人口合理分布进行更有针对性的专门研究，了解其发展进程中可能出现的问题；再次，以“多中心集聚”为主要模式，探索多山地区“空巢村”合理再分布相关策略及其有效途径；最后，以日本“过疏地区”人口分布中出现的问题为启示，实证性探索江西赣南多山地区“空巢村”人口分布相关问题。

## 第一节 国内外相关研究及评述

近年来，乡村人口大迁移产生了诸多“空巢村”现象和问题，引起了研究者及社会等的普遍关注。对这一问题的产生、诱发原因及其治理策略等，研究者们进行了较多的探索，概括而言，主要可从以下几个方面进行重点探讨。

---

① 据亚里士多德名著《政治学》卷 A 章二：当几个村庄结合成一个完整的社区，（它）足够大到几乎或完全能自给自足时，城市（“城邦”，the state）就出现了，且缘于对生活纯粹的需要和为了美好的生活而继续存在。

## 一、概念辨析与界定

进行概念辨析和界定，是分析问题的第一步，也是研究前的必备工作。本部分首先对研究中涉及的主要概念结合当前的社会、经济、政策背景，对其进行更为具体、清晰的界定。此外，文中亦可能出现一些需要进一步明确的概念，则在研究过程中随文进行分析、论述。

### （一）就地城镇化与异地城镇化

#### 1. 城镇化类型及其演变研究

在我国城市化过程中，城镇化与城市化从发生机制和过程而言具有相同的含义。“城镇化”与“城市化”词语来源西方，其词源均为“urbanization”[①]，这两个词的不同主要是由于不同翻译而产生的[②]。因此，有学者认为城镇化就是“农村人口变为城镇人口”，还有学者认为城镇化是“农村社会变为城市社会”等[③④]。但据中文意思，它们在含义上似乎又有些差异，“城镇”所包含的含义更为广阔，它包括“城市”和“镇”，因而城镇化指“城市化”和“小城镇化”两个方面的含义，这也正是刘盛和等把我国城镇化分为“城化”和“镇化”两个细化过程进行研究的原因[⑤]。

从内涵上看，城镇化就是人口、用地类型、产业结构及生活方式向城镇转变的过程[⑥]。不同的城镇化过程、路径及诱导因素，催生不同的城镇化类型。一般国家城镇化进程主要包括两个基本维度，一为人口城镇化，二为土地城镇化[⑦]。也有学者认为，城镇化包括工业化、人口城镇化和土地城镇化三个维度，且这几种城镇化的速度往往不一致，对我国而言，主

---

① 陈明星：《城市化领域的研究进展和科学问题》，载《地理研究》2015 年第 4 期，第 614-630 页。

② 王云、马丽、刘毅：《城镇化研究进展与趋势：基于 CiteSpace 和 HistCite 的图谱量化分析》，载《地理科学进展》2018 年第 2 期，第 239-254 页。

③ 谢先全、晏路明：《福建城市化类型的数值划分》，载《地域研究与开发》2004 年第 1 期，第 21-24 页。

④ 易文彬：《村落城镇化类型及其发展趋势》，载《江西社会科学》2017 年第 6 期，第 223-229 页。

⑤ 刘盛和、王雪芹、戚伟：《中国城镇人口“镇化”发展的时空分异》，载《地理研究》2019 年第 1 期，第 85-101 页。

⑥ 安祥生：《山西省城市化类型的划分》，载《经济地理》2000 年第 4 期，第 50-54 页。

⑦ 周光霞、林乐芬、余吉祥：《土地城市化、人口城市化与城市经济增长》，载《经济问题探索》2017 年第 10 期，第 97-105 页。

要表现为人口城镇化滞后于工业化和土地城镇化①。另外，城镇化还可以从产业非农化角度进行划分②。从动力机制和发展模式上，城镇化有“自上而下”和“自下而上”③、“内生型”和“外力推动”型④⑤以及“离乡不离土”和“离土不离乡”等模式⑥。从距离而言，则又可分为就地城镇化和异地城镇化等形式。但无论城镇内容和过程如何多样化，其基本形式主要是由人口、产业、土地等三者不同的城镇化过程而决定的，本研究中主要探讨新型城镇化、就地城镇化与异地城镇化等三种城镇化在多山地区的发展、变化状况。

2. 就地城镇化和异地城镇化

就地城镇化和异地城镇化的划分，是根据人口迁徙的距离来判断的，如迁移距离近或几乎不迁移而进行的城镇化现象，则为“就地城镇化”或“就近城镇化”。如人口迁移距离较远而发生的城镇化，则为异地城镇化。对这两种城镇化概念的界定，不同研究者有不同的界定。普遍认为，“就地城镇化”与“就近城镇化”具有相同的含义⑦⑧。潘海生等认为“就地城镇化”就是农村人口不向大中城市迁移而是以中小城镇为依托的一种城镇化模式⑨。但有学者指出，“就地城镇化”与“就近城镇化”并不完全

① 陈伟、王喆、杜德瑞：《中国城市化的“两个滞后”与农地转用的长期压力》，载《江西财经大学学报》2014 年第 1 期，第 51-60 页。

② 边雪、陈昊宇、曹广忠：《基于人口、产业和用地结构关系的城镇化模式类型及演进特征——以长三角地区为例》，载《地理研究》2013 年第 12 期，第 2281-2291 页。

③ 崔功豪、马润潮：《中国自下而上城市化的发展及其机制》，载《地理学报》1999 年第 2 期，第 106-115 页。

④ 许学强、叶嘉安、张蓉：《我国经济的全球化及其对城镇体系的影响》，载《地理研究》1995 年第 14（3）期，第 1-13 页。

⑤ 薛凤旋、杨春：《外资：发展中国家城市化的新动力：珠江三角洲个案研究》，载《地理学报》1997 年第 3 期，第 193-206 页。

⑥ 辜胜阻、朱农：《中国城镇化的区域差异及其区域发展模式》，载《中国人口科学》1993 年第 1 期，第 7-16 页。

⑦ Zhu Y. “Changing urbanization processes and in siturural-urban transformation: reflections on China’s settlement definitions” //Champion A, Hugo G. New forms of urbanization, Aldershot: Ashgate, 2004: 207-228.

⑧ 潘海生、曹小锋：《就地城镇化：一条新型城镇化道路——浙江小城镇建设的调查》，载《政策瞭望》2010 年第 9 期，第 29-32 页。

⑨ 潘海生、曹小锋：《“就地城镇化”：一条新型的城镇化道路》，2010 年 7 月 19 日《浙江日报》，第 11 版。

相同。谭炳才认为，“就近城镇化”实质就是“城市郊区城镇化”的一种形式[①]。而李强等则强调，“就地”与“就近”相比距离更短，“就地城镇化”特指农村原地改造升级成为城镇的一种形式，而“就近城镇化”则是农村人口迁移到家乡附近县级市或地级市等市镇为核心的城镇化现象[②③]。

“就地城镇化”就其发生空间而言，与“就近城镇化”相似，可看成是同一类型，即包括农村原地改造、升级的城镇化和农村人口迁移至附近乡镇的城镇化。而“异地城镇化”是距离较远或跨地、市及以上行政区迁移而发生的城镇化。如张建就从是否跨越行政区来界定属于哪一类的城镇化，认为就地城镇化是同一个行政区域内发生的城镇化，也叫“本地城镇化”，而跨越了行政区的则为“异地城镇化”[④]。从人口集聚和土地结构状况看，就地城镇化要求原农村聚集地有较高的人口密度及人口非农化率等，同时基础设施及土地状况具有未来城镇发展的特点和潜力，这种城镇质量高，人口融入度好，回流人口较少，对当地农村经济发展具有更大的推动力。而“异地城镇化”，它是跨越行政区且较长空间距离内迁移而产生的，就我国当前状况看，大部分农村劳动力的空间转移属于此种类型，但从城镇化含义而言，这种现象是不属于城镇化的，因为城镇化本义是产业经济、家庭社会、人居环境及生活方式等全面的城市化现象[⑤]。因此，异地城镇化的城镇化质量相对较低，农村人口融入、回流现象比较常见，但对改善城乡结构、提升农村发展潜力方面又不失是一种重要途径。

### （二）多山地区

中国是一个多山国家，地貌类型复杂多样。对于地貌类型的划分，中华人民共和国成立后学术界有诸多的探讨。20 世纪 50 年代前我国对地貌没有专门的研究，直到李四光、翁文灏时才把我国地貌分为山地、高原

---

① 谭炳才：《促进农村人口就地城镇化》，2004 年 6 月 22 日《广州日报》，第 3 版。

② 李强、陈振华、张莹：《就近城镇化与就地城镇化》，载《广东社会科学》2015 年第 1 期，第 186-199 页。

③ 李强、陈振华、张莹：《就近城镇化模式研究》，载《广东社会科学》2017 年第 4 期，第 179-191 页。

④ 张建：《异地城镇化存在的问题》，载《城乡建设》2013 年第 3 期，第 25 页。

⑤ 同上。

（台地）、丘陵、平原和盆地五大类[①②]。周廷儒等在李四光、翁文灏方案基础上，增加了高山、中山类型，并根据海拔高度、相对高度、构造特征及其他地貌特征划分为不同海拔的六大地貌类型[③]。李炳元等认为，周廷儒方案是我国最早的现代地貌分类系统[④]，同时指出山地起伏的相对高度并非都是“切割”的结果，提议将“切割深度”指标改为“起伏高度”进行划分[⑤]。因此，我国基本地貌类型由宏观地貌形态和地势等级组合而成，具体分为山地、丘陵、高原、平原和盆地五大类型，同时在此基础上将“相对起伏度”和地貌面的“海拔”指标进行叠加，又分成了几大亚类[⑥⑦]。而山地则具体分为极大起伏山地、大起伏山地、中起伏山地和小起伏山地与极高山、高山、中山、低山等的组合类型，另外平原、台地、丘陵结合海拔高度进行分级分为高海拔、中海拔、低海拔组合等。我国山地的具体分类，如图 2. 1. 1、图 2. 1. 2 所示。

从起伏度而言，根据李炳元等人的分类，起伏度小于 200m 的为平原、台地和丘陵，大于 200m 的为山地[⑧]，因此我国平原、台地和丘陵面积相对较小，而山地占据了大部分。基于遥感影像和数字高程模型（Digital Elevation Model，DEM）的综合分析，程维明、周成虎等把全国国土面积分成 134437 个统计板块，对全国地形进行面积统计得出，我国地貌类型中，山地所占面积最大，为 411. 71 万平方千米，占全国总面积的 42. 89%，平原为 257. 95 万平方千米，占 26. 87%，台地 88. 35 万平方千米，占 9. 20%，丘陵 192. 21 万平方千米，占 20. 02%（具体如表 2. 1. 1 所示）。由于我国国土面积广大，平原、台地、丘陵、山地等地面类型分布复杂，很多地貌

---

① 李四光：《中国地质学》（张文佑编译），上海・正风出版社，1953 年版，第 9 页。

② 沈玉昌：《中国地貌区划》（初稿），北京・科学出版社，1959 年版，第 24–29 页。

③ 周廷儒、施雅风、陈述彭：《中国地形区划草案》，载《中国自然区划草案》（中华地理志编辑部主编），北京・科学出版社，1956 年版，第 21–56 页。

④ 李炳元、潘保田、韩嘉福：《中国陆地基本地貌类型及其划分指标探讨》，载《第四纪研究》2008 年第 4 期，第 535–544 页。

⑤ 李炳元、李钜章：《中国 1：100 万地貌图图例系统和地貌类型的探讨》（中国 1：100 万地貌图编辑委员会），载《地貌制图研究文集》（中国科学院地理研究所编），北京・测绘出版社，1986 年版，第 52–59 页。

⑥ 李炳元、李钜章：《中国地貌图（1：400 万）》，北京・科学出版社，1994 年版。

⑦ 李炳元、潘保田、韩嘉福：《中国陆地基本地貌类型及其划分指标探讨》，第 535–544 页。

⑧ 同上。

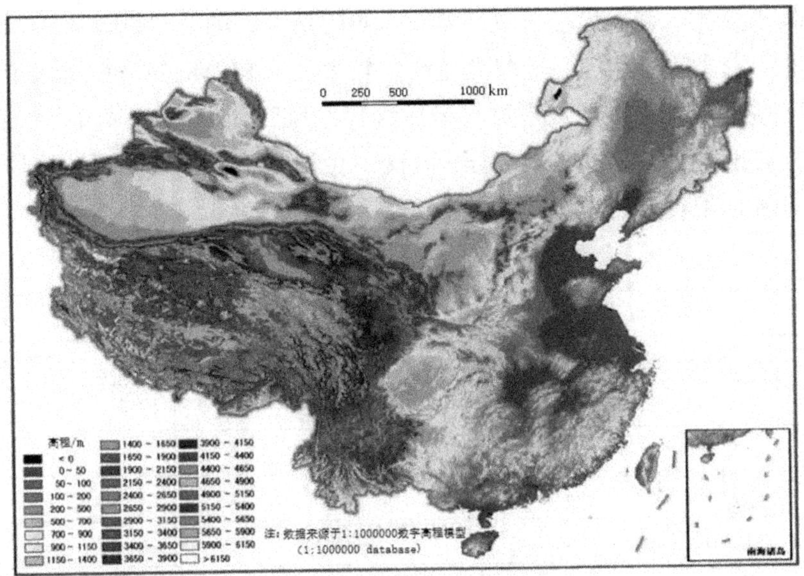


图 2.1.1　中国地面高程分布

数据来源：据李炳元、潘保田、韩嘉福：《中国陆地基本地貌类型及其划分指标探讨》，载《第四纪研究》2008 年第 4 期，第 540 页。

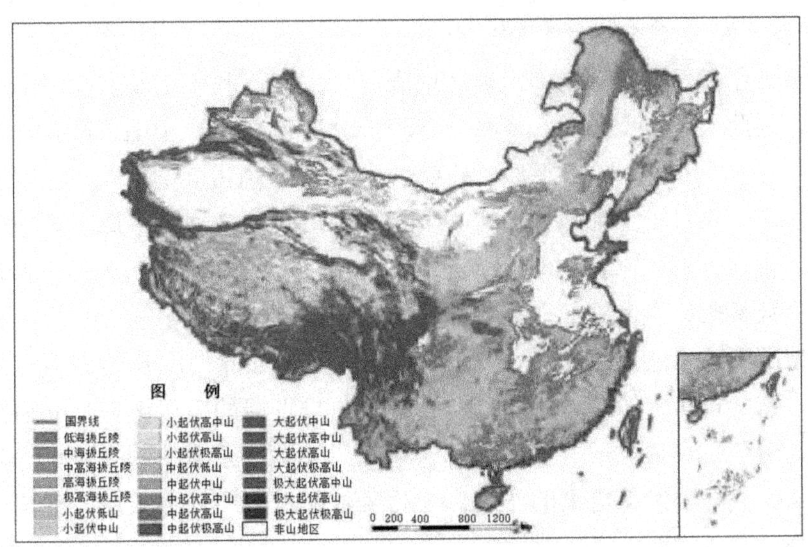


图 2.1.2　中国山地类型及其分布状况

资料来源：据钟祥浩、刘淑珍：《中国山地分类研究》，载《山地学报》2014 年第 2 期，第 137 页。

类型处于穿插、镶嵌状态之中，因而不同的统计、测量尺度，对不同地块的归总、分类将对认定的地貌类型产生较大的影响。例如，在山地中，分布了一些丘陵、台地甚至平原，采用大尺度统计时，它们都归为山地中，如把尺度缩小，则可把它们细分为丘陵、台地和平原，因此不同统计口径下，各种地貌类型的面积有一定变动。

**表 2.1.1　基于起伏度的中国地貌类型及其分级面积状况①**

| 地貌类型 | 面积（104km$^2$） | 百分比（%） |
| --- | --- | --- |
| 平原（<30m） | 257.954 | 26.87 |
| 台地（>30m） | 88.354 | 9.20 |
| 丘陵（<200m） | 192.213 | 20.02 |
| 小起伏山地（200~500m） | 152.556 | 15.89 |
| 中起伏山地（500~1000m） | 171.113 | 17.82 |
| 大起伏山地（1000~2500m） | 83.515 | 8.70 |
| 极大起伏山地（>2500m） | 4.529 | 0.47 |
| 其他（部分沙漠、戈壁及破碎地块等） | 9.766 | 1.02 |

资料来源：据程维明、周成虎、柴慧霞、赵尚民、李炳元：《中国陆地地貌基本形态类型定量提取与分析》，第 726-737 页。

与平原和丘陵相比，多山地区地表起伏大，不利于工农业生产和人口居住，因此人口密度较低，乡村分布较少。2006 年底，全国行政村总数为 63.67 万个，其中分布于平原、丘陵、山地的分别占 38.08%、31.01%和 30.91%②。相对于土地面积而言，乡村、人口及劳动力向平原、丘陵显著聚集，占国土面积 42.89%的山区，乡村个数仅占总量的 30.91%，人口和劳动力数量聚集程度更低，人口仅为 23.99%，劳动力为 23.24%，而平原这一情况则正好相反（如表 2.1.2 所示）。尽管如此，广袤的多山地区蕴藏着丰富的自然资源，是我国社会经济进一步发展的重要区域，并扮演着重要的角色，必须进行合理的开发与利用，使其在未来的国家社会、经济发展重大战略中发挥更大的作用，为此要更好地解决其在人口、经济发展中出现的相关问题。

① 程维明、周成虎、柴慧霞、赵尚民、李炳元：《中国陆地地貌基本形态类型定量提取与分析》，载《地球信息科学学报》2009 年第 6 期，第 726-737 页。

② 据中国第二次农业普查资料数据。

表 2.1.2　2006 年我国乡村与人口在不同地貌类型地区的分布

| 地貌类型 | 数量 | | | | 比重（%） | | | |
|---|---|---|---|---|---|---|---|---|
| | 面积（$10^4km^2$） | 行政村（万个） | 常住人口（万人） | 常住劳动力（万人） | 面积 | 行政村 | 常住人口 | 常住劳动力 |
| 平原 | 257.95 | 24.25 | 33260.12 | 24108.91 | 27.15 | 38.08 | 44.61 | 45.41 |
| 丘陵* | 280.57 | 19.74 | 23415.75 | 16643.82 | 29.53 | 31.01 | 31.40 | 31.35 |
| 山区 | 411.71 | 19.68 | 17889.16 | 12339.04 | 43.33 | 30.91 | 23.99 | 23.24 |
| 合计 | 950.23** | 63.67 | 74565.03 | 53091.77 | 100.00 | 100 | 100 | 100 |

资料来源：行政村、人口与劳动力数量为《中国第二次农业普查资料汇编》数据；注：*为表 2.1.1 中台地与丘陵合计数，**部分沙漠、戈壁及破碎地块等国土面积未计入（国土总面积为 960 万平方千米）。

（三）“空巢村”

“空”，顾名思义就是“没有内容”“不包含什么”或“物体内部的窟窿”①；而“巢”，则为“鸟搭的窝，或蜂、蚁等动物的窝，借指敌人或盗贼的藏身之所”②。因此，所谓“空巢”，就是“鸟儿”飞走了，留下“巢穴”，且较长期时间或永远不回来了。而对人而言，就是“人”走了，留下“居所”，且较长时间甚至永远不回来。这样的家庭，谓之“空巢家庭”，如扩大到一个乡村，则就是“空巢村”。当然，人们由于各种原因较长时间外出，往往很多情况不是一个家庭或村庄人口的整体外出或搬迁，而是部分人员，特别是年轻的劳动人口外出求学、务工经商或婚嫁等，而留下年老的父母、祖辈独居或照顾未成年孙辈等。如果情况比较严重，程度较大，则出现“空巢家庭”，对整个乡村而言，很多的家庭“空巢”则出现“空巢村”现象。

“空巢村”一词起源于“空心村”。最早关注我国“空心村”问题的学者是程连生、冯文勇等。早在 2001 年，程连生等学者注意到，我国农村地区由于改革开放带来的经济大幅增长，人们为改善生活、居住条件而出现集中搬迁的现象。特别是，平原人口密集区域的农村，居民不断向周边地形、环境更好的区域迁居，而使“原聚落成新度下降、非居住房屋增加、废墟面积扩大、人口密度锐减”，最终导致原聚落“空置”甚至“废

① 《康熙字典》（中华书局编辑部），北京 · 中华书局，2010 年版，第 863 页。

② 《康熙字典》（中华书局编辑部），北京 · 中华书局，2010 年版，第 324 页。

弃"而形成"空心村"的现象。在他们的研究中指出，农村经济发展、政府对土地管理宽严不齐以及平原地区集村缺乏规划等，是农村"空心化"的重要原因。同时，认为"聚落空心化"是与聚落的扩展相伴而生的，因而造成了土地资源的"双向浪费"，强调诸多"空心村"浪费的土地资源"不比城市逊色"①。从形成机理和出现的相关问题而言，程连生等所关注的"空心村"与本研究要探讨的"空巢村"并不是一个问题。

随着农村人口流入城市的增加，很多乡村出现了人口"空心化"现象，学者们对此问题的研究已把"空巢村"与"空心村"看成了同一概念。周长洪和翟振武在以湖南郴州和株洲部分农村地区为对象"对农村人口流出特征与经济社会效应"的研究中指出，农村流出人口比例高，占总人口的21%~23%和农村劳动力的1/3多，致使出现了"空心村"现象。农村大量青壮年外出后，剩下的大部分是"386199部队"（即妇女、小孩和老人），使农村出现了土地撂荒、养老、"年老的留守人员"负担加重、隔代照料等经济、社会及家庭问题②。这里所谓的"空心村"与本研究的"空巢村"含义一致。围绕这一问题，周祝平指出，今后意味着中国农村人地关系进入了一个历史性的转折期，即农村人地压力将大大下降，但也带来了一个长期的挑战，就是农村社会、经济发展的凋敝问题③。陈玉福、孙虎等认为，"空心村"的形成主要是由于村庄规模小、布局散、"一户多宅"、村庄建设规划缺乏等，因此对"空心村"进行空间重构、资源整合等治理是必要的，并提出了系列治理措施④。

农村"空心化"问题提出后不久，部分学者已把"空心化""空心村"等问题的探讨换用"空巢村"进行分析了。在已知论文数据库中，彭迈是最早以"空巢村"一词来研究空巢村及农村"空心化"问题的。2007年，她在研究"'空巢村'现象对新农村建设的影响"时对"空巢村"进行了界定。她指出所谓的"空巢村"就是大量人口流入城市、人口锐减且

---

① 程连生、冯文勇、蒋立宏：《原盆地东南部农村聚落空心化机理分析》，载《地理学报》2001年第4期，第437-446页。

② 顾宝昌：《新农村建设："迁出去"和"引回来"》，载《人口研究》2006年第5期，第32-48页。

③ 周祝平：《中国农村人口空心化及其挑战》，载《人口研究》2008年第2期，第48-55页。

④ 陈玉福、孙虎、刘彦随：《中国典型农区空心村综合整治模式》，载《地理学报》2010年第6期，第727-735页。

村中剩下的大部分为老幼妇孺的村庄。同时，还强调“空巢村”很难以人口减少的具体百分比来衡量，但显著的人口数量及结构变化是其主要表现①；2008 年，彭迈又对“空巢村”的治理问题进行了探索②。此后，其他学者对“空巢村”面临的困境、形成机理、建设治理、与农村劳动力转移的关系，以及养老、留守等问题进行了更深层次的研究。

## 二、国内外研究现状及主要相关观点

近年来学术界对“空巢村”人口合理再分布及新型城镇化等问题的研究，可概括为以下三个方面。

（一）“空巢村”相关研究及基本观点

研究中主要探索了“空巢村”的形成、与农村劳动力转移的关系及其养老、留守等问题。“空巢村”在我国农村的普遍存在是一个不争的事实，表面上它是我国市场化、城镇化、工业化过程中产生的对区域人口进行重新分布的“副产品”，但这种现象的背后，却蕴藏着深刻的人口、经济和社会等问题。在农村老龄化加速、劳动力供给已整体跨越“刘易斯拐点”的背景下，“空巢村”问题对未来的人口再分布和城镇化模式选择（“异地城镇化”还是“就地城镇化”）也将产生复杂的影响。

但对于“空巢村”的概念，学术界仍然没有统一的界定。一般认为，它是一种青壮年劳动力或常住人口大量流出的村庄，但没有明确规定一个锐减比例③④。“空巢村”问题在很多发达国家已经历过，如日本 20 世纪 60 年代农村因“过疏化”而导致“村落终结”就是这一原因⑤⑥⑦。彭迈（2008）认为，“空巢村”是人口、经济发展不平衡和社会转型、制度障碍

① 彭迈：《“空巢村”现象对新农村建设的影响》，载《中州学刊》2007 年第 3 期，第 125-127 页。

② 彭迈：《农村劳动力转移后“空巢村”的隐忧与治理》，载《安阳师范学院学报》2008 年第 1 期，第 49-53 页。

③ 同上。

④ 周楠：《城镇化进程中“空巢村”的现象分析》，山西大学硕士论文，2012 年，第 1-5 页。

⑤ 中田实：《日本的社会学・农村》，东京・东京大学出版社，1986 年版，第 257 页。

⑥ 田毅鹏：《20 世纪下半叶日本的“过疏对策”与地域协调发展》，载《当代亚太》2006 年第 10 期，第 51-58 页。

⑦ 田毅鹏：《乡村“过疏化”背景下城乡一体化的两难》，载《浙江学刊》2011 年第 5 期，第 31-35 页。

等深层原因造成的；而姚树洁等（2010）也指出，偏远地区“空巢村”的普遍出现，是区域收入分配不均使农村人口向城市加速转移的结果。尽管劳动力的城市转移带给了“空巢村”一定的经济利益，但也诱发了诸如农村劳动力结构失衡、劳动力素质普遍下降及劳动力转移后引发“空巢村”衰落等严重的问题，这些不能不引起深思。同时，鉴于“空巢村”导致的土地荒芜、乡村萎缩、社会服务无法开展等问题，学者们提出了人口“多中心集聚”[①]、农地流转[②]、鼓励返乡创业[③]、构建农村养老新模式及加强“留守”人员帮扶等措施[④]。所有这些，对“空巢村”的治理均具有一定的借鉴意义。

（二）新型城镇化研究视角及相关观点

人口分布主要是“迁移变动”的结果，这一状况的实现是一个复杂的过程[⑤]。为更好地实现这一过程，很多学者进行了孜孜的求索。曾明星等指出，构建以“多中心集聚”为导向的城镇化体系，是未来进行人口合理再分布的必由之举。有学者认为，要疏通城乡人口通道，首先要让农民工穿上市民的“五件衣服”（就业、教育、医疗、住房、养老）[⑥]，更重要的是要走“人的城镇化”道路，提升城镇化质量，同时谨防“有城市无产业”“有速度无质量”及“半城镇化”，不搞“空城计”和农民“被上楼”等[⑦][⑧]。

对“空巢村”的治理并不是要吸引大量务工农民回流，而是要把着力

---

① 曾明星、张善余：《中国人口再分布的社会经济合理性及其“多中心集聚”分析》，载《南方人口》2013 年第 5 期，第 71–80 页。

② 陈建兰：《经济较发达地区农村空巢老人养老问题实证研究》，载《中国农村观察》2009 年第 4 期，第 47–56 页。

③ 杨淑琼、刘河元：《“空巢”村农民主体缺位与农村劳动力转移》，载《农业现代化研究》2009 年第 3 期，第 325–328 页。

④ 姚树洁、吴斌、宋林：《中国贫困地区的空巢村庄：陕北农村迁移的案例研究》，载《当代经济科学》2010 年第 7 期，第 66–73 页。

⑤ Anselin L，Griffith D A，“Do Spatial Effects Really Matter in Regression Analysis，” *Paper of the regional Science Association*，1998（65）：11–34.

⑥ 廖文根：《新型城镇化的难点是人的城镇化——访民建中央副主席辜胜阻》，2013 年 1 月 16 日《人民网》，http：//theory. people. com. cn/n/2013/0116/c40531-20215710. html.

⑦ 仇保兴：《新型城镇化：从概念到行动》，载《行政管理改革》2012 年第 11 期，第 11–18 页。

⑧ 吴瑞君、曾明星：《人口迁移流动对城乡社会发展的影响》，载《人民论坛》2013 年第 4 期，第 10–12 页。

点放到引导他们更好地进行非农化转移上，同时切实推进农地流转制度改革、处理好流出人员的土地权益关系、鼓励返乡创业、加强“空巢”家庭社区关爱及探索合理的农村养老新模式等。多山地区“空巢村”人口大量迁出后很多农地以“退耕还林”的形式“撂荒”，而实际上它们是耕作历史悠久的良田，在中部气候湿润的地区如赣南丘陵、低山等地带是否需大面积实行退耕还林政策，仍然值得商榷。因此，在城镇化和迁移大潮深入发展的背景下，怎样保护和更充分地利用“空巢村”农地，将成为更大的难题，势必使制定农地流转制度更为紧迫。在当前的人口、经济形势下，促进以“多中心集聚”为导向、“人的城镇化”为内涵的新型城镇化，是多山地区人口合理再分布的重要方向。同时，要使城镇化从外延式的“要素驱动”转变为内涵式的“创新驱动”，并以服务均等为抓手，构建农民融入城镇的长效机制。

“人口密度高”意味着“人口压力大”，是一种误解。事实上，人口密度指标仅仅表示人口分布的稀疏状况或人口的集聚程度，而不能说明人口分布的合理性与否。同时，“高人口密度”与“人口密度过高”也不是一回事，人口密度的高低与经济发达与否没有必然联系。因而，人口密度是经济、社会发展以及环境变迁的结果，但不是条件，这在分析中是需要特别注意的。区域人口再分布主要是由经济、社会因素决定的，即属于“发展式”理性，因此怎样从发展方式角度来评价中国人口分布的合理性，而在区域人口规划上又将怎样本着“人口发展功能区”（人口限制区、人口疏散区、人口稳定区、人口集聚区等）的思路来合理安排今后人口再分布的重大战略，所有这些都是本研究需考虑的重点问题。在多山地区“空巢村”进行人口合理再分布和新城镇化实践中，这些都是需要非常注意的。

### （三）人口合理再分布相关研究及观点

随着科技水平的提升和区域经贸联系的加深，区域单位生产力和物质的交换能力不断加大，因而“自然资源”对人口分布的制约作用有较大下降的趋势，因此很多学者就从产业、区域经贸关系等方面分析它与人口分布的互动联系。早在1983年中山大学的朱云成、陈浩光就论述了人口分布与经济发展之间的互动关系，他认为：“从本质上，……是经济发展决定了人口数量的增加和人口密度的增大，而不是人口的增加和密度增大决定经济的发展"，同时他又强调，人口分布"其本身状况也会影响经济发展"[①]。1993年周祖根等比较早地从产业结构视角探索了产业结构与人口分布之间的关系[②]，近年来学者们对这一问题的探讨更为热烈。Ottaviano、Puga（1998）认为，即使初始条件完全相同的地区也会因经济条件较小的变化，引起生产与人口分布之间很大的不平衡[③]。范红忠、李国平（2003）从生产与人口分布的不平衡性、不一致性和极化作用等方面探讨了我国生产与人口分布的不平衡的合理性，认为"我国生产与人口分布的不一致性最高，人口分布的极化作用最低"。同时，强调"我国生产与人口分布存在的问题并不是生产分布不平衡，而是生产集中的同时未引起人口相应的集中，从而造成了较大的生产与人口分布的不一致性，并导致了较大的地区经济差异"。因此，范红忠等见地独特地指出："地区经济差异是生产与人口分布不一致所造成的，生产分布不平衡并不必然引起地区经济差异"的结论[④]，同时通过Theil指标分析指出在1965—2001年的36年里核心区生产与人口分布集聚程度的高度失衡是今后中国人口经济区域布局的主要矛盾[⑤]。王桂新、沈续雷等通过中国经济与人口重心在1995—2007年的区域不均衡性移动，也进一步佐证了这一问题[⑥]。而黄荣清则从城市中心区在产业结构调整和区域功能的调整上分析了北京的人口分布问题，他认为"第二、第三产业的区域调整，即第二产业的郊区化和第三产业的中心区域化"是人口再分布的主要动力[⑦]。此外，对这一问题进行过深入研究的

---

① 朱云成、陈浩光：《试论人口分布与经济发展的关系》，载《人口与经济》1983年第1期，第27-31页。

② 周祖根、严春松：《人口分布与第三产业布局》，载《中国人口科学》1993年第5期，第52-54页。

③ Ottaviano G I P, Puga D, "Agglomeration in the global economy: a survey of the new economic geography," *World Economy*, 1998, 21（6）: 707-731.

④ 范红忠、李国平：《对我国生产与人口分布现状与问题的比较分析》，载《预测》2003年第6期，第28-32页。

⑤ 范红忠、李国平：《生产集中、人口分布与地区经济差异》，载《经济研究》2003年第11期，第79-86页。

⑥ 沈续雷、王桂新、孔超：《中国人口分布和经济发展空间不均衡性对比研究》，载《人口与发展》2009年第6期，第69-73页。

⑦ 黄荣清：《1980年代以来北京市城市化过程中人口分布的变化》，载《人口研究》2005年第5期，第19-26页。

还有穆光宗（1994）[①]；林盛中、郑玮钧（2009）[②]；薛莹莹、沈茂英（2009）[③]；张祥晶（2011）[④]；封志明、张丹（2011）[⑤] 等。所有这些，为今后中国人口区域合理布局的实践提供了诸多的理论支撑。

另外，以往研究者更多地关注人口“过度集聚”而导致的环境、交通、居住等问题[⑥]，而对“人口集聚”所产生积极“集聚效应”研究得较少。根据缪尔达尔“循环累积因果关系理论”，从而形成经济与人口的良性循环发展，使得“经济系统的收益”与“人口系统的福利”互动增长[⑦]。丁刚、胡联升（2010）通过 GPCA 模型和 ESDA 方法对全国 31 个省（自治区、直辖市）基于人口安全的空间集聚效应进行了尝试性分析[⑧]；由于人口既有“手”亦有“口”，既能生产，也能形成更大的市场，因此其“集聚”将促进区域经济发展的正效应，但刘洁、王宇成等（2011）通过构建“区域经济规模—人口规模”分析发现，由于中国“抄近路”的发展模式导致了缪尔达尔“循环累积因果关系理论”中的关键环节断裂，形成“人口集聚”增大但地方普遍无力的局面[⑨]。因此，在进行“空巢村”人口合理再分布时，需对这种中国特殊人口制度下的“悖论”引起足够的重视。

通过上述的回顾和分析，不难发现，当前关于“空巢村”人口合理再分布及新型城镇化研究还存在以下不足：

---

① 穆光宗：《中国的人口分布和经济发展——对四普和三普资料的比较分析》，载《江淮论坛》1994 年第 2 期，第 31-35 页。

② 林盛中、郑玮钧：《论黑龙江省人口分布及科学引导》，载《人口学刊》2009 年第 5 期，第 17-22 页。

③ 薛莹莹、沈茂英：《成都市人口分布与区域经济协调发展研究》，载《西北人口》2009 年第 2 期，第 84-87 页。

④ 张祥晶：《区域在业人口疏密分异及与影响因素的联动模式——以浙江省为例》，载《社会科学论坛》2011 年第 5 期，第 230-235 页。

⑤ 封志明、张丹、杨艳昭：《中国分县地形起伏度及其与人口分布和经济发展的相关性》，载《吉林大学社会科学学报》2011 年第 1 期，第 146-151 页。

⑥ 杨剑、蒲英霞、秦贤宏、何一鸣：《浙江省人口分布的空间格局及其时空演变》，载《中国人口·资源与环境》2010 年第 3 期，第 95-99 页。

⑦ Gunnar Myrda，L. *Asian Drama*：*An Inquiry into the Poverty of Nations*（New York：Pantheon Books，1968）.

⑧ 丁刚、胡联升：《中国区域人口安全发展态势及其空间集聚效应研究：基于 GPCA 模型和 ESDA 方法》，载《哈尔滨工业大学学报》（社会科学版）2010 年第 6 期，第 83-93 页。

⑨ 刘洁、王宇成、苏杨：《中国人口分布合理性研究——基于发展方式角度》，载《人口研究》2011 年第 1 期，第 14-28 页。

（1）文献中更多关注的是“空巢村”及“空巢”家庭中留守人员养老、医疗、护理及精神慰藉等方面的问题，而对“空巢村”流出劳动力的非农转移、回流引导、农地关系维系及核心城镇人口再分布等研究则较为薄弱。

（2）对如何处理城镇化与“空巢村”发展间的矛盾还存在激烈的争论。一种是“乡村消亡论”[①][②]，认为“空巢村”就是乡村的自然“消亡”，但对其消亡后的土地如何利用及权益归属与维护等问题则没有进行更深入的探讨（发达国家的情况与土地私有制有关）。还有一种是城镇化与“空巢村”协调发展论[③][④]，一方面提出“就地城镇化”，引导回流人口进入周边核心城镇；另一方面加强新农村建设促进乡村发展，更多吸纳回乡农民，但如何应对急速发展的“空巢村”问题也未提出明确的措施。

（3）新型城镇化是一种彻底的城镇化，是未来解决城市人口区域偏集、促进人口合理再分布的有效途径，但对于它的含义和发展路径在目前的相关研究中还处于探索阶段。到底什么是新型城镇化？很多学者认为它是一种“人的城镇化”，但在实际建设中又难以定量和操作，而多山地区从“空巢村”中迁出的人口又如何参与新型城镇化、他们的福利怎样保障，所有这些都是期待解决的难题。

## 第二节　研究设计与方法

从更深层次而言，“空巢村”的大量出现，不只是区域人口空间迁移的变化，其背后还蕴含着一系列的人口、经济和社会问题，因而需要学者和有关部门对此进行充分的关注和研究。

---

① 内藤正中：《过疏和新产都》，北九州・今井书店，1968年版，第29页，第49页。

② 伊藤善市：《地域活性化の戦略-格差・集積・交流》，東京・有斐閣，1993年版，第26页。

③ 代以胜：《“空巢村”对新农村建设的影响及对策探讨》，载《达州新论》2010年第1期，第58-61页。

④ 张义、何晓杰：《东北朝鲜族移民型“空巢村”的治理困境与路径选择》，载《边疆经济与文化》2011年第7期，第38-39页。

## 一、数据来源

从经济学角度而言，“空巢村”现象是区域经济发展的必然。经济发展往往是从资源、劳动力及技术等条件好的区域优先发展，从而促使经济、人口等要素向该区域“集聚”，且形成以劳动力为主体的人口要素在区域间转移。在城乡二元经济背景下，这一人口流动趋势，一般以农村人口迁入城市为主导。但由于城乡人口、劳动力及其他经济间的区隔，城乡之间及行业之间的转移不是完全自由的，因而农村人口、劳动力要素只能聚集于城市的周边。即使是进入城区亦以非主要部门为集聚点，其所获取的经济利益也比城市居民低，致使大部分流入城镇的农村人口无力真正融入城市，因而导致了他们不能彻底放弃农村基本的土地、居所等的保障，“空巢村”也就在这两股力量的综合作用下逐渐扩大并将长期存在着。为此，要分析“空巢村”出现的各种问题、形成原因及其振兴与治理措施，必须从经济、社会、政策、制度等层面，综合运用经济学、社会学、人口学、地理学等知识对“空巢村”现象及问题进行针对性的深入探究，为此所用资料、数据也将涉及这些领域。本研究所涉及的内容和应用的知识广泛，具体数据包括以下几个方面：

### （一）普查类数据与资料

首先，是人口普查资料。人口普查资料包含总人口、外来人口、人口结构、人口分布、就业及其他经济状况等信息，可作为“空巢村”人口合理再分布的基础资料。本研究主要采用了全国第五次、第六次人口普查资料数据。其次，为全国农业普查资料。全国农业普查第一次从 1996 年开始，此后每 10 年一次，第二次是 2006 年进行的，第三次 2016 年已完成，但详细数据还未发布。因而，这里采用第二次的全国农业普查资料。在全国农业普查资料中，有按地貌类型划分的平原、丘陵、山地等村、镇的人口、经济、教育、文化、生活及基础设施建设等数据，对“空巢村”研究起着很好的支撑作用。

### （二）统计年鉴类数据

研究分析中，有关经济数据基本来自相关年份的统计年鉴数。现在大部分地区每年都有统计年鉴数据发布，这类数据的获取相对较为方便、完整，因此研究中未特别说明一般为统计年鉴数据。

（三）国家与相关组织的专项抽样调查数据

这些数据主要包括全国流动人口监测数据（2015—2016 年）、上海流动人口监测数据（2015—2017 年）、中国综合社会调查数据（CGSS，2010—2015 年）、中国家庭追踪调查数据（2014—2016）及课题组在调研区域内进行的问卷调查、访谈等数据。通过这些数据的分析，可以比较深入地了解不同区域、层次及其他特征的群体的相关状况，对"空巢村"问题、人口分布、乡村振兴和治理具有重要支撑作用。

## 二、研究设计：内容、思路及创新

（一）研究内容

本研究重点探索多山地区"空巢村"回流人口核心城镇集聚模式、回流引导及流出人口农地关系维护、福利保障等与人口再分布有关的问题。具体包括：

（1）以多山地区为研究区域，充分了解山区"空巢村"留守人员结构特点、生存状况，在此基础上，分析其对政策和服务方面的需求及今后的流出意愿，以便为制定相应的政策、制度提供科学依据。

（2）通过调研，重点分析"空巢村"人口土地依存状况与农地流转意愿，探索多山地区人口集聚新模式、农地关系及农民身份的转变状况，同时探讨以流出人员福利保障为基础的人口再分布体系构建。

（3）以流出人员区域选择和回流模式分析为基础，探索多山地区人口再分布和新型城镇化模式与实践，分析如何更好地将"空巢村"出现的非农化转移、留守人员养老服务、家庭照料等问题融入新型城镇化实践中，并进而提出"空巢村"人口合理再分布、农民市民化及新农村协调发展等对策建议。

（二）研究思路

本课题从"空巢村"留守人员生存及流出人员流出状况调研入手，分析多山地区城市化进程中出现的人口合理再分布、流出人员土地依存关系、留守人员养老及家庭照料等问题，进而探讨因"空巢村"问题加剧而带来的深刻社会、经济后果及其对未来新型城镇化道路产生的影响，并以此为理论依据提出相应的应对措施。基本思路如图 2.2.1 所示：

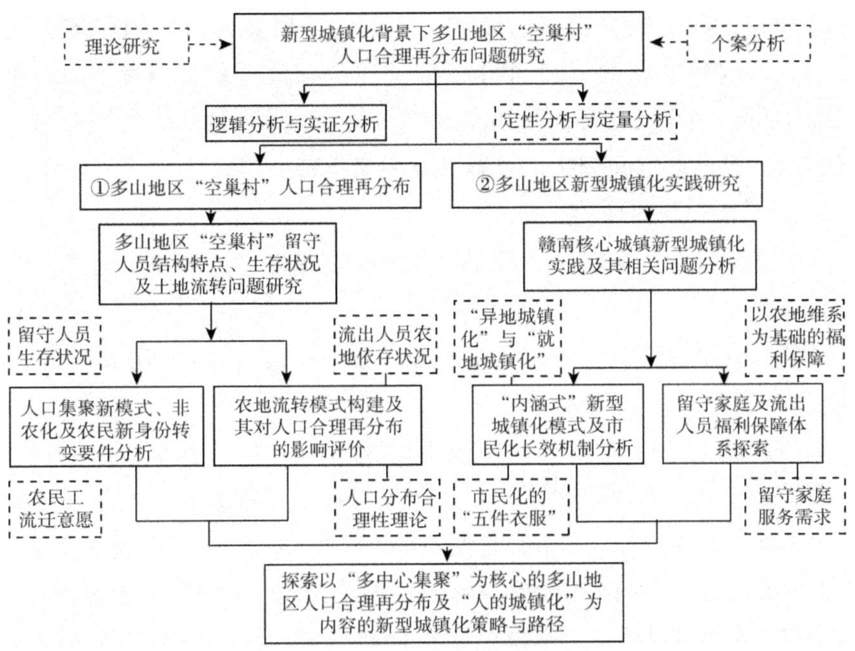


**图 2.2.1 研究思路与结构**

### （三）研究创新

多山地区中心城镇也出现了人口过度集聚，环境变差，基础设施超负荷运转等问题，且“一镇独大”对周边乡镇产生了消极的影响。合理分布“回流”人口，已成必然，而“多中心集聚”是其重要选择。非农化转移、土地流转、流出人员农地关系维系及农村养老、留守等问题将给城镇化带来全新的挑战。只有把“空巢村”人口合理再分布及“空巢村”治理同时纳入新型城镇化中统筹考虑，才是妥善解决这一矛盾与问题的长远之策。

## 三、研究方法

### （一）一般研究法

首先，通过对文献的综合、对比分析，深入了解人口合理再分布、新型城镇化及农地流转的相关理论、观点及其国内外最新进展，以此作为本研究的理论基础。其次，利用多次全国人口“普查”的历史数据，进行对比分析，同时对典型区域进行国内外对比分析。最后，采用人口、经济相关统计数据，通过数据交叉、频数、相关性、聚类、拟合趋势等分析方法，研究中国各区域的人口再分布特点（包括统计软件分析，如 SPSS、Matlab、Origin 等）；同时，利用 GIS/Mapinfo 等软件对人口区域分布、人口迁移流动等进行空间分析，了解其空间聚集特征。

（二）实地调研方法

主要是本课题对调研区域关于“空巢村”现状、问题等的实地考察和问卷调查等。

调研方法选择：拟采用问卷调查、面访调查、群体访谈、电话调查等。

调研区域选择与设计：本研究以江西省赣州市会昌县 9 乡镇为调研区域，具体调研与访谈以麻州镇、右水乡、中村乡、富城乡、永隆乡、洞头乡、高排乡、晓龙乡、站塘乡九大乡镇为重点的区域（如图 2.2.2、图 2.2.3 所示）。区域中心镇麻州，是 2013 年江西省为构建新型城镇化体系特设的“省级中心镇”，为本次的重点调研区域，它对周围的 8 大乡的人口具有巨大的吸引作用，选取了人口流出最为严重、“空巢村”最为典型的乡及其所属的村为核心研究对象。

乡镇访谈单位主要包括镇（乡）政府、派出所及土管所等政府管理部门，并根据抽样调查法发放问卷 1000 份（镇区和乡村各 500 份），回收有效问卷 870 份，其中镇区 484 份，乡村 386 份。因“空巢村”人口居住分散，大部分人员外出务工，同时老人、小孩比重大，给问卷填报和调研带来巨大困难。调研内容主要涉及“空巢村”现状、人口迁移、非农化、新型城镇化、留守人员经济、养老、儿童教育与其他家庭状况等，流出人员则主要关于农地利用与流转等问题、政策进行调研与访谈。麻州镇是中心城镇，是本次调研的重点乡镇，除调研了乡政府、派出所及土管所等单位外，还对该镇的典型“空巢村”前丰、坰背、小围、凤形窝、木连寨（小组）、桃丰等行政村或自然村进行实地调查。在县级相关部门中主要调研了县政府、国土资源局、计生委、统计局、县委农工部、农业局 6 部门，调研内容为人口再分布、农村土地利用、“空巢村”治理及新型城镇化等问题及其相关治理措施等。

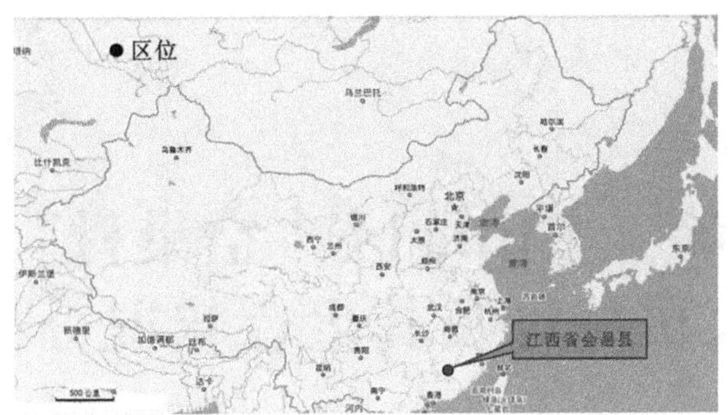


图 2.2.2　“空巢村”调研区域的区位

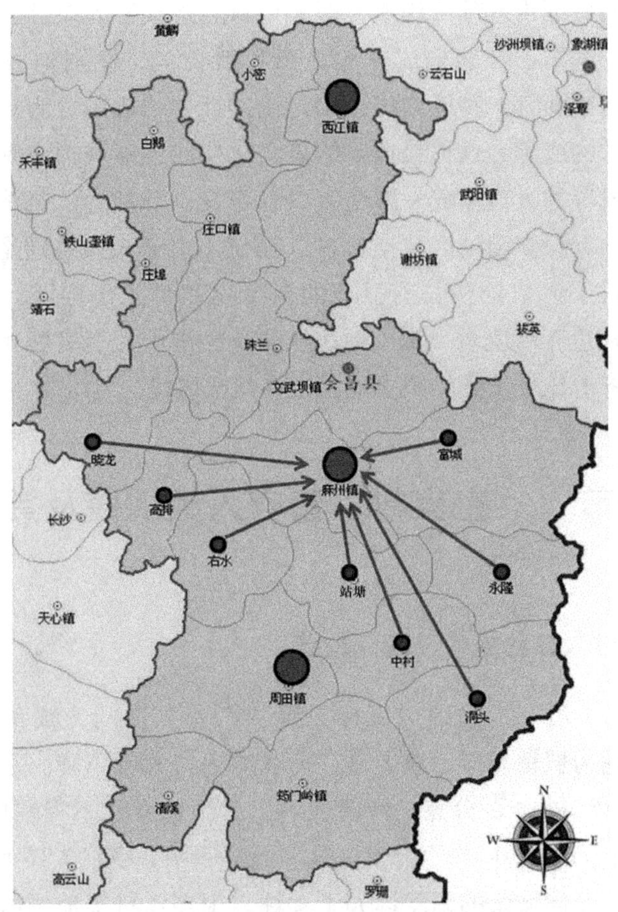


图 2.2.3　“空巢村”调研区域的 9 大重点乡镇

# 第三章　多山地区“空巢村”留守人员特征及其生存状况分析

人口特征一般是指人口结构特征，它是某一区域人口群体的构成状况。人口结构特征由三部分构成，即人口自然构成、人口社会构成及人口地域构成等。其中，自然构成一般是指年龄构成、性别构成及种族构成等，对我们国家而言，种族构成不用讨论。社会构成则分为民族构成、文化构成、宗教构成等，这里最重要的是文化构成；地域构成则包括城乡构成、区域构成等。人口构成一般受人口自身发展及社会、经济、政策等诸多因素的影响。对多山地区“空巢村”而言，由于人口特别是青壮年的大量流出，导致了人口结构具有显著的老龄化和少儿化特征，或称“老小化”特征。从生存状况看，多山地区往往是经济、社会发展相对落后的区域，因此经济上比较贫困，很多地区生存状况堪忧。

## 第一节　“空巢村”留守人员规模及其特征

### 一、乡村人口的规模及变化趋势

从表 3. 1. 1 可知，我国“五普”至“六普”期间，城乡人口变动巨大，主要表现为城镇人口迅速上升，而乡村人口大幅下降。总体上，乡村人口下降了 15. 44 个百分点，同时表现出男性比女性下降幅度大的特点，如性别比亦下降了 2. 01 个百分点。这一趋势表明，乡村人口大幅度流向城镇，同时男性流向城镇的幅度远大于女性。很多农村实地调研的状况，也印证了这一变化趋势。

表 3.1.1　“五普”与“六普”时期我国城乡人口变动状况

单位：万人、%

| 年份/区域 | | 人口数 | | | 城乡人口比重 | 性别比 |
|---|---|---|---|---|---|---|
| | | 合计 | 男 | 女 | | |
| 2000 年 | 全国 | 124261.23 | 64027.60 | 60233.63 | 100 | 106.3 |
| | 城市 | 29263.27 | 14996.68 | 14266.59 | 23.55 | 105.1 |
| | 镇 | 16613.83 | 8529.79 | 8084.04 | 13.37 | 105.5 |
| | 乡村 | 78384.13 | 40501.13 | 37883.00 | 63.08 | 106.9 |
| 2010 年 | 全国 | 133281.09 | 68232.91 | 65048.18 | 100.00 | 104.9 |
| | 城市 | 40376.00 | 20647.01 | 19728.99 | 30.29 | 104.7 |
| | 镇 | 26624.55 | 13657.07 | 12967.48 | 19.98 | 105.3 |
| | 乡村 | 66280.53 | 33928.83 | 32351.70 | 49.73 | 104.9 |
| 增幅 | 全国 | 7.26 | 6.57 | 7.99 | - | -1.40 |
| | 城市 | 37.98 | 37.68 | 38.29 | 6.74 | -0.42 |
| | 镇 | 60.26 | 60.11 | 60.41 | 6.61 | -0.21 |
| | 乡村 | -15.44 | -16.23 | -14.60 | -13.35 | -2.01 |

数据来源：据“五普”和“六普”数据计算。

从近 10 年来的情况看，全国人口总量增长的同时，乡村人口继续大幅下降。2010 年末，全国总人口数为 134091 万人，到 2018 年末，全国总人口数为 139538 万人，年均增长率为 0.44%，呈现出较为平缓的增长趋势（见表 3.1.2、图 3.1.1）。

男女性别比基本稳定，男性略高于女性。从性别构成看，2018 年末，我国男性人口的总数为 71351 万人，占到总人口数的 51.13%，女性人口总数为 68187 万人，占到 48.87%，男性人口总数略高于女性。以男性为基准，我国的人口性别比大致保持在 105 左右，且持续几十年来一直保持此比例没有发生大的变化。

乡村人口规模和比重均呈下降趋势。2010 年末，我国的城镇人口总数为 66978 万人，占到全国总人口数的 49.95%，乡村人口总数为 67113 万人，占到 50.05%，城乡人口比重基本相等。但到 2018 年末，城镇人口总数为 83137 万人，占到全国总人口数的 59.58%，乡村人口总数为 56401 万人，占到全国总人口数的 40.42%，乡村人口总量下降了 15.96%。近 10

年来，城镇人口不断增长，乡村人口不断减少，表明了城市化进程持续增长的态势（如图 3. 1. 2 所示）。

表 3. 1. 2　2010—2018 年全国人口变动状况　　单位：万人、%

| 类别 | | 2018 年 | 2017 年 | 2016 年 | 2015 年 | 2014 年 | 2013 年 | 2012 年 | 2011 年 | 2010 年 |
|---|---|---|---|---|---|---|---|---|---|---|
| 规模 | 总人口 | 139538 | 139008 | 138271 | 137462 | 136782 | 136072 | 135404 | 134735 | 134091 |
| | 男性 | 71351 | 71137 | 70815 | 70414 | 70079 | 69728 | 69395 | 69068 | 68748 |
| | 女性 | 68187 | 67871 | 67456 | 67048 | 66703 | 66344 | 66009 | 65667 | 65343 |
| | 城镇 | 83137 | 81347 | 79298 | 77116 | 74916 | 73111 | 71182 | 69079 | 66978 |
| | 乡村 | 56401 | 57661 | 58973 | 60346 | 61866 | 62961 | 64222 | 65656 | 67113 |
| 比重 | 男性 | 51. 13 | 51. 17 | 51. 21 | 51. 22 | 51. 23 | 51. 24 | 51. 25 | 51. 26 | 51. 27 |
| | 女性 | 48. 87 | 48. 83 | 48. 79 | 48. 78 | 48. 77 | 48. 76 | 48. 75 | 48. 74 | 48. 73 |
| | 城镇 | 59. 58 | 58. 52 | 57. 35 | 56. 10 | 54. 77 | 53. 73 | 52. 57 | 51. 27 | 49. 95 |
| | 乡村 | 40. 42 | 41. 48 | 42. 65 | 43. 90 | 45. 23 | 46. 27 | 47. 43 | 48. 73 | 50. 05 |

数据来源：据国家统计局 2010—2018 年度统计数据。

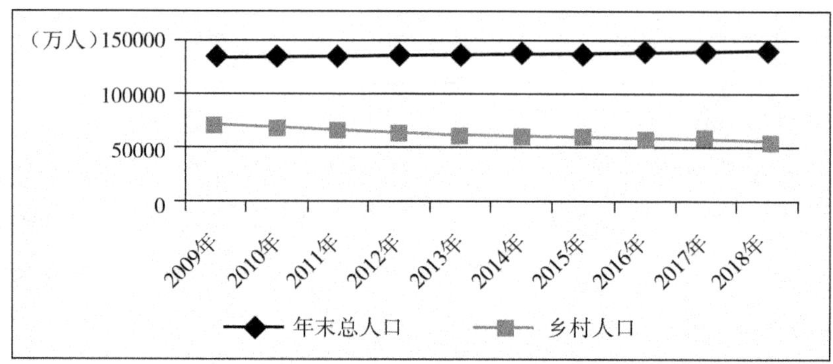


图 3. 1. 1　乡村人口的变化趋势

数据来源：国家统计局 2009—2018 年度数据。

## 二、“空巢村”形成的社会、经济及制度等原因

诸多研究认为，“空巢村”是由于农村大量青壮年劳动力暂时性或永久性地流向乡镇、县城、中等及大型城市，导致村庄常住人口数量锐减而留下大部分老幼妇孺人口而产生的①。从其发生机理而言，“空巢村”是我

① 彭迈：《“空巢村”的隐忧与治理》，载《安阳师范学院学报》2008 年第 1 期，第 61-64 页。

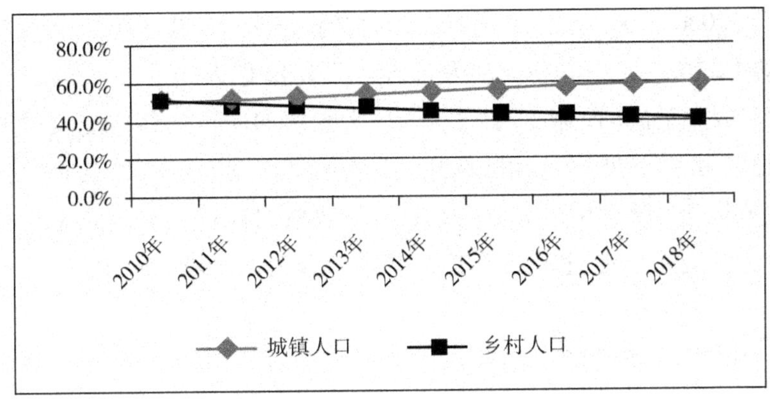


**图 3.1.2　城乡人口比重变动趋势**

数据来源：国家统计局 2010—2018 年度数据。

国改革开放和经济高速发展过程中产生的特定现象，其形成具有一定的历史必然性。

1949 年我国乡村人口占全国总人口的 89.36%，城镇人口仅占到 10.64%，户籍制度限制了农村人口的自由流动，城乡人口比例相对比较固定，当时基本上不存在“空巢村”“空心村”的现象，相反城市人口向农村集聚在一定时期则活跃了农村的经济和社会发展。1955 年基于尽快缩小城乡差距的思想，毛泽东主席发出了“农村是一个广阔的天地，到那里是可以大有作为的”的指示。1956 年 10 月 25 日中共中央政治局关于《1956 年到 1967 年全国农业发展纲要（修正草案）》的文件中，第一次提出知识青年上山下乡的概念，这也成为知青上山下乡开始的标志。1968 年 12 月 22 日，《人民日报》文章引述了毛主席的指示“知识青年到农村去，接受贫下中农的再教育，很有必要”。随即开展了全国范围大规模的知识青年“上山下乡”运动，大批城市“知识青年”离开城市，到农村劳动和定居。1980 年 5 月 8 日，党中央提出不再搞上山下乡，当年的 10 月 1 日政府决定过去下乡的知识青年可以回故乡城市。从 20 世纪 50 年代到 70 年代末上山下乡的知识青年总数估计约在 1200 万至 1800 万，因此这个时期我国的人口迁移表现为城市流向农村，然后又是从农村返回城市。

真正的乡村人口流向城市是从 20 世纪 80 年代后期开始，国内人口迁移浪潮逐渐掀起，此后方兴未艾，并已经成为经济改革和发展过程中的热点问题。2010 年全国第六次人口普查显示，我国流动人口规模已达到 2.2

亿人，比2000年第五次人口普查增长了81.03%[①]。2016年，全国人户分离已达到2.92亿人，其中流动人口达到了2.45亿人[②]。

人口的大量流动，特别是农村人口大规模向城市迁移，使农村出现了“空心村”和“空巢村”。可以说，“空巢村”现象是国内工业化、市场化、城镇化发展过程中的必然产物，是解决农村就业，提高农民收入，活跃城乡经济交流，促进市场尤其是要素市场发育所必须付出的“社会成本”[③]。

人口的流动和迁移是“空巢村”形成的直接原因，但从更深层次而言，改革开放后主要是经济、社会变动的影响而导致的。十一届三中全会后，我国实行农村家庭联产承包责任制，大大调动了农民的生产积极性，农业劳动生产率得到了极大的提升，农业劳动力在农村逐渐出现了过剩，同时工业化的发展以及对人口流动限制的减少，随之出现了农业剩余劳动力向非农产业的转移现象。起初，在乡镇企业大力发展的大环境下，农业剩余劳动力的转移主要是就近转移，即为“离土不离乡”，或是“农忙忙农活，农闲打短工”等。20世纪90年代后，我国经济出现了持续高速增长，对用工的需求大大增加，提供了更多就业的机会，这也导致了大量的农村劳动力涌向城市，有的进工厂作为操作工，有的在建筑工地做建筑工人，有的从事服务业，还有的自己做小生意自谋生路等。进入21世纪以后，农村劳动力向城镇及大城市转移的趋势有增无减，虽然出现了部分农民工的返乡现象，但返乡的农民工真正回到农村从事农业劳动的比例很小。农村人口流向城镇及城市，进而导致了农村空心化和留守人员的增加，这是人口流动和迁移的必然结果。

长期的“二元体制”是“空巢村”形成的重要制度原因。虽然我国在户籍管理方面一直在进行改革，但就目前的户籍管理制度而言，城乡“二元分割”现象还广泛存在。农村户籍人口到城市务工的规模很大，但真正在城市落户的则很有限，大多数还是处于人户分离的状况。这部分农村人

① 刘鸿雁：《山西省迁移人口分布格局演变及影响因素研究》，载《科技创新与生产力》2015年第2期，第9-13页。

② 陈蓉：2018年2月1日《中国人口报》，第3版。

③ 何悦：《新型城镇化进程下涪陵区乡“空巢村”治理的思路》，载《农村经济与科技》2016年第4期，第222-223页。

口在城市工作和生活，一年中回到家乡的次数很少，时间也很短，甚至有些人好几年才回去一次。由于户籍制度的限制，流动到城市的农村人口大多数是年富力强的劳动力，他们担负着赚钱养家糊口的重任，大多数都是家庭的顶梁柱。2010 年“六普”时，全国 20~29 岁流动人口占流动人口总量的 27.7%，其次是 30~39 岁的流动人口，占比为 21.3%，再次是 40~49 岁的流动人口，占比为 16.0%。因此，20~49 岁的青壮年流动人口占全部流动人口共计 65%以上。国家卫生和计划生育委员会发布的《中国流动人口发展报告（2017）》中指出，2016 年流动人口的平均年龄为 29.8 岁（陈蓉，2018）。由于城市生活成本高，且流动人口的子女大多无法在本地高考等原因，使他们到初中就返回原籍或开始就留守农村。青壮年劳动力是外出务工的主体，而他们的父母多因为年龄大和体弱多病等原因而留守在农村，因此在体制和现实的多重因素下加剧了“空巢村”现象。

## 三、多山地区“空巢村”留守人员的规模、趋势及特征

### （一）多山地区留守人员及“空巢村”发展趋势研究

#### 1. 山区常住人口规模状况

我国的地势西高东低、地形多种多样，有雄伟的高原、起伏的山岭、广阔的平原、低缓的丘陵，还有四周群山环抱中间低平的盆地，这些地形区域由东到西呈阶梯状分布。通常人们把山地、丘陵和比较崎岖的高原称为山区，我国地形中山区面积广大，其面积占到全国总面积的 2/3，这也是中国地形的一大显著特征。山区的自然环境特殊，给交通运输和农业发展带来巨大的困难，但同时又具有发展林业、旅游等山区经济的优势。

据全国第二次农业普查数据，2006 年末，全国乡镇户籍人口为 99561.82 万人，其中农业户籍人口为 83972.76 万人，占户籍总人口数的 84.34%，由此可见，当时在乡镇中还是以农业户籍人口为主。按照地势分类，平原农业户籍人口为 32307.74 万人，丘陵地区为 29974.18 万人，山区地区为 21690.84 万人，三者分别占农业户籍人口总数的 38.47%、35.70%、25.83%（见表 3.1.3、图 3.1.3）。

表 3.1.3　全国乡镇按地形分的户籍人口数量　　单位：万人、%

| 地形 | 年末户籍人口 | 其中：农业户籍人口 | 占农业户籍人口比重 |
| --- | --- | --- | --- |
| 平原 | 39125.50 | 32307.74 | 38.47 |
| 丘陵 | 35705.62 | 29974.18 | 35.70 |
| 山区 | 24730.70 | 21690.84 | 25.83 |
| 合计 | 99561.82 | 83972.76 | 100.00 |

数据来源：中国第二次全国农业普查资料汇编（农村卷）。

注：因我国第三次全国农业普查综合数据于 2019 年 4 月公布，且农民卷、农村卷及农业相关数据尚未公布，故仍采用第二次全国农业普查数据进行分析。

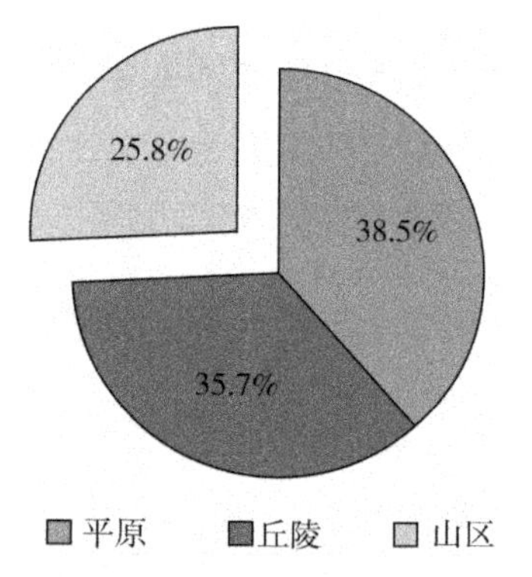


图 3.1.3　按地形分的人口数量比例

2006 年末，全国乡村常住人口总量为 74565.03 万人，其中平原地区为 33260.12 万人，占乡村常住总人口的 44.61%，丘陵地区 23415.75 万人，占 31.40%，山区 17889.16 万人，占到 23.99%（见表 3.1.4）。

表 3.1.4　全国乡村按地形分的常住人口数量　　单位：万人、%

| 地形 | 常住人口 | #占常住总人口比重 | 集体户常住人口 | 家庭户常住人口 |
| --- | --- | --- | --- | --- |
| 平原 | 33260.12 | 44.61 | 1193.98 | 32066.14 |
| 丘陵 | 23415.75 | 31.40 | 547.33 | 22868.42 |
| 山区 | 17889.16 | 23.99 | 149.54 | 17739.62 |
| 合计 | 74565.03 | 100.00 | 1890.85 | 72674.18 |

在山区，人口呈现净流出状态。2006 年末，山区人口净流出为 6842 万人，这些流出人口的去向主要是城镇或者城市，呈现较为严重的人户分离现象。从多年外出务工人口统计看，80%以农民工为主，来自边远乡镇

尤其是边远山区的农民工人口所占比重更大。这些外出务工的农村人口大多是青壮年，而驻留山区的留守人员则多为老年人口和少年儿童人口，这是“空巢村”留守人员的主要人口结构状况。

2. “空巢村”规模估计

全国“空巢村”人口到底有多少，以往的研究均未作出较准确的估计。本书试用两种方法对全国“空巢村”人口数据及多山地区“空巢村”人口规模进行研判：一种是采用家庭随迁人员配比法，对全国“空巢村”人口规模进行研判；另一种是采用劳动力转移潜力比例法就多山地区“空巢村”人口规模进行探索，具体分析如下：

（1）基于家庭随迁人员配比法的全国“空巢村”人口规模估计

据历次人口普查及“小普查”数据显示，我国自改革开放后，流动人口至2015年一直处于上升过程中，2015年后基本稳定在2.5亿人左右，人口结构也有了较大的变化，主要体现在性别趋于平衡，文化素质不断提升。同时，从单个个体进城务工或从事其他经济活动为主向家庭迁移为主转变。在居留时间上，也趋于逐渐延长，且由“候鸟式”“暂住式”迁移向城市定居和城市生活过渡。1982—2010年，外来人口呈现出急速跳跃式增长态势。“三普”数据显示，1982年不含现役军人和港澳台地区全国总人口为100394.25万人，根据常住人口的户口登记状况，外来人口即“离开户籍地1年及以上”人口为657.48万人。此后三次普查外来人口分别为1990年2160.94万人、2000年10538.29万人、2010年22103.11万人。2000年与2010年数据是扣除了“人户分离”后的人口，与上次普查相比，其增长率分别是1990年的228.67%、2000年的387.67%。尽管前两次普查在统计口径上存在一定差异，前两次的外来人口统计口径为“离开户籍地1年及以上”人口，而后两次变为“离开户籍地半年及以上”人口，口径相对放宽。就此而言，在外来人口数量和增长率方面，2000年普查时出现由于统计原因而产生的放大现象。但在统计外来人口时均未考虑“户口待定”人口，各次普查中这一群体数量均比较大，1982年为475.46万人，1990年为853.55万人，2000年为805.25万人，2010年为1376.44万人。据相关统计，“户口待定”人员往往多为外来人口或未上户口的“黑户”人口，由于生育观念的转变及计划生育政策的逐渐人性化，未上户口的“黑户”人口趋于减少。因此，后期的“户口待定”人口主要是以流动人口为主，如考虑这类人口的话，则外来人口还要在已有规模的基础上增加较大的幅度。

外来人口中主体是农村人口，如1990年农村户口的外来人口达到1708.00万人，占外来人口的79.04%，2000年为7932.17万人，占75.27%，2010年为15662.27万人，占70.86%。尽管每次普查这一比重均在下降，但规模却在不断增加，同时外来人口中农村人口占全国农村人口比重也从1990年的2.05%增加到2010年的23.35%。如按家庭平均规模测算，1990年相当于431.31万户家庭整体外迁，到2000年相当于2292.53万户家庭外迁，2010年为5068.69万个家庭。如果按外出1.5人为一户折算外出家庭，则1990年涉及人口外出的家庭达到1138.66万户，2000年为5288.11万户，2010年为10441.51万户，规模之大可想而知。同时，据多年城乡建设统计数据显示，我国自然村自1982—2010年及以后年份均呈现迅速下降的趋势。1982年全国自然村为597.70万个，到2017年下降到244.9万个，减少一半以上。假设农村外来人口全部来自自然村（至少占据很大比重），按家庭平均规模折算，则全国“空巢村”数量1990年达到7.32万个，2000年33.58万个，2010年为64.64万个，而“空巢村”占自然村总量的比重分别为1.94%、9.49%和23.68%，这一数据可看成是自然村空巢率。若按1.5人外出界定为一户“空巢家庭”，则1990年空巢村达19.32万个，2000年为77.46万个，2010年为133.16万个，在全国村庄总量中空巢率分别为5.12%、21.90%及48.78%。因此，到目前为止，近一半以上的自然村出现了“空巢”现象。具体状况如表3.1.5及其续表所示。

**表3.1.5　“三普”至“六普”外来人口及“空巢村”状况**

| 类别 | 全国人口总数 | 农村人口数 | 外来人口 | | | | 城镇化率 | 按家庭户计的家庭规模 | 外出人口户数 | |
|---|---|---|---|---|---|---|---|---|---|---|
| | | | 人口规模 | 农业户口人数 | #占外来人口比重 | #占农村人口比重 | | | 按家庭平均规模折算 | 按外出1.5人为一户折算 |
| 单位 | 万人 | 万人 | 万人 | 万人 | % | % | % | 人 | 万户 | 万户 |
| 1982年 | 100394.25 | 79763.23 | 657.48 | – | – | – | 20.55 | 4.54 | – | |

续表

| 类别 | 全国人口总数 | 农村人口数 | 外来人口 | | | | 城镇化率 | 按家庭户计的家庭规模 | 外出人口户数 | |
|---|---|---|---|---|---|---|---|---|---|---|
| | | | 人口规模 | 农业户口人数 | # 占外来人口比重 | # 占农村人口比重 | | | 按家庭平均规模折算 | 按外出1.5人为一户折算 |
| 单位 | 万人 | 万人 | 万人 | 万人 | % | % | % | 人 | 万户 | 万户 |
| 1990 年 | 113051.06 | 83397.77 | 2160.94 | 1708.00 | 79.04 | 2.05 | 26.23 | 3.96 | 431.31 | 1138.66 |
| 2000 年 | 124261.22 | 79415.35 | 10538.29 | 7932.17 | 75.27 | 9.99 | 36.09 | 3.46 | 2292.53 | 5288.11 |
| 2010 年 | 133281.09 | 67067.04 | 22103.11 | 15662.27 | 70.86 | 23.35 | 49.68 | 3.09 | 5068.69 | 10441.51 |

资料来源：人口数、家庭规模为"三普"至"六普"数据，其中总人口为"中国、自治区、市（不包括港、澳、台地区）合计"，同时1982年数据不含西藏人口；行政村数为《中国统计年鉴》（1983—2011）数；外来人口1982年和1990年为"离开户籍地1年及以上"人口，2000年与2010年为"离开户籍地半年及以上"人口；"自然村"中1982年数为《中国统计年鉴（1983）》中"生产队数"，1990年及其以后年份为《城乡建设统计年鉴（2017）》数据。

**续表 3.1.5　"三普"—"六普"外来人口及"空巢村"状况**

| 类别 | 行政村 | 自然村 | 乡村家庭户数 | 自然村村均户数 | 空巢村 | | 自然村空巢率 | |
|---|---|---|---|---|---|---|---|---|
| | | | | | 按家庭平均规模折算 | 按1.5人外出为一户折算 | 按家庭平均规模折算 | 按1.5人外出为一户折算 |
| 单位 | 万个 | 万个 | 万户 | 户 | 万个 | 万个 | % | % |
| 1982 年 | 71.94 | 597.70 | 18278.80 | 30.58 | | | | |
| 1990 年 | 74.33 | 377.32 | 22237.20 | 58.94 | 7.32 | 19.32 | 1.94 | 5.12 |
| 2000 年 | 73.47 | 353.75 | 24148.70 | 68.27 | 33.58 | 77.46 | 9.49 | 21.90 |
| 2010 年 | 60.73 | 273.00 | 21406.92 | 78.41 | 64.64 | 133.16 | 23.68 | 48.78 |

（2）基于劳动力转移潜力比例法的多山地区"空巢村"人口规模分析

2006年末，全国共有行政村637011个，其中平原地区有242474个，占到全国行政村总数的38.1%，丘陵地区有197439个，占31.0%，山区196785个，占30.9%。平原行政村主要分布在中部地区，丘陵行政村分布在中、西部地区，山区行政村则主要分布在西部地区，其次是中部地区（见表3.1.6和图3.1.4）。

表 3.1.6　分区域行政村数量　　单位：个

| 地　　区 | 平原 | 丘陵 | 山区 | 合计 |
|---|---|---|---|---|
| 全国总计 | 242474 | 197439 | 196785 | 637011 |
| 中部地区 | 63983 | 74140 | 49054 | 187282 |
| 西部地区 | 29380 | 61716 | 94911 | 186047 |
| 东部地区 | 14848 | 9351 | 6178 | 30446 |

资料来源：中国第二次全国农业普查资料汇编（农村卷）。

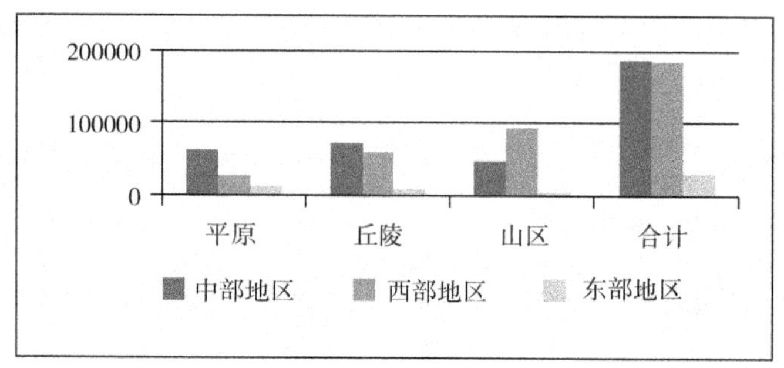


图 3.1.4　分区域行政村数量（个）

资料来源：中国第二次全国农业普查资料汇编（农村卷）。

20 世纪 90 年代开始，随着经济的快速增长以及农村劳动生产率的极大提高，我国很多乡村的农民放弃在家务农，走出家门，远离家乡，奔向大城市务工。随着我国城市化的不断发展，农村人口流出未来将长期存在，而留守在农村的人口大多是老幼妇孺，称为“993861”人员，所谓“99”是指老年人口，“38”即为妇女，“61”是儿童①。我国中、西部地区，“空巢村”的存在已成为普遍现象。早在 2006 年，国务院发展研究中心对全国 2749 个村庄劳动力状况的调查结果显示，在所有农村劳动力当中，常年外出的劳动力比重已接近 1/4。中国社科院发布的《2007 年人口与劳动绿皮书》中指出，3/4 的村庄已无青壮年劳动力可转移②。本书在相关研究的基础上，对多山地区的“空巢村”人口分布问题进行探索，据中国社科院的分析结果显示，“空巢村”即为“已无劳动力可转移”的村

① 张世兵、彭蝶飞、丰凤：《空巢村治理与现代农业可持续发展研究》，载《农业现代化研究》2015 年第 3 期，第 181-187 页。

② 杨淑琼：《“空巢”村农民主体缺位与农村劳动力转移》，第 325-328 页。

庄，因此在所有村庄中，大概有3/4比例为"空巢村"，比本书的预估还严重。在平原、丘陵地区，用此比例估算"空巢村"数量，可能误差较大，因为这类地区虽有人口流出，但"空巢村"的比例达到75%，未免有言过其实之嫌，但是在山区，尤其是中、西部山区，75%的村庄成为"空巢村"将可能是一个事实。2006年末，全国各地区共有行政村637011个，其中平原地区242474个，丘陵地区197439个，山区196785个（见表3.1.7）。按3/4的比例计算，则山区"空巢村"的数量共有14.8万个，约占全国行政村的23.2%。

**表3.1.7 全国各地行政村数量** 单位：个

| 地区 | 平原 | 丘陵 | 山区 | 各省区行政村 |
|---|---|---|---|---|
| 总计 | 242474 | 197439 | 196785 | 637011 |
| 北京 | 2726 | 367 | 884 | 3977 |
| 天津 | 3513 | 109 | 200 | 3822 |
| 河北 | 34825 | 4822 | 9601 | 49248 |
| 山西 | 5552 | 7867 | 14844 | 28263 |
| 内蒙古 | 4792 | 5033 | 1843 | 11668 |
| 辽宁 | 4639 | 4694 | 2599 | 11932 |
| 吉林 | 4865 | 2364 | 2212 | 9441 |
| 黑龙江 | 5344 | 2293 | 1367 | 9073 |
| 上海 | 1866 | – | – | 1866 |
| 江苏 | 16843 | 1739 | 76 | 18658 |
| 浙江 | 10747 | 9917 | 12553 | 33316 |
| 安徽 | 10662 | 8467 | 2585 | 21714 |
| 福建 | 1842 | 5494 | 7413 | 14749 |
| 江西 | 1754 | 11029 | 4647 | 17435 |
| 山东 | 56204 | 20343 | 7578 | 84125 |
| 河南 | 34557 | 8617 | 4826 | 48012 |
| 湖北 | 8123 | 10437 | 8192 | 26821 |
| 湖南 | 3335 | 27723 | 13960 | 45037 |
| 广东 | 4778 | 8390 | 7731 | 20899 |
| 广西 | 1067 | 7269 | 6451 | 14788 |

续表

| 地区 | 平原 | 丘陵 | 山区 | 合计 |
|---|---|---|---|---|
| 海南 | 919 | 1051 | 606 | 2576 |
| 重庆 | 47 | 5797 | 4303 | 10148 |
| 四川 | 3436 | 29787 | 17581 | 50804 |
| 贵州 | – | 1168 | 18619 | 19787 |
| 云南 | 1122 | 1537 | 10421 | 13080 |
| 西藏 | 429 | 619 | 4815 | 5864 |
| 陕西 | 7207 | 7184 | 13255 | 27646 |
| 甘肃 | 2759 | 2409 | 11197 | 16365 |
| 青海 | – | – | 4169 | 4169 |
| 宁夏 | 910 | 556 | 907 | 2373 |
| 新疆 | 7611 | 357 | 1350 | 9343 |

资料来源：中国第二次全国农业普查资料汇编（农村卷）。

数据说明：本表中"平原、丘陵、山区"行政村数量为登记数，三者总和不等于"各省区行政村总数"，因为部分省区按地形统计属不完全统计；本表中"各省区行政村总数"见中国第二次全国农业普查资料汇编（农村卷）"表 2-1-8 各地区村个数的"合计"列。

3. 多山地区留守人员规模

留守人员规模可按如下思路进行预估：多山地区流动人口，除流出至经济发达地区的务工人员外，流入人口一般很少，可看成是相对封闭的区域，因此流出人口可粗略地根据多山地区户籍人口数减去常住人口数计算而得。由于这些山区的人口属于农村户口，且基本属于净流出区域，所以运用山区乡镇农村户籍人数减去净流出的人口数也可认为是留守在山区的人口数。

从省级行政区而言，除北京、上海、天津外，其他省区市均有一定数量的山区，因此本研究在选择分析区域时是去除了这三个直辖市再进行预估的，即把此三市均看成是纯粹的城市区域。在计算时，山区流出人口数采用比例法计算，即计算得出山区农村户籍人口数占户籍人口的比例，用每个地区的净流出人口数乘以农村户籍人口数占户籍人口数的比例，即可得出山区人口的净流出量，然后用农业户籍人口数减去山区人口的净流出量，就可估计山区人员的留守数量，通过计算，得出山区留守人口数为17352.58 万人，而多山地区"空巢村"留守人口约为 1.2 亿~1.3 亿人。

各地区山区乡镇留守人员数，具体如表3.1.8所示。

**表3.1.8　山区乡镇户籍等各类人口及留守人口规模　单位：万人、%**

| 地区 | 户籍人口 | 常住人口 | 农业户籍人口 | 农业户籍人口占户籍人口比重 | 山区乡镇留守人口 |
|---|---|---|---|---|---|
| 河北 | 5118.78 | 4926.23 | 777.70 | 15.2 | 684.08 |
| 山西 | 2094.60 | 2066.13 | 730.04 | 34.9 | 658.18 |
| 内蒙古 | 1139.70 | 1149.11 | 179.63 | 15.8 | 165.54 |
| 辽宁 | 1966.91 | 2036.32 | 391.49 | 19.9 | 370.45 |
| 吉林 | 1217.92 | 1215.51 | 170.74 | 14 | 155.74 |
| 黑龙江 | 1408.30 | 1415.05 | 148.66 | 10.6 | 136.53 |
| 江苏 | 4661.74 | 4280.28 | 5.41 | 0.1 | 4.54 |
| 浙江 | 2736.21 | 3052.31 | 781.26 | 28.6 | 796.57 |
| 安徽 | 4593.46 | 3673.15 | 389.90 | 8.5 | 284.97 |
| 福建 | 2135.83 | 1971.59 | 820.59 | 38.4 | 692.34 |
| 江西 | 2838.17 | 2288.43 | 604.09 | 21.3 | 445.19 |
| 山东 | 6794.42 | 6462.21 | 545.87 | 8 | 474.53 |
| 河南 | 7558.06 | 6636.92 | 524.32 | 6.9 | 420.82 |
| 湖北 | 3428.97 | 2747.36 | 1022.30 | 29.8 | 748.65 |
| 湖南 | 4480.02 | 3576.43 | 1150.17 | 25.7 | 839.22 |
| 广东 | 4695.07 | 4696.97 | 1461.24 | 31.1 | 1336.12 |
| 广西 | 3592.99 | 2948.38 | 1227.79 | 34.2 | 920.87 |
| 海南 | 425.11 | 400.51 | 59.58 | 14 | 51.30 |
| 重庆 | 1942.48 | 1534.66 | 829.86 | 42.7 | 599.25 |
| 四川 | 5647.19 | 4564.94 | 1566.25 | 27.7 | 1157.20 |
| 贵州 | 2838.83 | 2475.97 | 2210.19 | 77.9 | 1927.68 |
| 云南 | 3312.78 | 3159.15 | 2432.05 | 73.4 | 2119.81 |
| 西藏 | 223.64 | 217.64 | 160.06 | 71.6 | 142.37 |
| 陕西 | 2571.02 | 2279.12 | 898.58 | 35 | 728.05 |
| 甘肃 | 1948.27 | 1784.95 | 1167.69 | 59.9 | 977.81 |
| 青海 | 331.76 | 315.31 | 339.01 | 102.2 | 294.50 |
| 宁夏 | 361.48 | 345.65 | 130.13 | 36 | 113.73 |
| 新疆 | 957.15 | 986.27 | 113.13 | 11.8 | 106.54 |
| 合计 | 81020.86 | 73206.55 | 20837.73 | 25.72 | 17352.58 |

资料来源：据中国第二次全国农业普查资料汇编（农民卷）；注：本表不含北京、上海及天津三市。

### （二）多山地区“空巢村”留守人员结构特征

山区留守人员呈现出“三留守”的结构特征。据相关研究推测，我国农村留守儿童已超过6000万，留守妇女达4700万，留守老人5000万。多项调查也显示，留守人员（农村留守儿童、留守妇女、留守老人）的生存状态令人堪忧①。

对于多山地区乡村留守人员生活状况国家没有相关的统计，但从相关研究个案分析可对此问题进行一定了解。如怀化地区的“三留守”现象非常普遍，问题亦很突出。怀化地区地处湖南西部，属于山多地少的典型山区，随着外出务工农民的增加，“三留守”人员问题日趋严重。据曹玺雯等的分析，2006年末，怀化共有88.3万人外出务工，占农村剩余劳动力的92.9%②。如按调查数据推测，即农村外出人口比重为92.9%，劳动力人口占总人口比重为75%，按剩余劳动力比重60%计算，则怀化农村“三留守”人口占总人口比重大部分年份超过70%，随着时间的推移，“三留守”人员比重虽呈现下降趋势，但到2013年时仍达66.01%。究其原因，这种下降主要是外出务工人员回流及家庭迁移深入发展等因素而形成的。同时，从怀化学龄前留守儿童和中小学生状况也可以得出相似的判断。据怀化市妇联对全市学龄前儿童及中小学生的不完全统计，2006—2012年，怀化留守儿童中6岁及以下学龄前儿童及6~16岁中小学生留守人口占同龄人口的比重均呈现不断增长的态势，分别从14.6%增长到25.4%及23.0%增长到33.4%（如表3.1.10所示）。

贵州、湖北等多山地区农村留守人员也有类似的情况。贵州大部分地区属于典型的山区，2010年末，全省常住人口为3474.65万人，其中农村人口2299.87万人，占总人口的66.19%。贵州山区是我国劳务输出的主要地区之一，“空巢村”在贵州也相当普遍，通过对新寨村和民兴村两个具有代表性山村的具体分析可知，农村“三留守”状况非常普遍③。从表3.1.11可知，这两个山村外出务工人员占近60%，且这些外出人员都是典

① 《中国民政》编辑部：《多措并举破解农村“留守”困局》，载《中国民政》2016年第12期，第1页。

② 曹玺雯、聂明建：《怀化农村留守人员问题及应对措施》，载《作物研究》2014年第7期，第864-866页。

③ 丰凤：《欠发达地区“空巢村”治理与现代农业可持续发展研究》，载《长沙大学学报》2015年第6期，第9-11页。

型的青壮年劳动力，因而留守村里的基本也都是老弱妇孺。还有湖北部分地区也有类似情形，湖北长阳县是地处鄂西的山区，据2011年对长阳县留守人员集中的山区合子坳村和赵家堰村调查，两山村总人口5073人，外出务工男性为1322人，占总人口的26%，三类留守人员中，妇女占32%，儿童24.8%，老人43.2%①。此外，在其他相关研究中，类似的分析及调研数据还不少，一般而言，“空巢村”的人口结构均呈“老、少、妇、孺”的特征。

随着社会、经济及人们思想观念的变化，人们对生活方式及未来的期望也在不断变化之中，农村留守人员的结构也随之发生着变化。如课题组在赣南四个“空巢村”调研时，就观察到了与全国其他“空巢村”不太一样的现象。赣南这四个“空巢村”的留守人员在结构上呈现出了老年人口比重高，但幼儿及留守妇女比重均不高的状况，具体数据见本书第十章第一节的表10.1.4中。主要是由于照看未成年小孩上学的原因，很多妇女已迁入附近城镇，作为陪读人员进城了。这种现象，如按以乡镇或更大的区域口径进行统计时，则仍然表现为留守人口，但据单个的“空巢村”统计时，则不存在这种情况了。

**表3.1.9　怀化农村留守儿童、老年人及妇女等留守人口状况**

单位：万人、%

| 类别 | 年份 | 农村户籍总人口 | 农村留守人口 | 留守男性老人（≥50岁） | 留守儿童（≤16岁） | 留守妇女（已婚女性） | 合计 |
|---|---|---|---|---|---|---|---|
| 人口数 | 2010 | 191.44 | 111.41 | 14.06 | 15.69 | 49.62 | 79.37 |
| | 2011 | 174.25 | 101.40 | 12.54 | 13.59 | 45.93 | 72.06 |
| | 2012 | 134.3 | 78.16 | 10.00 | 10.80 | 34.39 | 55.19 |
| | 2013 | 121.85 | 70.91 | 8.09 | 9.88 | 28.84 | 46.81 |
| 比重 | 2010 | - | 100.00 | 12.62 | 14.08 | 44.54 | 71.24 |
| | 2011 | - | 100.00 | 12.37 | 13.40 | 45.29 | 71.06 |
| | 2012 | - | 100.00 | 12.79 | 13.82 | 44.00 | 70.61 |
| | 2013 | - | 100.00 | 11.40 | 13.94 | 40.67 | 66.01 |

资料来源：据《怀化农村留守人员问题及应对策略》中调查数整理，其中“总人口”为怀化农村户籍人口数，“农村留守人口”为预测数。转引自曹玺雯、聂明建：《怀化农村留守人员问题及应对措施》，载《作物研究》2014年第7期，第864-866页。

① 徐辉、汪发元、黎东升：《山区弱势留守人员问题研究》，载《安徽农业大学学报》（社会科学版）2012年第7期，第76-79页。

表 3.1.10 怀化农村留守儿童占同龄儿童比重 单位:%

| 年份 | ≤6 岁 | 6~16 岁 |
|---|---|---|
| 2006 | 14.6 | 23.0 |
| 2010 | 24.3 | 27.8 |
| 2011 | 23.7 | 28.9 |
| 2012 | 25.4 | 33.4 |

数据来源：同表 3.1.9。注：本表据怀化市妇联对全市中小学生的不完全统计数计算。

表 3.1.11 新寨村和民兴村人口状况 单位：人、%

| 项目 | 人口数量 | 比重 |
|---|---|---|
| 总人口 | 3619 | 100.0 |
| #男性 | 1893 | 52.3 |
| #女性 | 1726 | 47.7 |
| 留守人口 | 1495 | 41.3 |
| 外出务工人口 | 2124 | 58.7 |

数据来源：丰凤. 欠发达地区"空巢村"治理与现代农业可持续发展研究［J］. 长沙大学学报，2015（11）：9-11。

## 第二节 "空巢村"留守人员生存状况分析

### 一、留守人员经济和就业现状分析

#### （一）留守人员经济状况分析

留守人员的经济收入普遍很低。"空巢村"留守人员多为老弱妇孺，他们的经济状况不容乐观，特别是老年人年老体弱，赚钱能力相对较小。相关调查显示，45 岁及以上劳动力在城市的生产效率要远高于在农村。留守农村的人口年龄相对较大，其平均年龄基本上在 60 岁左右，他们通过劳动获得的经济收入相对有限。而少年儿童还处于义务教育阶段，需靠父母抚育，他们不但不是经济收入的创造者，反而是收入的消费者。留守在农村的妇女，大多数是为了照顾家庭中的老年人或未成年子女，即使参加劳动，也基本上是以家庭土地的耕种为主，难以取得较为可观的经济收入。

“空巢村”老弱妇孺的留守人员结构，也决定了他们经济收入低的基本格局。

留守人员的生活开支并不算低。留守“空巢村”的人口虽然基本生活开支并不太高，基本上维持生活，但看病、就学等费用是一笔很大的支出。少儿上学应属义务教育，理应花费不大，但生活、学习用具、资料及补课费用是很大的一笔支出，对本来相对贫困的家庭而言是一个沉重的负担。而对于“空巢村”高中生和外出到大城市上学的大学生家庭而言，其学费及生活费用更是一笔不小的开支。同时，因病返贫在“空巢村”也是一个常见的现象。看病难、看病贵对于留守人员也带来很多的困难，很多老人有病不看、大病小看，日积月累，造成留守老人得慢性病的比重很大。老年人日常的医药费已成为一部分留守家庭难于承担的支出，如患大病则使一个家庭一夜之间因病返贫。

外出务工人员汇回的收入是留守家庭的主要经济来源。相关调查显示，农村留守老人和儿童主要靠外出务工人员提供的经济收入供养。虽然外出务工人员取得收入要比留在农村更为可观，但从目前务工人员工资水平看，其工资待遇普遍不高，且在城市的生活成本要比农村高出许多，因此汇回老家的收入也并不太多，也就仅能维持其家庭的基本需求而已。

### （二）多山地区留守人员就业状况

多山地区往往位置偏远，很少有相应的工业、服务业等在这些地区发展，因而，从产业结构而言，大部分留守人员基本以农、牧业为主。同时，部分留守人员因健康或者照顾家庭的原因，很难成为完全劳动力。

多山地区往往以“半劳动力”为主体。调研显示，多山地区留守劳动力更多地呈现出一人多业或一人多职的就业状况，“边工作、边照顾家庭”是多山地区农村留守人员就业的一大特点。因而，这种劳动力，亦称为“半劳动力”。另一种情况是，多山地区的留守人员从劳动能力看，有的也只能算“半个劳动力”。据表 3.2.1 数据推测，诸多地区的“半劳动力”占据相当的比例，平均为 18.38%，如广西、重庆、四川、湖南、贵州、湖北、安徽等省区市，外出劳动力比重较大，因而“空巢村”所占比例也较大，其“半劳动力”的比重均超过了平均水平。

多山地区劳动力还呈现“老少化”特征。20 岁以下和 40 岁以上的劳动年龄人口成为多山地区的主要从业人员，其比重超过一半以上，平均达到 57.02%（见表 3.2.2）。超过平均值的地区有安徽、江西、湖北、湖南、重庆、四川、陕西，这也表明在多山地区尤其是中西部多山地区的“空巢村”就业人员主要为年龄较大的留守人员，他们担负起了务农和就近务工赚钱养家的主要任务。

表 3.2.1　多山地区劳动力规模及结构　　单位：万人、%

| 地区 | 从业人员总量 | 按劳动能力分 | | 按性别分 | |
|---|---|---|---|---|---|
| | | 整劳动力 | 半劳动力 | 男 | 女 |
| 河北 | 3679.09 | 85.46 | 14.54 | 50.77 | 49.23 |
| 山西 | 1421.98 | 86.30 | 13.70 | 51.97 | 48.03 |
| 安徽 | 2448.48 | 79.13 | 20.87 | 49.46 | 50.54 |
| 福建 | 1403.18 | 86.33 | 13.67 | 51.01 | 48.99 |
| 江西 | 1539.49 | 81.62 | 18.38 | 50.24 | 49.76 |
| 河南 | 4604.68 | 83.73 | 16.27 | 49.90 | 50.10 |
| 湖北 | 2002.43 | 79.07 | 20.93 | 50.21 | 49.79 |
| 湖南 | 2564.83 | 78.98 | 21.02 | 51.29 | 48.71 |
| 广西 | 2039.51 | 80.02 | 19.98 | 52.10 | 47.90 |
| 重庆 | 1090.41 | 74.58 | 25.42 | 50.39 | 49.61 |
| 四川 | 3196.58 | 77.06 | 22.94 | 49.73 | 50.27 |
| 贵州 | 1619.79 | 80.08 | 19.92 | 51.81 | 48.19 |
| 云南 | 2156.83 | 85.29 | 14.71 | 51.95 | 48.05 |
| 陕西 | 1658.97 | 82.22 | 17.78 | 50.25 | 49.75 |
| 平均 | 31426.25 | 81.62 | 18.38 | 50.66 | 49.34 |

资料来源：据中国第二次全国农业普查资料汇编（农民卷）数据计算。注：本表选择山地占总面积超过 30% 的省区定为“多山地区”，同时除去了高海拔与台地、高原占总面积高的省区，下同。

表 3.2.2　多山地区农村从业人员年龄结构　　单位:%

| 地区 | 20 岁以下 | 21~30 岁 | 31~40 岁 | 41~50 岁 | 51~60 岁 | 60 岁以上 |
|---|---|---|---|---|---|---|
| 河北 | 7.99 | 20.96 | 23.00 | 23.32 | 18.22 | 6.51 |
| 山西 | 5.87 | 18.20 | 27.03 | 25.10 | 17.36 | 6.44 |
| 安徽 | 4.87 | 15.39 | 27.26 | 20.60 | 20.58 | 11.31 |
| 福建 | 6.11 | 20.89 | 28.53 | 23.29 | 15.50 | 5.69 |
| 江西 | 4.86 | 16.34 | 26.51 | 23.95 | 19.16 | 9.18 |
| 河南 | 7.24 | 19.02 | 26.53 | 22.09 | 18.10 | 7.03 |
| 湖北 | 4.41 | 12.07 | 24.19 | 26.36 | 21.41 | 11.57 |
| 湖南 | 4.91 | 13.96 | 24.84 | 23.24 | 21.11 | 11.93 |
| 广西 | 6.56 | 20.01 | 24.63 | 20.95 | 16.61 | 11.24 |
| 重庆 | 3.76 | 9.83 | 24.93 | 19.66 | 24.61 | 17.20 |
| 四川 | 4.56 | 11.83 | 25.92 | 19.86 | 23.50 | 14.34 |
| 贵州 | 6.57 | 18.44 | 27.65 | 18.85 | 17.47 | 11.02 |
| 云南 | 8.77 | 22.43 | 28.23 | 19.82 | 13.79 | 6.96 |
| 陕西 | 5.05 | 16.65 | 25.59 | 25.18 | 18.64 | 8.89 |
| 平均 | 6.06 | 17.10 | 25.88 | 22.18 | 19.06 | 9.72 |

资料来源：据中国第二次全国农业普查资料汇编（农民卷）数据计算。

### （三）多山地区留守人员行业分布及就业潜力

研究显示，留守人员的文化程度普遍较低，加上家庭照料、护理等问题，很多留守劳动人口出现有就业意愿但又力不从心的状况。在我国主要多山地区的省区，据第二次全国农业普查数据，农村留守从业人员中，文化程度大部分为小学、初中，比重分别占 37.22%和 48.61%，同时还有 7.89%未上过学的就业者，而高中和大专及以上文化人员比重均很低，只为 5.48%和 0.80%（如表 3.2.3 所示）。相对较低的文化程度限制了他们从事较高端的工作，即使部分人口没有家庭的羁绊，亦难以进城务工，因而从事农业产业是这些人员的必然选择。据表 3.2.4 可知，多山地区大部分留守人员集中在第一产业就业，主要从事种植、养殖、林业等相关体力活，其比重占 77.8%。其次，是从事第三产业，占总人口的 12.0%。其余 10.2%的人员进入乡镇企业或集体小企业从事简单的工业活动。

表 3.2.3　多山地区农村从业人员文化构成　　单位：%

| 地区 | 未上学 | 小学 | 初中 | 高中 | 大专及以上 |
|---|---|---|---|---|---|
| 河北 | 3.23 | 26.71 | 62.54 | 6.91 | 0.61 |
| 山西 | 2.52 | 25.72 | 63.58 | 7.27 | 0.90 |
| 安徽 | 14.49 | 36.15 | 44.57 | 3.91 | 0.89 |
| 福建 | 5.85 | 39.95 | 45.71 | 6.97 | 1.53 |
| 江西 | 6.44 | 44.57 | 43.09 | 5.16 | 0.75 |
| 河南 | 5.77 | 24.72 | 62.12 | 6.62 | 0.76 |
| 湖北 | 9.19 | 36.18 | 47.23 | 6.63 | 0.77 |
| 湖南 | 5.02 | 37.43 | 50.04 | 6.90 | 0.61 |
| 广西 | 4.10 | 38.21 | 51.68 | 5.47 | 0.54 |
| 重庆 | 7.74 | 51.03 | 37.57 | 3.27 | 0.39 |
| 四川 | 11.37 | 48.63 | 36.30 | 3.22 | 0.49 |
| 贵州 | 14.55 | 49.10 | 32.66 | 2.55 | 1.14 |
| 云南 | 13.78 | 53.23 | 28.46 | 3.30 | 1.23 |
| 陕西 | 7.92 | 30.16 | 53.27 | 7.42 | 1.24 |
| 合计 | 7.89 | 37.22 | 48.61 | 5.48 | 0.80 |

资料来源：中国第二次全国农业普查资料汇编（农民卷）。

表 3.2.4　多山地区留守人员产业分布　　单位：人、%

| 地区 | 合计 | 第一产业 | 第二产业 | 第三产业 | 第一产业比例 | 第二产业比例 | 第三产业比例 |
|---|---|---|---|---|---|---|---|
| 河北 | 3314.84 | 2219.40 | 558.05 | 537.39 | 67.0 | 16.8 | 16.2 |
| 山西 | 1203.66 | 773.07 | 177.86 | 252.73 | 64.2 | 14.8 | 21.0 |
| 安徽 | 2170.02 | 1605.95 | 254.12 | 309.95 | 74.0 | 11.7 | 14.3 |
| 福建 | 1220.63 | 574.83 | 352.80 | 293.00 | 47.1 | 28.9 | 24.0 |
| 江西 | 1402.16 | 1099.58 | 146.76 | 155.82 | 78.4 | 10.5 | 11.1 |
| 河南 | 4117.48 | 3141.47 | 491.88 | 484.13 | 76.3 | 11.9 | 11.8 |
| 湖北 | 1801.67 | 1474.19 | 128.92 | 198.56 | 81.8 | 7.2 | 11.0 |
| 湖南 | 2347.52 | 1920.14 | 185.71 | 241.67 | 81.8 | 7.9 | 10.3 |
| 广西 | 1874.98 | 1668.60 | 81.92 | 124.46 | 89.0 | 4.4 | 6.6 |
| 重庆 | 1023.31 | 883.44 | 71.67 | 68.20 | 86.3 | 7.0 | 6.7 |

续表

| 地区 | 合计 | 第一产业 | 第二产业 | 第三产业 | 第一产业比例 | 第二产业比例 | 第三产业比例 |
|---|---|---|---|---|---|---|---|
| 四川 | 2984.34 | 2562.03 | 200.07 | 222.24 | 85.8 | 6.7 | 7.4 |
| 贵州 | 1496.33 | 1309.51 | 63.18 | 123.67 | 87.5 | 4.2 | 8.3 |
| 云南 | 2043.32 | 1796.32 | 85.81 | 161.19 | 87.9 | 4.2 | 7.9 |
| 陕西 | 1443.28 | 1106.46 | 110.47 | 226.35 | 76.7 | 7.7 | 15.7 |
| 合计 | 28443.57 | 22134.99 | 2909.22 | 3399.36 | 77.8 | 10.2 | 12.0 |

资料来源：中国第二次全国农业普查资料汇编（农民卷）。

鉴于留守人员的这一状况，就多山地区而言，相关部门可以充分根据自然、气候特点因地制宜地进行产业发展和就业岗位开发。如我国有的地区为山区留守人员进行农场技术培训，鼓励引进农业技术，为有条件的人员开办家庭农场，均收到了很好的效果。还有多山地区利用当地自然条件，开办与引进中草药种植、油菜籽、特种菌类种植及山鸡、土鸡等畜牧养殖项目，创办家庭农场在家门口为留守人员增加就业岗位，促使部分外出务工人员回乡就业，降低了农村人口的留守率。这类涉农家庭农场不但为农村家庭致富创造了新载体，也为农村留守人员就业开辟了新天地。这也表明与外出务工人员相比，留守人员尽管存在体力、文化程度等方面的不足，但其人力资源也可进行深度挖掘。

## 二、留守人员家庭生活、娱乐及健康状况

总体而言，留守人员的家庭生活水平得到了很大的提高。即使是十几年前，农村地区的生存状况也得到了很大的改善。第二次全国农业普查数据显示，2006 年末，农村居民平均每户拥有住宅面积已达 128 平方米。99.3%的农户拥有自己的住宅。其中 9.25%的农户拥有 1 处住宅，6.4%的农户拥有 2 处住宅，0.4%的农户拥有 3 处住宅。另据中国农村统计年鉴数据，到 2016 年末，全国农村居民住户中拥有 1 处住宅的占 87.0%，2 处住宅的占 11.6%，3 处住宅的占 0.9%。同时，经过 10 年的发展，农村居民住宅钢筋混凝土结构的比例从 6.0%上升到 12.5%，翻了一倍多，砖混结构住宅比例从 39.4%上升到 57.2%，竹草土坯的住宅则从 9.6%下降到 2.8%。这些数据充分表明，农村居民的家庭居住条件得到了很大的改善。

农村的主要生活能源也发生了革新性的变化，2006 年农村居民以柴草为主要能源的比例为 60.2%，到 2016 年则下降到 44.2%。

农村的环境卫生条件得到了显著的改善。2006 年末，农村的简易厕所或无厕所的比例占 42.9%，旱厕占 44.3%，至 2016 年末，农村居民无厕所的比例仅为 2.0%，卫生旱厕则为 12.4%。每百户拥有淋浴热水器 57.2 台，使得农民洗澡比以前更加方便。2006 年末，农村居民使用净化处理的饮用水比例为 23.1%，到 2016 年末，这个比例上升至 47.7%，而以雨水为饮用水的比例则从 1.4%下降到 0.7%。

还有，留守人员的娱乐更加多样化。2006 年末，农村居民每百户拥有电视机 87.3 台，手机 69.8 台，电脑 2.2 台。2016 年末，农村居民每百户拥有彩色电视机 115.2 台，相比 10 年前增加了 27.9 台。每百户电脑的数量翻了近 15 倍，拥有 32.2 台，手机则为 244.3 部，尤其是上网手机的比重占到 47.8%，这与 10 年前相比，可谓是翻天覆地的变化。10 年前农村网络基本没有，而今在农村电脑、手机上网已很普及。同时，农村交通状况得到大大改善。如农村地区每百户拥有摩托车、电瓶车达 101.9 辆，小汽车 24.8 辆，这些为农村居民的交通出行及娱乐提供了便利条件。据调查，农村居民到镇上、县城进行休闲娱乐的次数、频率大大增加，很多地区已成为常态化。

尽管一般的农村留守人员的生活与娱乐比 10 年前有较大的改善，但在一些边远山区，尤其是自然条件比较恶劣的“空巢村”，留守人员的生存状况还是令人堪忧。一是山区留守人员家庭氛围缺失，精神生活单调。山区外出务工的人员多是青壮年，远离家人，聚少离多，生活负担重，大部分收入需用于养家糊口。随着时间的推移，他们与家人之间的情感将趋于淡漠，甚至夫妻间出现感情破裂。同时，留守妇女也因为家庭氛围缺失，精神生活单调，而产生了严重的家庭、情感等问题。二是多山地区医疗条件较差，看病难、看病贵的问题长期存在。同时，山区道路崎岖，出行不便，加剧了看病难等问题。农村留守人员多为少年儿童和老年人，特别是很多老年人口身体健康状况欠佳，慢性病及其他疾病患病者比例高，甚至部分长年卧病在床，这些均为山区留守人群的基本现实。因此从政策层面而言多山地区留守人员更需关爱和扶持。

## 三、留守老人养老、少儿照料及就学问题

目前，党中央高度重视留守人员的养老和少年儿童就学以及保护问题，国家也出台了诸多的扶持政策。2014 年中央“一号文件”强调，要加强农村留守儿童、留守妇女、留守老人的关爱和服务。2015 年两会政府工作报告则把“为农村留守儿童、妇女、老人提供关爱服务，建立未成年人社会保护制度”纳入了国务院工作要点。同年 5 月，中共中央办公厅、国务院办公厅印发了《深入推进农村社区建设试点工作的指导意见》，进一步提出要健全农村留守人员关爱服务体系，切实提高对农村留守儿童、留守妇女、留守老人的服务能力和服务水平。2016 年更是对相关政策进行了具体化，国务院印发了《关于加强农村留守儿童关爱保护工作的意见》，特别是围绕完善关爱服务体系和健全救助保护机制两个重点作出了系统的政策安排①。虽然国家和政府对农村留守人员的关爱进行了顶层设计，并制定了诸多相关保护和扶助政策，但多山地区由于自然环境的限制，相关问题将长期存在且很难在短期内得到彻底解决。

多山地区留守老人的养老、儿童照料及就学问题的解决需有系统思维和新模式。“空巢村”青壮年劳动力长期外出务工，很多留守人员由于年龄偏大、身体较弱，长期只能与家人相互照顾而生活，对于独居老人家庭生活则更为艰难。外出务工的年轻人成为家庭养老扶幼的主要经济来源，尽管基本能解决留守老人及儿童上学的经济困难问题，但对老人的照料只能是心有余而力不足，这也使很多老年人精神空虚，甚至患上了轻度的抑郁症。还有，很多家庭把照看儿童上学的任务留给了老人，这就大大增加了留守老人的生活负担。同时，“隔代亲”也使一些儿童在祖辈的溺爱中成长，导致其性格出现较大的问题。在学习上，这些儿童也难以得到祖辈有益的指导和帮助，而老人只是在饮食和住宿方面对孙辈提供最基本的照顾而已。因此，留守儿童的成长、发展成了留守家庭的重大问题。

## 四、山区留守人员居留意愿及生活满意状况

多山地区留守人员居住的自然条件相对较差，很多山村交通落后，公

① 《中国民政》编辑部:《中国民政》2016 年第 1 期，第 1 页。

共服务相对缺乏，特别是教育资源、医疗卫生及文化娱乐等条件相对滞后。留守在这些乡村的人们很多向往条件较好的城镇和大城市，有的人希望通过外出务工迁出原来所居住的山区，即便成为城市长期的“边缘人”或“漂泊族”也不愿意回到山区继续生活。对年轻人而言，尤其是在当前网络比较发达的时代，这种期望则更为强烈。

2012 年 10 月，陕西省政府研究室综合处以“农村现代化”为核心，紧紧围绕农村留守人口、住房、土地经营和流转、就地城镇化“四大主题”进行了调查研究。调查结果显示，农村留守人员有 46.50%希望住进农村社区，有 32.3%希望住进附近城镇（见图 3.2.1），两者总比重达 80%左右，这表明留守人员对住房的改善有着强烈的愿望。调查也显示，留守人员所能接受每亩耕地的转让价格差距较大，有 4.2%的能接受 800 元及其以下的价格，7.6%的人能接受 1000 元的价格，其余的均提出 1 万元以上甚至更多的转让价格要求，这表明在留守人员心目中，仍然把土地看成是他们赖以生存的基本依托，而不愿意低价转让自己的土地，更希望在留守时能继续耕作。对于留守人员而言，故土难离、叶落归根的思想根深蒂固，很多人也不愿意随儿女到他们务工的城市生活。即便条件好的儿女在城镇或大城市已经定居，由于生活习惯等问题也不愿意长期随他们一起去外地居住，更不愿意随迁过去，而是固守着自己的一亩三分地，仍然生活在山区。有一些留守人员即使要搬迁，也是更愿意搬迁到就近的乡镇，“乡土难离”，有着熟悉的乡音，亲戚、朋友相距较近，相互帮衬，在情感和文化上也能较好融入。

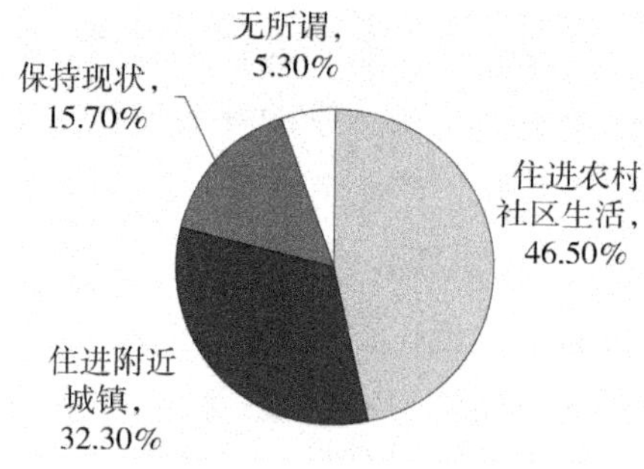


**图 3.2.1　农村留守人员住房意愿①**

① 《数据中国》2012 年第 10 期，第 27 页。

# 第三节　“空巢村”留守人员服务需求及流出意愿分析

## 一、留守人员家庭服务需求

随着经济的发展和城镇化进程的不断加快，山区留守人员的数量规模也在逐渐减少，但一定时期内山区留守人员的生存现状不会有较大改变。这些留守人员有着必要的需求，为此各级政府需提供适当的政策支持，采取有效措施，以改善留守人员的生存环境，提高他们的生活水平。

一般来说，留守家庭有以下几方面的服务需求。一是需要提供更丰富的农村公共产品，提升公共服务水平。与城镇相比，山区基础设施条件差，公共服务水平低。虽然很多当地政府一直在努力提升山区乡村居住和生活条件，但自然、历史等因素导致的交通落后、医疗卫生条件差、文化娱乐设施欠缺及教育资源不足等状况仍难以在短时期内得到较大改善。在调查过程中，很多山区留守人员均表达出希望政府能在这些方面提供政策，加大投入，创造机会，提供尽可能多的公共产品。二是要求农村精神文明建设有更深入的发展。调查发现，在娱乐方面，农村留守老人基本上以看电视作为娱乐活动，且有些家庭还是老旧的电视机，除此之外，再无其他更好的娱乐方式。少年儿童则以手机为玩具，放学后在家基本以玩游戏为乐，有些甚至沉溺其中，致使学业荒废。究其原因，主要是老年人带小孩的模式比较普遍，青壮年多外出务工，而把小孩留在老家让年迈的父母陪护，小孩父母只要按时给予生活费用，在认识上就觉得对小孩已尽义务。同时，农村老人对电子产品又缺乏认识，自己用的手机多为老年功能机，对小孩的智能手机了解甚少，加之“隔代亲”的传统思想和习惯，因而造成留守儿童玩游戏现象较为普遍和严重。对年轻留守人员而言，打麻将赌博现象尤为盛行，有的甚至倾家荡产。而留守妇女则由于精神空虚导致感情问题，甚至闹得家庭不和或离婚均很常见。留守人员对精神食粮的需求越来越强烈，如何解决此类问题，成为一大社会难题。三是对户籍管理变革具有强烈的需求。山区留守人员尤其是青壮年流向城镇或大、中城市务工生活难度并不大，但难的是在城镇为小孩找到一个上学机会。据课题组的调研发现，有很多留守妇女原来曾与丈夫有外出务工的经历，但为了照料老家年迈的父母，尤其是照顾老家的小孩上学，她们不得不离开丈夫独自回到家乡。主要是因为小孩在城里无户籍，大部分地区无法上高中，因此一般到初中很多孩子就得被迫回原籍上学。目前我国很多城市，实行积分落户政策，但对农民工而言，大部分人的积分难以达到，因而难以落户。同时，高额的房价，对于这些外出务工的人员而言，更是天文数字，也是一条难以逾越的鸿沟，他们要在大城市落户置业难度更加巨大。因此，尽管当前很多城市放松了落户条件，但由于外来务工人员学历低、技能缺乏，想在大城市落户仍然非常困难。

## 二、留守人员政策诉求与表达

基于多种原因，留守人员短时期内还无法离开所留守地区，他们仍需在自己的土地上辛勤耕耘，艰辛固守，但也希望各级政府从政策上予以支持，并获得社会的关心和帮扶。调查显示，留守人员在政策上的诉求主要体现在以下几个方面：

首先，是希望改善乡村基础教育，以使子女能在家乡获得更好的受教育机会。“少年强则中国强”，少年儿童就是国家的未来。中国要成为世界强国，必须走自主创新之路，而自主创新必须依靠人才，因此需要有战略思维和智力投资的长期沉淀。美国制裁华为的事件发生后，华为创始人任正非在接受中央电视台《面对面》节目第二次专访时，多次强调国家要加强基础教育，尤其是要加强农村的基础教育，这与课题组在调研中所了解到的留守人员在教育方面的诉求是一致的。目前，农村基础教育问题比较严重，农村地区父母对自己的孩子在未来激烈竞争中应具有的竞争力非常担忧，这种心态的产生与目前农村儿童的基础教育现状及存在的诸多问题是紧密相关的。外出务工的父母希望带着子女走出山村，但受限于现实条件又无法实现，只能让小孩在农村接受教育。俗话常说：“不能让孩子输在起跑线上。”但目前农村的教育设施、师资状况、教育水平等，已经让很多父母明显地感到他们的孩子已经输在了起跑线上了。因此，农村父母普遍期待国家和各级政府能出台更多的政策，切实提高农村的基础教育水平。

其次，希望加强农民职业培训，提升就业技能。诸多研究及课题组调研均显示，文化程度低、就业技能缺乏是当前农村地区发展的巨大障碍，而大量青壮年人口的流出又加剧了这一状况。农村人口即使外出至城镇，也被称为是“农民工”，只能从事相关体力劳动，无法参与技术要求较高的相关工作。因此，对国家出台政策提供相关帮助都比较期待，普遍希望学校、科研院所能为农民送去智力和科技服务，如何在各乡村建立培训网点进行技能培训，各当地的职业高中、中等职业技术学校、农技站等机构可联合办点为农民传授相关就业、创业技能，或者借助网络教育、函授和夜校等方式传经送宝，真正让农民学到所需知识、技能提高其就业能力。其实，各级政府相关部门也可定期或不定期地通过不同渠道、不同形式为农民提供更多的技术培训，充分利用农村广播站、图书馆、文化站、科技活动中心等设施，定期派专家下乡，按户分组集中为农民提供技术服务，有些农村地区此类服务确已做得不错①。

最后，是希望完善农村土地流转制度。山区农村人口的外流程度相对于平原村落要严重得多，造成土地“撂荒”现象也较为普遍。课题组在对赣南某县的调研中了解到，农户普遍表示，现在种地没有积极性，但又都不愿意外包出去。乡镇领导在座谈时也证实了这种现象的存在，并且强调这一现象在自己管辖的乡村和其他乡镇也比较严重。对于土地“撂荒”问题，基层乡镇领导和农户都表达了深深的担忧。他们希望政府能不断完善农村的土地流转制度，管控流转中的相应风险，切实保障流转双方的经济利益，能使土地顺利地实行流转，减少和杜绝土地“撂荒”问题。

虽然农村留守人员有强烈的政策诉求，但这种诉求向上传递的渠道并不畅通。调研中发现，很多留守人员都知道自己想要什么结果，但缺少向上沟通的渠道，造成的结果就是问题依然是问题，终究得不到更好的解决。张世兵和彭蝶飞在“空巢村”农民问题及新型农民培养路径研究的调研中也发现，“空巢村”农民参与管理的意识相对薄弱的问题，很大程度上，不是农民的“意识薄弱”，而是参与后没有效果，因此也就失去了参与兴趣。同时，也由于“空巢村”经济普遍不发达，使得“空巢村”农民在村里没有相关事务可参与，且“空巢村”部分村干部也外出务工挣钱，

① 张世兵、彭蝶飞：《“空巢村”对现代农业的影响研究》，第101-106页。

导致了一些“空巢村”组织管理上出现“缺位”及“无人管”的现象，某种程度也就堵塞了农民对相关政策诉求上达的联系通道。因此，绝大多数农民认为，打工挣钱是他们主要的想法，不愿意将时间和精力花在本村的相关管理事务上①。

## 三、留守人员流出意愿分析

当前，相当部分留守人员还存在流出到城镇的想法。据赣南“空巢村”的调查反馈，有4.0%的留守人员认为农村不安全，愿意迁移到乡镇居住。这种不安全因素主要来自生存环境的恶劣，甚至经常可能遇到生命威胁和财产安全威胁等突发灾害，如山体的滑坡、暴雨及泥石流等灾害。还有部分家庭的住房是土坯房，抵抗灾害的能力较弱，有些还是年久失修的老破房屋，因而更坚定了他们的流出意愿。有7.9%的农户希望迁到城市或县城居住，他们认为，相比山村而言，城镇的生活设施和条件要优越得多，向城镇搬迁是一条“奔向幸福之路”。因此，这一趋势越来越明显，尤其是向中心城镇集聚成为一种生活动力。这种迁移，从经济上讲，部分村民是能够承受的，在镇上购买新房比在城市购房要便宜得多。另外就是，虽然搬离了原住的山村，但也不存在背井离乡之感，毕竟城镇也是他们熟悉的地方。导致留守人员迁入城镇的原因较复杂，但主要是自然、社会、家庭及个人等因素引起的。有8.8%的人流出是由于城镇务工子女随迁的原因。这部分人员，有的是子女在乡镇或其他城市落户，距离原乡村较远，而把父母留在农村又不放心，照顾又不方便，因而把父母带进城镇居住。另一种情况是，年轻人为了小孩在乡镇或城市上学，成为进城陪读的“教育移民”而迁入城镇的，这一比例约为14.0%。有10.7%是为了看病方便而选择流出的。这部分人，主要以老年人为主，他们年老多病，交通不便给他们就医带来极大的困难，乡镇或城市看病方便使其迁入。而有11.5%的留守人员之所以愿意搬迁，是因为居住的乡村地理位置偏远，交通闭塞、生活极不方便而导致的。在现代社会中，为了享受更舒适的生活条件，迁至城镇是人类对美

① 张世兵、彭蝶飞：《“空巢村”农民问题及新型农民培养路径——基于湖南省5县10村的实证研究》，第85-88页。

好生活追求的原始动力。还有 14.2%的留守人员是曾经的进城务工人员，长期在外已习惯务工城镇的生活环境，其生活方式亦早已城镇化了，回乡后自然选择城镇居住，甚至有的已在城镇购房落户，因而他们基本不再回到原所居住的乡村了。

# 第四章　多山地区“空巢村”人口分布与迁移变动

多山地区经济社会要快速发展，进行适当的人口空间聚集是必然之势。长期以来，多山地区政府都为这一目标在努力着。很多地区曾经及正在尝试着下山脱贫、易地搬迁等方式，更好地引导农村人口“整村搬迁”或部分搬迁，促进村民下山、进城。21 世纪之交浙江就提出“内聚外迁”搬迁模式，引导人口下山集聚起到了很好的效果，到 2016 年止浙江已进行了 13 批“内聚外迁”的移民安置。所谓“内聚外迁”就是根据山区地形、地质、居民点等复杂情况，将自然条件、生活环境差的小型村、“空心”村、零星自然村等转移到山下人口聚集的中心村镇，而对于有条件跨县级及以上行政区的山区居民，则进行外迁引导和安置。一般而言，对于多山地区、库区及地质灾害区等山村则根据“梯度转移”原则进行“整村搬迁”，政府提供助房、助学、助医等政策。在这些实施过程中，相关方面还需解决很多问题，并进行全面的思考。

## 第一节　“空巢村”人口分布现状及人口城镇集聚问题

### 一、“空巢村”人口分布状况

“空巢村”现象已成为社会发展过程中的一个重要问题。在本书第三章中对“空巢村”数量和留守人口规模进行了测算，2006 年全国“空巢村”按行政村推测大约为 14.8 万个以上，按自然村估计，约超过 133 万个（据 2000 年数据推测）。同时，“空巢村”留守人员达到 1.2 亿~1.3 亿人的规模。“空巢村”人口主要分布在除北京、上海及天津以外的全国其他各个地区，而多山地区“空巢村”主要分布在重庆、湖南、安徽、湖北、江西、四川、广西、贵州、河南、陕西、福建、云南、河北、山西 14 个省（自治区、直辖市）。从“空巢村”留守人口分布区域来看，主要分布在中西部多山地区，人口分布比重较大的省份主要是渝、湘、皖、鄂、赣、川等区域，其次是桂、黔、豫、陕区域，再次是闽、滇、冀、晋等区域。据此可知，“空巢村”留守人员的分布除了在中西部多山地区形成集聚现象外，其他地区则呈分散状分布，主要是集中在山地占区域面积比重大的地区。

对于多山地区人口分布的研究，由于统计数据的限制，目前，对“空巢村”个数和人口总规模的估计可能还存在较大的偏差。王良健等从农村人口空心化的定义和内涵出发，选取流出人口比重、城镇化率、0~14 岁少儿人口比重及 65 岁以上老年人口比重四个指标，采用综合测评法对我国 1995 个县（市、旗）的农村人口“空心化”程度进行了测量，一定程度上可作为“空巢村”人口规模的一种判断。其研究结果显示，2010 年我国农村人口空心化进一步加剧，2000—2010 年，“空心村”程度加剧的区域主要集中在山东以南的沿海地区以及重庆、贵州、湖北、河南、安徽等省（直辖市），并呈大“U”形分布在黄河以南、云贵高原以东的经济较发达地区，而“空心村”程度较稳定的区域则集中在四川、云南、西藏等省区。总体而言，我国农村人口“空心化”主要集中在四川、重庆、贵州、安徽、河南、湖北等省市。而中西部经济欠发达地区向东部沿海经济发达地区的人口迁移，是“空巢村”人口分布的大势所在①。

## 二、多山地区人口城镇集聚相关问题分析

### （一）核心城镇“一镇独大”：“多中心集聚”道路有多远

在城镇化过程中，“核心城镇”发挥着重要的作用，它们往往是经济、区域、人口容纳能力相对较大的城镇。在多山地区，由于地势、地形等原因，往往核心城镇是区域优势相对优越，其中地势平坦的区域平原、盆地或起伏度较小的丘陵是必要条件，且在本县、市行政区域内经济腹地较

① 王良健、陈坤秋、李宁慧：《中国县域农村人口空心化程度的测度及时空分异特征》，载《人口学刊》2017 年第 5 期，第 14-24 页。

大，即一般为靠近几何中心的城镇更有可能成为核心城镇。相对县级行政区而言，具有这种地形优势的城镇相对较少，因而在城镇化的人口集聚过程中具有这一条件的城镇，往往在发展中呈现出“一镇独大”的趋势，即吸引周边乡镇的人口、产业后形成高度聚集的状态。

本课题的调研区域 9 大乡镇中的中心镇麻州就是多山地区人口城镇化高度聚集的一个典型例子。麻州镇所属的会昌县隶属江西省赣州市，会昌县位于江西省和赣州市的东南部，武夷山余脉西麓和南岭余脉北端，也是赣江一级支流贡江的上游。区域面积为 2711. 86 平方千米，2016 年户籍人口约 52. 91 万人，人均国内生产总值 1. 99 万元①，县城建成区面积为 14. 2 平方千米，城镇化率达 45. 24%②。会昌县以低山丘陵地貌为主，地势周围高、中间低，自东南往西北略呈掌状倾斜。区域内河流较多，有自南向北流的湘水与自东往西流的绵江，在县城处汇入赣江的支流贡江，地势相对开阔平坦。

麻州镇距离县城 12 千米，位于湘水和小徽溪的交汇处。全镇区域面积为 119. 72 平方千米，2014 年总人口 3. 37 万人，建成区面积 1. 5 平方千米，建成区人口 1. 5 万人，2018 年已超过 2 万人。在全县 19 个乡镇中，麻州的区域面积位居第 12 位，人口位居第 4 位，但属于常住人口增长最快的镇。2013 年，麻州镇入选为江西省“百强中心镇”，是全县唯一一个入选的城镇。近年来，麻州又入选为全国重点发展的城镇之一，2018 年，还获批全国第三批新型城镇化示范点。其目的是以新型城市建设、特色小镇培育、城镇管理与社区治理及产城融合为主要内容，通过标准化规范与引领作用，促进城镇化质量的全面提升。因此，从城镇发展看，麻州镇是赣南多山地区重点培育的中心城镇之一。

麻州镇作为中心城镇，对本县内周边乡镇的人口聚集功能强大。麻州镇的聚集度③在县域内位居第三，第一是县城，第二是传统大镇西江，但

---

① 2017 年赣州统计年鉴数据。

② 2018 年 2 月会昌县第十七届人民代表大会第三次会议《县政府工作报告》数据。

③ 刘睿文、封志明、杨艳昭、游珍：《基于人口聚集度的中国人口集疏格局》，载《地理科学进展》2010 年第 10 期，第 1171－1177 页。所谓人口聚集度，是反映一个地区的人口相对于整个区域人口的集聚程度，可用一地区占本地区 1%的土地面积上聚集的人口比重来表示。其计算公式为：$JJD_i = \frac{(P_i/P_n) \times 100\%}{(A_i/A_n) \times 100\%} = \frac{P_i/A_i}{P_n/A_n}$。其中，$JJD_i$ 是 $i$ 镇的人口聚集度，$P_i$ 是 $i$ 镇的人口数量，$A_i$ 为 $i$ 镇的土地面积，$A_n$ 为全县土地面积，$P_n$ 是全国总人口。

未来的发展潜力巨大。据2014年户籍人口数据分析，麻州镇的人口聚集度为1.44，文武坝镇（县城）为2.59，西江镇为1.72，而集聚度最低的为0.21。到2018年麻州镇常住人口聚集度快速上升到1.69，镇域人口超过4万人，其中建成区达到2万人，已成为较大规模的山区城镇，与周边8大乡镇相比，已形成“一镇独大”的发展格局。麻州镇对周边乡镇人口的吸引主要是因为周边乡镇大部分是地形起伏度较高的山区，道路崎岖，可利用土地少，因此很多人已向地势平坦、开阔的中心城镇麻州镇聚集。特别是前几年农村学校开始向城镇搬迁后，由周边乡镇迁移至麻州的人口大大增加。据调查，周边乡镇富城有近30%的人口迁移到麻州镇，因为富城是县城的水源地，十几年前政府实行了对水源地的保护政策，动员了水库周边的居民向县城和其他乡镇搬迁，迁入县城和麻州镇的人口最多。此外，其他8大乡镇也有大量人口迁至麻州镇，因而近年来镇区人口呈现快速增长态势（如图4.1.1所示）。

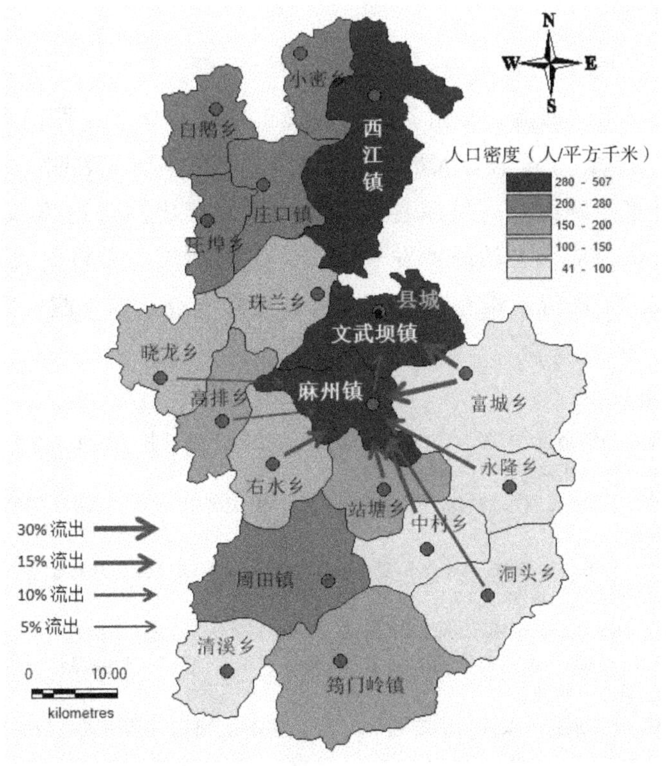


图4.1.1　省级核心城镇会昌县麻州镇对周边乡镇人口的聚集状况

就人口合理分布而言，“多中心集聚”是一条比较科学的途径[①]。“单中心”还是“多中心”选择在城市规划中是经常遇到的问题，“多中心”对中心城市的疏解作用不言而喻[②③]。在小城镇发展中，道理也是一样。但对多山地区而言，由于地形、环境的制约，“多中心集聚”的发展道路难以形成。一般人口城镇化开始于“就地城镇化”，继而由近至远，但一般主要是在同一行政区内进行，跨越行政区的城镇化相对较少。因此，由于地形条件制约的多山地区人口“多中心聚集”发展格局难以形成。因为很多多山地区乡镇不具备有利的地形条件，因而人口往往聚集于有条件的几个有限城镇，形成“一镇独大”的局面难以避免，也就产生了诸多的矛盾和问题。首先是考验着中心镇的人口容纳能力，其次是给城镇就业、城镇规划、管理、交通及环境保护等带来巨大的压力。因此，并不是中心城市才存在交通、环境保护等方面的问题，多山地区中心城镇这方面的问题也不小，所以未来这些地区的中心城镇也需加强规划和管理，创造就业，合理布局“回流”人口。

### （二）农民工回流与就业吸纳能力的矛盾

所谓农民工的回流，是指流出的农民工不再进城务工而回到家乡定居的行为，回乡探亲、度假等人员不属于此类[④]。诸多研究表明，外出农民工大部分最终将回到家乡。早期有研究认为，回流比例将达70%～90%[⑤⑥]。还有研究者认为加上主动回乡发展的农民工则回流比重将更大[⑦]。但到底将有多少农民工回流，难有定论。从诸多抽样调查数据推测，回流农民工

---

① 曾明星、张善余：《中国人口再分布的社会经济合理性及其“多中心集聚”分析》，载《南方人口》2013年第5期，第71-80页。

② 段小梅：《经济发展水平与城市化特点》，载《重庆商学院学报》2001年第2期，第39-40页。

③ 孙斌栋、石巍、宁越敏：《上海市多中心城市结构的实证检验与战略思考》，载《城市规划学刊》2010年第1期，第58-63页。

④ Gmelch, G. “Return Migration,” *Annual Review of Anthropology*, 1980 (9): 135-159.

⑤ 朱宇：《户籍制度改革与流动人口在流入地的居留意愿及其制约机制》，载《南方人口》2004年第3期，第21-28页。

⑥ 李若建：《广东省外来人口的定居性与流动性初步分析》，载《人口研究》2007年第6期，第45-54页。

⑦ 齐小兵：《国外回流人口研究对我国回流农民工研究的启示》，载《人口与经济》2013年第5期，第41-47页。

比例大致为30%左右[①][②]。近几年，随着我国经济对于出口依赖的降低，区域的产业结构分布也在不断变化，人口就业的区位选择随之而变，“跨省流动”和“返乡就业”成了现如今农村劳动力流动的两大重要特征[③]。总的来说，回流人口不在少数。

农民工回流的原因很多，概括而论主要有三类：一是体制上的如二元结构原因引起的，二是城市与农村比较利益推动的，三是退出城市劳动力队伍者自然形成的。此外，还有一些个体化原因，如“成功者原因”和“失败者原因”。所谓“成功者”即为在城市积蓄了经验和资金主动回乡创业的人员，而“失败者”则是缺乏技能在城市“难以继续生存”的人。当前，由于流入、流出区域比较“所得”的变化，城乡人口流动表现更为“理性”，经济、商贸等因素的驱动作用依然为第一因素，但家庭、社会等因素的影响在逐渐增强。不管是何种原因，农民工回流到家乡后，依然需从事劳动就业，因此对家乡就业将产生巨大的压力。对回流区域而言，这是一大考验，因此相关部门需制定相关的就业支撑机制进行应对。

据调查显示，大部分人员回乡后是进入城镇而不是回到原来流出的村庄，正如张甜等所认为的那样，大量回流农民工有城镇购房倾向，存在城镇转移的趋势[④]。另据江西省修水县对外出农民工的调研显示，山区农民对进城安置的意愿非常强烈，“非常愿意”的占45.6%，“不愿意进城”者仅占16.4%，而在“愿意进城”人员中大部分有外出务工经历，因此城镇对他们具有更强的吸引力，同时他们也更能适应城镇的生活[⑤]。这一状态也考验着城镇就业的吸纳能力和城镇对人口的容纳能力。当然，回流人员回乡能带来技术和资金，进行创业将提升家乡的经济发展，这也能创造一

---

① Wang Wenfei Winnie, Fan C Cindy, “Success or Failure: Selectivity and Reasons of Return Migration in Sichuan and Anhui, China,” *Environment & Planning* , 2006, A5, pp. 939 - 958.

② 张骁鸣、保继刚：《旅游发展与乡村劳动力回流研究——以西递村为例》，载《地理科学》2009年第3期，第360-367页。

③ 付振奇、陈淑云、洪建国：《农村劳动力流动的区位选择：影响因素及区域差异——基于全国28个省份农民个体行为决策的分析》，载《华中师范大学学报》（人文社会科学版）2017年第5期，第45-56页。

④ 张甜、朱宇、林李月：《就地城镇化背景下回流农民工居住区位选择——以河南省永城市为例》，载《经济地理》2017年第4期，第84-91页。

⑤ 赖波平：《关于山区农民进城安置的调查与思考》，载《老区建设》2012年第5期，第38-41页。

定的就业岗位①，但就当前而言真正能创业成功的比重还相对较小。

近几年来，由于金融危机、贸易战等的影响，我国很多地区的地方经济均较为严峻，特别是乡镇有很多中小企业、个体经营户出现经营困难，同时发达地区城市经济形势也不容乐观，失业人员增多，以及外出农民工的返乡及返乡后的失业问题突出。回乡农民进行再就业，一般是从事涉农产业、依然进厂务工及自主创业三类，而再次从事纯传统农业的人员还是相对较少。因此，回流人员主要选择进厂务工和自主创业为主，但这又跟大的经济环境和农民工自身条件有密切的关系。总体上农民工文化程度较低，特别是多山地区农民文化素质更低，缺乏谋生技能，很多只能从事建筑、运输、家政等强体力劳动，摆脱不了靠苦力赚小钱的困境。回乡后客观上导致了他们在就业上的区隔，因而农民工“就业难”成了回乡农民工及当地政府的一大难题，如不妥善处理，将影响农民工家庭的生活甚至生存，最终影响社会安定。

### （三）回乡农民工的角色转变与社会融入问题

农民工是特殊历史阶段的社会群体，其身份和社会角色长期处于“失调”状态，在城市中往往陷于“经济接纳，社会排斥”的“边缘”地位②。农民工这种“失调”角色，很大程度上制约多山地区城镇化的发展，甚至导致农民不想进城，农民工从流出到进城务工及回流至家乡城镇定居，要经历三大角色的转变，首先是从纯粹的农业生产者变为非农业劳动者，回流城镇的大部分将变为城里人，因此从农民变为农民工，再从农民工转变为城镇居民。农民工长期漂泊于异地城市，城市公共服务、城市身份所赋予的基本权利均不能享受，特别是子女不能正常上学，没有同等的就业权、报酬权、居住权等，因而导致客观经济及主观心理两个层面的“被剥夺感”，而引起心理压抑、沮丧和不满③④。多山地区农民工回乡后，

---

① Russell King, Jill Mortimer and Alan Strachan, "Return Migration and Tertiary Development: A Calabrian Case-Study," *Anthropological Quarterly*, Vol. 57, No. 3, Jul. 1984: 112-124.

② 陆学艺：《农民工问题要从根本上治理》，载《特区理论与实践》2003年第7期，第31-36页。

③ 李强：《社会学的“剥夺”理论与我国农民工问题》，载《学术界》2004年第4期，第7-22页。

④ 符平：《漂泊与抗争：青年农民工的生存境遇》，载《调研世界》2006年第9期，第20-25页。

从“漂泊”异地城市转为定居家乡城镇，回到家乡农民工应该可以找到“家”的感觉。但“农民心理”及“农民思维”依然占据其思想观念的大部分，成为城镇居民后，其思想需从“农民工”“农民”转化为“市民-公民”，不但公共服务享受城镇居民待遇，同时政治参与还要享受“公民”待遇。这种转变，是现代社会服务和社会管理的必然需求，其特点就是基本权利的“均等化”，使农民工、农民无法从城市得到的基本服务、基本福利在进城后均可得到保障①。但是，这种转变对农民工而言，有可能成为一种挑战甚至是负担，最终可能影响其在居住社区的社会融入。

人的思想认识和观念一般具有独立性②。当人们长期处于一种思想、心理状态时，最后将成为一种习惯，它将对人后期的生活、习性、思维方式及行动等在潜意识里产生影响。回乡农民工要从农民及农民工的角色与思想状况转变为新型城镇居民角色，对农民工本人及原城镇居民对其接纳而言是一大挑战，因此这也就涉及迁入城镇农民工的社会融入问题。这方面的研究很多，但是一般更多的是外来人口如何融入异地城市的问题。目前，对外出务工回流的农民工怎样融入家乡城镇及城镇生活质量如何提升的研究相对较少。回流农民工受到过乡村文化和城市文化的双重影响，是“城-乡”双重文化的承担者，有学者称之为“边缘人”。人是有目的、有意识的社会行动者，他们在“熟人社会”和“陌生人社会”里的交往表现出很大的差异，同时在双重文化背景下，如遇“强势”群体环境，则困难的农民工群体将在公众面前往往表现出“藏匿”自身不足或缺点的行为。如据调查，农民工跟配偶使用普通话的比重占 8.76%，如加上偶尔使用的，共占 30.10%③。在熟人社会使用被视为“更高级”群体的语言，在某种程度上有提升自我价值的欲望或是对困难群体语言及行为的一种“藏匿”，是一种群体不自信的表现，也是群体困难的体现。当然，普通话的使用还有方便与“非熟人社会”交往及子女教育的作用，不仅仅是一种困难群体的“规避”行为，但在诸多情况下，也存在此种现象的意识显现，

① 姚上海：《结构化理论视阈下农民工社会角色转型问题研究》，载《学术论坛》2010 年第 8 期，第 20-25 页。

② 刘胜康：《意识形态的相对独立性——读恩格斯〈致康·施米特〉》，载《贵州民族大学学报》（哲学社会科学版）1993 年第 1 期，第 9-16 页。

③ 刘玉屏：《农民工语言行为的社会研究》，载《求索》2010 年第 8 期，第 74-76 页。

如在外地城市有的农民工对讲家乡话都觉得是“低人一等”。因此，往往出现同乡之间均讲普通话的现象，是非主流文化遇到主流文化时的一种有意隐匿行为，未来多山地区城镇社会融入也将成为一个新的难题。

从社会融入难易而言，城镇融入难度要远小于其外出务工融入异地城市的难度，因为区域文化的“区隔”问题相对较少。同时，表现形式、出现的问题等亦有很大差异。但这种现象及心理状态依然存在，因此回乡农民工及进镇农民的社会融入问题在多山地区城镇化进程中也值得重视。

（四）城镇建设用地“增减挂钩”问题

近几十年的农村城镇化过程中，城镇建设用地“增减挂钩”政策对农村用地和城镇化产生了重大的影响。所谓“增减挂钩”，就是为了节约用地，保护耕地，1997 年至 1999 年国土资源部明确以《通知》的形式提出耕地使用的“占补平衡”原则①。此后，2004 年国务院为提高农村集体建设用地效率、避免建设用地闲置浪费，提出“城镇建设用地增加要与农村建设用地减少相挂钩”的措施，这就是所谓的“增减挂钩”政策②。城镇建设用地“增减挂钩”制度，是依据土地利用总体规划，将若干拟整理复垦为耕地的农村建设用地地块（即拆旧地块）和拟用于城镇建设的地块（即建新地块）等面积共同组成建新拆旧项目区（以下简称项目区），再通过建新拆旧和土地整理复垦措施等，在保证项目区内各类土地面积平衡的基础上，最终实现增加耕地有效面积，提高耕地质量，节约集约利用建设用地，以及城乡用地布局更合理的目标。通俗地说，就是撤除农民的宅基用地，以“置换”城市发展所需的商业用地和工业用地。

2005 年国土资源部印发《关于规范城镇建设用地增加与农村建设用地减少相挂钩试点工作的意见》规定，天津、浙江、江苏、安徽、山东、湖北、广东、四川等省（直辖市）拟设为试点城市，2006 年 4 月，山东、天津、江苏、湖北和四川五省（直辖市）第一批开始试点。两年后的 2008 年，《城乡建设用地增减挂钩试点管理办法》正式出台，此后试点城市扩大到河北、内蒙古、辽宁、上海等 19 个省（自治区、直辖市）。同时，在实施中原则上允许采用“先补后占”的做法，但对跨市、县的“增减挂

① 《国土资源部关于切实做好耕地占补平衡工作的通知》（国土资发〔1999〕39 号）内容。

② 国务院《关于深化改革严格土地管理的决定》（国发〔2004〕28 号）内容。

钩"行为明令禁止，而到 2016 年也允许了贫困地区结余指标在省内流转的做法，同时从 2017 年 4 月开始放开了指标的跨省调剂[①]。截至目前，全国所有城市基本实施了城乡土地利用的"增减挂钩"政策。

对平原农村而言，"增减挂钩"政策在保护耕地中产生着较好的正向作用。因为"增减挂钩"的城乡用地指标"置换"政策很大程度上盘活了城市用地，同时对耕地也进行有效的保护，特别是一定程度上减轻了由于居民点扩张而造成的耕地浪费现象。当前的农村地区由于农民无序建房及"一户多宅"导致了土地的严重浪费，这也是"空心村"形成的重要原因[②]。因而，加快农村城镇化，引导人口向城市聚集，是农村宅基地无序扩张问题的重要解决办法。另一方面，"增减挂钩"项目有助于"整理土地"和"土地确权"，并在一定程度上可减少农地的"撂荒"行为。

但"增减挂钩"政策在实施十几年后，也出现了一些问题。首先，有的地区客观上强迫了农民进城和"上楼"，造成乡村的"虚假"城市化和"半城市化"现象。有的地方政府为了获得城镇用地指标，违反农村居民意愿强行进行宅基地置换，因此形成强制拆迁、强制移民及迫使农民"上楼"等做法。而宅基地补贴差额又很低，农民"上楼"还需支付不菲的购房费用，使得这些地区的农民更加贫困。同时，农民进城后，很多人难以在城市找到合适的就业岗位，这对他们无疑大大加重了负担和生存压力。另外，有些地区政府在"增减挂钩"执行过程中，存在扩大建设用地规模、擅自突破周转指标等问题，同时有的还采用了"跨行政区域设置挂钩项目"等做法，挤占"贫困地区指标"，一定程度上对贫困地区农村形成事实上的农地"侵占"。

对多山地区而言，实行"增减挂钩"的城乡用地政策，其效果还与平原地区有着显著的不同。多山地区农民住房往往依山而建，甚至很多住房建造在山岗上，与城市建设用地之间置换的可能性很小。其实，很多宅基地即使不建房也难以复垦为耕地，同时还存在诸多需"退耕还林"的土地。因此，多山地区所谓的"增减挂钩"，从耕地"补偿"而言，难以达

---

① 黄锦东：《城乡建设用地增减挂钩制度的演进及机理——基于制度变迁理论的分析》，载《国土资源情报》2019 年第 1 期，第 40–46 页。

② 李永芳：《新时期以来农民建房问题与耕地保护问题的思考》，载《当代中国史研究》2011 年第 1 期，第 63–70 页。

到“占补平衡”的目的，而实质则为城镇周边耕地的绝对减少提供了借口。正如贺雪峰所指出的，“增减挂钩”政策对土地的认识和实践逻辑是“混乱”的，甚至是一种“谬误”，“拆旧”所产生的政策后果“仅仅是一种财富转移”①。就政策动力而言，主要来自地方政府能收获被置换土地所产生的“外部利润”②，也就是农民宅基地补偿的低成本与城镇补偿土地的高溢价之间的高额差价。特别是“跨省调剂”的经济欠发达地区农村，“拆旧”成本非常低，因而被“调剂”至发达地区的“指标”是一大笔收入，使得地方政府趋之若鹜，其间也可能滋生腐败，同时也损害了农民合法权益。此外，还有指标交易、农民安置等问题。这些影响将是长期的，其成本也将是巨大的。因此，实行“增减挂钩”政策需谨慎从事，最好是“一事一议”，并建立严格的监督、核查机制，确保政策执行的科学、合理及公平性。

### （五）是“退耕还林”还是“弃耕”

为了达到水土流失、防风固沙、保护生态的目的，我国自1999年起，开始试点“退耕还林”“退耕还草”“封山绿化、以粮代赈”等政策③。到2002年，国务院制定了《退耕还林条例》等具体政策，主要对三大类地区实行退耕还林。一是水土流失严重地区，二是沙化、盐碱化、石漠化严重地区，三是生态地位重要、粮食产量低而不稳地区。《退耕还林条例》中特别强调：“江河源头及其两侧、湖库周围的陡坡耕地以及水土流失和风沙危害严重等生态地位重要区域的耕地，应当在退耕还林规划中优先安排。”据《关于开展退耕还林（草）监测调查工作的通知》（国家统计局国统字〔2007〕45号文件）数据显示，至2007年全国有2279个县级行政单位实行了退耕还林政策，同时本年对退耕还林政策又进行了完善，主要是国家加大了对退耕过程的补植补造力度，使退耕政策在得到巩固后取得了更大的效益。3年后的2010年，由国家林业、北京林业大学组成的项目

---

① 贺雪峰：《城乡建设用地增减挂钩政策的逻辑与谬误》，载《学术月刊》2019年第1期，第96-104页。

② 科斯、阿尔钦、诺斯，等：《财产权利与制度变迁》（刘守英，等，译），上海·上海人民出版社，1994年版，第266-294页。

③ 吴涛、彭道黎、谢晨、黄东、袁梅、彭伟：《退耕还林政策10年评价——退耕还林工程社会经济效益监测大学生农户问卷调查总报告》，载《经济研究参考》2011年第67期，第11-37页。

组对全国“退耕还林工程项目”的“社会经济效益”进行一次监测调研，结果显示，退耕地检查验收任务完成良好，80.31%的农户表示项目已被检查验收过①。因此，从项目实施而言，退耕还林政策效果明显。

多山地区大部分属于起伏度大于200m的丘陵或山地，坡度陡，水土流失比较严重，很多地区又是江河的源头。同时，可耕土地的产量一般较低而不稳，农田水利设施也较差，很多地区主要“靠天吃饭”。因此，这类区域很多地方属于“退耕还林（草）”范围，且在调查中了解到很多这些地区已实行了“退耕”政策。但在政策实施中，存在一些问题，突出表现在是“退耕”或是“弃耕”甚至还是“撂荒”的问题上。

课题组2015—2016年在赣南某县山区调研时发现，赣南多山地区山地可利用地“弃耕”“撂荒”的很多。究其原因，主要有以下几点：一是政府与农民对种粮重视程度在下降。特别是“新生代”农民与“上一代”思想观念不同，“上一代”农民的粮食观念主要是依赖自产，而“新生代”的思想受到“打工”价值的影响，主张粮食一般依靠购买的观念，加上务工收入与在家种粮收益差距的拉大，更加强了这一观念。二是“退耕”政策执行中，标准不太统一，导致“退耕”的扩大化。由于进城务工农民的增长特别是“空巢村”的出现，致使很多山区良田已无人“耕管”，此时又正好遇上退耕还林政策，因此很多村民则“顺水推舟”，因而几百年的“熟地”就一举“退耕”了事。同时，“退耕”还可以得到每年每亩几十元钱的“补助”，对他们而言是件“美事”，且“退耕”土地还是自家“管理”。另外，由于赣南是亚热带气候，特别是山区，雨量充沛，即使不人为种树，一年后草树也自然地生长，既“符合”退耕政策，又有一份收益，一举两得。如有一乡镇2014年退耕4000亩，其实都是梯田，耕作历史几百年，一直是山区很好的良田。这种“退耕”做法实质是“弃耕”和“撂荒”行为。当然，不可否认，“退耕”的农地中，有部分确实是土壤不好、海拔高、坡度大，容易造成水土流失的土地，“退耕”对恢复水土、保持植被具有重要的意义。三是对“退耕”政策的落实检查走过场。对“退耕”政策的监督与检查，很多地区主要是检查“补贴”是否到位，而

① 吴涛、彭道黎、谢晨、黄东、袁梅、彭伟：《退耕还林政策10年评价——退耕还林工程社会经济效益监测大学生农户问卷调查总报告》，第11-37页。

对是否有人工造林和其他管理，则没据实核实检查。如在检查是否有植树造林问题上，没有很好区分是自然生长的次生林，还是人工林，主要是判断土地是否“长树”，这就加剧了“撂荒”的做法。同时，有的地块即使造林了，但往往是“负责种，不负责管”，任其生长，自生自灭。其实这也是一种造林方面的“靠天吃饭”。

对这些问题，需要加强“退耕还林”管理，落实责任，分类界定。首先，是执行相关标准，严格划定“退耕”区域，并对耕地类型进行明确界定。其次，是进行定期检查与管理，特别是要求人工造林的，要制定标准进行中期检查和效果评估。最后，提高“退耕”补助标准，引起有关部门和农户的充分重视。如赣南山区某乡政府的调查显示，2014 年，该乡有 19 万亩林地被划为县城提供水源地的公益性“退耕”土地，但可获得补助的仅 7 万亩，且补助标准很低，为每亩每年 15 元。因此，干部和村民对“退耕”均不太重视，也就导致了管理上的“疏漏”和“走过场”问题。同时，多山地区耕地的碎片化，也是导致“退耕”管理难的客观问题。有研究表明，农地碎片化已成为全球性的土地利用问题[①][②]，因为农地细碎化降低了农地利用效率及粮食生产水平[③]。

（六）其他人口分布问题

人口的流出是社会经济差异化发展过程中不可避免的现象，也是城镇化过程中的必然结果。在流动人口流出的乡村迁入乡镇及城市的过程中，也将带来其他人口分布的相关问题，主要表现在以下几个方面：

首先，人口分布的不均衡现象依然存在，但将加大某些分布上的新特点。人口的“空心化”现象是与经济发展不平衡紧密相关的，人口分布差异化充分反映了人口分布均衡与非均衡发展的矛盾统一。所谓人口均衡发展，其要义在于“均而不衡，衡而不均”[④]。因此，要实施非均衡的区域发

---

① Blarel B, Hazell P, Place, et al, “The Economics of Farm Fragmentation: Evidence from Ghana and Rwanda,” *World Bank Economic Review*, 1992, 6 (2): 233-254.

② 田孟、贺雪峰：《中国的农地细碎化及其治理之道》，载《江西财经大学学报》2015 年第 2 期，第 88-96 页。

③ 苏春慧、毕如田、刘慧芳、郭永龙：《贫困山区农户土地流转及撂荒行为探究——基于山西省和顺县 275 份农户问卷调查》，载《农学学报》2019 年第 2 期，第 89-96 页。

④ 吴瑞君、朱宝树：《中国人口的非均衡分布与“胡焕庸线”的稳定性》，载《中国人口科学》2016 年第 1 期，第 14-24 页。

展战略，需加快区域和城乡统筹的新型城镇化进程，促进区域人口与经济社会、资源环境的均衡发展。

其次，人口大量流出加剧了“空巢村”资源的浪费。人口从乡村流向城市，乡村的土地出现了“撂荒”现象。由于青壮年劳动力外出务工，留守农村的老年人口有些已很难再具备完全的劳动能力，而成为半劳动力甚至成为已无法承受繁重田间劳动的非劳动力。另外，由于山区土地受地形所限，很难有大块连片的土地用于农业耕作，且大多是山间旱地，灌溉困难，农业机械化难以发挥作用，需要人工播种、收割，这些山地的经济效益很低，也难以流转，大多将成为“撂荒”的主要对象。课题组在调查中发现，“空巢村”土地撂荒普遍，甚至稍微好的成片土地也存在“撂荒”现象。

最后，人口迁移也会加剧人口偏集及再分布等问题。乡村人口流出主要有乡镇间流动、县域间流动、省区间流动及省外流动等。往省区外流动的人口大多是流到经济比较发达的东部沿海地区或者大都市中，部分能力较强的外出务工人员经过长期的努力，在流入地已经购置了房产并落了户，这部分人口基本上不会再回到原来的家乡就业。而大多数外出人员仅仅是常年在外务工，由于城市高房价、高消费等的限制，很难在外落户，也就出现了人户分离现象。近年来，受经济发展增速减缓和产业结构调整等相关因素的影响，出现了更多的农民工返乡就业、创业的现象。这些返乡的农民工大多不再回到原来的乡村，多在家乡地市、县城、乡镇再次就业，结果加剧了这些地区的人口集聚。在省、县、镇区域内，“空巢村”人口的集聚非常普遍。“空巢村”人口的这种迁移是不可逆的，必然增加乡镇、县城等区域的人口集聚密度，甚至导致人口集聚问题。课题组在江西赣南会昌县调查时，麻州镇就成为山区乡村人口集聚的中心镇。大城市在人口发展规划方面比较超前，但对于县城，尤其是乡镇而言，随着人口大量迁入，而其基础设施、教育条件又未能跟上人口集聚的速度，致使中心城镇人口过度集聚而产生类似大城市的人口、社会和环境问题，这也是需引起新的关注的问题。

## 第二节 “空巢村”人口迁移变动分析

### 一、多山省区人口区内流动

“空巢村”的人口进城等迁移已经成为城镇化发展过程中一个必然趋势，但有关部门需要了解人口迁移的动向，以便提前做好规划，为新进入的人口提供更多更好的服务。从多山地区省区人口迁移的数据来看，山区占比高的14个省区迁移人口总量达到9320.9万，平均迁移的人口为665.8万，人口迁出数量最多的为四川省，达到1284.6万人，最少的是山西省为194.57万。这也反映出四川作为人口迁出大省的一个客观事实（见表4.2.1）。

人口迁移以区内流动为主。据14个多山地区省区统计显示，“区内流动”人口比重共计44.4%，即近一半迁移人口在区内流动，其中“县内跨乡镇”比重占18.2%，“市内跨县”迁移占14%，“省内跨市”占12.2%。呈现出区内迁移为主的特点，也是一种就近迁移模式。“县内跨乡镇”迁移比重最大的省份是山西，占迁移总人口的47.2%，其次是河北，占33.4%。由此可知，处于华北地区且迁移总量相对较少的两个省份的就近迁移要高于其他省区，这可能是受地域观念和经济因素影响的结果。同时还显示出，人口迁移大省的迁移量在“县内跨乡镇”迁移模式中迁移比例较小的趋势。“市内跨县”的迁移比重高于平均值的省市有山西、河北、福建、云南和重庆等，而这些省市的“市内跨县”迁移比重与“县内跨乡镇”的比重相差无几，由此可知，迁移人口首先集聚在县内乡镇间的迁移，其次是市内跨县迁移。在“省内跨市”迁移中，迁移人口比重最高的是云南，其次是福建，分别占26.3%和25.8%。迁移人口比重高于平均值的还有陕西、山西、四川和河南等省。

表 4.2.1　多山地区农村人口区域迁移状况　　单位：万人

| 地区 | 合计 | 县内跨乡镇 | 市内跨县 | 省内跨市 | 外省 | 中国港澳台地区 | 国外 |
|---|---|---|---|---|---|---|---|
| 河北 | 455.68 | 152.33 | 110.38 | 55.25 | 137.02 | 0.23 | 0.47 |
| 山西 | 194.56 | 91.75 | 49.96 | 33.84 | 18.98 | 0.02 | 0.01 |
| 安徽 | 1119.08 | 104.31 | 76.72 | 68.00 | 868.93 | 0.32 | 0.80 |
| 福建 | 399.48 | 96.50 | 86.40 | 102.93 | 98.16 | 2.69 | 12.80 |
| 江西 | 648.56 | 78.40 | 38.00 | 26.66 | 504.85 | 0.34 | 0.31 |
| 河南 | 1148.09 | 189.08 | 142.11 | 139.96 | 674.90 | 1.03 | 1.01 |
| 湖北 | 806.59 | 77.13 | 78.91 | 92.45 | 557.14 | 0.52 | 0.44 |
| 湖南 | 1001.25 | 124.65 | 101.49 | 83.33 | 689.88 | 1.19 | 0.71 |
| 广西 | 680.20 | 51.98 | 60.62 | 56.01 | 511.05 | 0.36 | 0.18 |
| 重庆 | 457.00 | 58.27 | 85.39 | 4.13 | 308.87 | 0.18 | 0.16 |
| 四川 | 1284.61 | 180.41 | 105.00 | 172.72 | 824.57 | 0.83 | 1.08 |
| 贵州 | 441.74 | 33.96 | 20.78 | 26.32 | 360.38 | 0.20 | 0.10 |
| 云南 | 266.19 | 63.51 | 50.75 | 70.01 | 79.78 | 0.24 | 1.90 |
| 陕西 | 417.83 | 98.84 | 82.40 | 77.21 | 158.74 | 0.37 | 0.27 |

数据来源：据中国第二次全国农业普查资料汇编（农民卷）。

## 二、多山省区人口区际迁移

跨省迁移是人口迁移的重要类型。从多山地区 14 个典型省区市的农村人口迁移看，跨省迁移占总迁移人口的 55.2%，即大部分人口迁移至省区市之外（见图 4.2.1）。省外迁移中，贵州的迁移人口比重最大，达 81.6%，其次是江西、安徽、广西、湖北、湖南、重庆和四川。这些省区市省外迁移的人口占本省区市总迁移人口的比重均达到 60% 以上。因此，中西部人口流出大省以省外迁移为主。省外迁移中，迁移量占总迁移人口比重最小的是山西，仅为 9.8%。人口向中国港澳台地区及境外迁移的情况比较少，14 个省区市中，只有福建向中国港澳台地区迁移的人口占总迁移人口的比重达到 0.7%，同时国外迁移的人口占总迁移人口比例占到 3.2%。尽管比重不大，但其规模亦不小。福建地处东南沿海，具有海外迁移的地理位置优势，同时福建也有向海外移民的悠久历史和文化。因此，很多海外侨胞的祖籍是福建，投亲靠友成为向海外迁移的主要迁移原因，也导致了福建海外迁移人口多、比重大的境况。

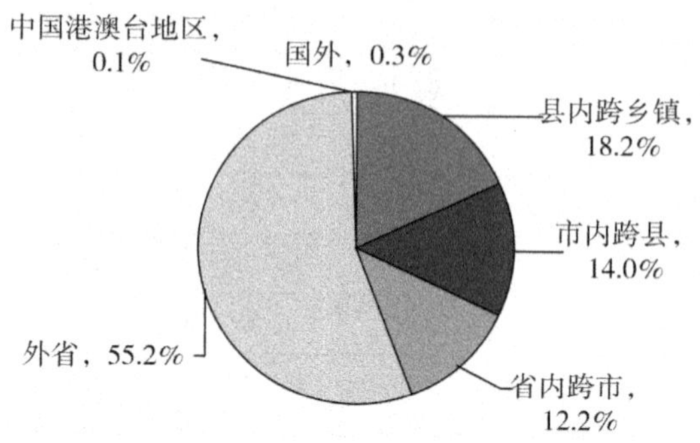


**图 4.2.1　多山地区不同迁移类型的人口比重**

## 三、流出人员区域选择与回流模式分析

跨省迁移的流入地主要是东部沿海地区，这些地区经济发达，产业发展需要大量的劳务人员，长三角、珠三角、京津冀等地区是我国制造业发展的主要集聚地，产业工人需求量大，人口的快速导入也催生了房地产业的繁荣，同时还促进了城市建设的快速发展。在人口集聚过程中，亲缘、学缘、地缘、友缘等关系发挥着重要的作用，如老乡带老乡、亲戚带亲戚、朋友带朋友及以亲缘与地域为纽带的人员迁移模式，也成为人口迁移的主要影响因素。

由于东西部及城乡间发展差距的变化，区域间人口回流已成为必然趋势。诸多研究表明，流动人口对流入地的经济发展作出了巨大贡献。根据国家卫健委 2018 年发布的《中国流动人口发展报告》称，城市流动人口比重每提高 1 个百分点，未来 5~10 年城市实际 GDP 和人均 GDP 将提高 1~2.3 个百分点①。因此，人口流动与经济发展之间存在着高度的关联性。据此推测，如果没有人口流动，2016 年国内生产总值（GDP）将大大下降。事实上，在包括人口流动等多种因素的作用下，2016 年国内生产总值达到 74.4 万亿元，其中背后有着人口流动带动产业转移及市场的繁荣，从而创造了巨大经济产值的原因。当然，创造这一经济红利的流动人口群体

① https://www.yicai.com/news/100090963.html.

未来其影响力正逐渐消退。上述《中国流动人口发展报告》称，从2015年开始，流动人口规模发展出现了新的变化。全国流动人口规模从此前的持续上升转为缓慢下降（见图4.2.2）。因而据此亦知带来经济发展红利的流动人口群体的“回流模式”已经开启，且未来这种回流之势将不可阻挡。

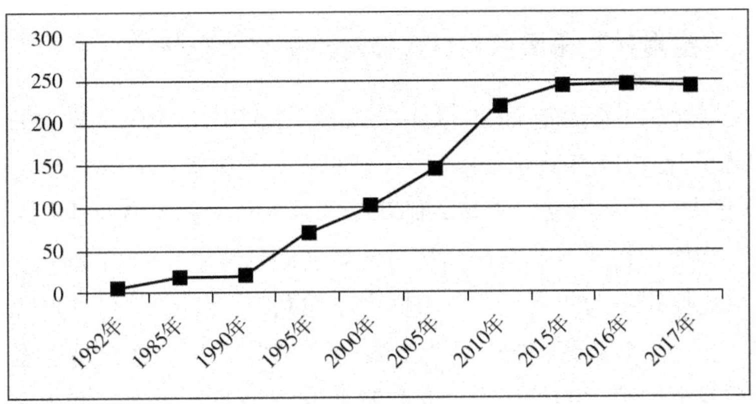


**图4.2.2　1982—2017年全国流动人口数（百万人）**

同时，《中国流动人口发展报告（2018）》中分析显示，流动人口中回流人口主要以20~30岁和40~50岁两个年龄阶段为主，尤其集中在45岁以上人口，占2017年2.45亿流动人口总量的22.8%。2017年全国流动人口监测数据显示，在“80后”“90后”的新生代流动人口中，有70%以上的人打算在5年内返乡，且这些回流人口表示，返乡后基本上不愿意再外出，并且返乡后将返回原居住地。就回流人口主要返乡原因看，对年轻人而言，在城里务工工资水平虽然比家乡高，但城市的生活成本远比农村或流出区域高，因此其净收入也大打折扣，尤其是年轻人要成家及婚后家庭支出等花费将更高。尤其是购房和下一代的教育费用更成了他们继续留在城市的巨大障碍。对于45岁以上的回流人员来说，年龄则成为其在劳动力市场上继续参与竞争的不利因素，同时还需要考虑身体状况等。因而，在内心上这部分人更倾向于回到家乡过稳定的生活。回流人员返乡意愿显示，年轻人更希望能回到家乡所在的地级市，至少希望能在家乡县城落脚扎根，而不愿意再回到流出的乡村。年龄大的回流人员有部分表示希望回到原来的乡村继续以务农或打短工的形式生活，还有一部分则表示希望搬迁到乡镇或县城生活。

# 第三节 "空巢村"人口分布与再分布趋势研判

## 一、"空巢村"未来的人口规模与结构变动分析

根据联合国的预测，到2030年中国城市化率约达70%，即城镇人口为10.2亿人，比2017年将增加2亿人；到2047年城镇人口达峰值时将增加约2.76亿人。据此推测，未来2亿新增城镇人口有约50%即1亿人来自城乡迁移，其他则将是自然增长和行政区划变动的贡献。到2030年，我国的乡村人口规模将降为4.3亿人。根据"空巢村"人口占乡村人口20%的平均比率计算，还有将近9000万"空巢村"留守人员。这只是静态的估算数字，在我国城镇化的过程中，党和政府非常关心贫困地区和山区人民的脱贫致富以及山区居民"易地搬迁"的问题，如果有新的针对性政策出台，"空巢村"留守人员的规模将会进一步减少。

多山地区"空巢村"人口结构中"老幼妇孺"比例将进一步扩大。在当前的经济、社会形势下，人口城乡迁移大势难有方向性的转变。经济发展的加深可能带来社会环境的问题，而环境的变化又将对人的思想产生重要影响。多山地区"空巢村"人口结构主要呈现出"老幼妇孺"以及文化程度相对较低的状态。外出的青壮年正处在劳动力的黄金年龄阶段，他们外出务工在寻找工作和工资待遇方面更具竞争优势，经过多年的城市生活，对原居住的山区村庄相对较空泛的生活及环境已不再适应，因此即使返乡，他们也不愿意再在山村居住，而一般是选择县城、乡镇生活，从而彻底迁离山区"空巢村"。课题组在调研过程中发现，目前很多乡村有大量废弃的旧住宅，有些甚至荒废有20多年之久，它们的主人再回去的可能已经很小。

回流人口再分布后，中心城镇的人口结构将会得到优化。虽然山区"空巢村"人口迁移到中心城镇，由于更老龄化的人口结构将一定程度提高城镇人口的平均年龄，而返乡及其他人员迁入中心城镇后，又将降低其人口平均年龄。因此，在年龄结构上，人口向中心城镇的集聚，对其年龄结构的影响比较复杂，关键还要看回乡与"空巢村"留守人员的进城情

况。另一方面，返乡人员回到乡镇后，将使乡镇人口的文化程度、劳动力结构得到一定的改善。

## 二、我国未来的区域迁移及城乡人口再分布趋势研判

人口再分布受诸多因素的综合作用，未来我国人口再分布将呈以下几种发展趋势：

首先，人口向东部沿海的迁移将继续发展，但程度大为减弱。据学者对人口迁移相关理论和实证的研究，我国人口迁移主要受经济发展因素的显著影响，经济越发达，迁入人口的规模和程度越大。同时，地理环境的影响也非常巨大，主要表现为受不同地貌类型及降水的作用。近 30 年来，中部地区是省际人口的主要迁出地，人口大量流出而呈现“中部塌陷”；东部沿海地区是省际人口迁移的主要承载地，呈现显著的“极化增长”趋势。从“四普”到“六普”的 20 年间，迁入东部沿海地区的在业人口比重快速增加，其中女性比男性更倾向迁入东部沿海地区，但这种差异在逐渐减少①。

其次，人口从一般城市化向大都市圈集聚的方向发展。总体来看，人口流动整体放缓，但向一线、二线城市和大都市圈集聚更为明显。从全国看，一线、二线城市人口持续流入，三线城市流入流出基本平衡，四线城市持续流出。但与一般三线、四线城市明显不同的是，发达城市群的三线、四线城市人口仍在继续流入。2016 年，一线、二线、三线、四线城市的“经济-人口”比值分别为 2.4、1.6、1.1、0.6。在市辖区层面，一线、二线、三线、四线城市市辖区人口增速均有所下滑，三线、四线城市市辖区总体仍保持人口流入，但集聚程度已比较微弱，特别是四线城市市辖区更显微弱，而发达地区三线、四线市辖区与其他城市无明显差异。据《21 世纪经济报道》显示，2011 年至 2017 年，全国至少有 225 个地区人口净流出，较 2001 年至 2010 年的 192 个地区明显上升，人口净流出地区的数量占比从 53.6%增至 62.8%；而人口净流入地区数量从 166 个降至 113 个，这表明人口在向少数地区、向大城市特别是大都市圈集聚②。

---

① 李怡涵、牛叔文、王君萍：《中国不同职业省际迁移人口的空间分布特征及影响因素研究》，载《西北人口》2016 年第 6 期，第 10-16 页。

② https://baijiahao.baidu.com/s?id=1605840026055827722&wfr=spider&for=pc

最后，向乡镇尤其是中心乡镇聚集。人口的合理分布很大程度上就是人口、劳动力与资源、环境及区域经济发展阶段的相匹配，使这些区域能最大限度地利用劳动力、物质资源及其他产业经济要素，同时更好地发挥人口聚集效应。与省际迁移相比，乡村人口的迁移更倾向于就近乡镇的集聚。城镇化是人类社会、经济发展的必由之路。课题组在调研的过程中发现，目前乡村人口尤其是多山地区的“空巢村”迁移人口，一方面基于生活习惯、友谊亲情的考虑；另一方面有在大都市难以安家落户的原因，他们往往宁愿就近迁移而不愿意迁到大城市，因而最终形成一种向乡镇尤其是中心乡镇迁移聚集的发展态势。

# 第五章　多山地区聚落演进及人口城镇化新模式

聚落是人类各种形式聚集地的总称，包括乡村和城市两大类。以前我国乡村居民几乎为农民，因此也称为农村，而在山区则称为“山村”。聚落的形成受自然条件、生产力及人类活动形态的影响，它是人类社会、经济、政治制度及文化生活等历史发展动态综合作用的结果。

## 第一节　多山地区乡村聚落发展路径及其新形态

聚落发展受一定地域的自然、气候及文化历史等因素的深刻影响，多山地区聚落有其独自的发展路径和形态特征。

### 一、聚落及其形成

所谓“聚落”，据《史记·五帝本纪》著述“一年而所居成聚，二年成邑，三年成都”，其注称“聚，谓村落也”。因此，聚落是有别于“都邑”的乡村居民点①。在生产力低下的原始社会，人们需要通过集体“聚居”的形式抵御自然灾害如风暴、洪水等，同时也通过群体聚集来抵御野兽侵袭，获取食物和繁衍种族，形成“凿木为穴”的“巢居”和“凿壁为穴”的“穴居”等聚居形式。此时的聚落往往分布于森林茂密的低山地区，特别是水草肥美之地，便于男子渔猎和女子采集，而形成“逐水草而居”的分布状态。这一阶段的聚落，往往具有较大的流动性和分散性特点。随着生产力的发展，人们掌握了一定的耕种和驯养技术后，原始农业

① 金其铭：《农村聚落地理》，北京·科学出版社，1988 年版，第 1 页。

与原始畜牧业逐渐分离出来，出现“第一次社会大分工”，人类乡村“聚落”才开始形成，此时的聚居形式从“流动型”走向“半固定型”和“固定型”，如形成“烧田聚落”（刀耕火种）和“游牧聚落”等原始棚舍。乡村聚落受地形和地理环境的重要影响，不同的地貌结构形成不同的村落形态。

## 二、乡村聚落的发展路径

农村聚落是与城市相对而言的，法国索尔（Max Sorro）在其《人文地理学基础》（1952）中把聚落分为三类，即农村聚落、城市聚落及从农村到城市的聚落等。第三类聚落类型类似现在城市周边的“城乡接合部”，而德国施瓦茨（Galeriel Schwarz）在《聚落地理学概论》中则把这种形态定义为“类似城市的聚落”，这也是金其铭（1988）认为的农村工业聚落、矿业聚落、林业聚落、集镇、警察站、旅游景区、交通站及军事聚落或宗教、文化等聚落形态[①]。根据我国城市规划对城乡的划分，农村聚落即为除城市以外的所有村庄、自然集镇及现在的行政乡等，而建制镇及市则为城市。城市的起源要远比乡村晚，乡村形成于1万多年前的新石器时代中期，而城市形成是5000年前的第二次社会大分工时期，其主要目的是手工业从农业分离后，需寻找与农牧民进行交换的场所，进而诞生了“市井”即城市。第三次社会大分工，即商业、商人从农业和手工业中分离出来，导致了城市规模的扩大，直至机器大生产后，才掀起城镇化的世界浪潮。总的来看，聚落的发展是社会生产力发展到一定阶段的产物，生产、生活方式是制约聚落形成和发展的根本因素。

当前，农村聚落功能上有了很大的提升，它们是农林牧副业的重要生产场所，不同的农村聚落和土地利用状况形成了不同的农业景观。同时，农村聚落的规模、分布影响着农业土地利用、经营形式及生产水平。人口与聚落有着紧密的联系，在传统社会下聚落分布与人口分布一定程度上是一致的。但当前，在“不完全城镇化[②]”的人口城乡迁移背景下，聚落与人口出现了一定的分离，人口迁入城镇后，乡村的居所仍然保留着，甚至

---

① 金其铭：《农村聚落地理》，北京·科学出版社，1988年版，第3-13页。

② 所谓“不完全城镇化”就是人口城镇化过程中，主要是劳动力的城镇迁移，而家庭辅助人口留在乡村的一种城镇化。

还继续进行重建、扩建，“空巢村”也就是在这种背景下出现、不断增加并将长期存在的。农村聚落存在于一定的自然环境中，其发展演化、形态结构、规模等受到环境的强烈影响，同时还受到人类社会、经济发展水平的重要影响，如人为忽视地理环境对聚落演化的作用，将会导致严重的后果。聚落是自然、历史及人文的综合产物，处于不断发展演化之中，不同地域、不同历史时期、不同社会形态具有不同的人地关系，聚落的形态、发展、分布等具有不同的特色。因此，多山地区农村聚落受地形、地貌等自然环境的重要影响，在现代经济、科技等迅速发展的背景下将表现出其独特的发展路径。

在聚落发展演化过程中，安全是其首先考虑的，其次是对生产、生活的便利程度，最后是便于行政、生产管理及规划建设的统筹一致性，这些是聚落发展的基本原则。早在1826年，杜能的“农业区位论”对农村聚落及农业生产布局有系统的分析。20世纪30年代，克里斯·泰勒又在杜能的基础上提出了“中心地理论”，进一步从工业生产角度，对聚落布局与发展进行了理论提升。此后的1938年，泰勒在荷兰阿姆斯特丹国际地理学大会上发表了“都市聚落与乡村之间的机能关系”的演讲，进一步强调了都市聚落与农村聚落之间的有机联系及如何进行布局等问题。这些都是指导城市、农村及它们相互关系的重要理论。但此处需要明白的是，不论是杜能还是克里斯·泰勒，他们都假设在一个广袤的平原上进行聚落或生产布局的，自然环境的下垫面是“均质”的，即具有均质的地理条件、人口分布，收入水平也相当，且人们对货物的需求及消费方式也均一致，还具有统一的交通系统和一致的便利程度等。然而，事实上这种“均质”地块是不存在的。对多山地区而言，地质、地貌等自然环境对聚落布局、发展的影响尤为巨大，因此多山地区“聚落”演化情况更为复杂多样。

## 三、多山地区乡村聚落的演化及其新形态

所谓“聚落形态”，是指组成聚落的民宅、牲畜圈棚、道路、绿地等设施和景观平面展布方式①。根据农家房舍的集合或分散状态，把乡村聚

① 鲁西奇：《散村与集村：传统中国的乡村聚落形态及其演变》，载《华中师范大学学报》（人文社会科学版）2013年第4期，第113–130页。

落分为散漫型和集聚型两种，散漫型就是散村，而集聚型就是集村①②。事实上，当前农村聚落内容丰富、形态复杂，分布也非常广泛。从经济活动内容划分，有农业种植为主的村落、林业为主的村落及牧村、渔村，也有这些产业兼有的村落。从分布形态看，可分为孤立点状形态的散村、线形村落、块状村落、街村、团村、环形村、棋盘式村落、不规则密集型村落等。从人口规模看，可分为小型村落和大型村落，大型村落往往是几千人口的大村。但在聚落模式上，近几十年来，乡村聚落已从连排、集聚型向点状分散型演进，具体包括以下形式：

### （一）队组集聚型连排组屋式聚落

在多山地区，地形、地势及土壤状况对居民点分布的影响最大。山区往往地形破碎，被沟壑、巨石、山坡等切割、阻挡而成凹凸弯曲不平，特别是地势起伏度大的山区，往往是“地无一里平，路无百米直”。因此，山区村落一般呈现三种聚集形式，一是沿溪沿路的线性村落，二是依山凹或山脚而建的弧形排列村落，三是在较为平整开阔的平原或台地形成的块状分布村落（如图 5. 1. 1 所示）。在这三种组合形态中，有时也呈半聚集或分散型状态。在地形崎岖不平的地区，往往是三五家形成的自然村落，人口密度较小，甚至是单户型、独家独院的分散分布，户距较大。在平原地区，一般是一个自然村也是一个行政村，而在多山地区，一般是若干个自然村组成一个行政村。

20 世纪 80 年代前，山区农村包括我国大多数农村聚落一般呈现更为聚集或组团式形态，往往是以生产队或生产小组（即自然村）为集聚单位，形成“队组集聚型连排组屋聚落”（如图 5. 1. 1a 所示）。1958—1980 年，我国农村经济发展较为缓慢，农村居民很难有财力建造新房。特别是 1958 年实行人民公社制度后，对宅居地实行了严格的管理，一般居民很难自行建房，往往居住在先辈留下的祖居里。由于当时生育率较高，兄弟姐妹数量多，数代同堂现象普遍，因而人们一般组团式居住，祖居一般建成大型家族式的“连排组屋”，同时也体现了“多子多福”的传统文化氛围。

### （二）兄弟连排组屋式聚落

20 世纪 80 年代农村改革开放后，生产功能从生产小组或生产队下放

① 陈芳惠：《村落地理学》，台北・五南图书出版公司，1984 年版，第 114-132 页。

② 左大康：《现代地理学辞典》，北京・商务印书馆，1990 年版，第 699 页。

到家庭，农村生产积极性得到应有的提升。家庭经济状况逐渐改善后，有些家庭开始建造新房，同时宅居地审批也更为宽松，但此时家庭兄弟姐妹还比较多，因此父母建造新房时往往会为兄弟未来成家着想，一般给每个兄弟在主屋左右建设他们未来成家居住的房子，或兄弟成年后，住房扩建也在新居附近进行。因而，当时的聚落模式呈现“兄弟连排组屋式”形态。课题组在江西赣南某县山区调研时，所观察到 20 世纪 80 年代前后建造的房屋，基本属于这种模式（如图 5.1.1b 所示）。

（三）独家带栅栏独院式聚落

至 20 世纪 90 年代中期后，农村经济得到长足的发展，同时农村劳动力大批进城务工，大大增加了农村居民的家庭收入。农村建造新房的家庭逐渐增多，但是此时计划生育政策已在农村全面严格实施，往往一对夫妇最多生育两孩，而男孩一般只有一个，很多农村的传统习惯往往是父母财产一般由儿子继承，女儿一般外嫁到男方家。农村建房时基本不考虑女儿，因此房屋形成非连排的“独院”结构。农村家庭在进行主粮种植外，一般还养殖家禽和家畜，为与邻里间的牲畜不相干扰，也为未来生活得更“自在”，诸多家庭选择搬离原祖屋而分散独居。同时，往往还在新房外建设围墙、栅栏或篱笆，形成典型的“独家独院型”结构，因而使乡村聚落呈现出比以往更为分散的格局，形成“一家一山头，山山有房屋”的分布特征（如图 5.1.1c 所示）。

多山地区聚落的这种演变路径，是农村经济、社会、文化及土地政策等综合因素作用的结果。特别是家族传统观念转变及交通的发展对农村聚落形态的影响作用巨大。由于经济的发展和时代的进步，传统的家族势力和家族凝聚力大大削减，特别是经过 20 世纪五六十年代人民公社化及多次政治改造后，人们的家族观念已经趋于淡化，乡村宗族大聚居模式也在解体。近几十年来，农村交通得到了极大的发展，也给了分散居住以有力的支撑，以往多山地区修路异常艰难，需要耗费大量的人力物力，因而需众人合力才能完成，这也是当时人们集中居住的一个重要原因。现在在大型机械及政府的有力支持下，山区修路变得更为简单快速，因而推动了山区人口分散居住模式的发展，这也是 20 世纪 90 年代后多山地区农村形成“独家栅栏独院式聚落”的重要因素。

在工业经济时代，生产要素和人口等往往向条件优越的区域集中，最终产生“集聚效应”。但多山地区农村，“集聚”对经济而言效应并不明显，而农民们需要的“集聚”往往是向他们所依赖的土地、山林、河湖、道路等区域进行集聚，即缩短距离。但在居住形态上，往往彼此还是希望保持一定“距离”。一定程度上，这种“散居”化趋势将使居民在情感上更加“孤独和寂寞”，也增加了山区农村家庭的无助与安全隐患。

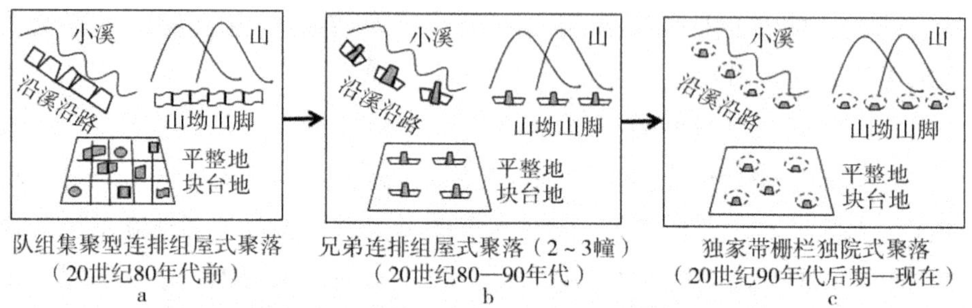


**图 5.1.1　多山地区乡村聚落演化及其新形态**

## 第二节　城乡人口迁移行为演进

“洗脚上田”后的农民有两种去向，一是成为“离土不离乡”的农民工，二是作为较远距离“离土又离乡”的农民工①。在其迁移过程中，其职业形态、对社会的影响及行为方式等呈现出显著的阶段性发展特征。

### 一、农民工代际演进及其特征

20 世纪 80 年代后，城乡迁移规模和深度不断加大，农村人地分离现象开始凸显，最终形成以“城乡分割、土地分治、人地分离”为主要特征的“三分”城乡人地关系②。起初的农民工进城，主要有两个去处：一是进厂成为上班工人。二是从事个体经营或其他非农产业，在此他们往往是

① 谢永飞、段成荣、郭静：《离土不离乡农民工的基本状况研究——基于 2010 年全国人口普查数据的分析》，载《南方人口》2013 年第 3 期，第 73-80 页。

② 刘继来、刘彦随、李裕瑞、胡银根：《2007—2015 年中国农村居民点用地与农村人口时空耦合关系》，载《自然资源学报》2018 年第 11 期，第 1861-1871 页。

“进厂不进城”或“亦工亦农”，因此离农村老家比较近，也可以照顾家里的产业或生活，呈现“离土不离乡”的状态。学术界对农民工进行了代际划分，根据进城务工和出生年代的不同，把他们划分为“第一代”和“新生代”两个代际的农民工。一般把20世纪80年代末以前外出，同时出生在60年代及以前的称为“第一代农民工”或“老一代农民工”[①][②]，而普遍把1980年以后出生的或20世纪90年代中后期外出务工的界定为“新生代农民工”或“第二代农民工”[③][④][⑤][⑥]。

还有学者把“新生代农民工”分成为三代。这类学者主要是根据王春光对农民工代际所称的“10年之差就等于两代人”进行界定的，认为这一代是生于20世纪80年代中后期或90年代初[⑦]，而李红艳比较明确地认为，“90后”农民工是“第三代农民工”[⑧]。关于农民工的代际关系，其他还有很多研究，对于把农民工分成第一代和第二代（新生代）农民工，基本没有异议，但是否把“90后”界定为“第三代农民工”是值得商榷的，借此推断，是否还有“第四代”“第五代”？从“农民”和“代际”含义而言，应该是否定的。课题组认为，“第三代农民工”将来就不存在了，更没有“第四代”等。所谓“农民”，《穀梁传·成公元年》中就进行过论述，即“古者有四民。有士民，有农民，有工民，有商民。即士农工商四民”。因此，很明显农民其实是一种职业。而绝大多数“90后”，从小上学，等到进入劳动年龄队伍时，连一天地也没种过，更没有掌握农业生产

① 郭晓鸣、周小娟：《老一代农民工：返乡之后的生存与发展——基于四川省309位返乡老一代农民工的问卷分析》，载《中国农村经济》2013年第10期，第53-62页。

② 柴民权：《农民工代际研究的困境与出路》，载《广东社会科学》2016年第1期，第199-206页。

③ 王春光：《新生代的农村流动人口对基本公民权的渴求》，载《民主与科学》2000年第1期，第18-20页。

④ 王春光：《新生代农村流动人口的社会认同与城乡融合的关系》，载《社会学研究》2001年第3期，第63-76页。

⑤ 刘传江、程建林：《第二代农民工市民化现状分析与进程测度》，载《人口研究》2008年第5期，第48-57页。

⑥ 王宗萍、段成荣：《第二代农民工特征分析》，载《人口研究》2010年第2期，第39-47页。

⑦ 陈兴中、孙丽丽、李富忠：《第三代农民工务工期望变化分析》，载《中国劳动》2011年第3期，第15-17页。

⑧ 李红艳：《电视内外：作为文化阶层的服务业 农民工研究》，北京·中国农业大学出版社，2014年版，第28页。

技能，因而不能算是“农民”，更不能称为“农民工”。此后，农村很多人更不可能从事农业生产，因为人均耕地越来越少，同时农村正在试行土地使用权出让和流转，家庭式小规模的耕作将越来越少。而对于“代”，其实不只限于时间概念的“年代”，而更多地指一种事物类别特性的标签，如“新石器时代”就是此意。此外“代”，还有“下一代”之意。一般地，一代人即使按平均婚龄计算，当前平均为24~25岁，因此也就是说“第一代农民工”的后代为“第二代农民工”或“新生代农民工”，而“第三代农民工”是“第二代”的后代，即他们至少在第二代之后25年左右出现。而第二代农民工按1980年出生计算，等其成年结婚生子需到2005年，而这一代的下一代成年至少需到2023年至2025年，尽管时间不长，但这一代的年轻人，更难以被看成是“农民”了。所以，“农民工”仅将至“第二代”为止。

第二代农民工与第一代相比在进城目的、生活方式、消费观念、职业行为等各个方面有着显著的差异①。第一代农民工以“低收入、低诉求”为群体主要特征。虽然他们过着“离土又离乡”的城市生活，但由于文化程度普遍较低，思想相对保守，工作技能更为缺乏，一般聚集在城市中较为低端的产业，也没有能力成为“城市人”。同时，他们在城市中的社会融入程度较低，很多人考虑日后仍然是回到各自的农村生活，家乡情感也较为浓郁，同时大部分人在农村已经成家，不打算、也没能力在城里成家。因此，第一代农民工一般过着“城市打工，寄钱回家”的生活模式，以便日后回家盖房或投资兴业，因而在思想上还没有从“进城务工”转变为“进城定居”。到第二代农民工（或新生代农民工），情况有了巨大的改变，他们的思想观念、生活方式与城市居民没有太大差别，知识水平和职业能力也得到了极大的提升，从事的行业也与城市人口相差无几。同时，“新生代农民工”期盼城市生活，从父辈的城市“讨生活”，过渡到“享受城市生活”，他赚钱后也在城市购房，下班后到娱乐场所或进入酒吧休闲。还有他们的城市融入度远远高于父辈，人际交往更为深入、广泛，也

① 董欢、郭晓鸣：《新型城镇化与农业现代化：第一代农民工的转移取向及其多元影响——四川省调研数据的实证》，载《人口与发展》2013年第6期，第19-25页。

更重视城市中的发展及社会参与等①。

## 二、城乡迁移的经济性及社会性转变

个体适应环境和社会能力的增强，有两大重要途径：一是个体自身抵御外界环境能力的增强，二是依靠结成联盟的群体力量。对流入城市的农村人口而言，单独流动的个体其经济、社会地位较弱，不利于流入地社会融入和实现身份认同②。因此，增强血缘、地缘关系有利于个体社会支持能力的提升，它可帮助流动人口适应城市环境③。家庭是人们最基本的“联盟”单位，因而家庭迁移逐渐成为城乡迁移的基本模式。流动人口抽样调查显示，2009 年我国 67.4%的流动人口家庭为夫妻或子女共同居住，这也是家庭迁移的重要体现④，Meng 等认为中国过半的农村劳动力迁移是已婚夫妇的迁移，其实也是这一特征的体现⑤。当前的人口迁移模式是以基本的家庭迁移为主，具体包括以家庭团聚为核心的投靠迁移、婚姻迁移以及其他地域、血缘为基础的迁移形式等，因此这种迁移模式的转变，实质是城乡迁移诱因从以“经济性迁移”为主到“社会性迁移”为主重大转变的体现。

人口迁移是人类活动的重要组成部分，这种行为的发生受到经济、社会、政策及环境等因素的作用，而经济因素的影响又尤为突出。很多学者对此进行了深入的探索，普遍认为人口迁移流动与迁出区人口总量、迁入区的经济收入、产业结构关系最为密切，同时认为迁出区的人口总量越

① 陈亚辉：《新老两代农民工行为和需求比较研究——基于珠三角的实证调查》，载《调研世界》2013 年第 1 期，第 38-40 页。

② 史毅：《户籍制度与家庭团聚——流动人口流入地的身份认同》，载《青年研究》2016 年第 6 期，第 11-21 页。

③ 李培林：《流动民工的社会网络和社会地位》，载《社会学研究》1996 年第 4 期，第 42-52 页。

④ 国家计划生育委员会：《2010 中国流动人口发展报告》，北京·中国人口出版社，2010 年版。

⑤ Meng，L.，M. Q. Zhao，and Wu D. S. Li，“Joint Migration Decisions of Married Couples in Rural China，” *China Economic Review*，38，2015，pp. 285-305.

多、人均收入越低及第一产业比重越大，“推排效应”越强，人口迁出越多[①②]。而原新、王海宁等通过对北京、上海、天津和广州四大城市的1804个家庭样本调查分析得知，城市外来人口的迁移行为受个人因素和地区因素的双重影响，同时理论假设中的年龄、受教育年限、家庭平均月收入和前期迁移人口规模、固定资产投资增长率、地区间消费差距对迁移概率的影响均成立[③]。因此，人口迁移行为的影响因素非常复杂，涉及个人、家庭和社会，同时还受迁出区、迁入区的经济、社会及环境等因素的影响。

据全国“六普”数据分析，省际人口迁移原因中，区域迁移主要受经济性因素的影响，但社会性因素亦占据重要比重。2010年全国跨省迁移中有83.51%是因经济因素导致的，而社会因素仅占16.49%，经济性迁移的相关系数为0.6811，而不同原因的省际迁移率与人均GDP的相关系数以经济性迁移最高，如务工经商为0.8273，工作调动为0.7112，学习培训为0.6638。在社会性迁移中，以婚姻嫁娶、拆迁搬家和投亲靠友最高，分别达到0.7938、0.7934、0.7808。因此，不论是经济性迁移还是社会性迁移，其很大原因均为经济性因素导致的，正是由于经济发达地区的城市地区经济相对发达，吸引了经济欠发达的农村及其他城市的人口迁入，他们迁入的形式很多，有的是纯粹的经济行为而迁入的，有的是以婚姻、投亲靠友及拆迁搬家等形式迁入（如表5.2.2所示）。而从迁移原因的区域特征看，在经济性迁移原因中，经济越发达，经济性迁移比重越大，如广东经济性迁移最高，达到88.72%，另外，还有部分地区经济发展程度较低，但经济性迁移也较高，这主要是经济性迁移而形成的（如表5.2.1所示）。

① Fan, C. C, “Interprovincial Migration, Population Redistribution, and Regional Development in China: 1990 and 2000 Census Comparisons,” *Professional Geographer*, 2005 (57): 295-311.

② 付振奇、陈淑云、洪建国：《农村劳动力流动的区位选择：影响因素及区域差异——基于全国28个省份农民个体行为决策的分析》，载《华中师范大学学报》（人文社会科学版）2017年第5期，第45-56页。

③ 原新、王海宁、陈媛媛：《大城市外来人口迁移行为影响因素分析》，载《人口学刊》2011年第1期，第59-66页。

表 5.2.1　2010 年各省区市省际人口迁移流动的原因构成　　单位:%

| 省区市 | 经济性 | 社会性 | 省区市 | 经济性 | 社会性 | 省区市 | 经济性 | 社会性 |
|---|---|---|---|---|---|---|---|---|
| 全国 | 83.51 | 16.49 | 云南 | 75.61 | 24.39 | 山西 | 69.43 | 30.57 |
| 广东 | 88.72 | 11.28 | 内蒙古 | 72.42 | 27.58 | 贵州 | 69.29 | 30.71 |
| 西藏 | 87.66 | 12.34 | 青海 | 72.20 | 27.80 | 河南 | 68.39 | 31.61 |
| 浙江 | 85.92 | 14.08 | 广西 | 71.45 | 28.55 | 新疆 | 67.22 | 32.78 |
| 天津 | 84.45 | 15.55 | 重庆 | 71.36 | 28.64 | 安徽 | 66.85 | 33.15 |
| 福建 | 84.16 | 15.84 | 湖南 | 70.68 | 29.32 | 辽宁 | 66.64 | 33.36 |
| 江苏 | 83.40 | 16.60 | 甘肃 | 70.40 | 29.60 | 河北 | 66.40 | 33.60 |
| 北京 | 82.20 | 17.80 | 四川 | 70.32 | 29.68 | 黑龙江 | 65.78 | 34.22 |
| 上海 | 81.99 | 18.01 | 湖北 | 70.22 | 29.78 | 宁夏 | 65.72 | 34.28 |
| 陕西 | 79.58 | 20.42 | 山东 | 70.16 | 29.84 | 吉林 | 65.53 | 34.47 |
| 江西 | 76.10 | 23.90 | 海南 | 69.45 | 30.55 | | | |

数据来源：2010 年中国第六次人口普查数据，表 5.2.2、表 5.2.3 同。

注：经济性原因指务工经商、工作调动和学习培训，其他为社会性原因。经济性原因所占比重，与净迁移流动率明显相关，不包括西藏，其余 30 个省（自治区、直辖市）的相关系数达到 0.6811。

表 5.2.2　不同原因省际迁入率与人均 GDP 的相关系数

| 合计 | 务工经商 | 工作调动 | 学习培训 | 随迁家属 | 投亲靠友 | 拆迁搬家 | 寄挂户口 | 婚姻嫁娶 |
|---|---|---|---|---|---|---|---|---|
| 0.8562 | 0.8273 | 0.7112 | 0.6638 | 0.772 | 0.7808 | 0.7934 | 0.6039 | 0.7938 |

由于经济与社会发展水平的提高，我国人口区域迁移越来越活跃，人口迁移率大幅度提升。全国平均人口迁移率从“五普”的 3.41%提高到“六普”时的 6.44%，其中上海、北京、天津、浙江和广东是迁移最活跃的地区，人口迁移率均在 20%以上，最高的上海达到 39.0%（如表 5.2.3 所示）。同时，务工经商成为迁移的首要影响因素，平均权重达到 74.68%，因此迁移率的差异亦反映了区域迁移经济诱因。当前，各地区间在经济、社会、教育、科技、文化、医疗等各个方面的差距依然很显著，这就给区域人口流动提供了最重要和最基本的动力，尽管主要人口迁入区也存在经济、就业、社会等方面的问题，但与迁出区及迁入人口个体所面临的问题相比，仍然小得多，因此使得人口迁移保持着持续、强劲的增长

势头。同时，由于经济发达地区普遍存在较大的人口老龄化问题，产业的发展加剧了劳动力的相对紧缺，并且由于老年人口的增长，使得老年照料及家庭服务形成新的“银色产业”，进一步加剧了劳动力市场的需求，输入区外的劳动力进行补充，是经济发达地区的唯一选择。因此，在这一“供需”矛盾的共同作用下，使得外来人口迁移规模迅速扩大，根据我国当前的经济、社会及人口结构发展特征，这一趋势还将在很长一个时期内存在。

无论区域人口迁移的影响因素如何变化，其中经济因素是最基本的因素，而目前有向社会、文化及其他因素转变的趋势。但总体而言，其目的是有利于个体或家庭成员的生活质量提升及人的全面发展。

**表 5.2.3　各省区市不同原因的省际迁入率**　　单位:%

| 省区市 | 合计 | 务工经商 | 工作调动 | 学习培训 | 随迁家属 | 投亲靠友 | 拆迁搬家 | 寄挂户口 | 婚姻嫁娶 | 其他 |
|---|---|---|---|---|---|---|---|---|---|---|
| 全国 | 6.44 | 4.81 | 0.16 | 0.28 | 0.60 | 0.21 | 0.06 | 0.01 | 0.16 | 0.15 |
| 北京 | 35.92 | 26.55 | 1.31 | 1.67 | 2.88 | 1.61 | 0.24 | 0.05 | 1.05 | 0.55 |
| 天津 | 23.12 | 18.23 | 0.45 | 0.85 | 1.44 | 0.51 | 0.19 | 0.14 | 0.40 | 0.91 |
| 河北 | 1.95 | 1.01 | 0.10 | 0.18 | 0.27 | 0.10 | 0.04 | 0.01 | 0.13 | 0.11 |
| 山西 | 2.61 | 1.55 | 0.13 | 0.14 | 0.47 | 0.05 | 0.02 | 0.00 | 0.14 | 0.12 |
| 内蒙古 | 5.85 | 3.76 | 0.28 | 0.19 | 0.95 | 0.17 | 0.06 | 0.01 | 0.23 | 0.20 |
| 辽宁 | 4.08 | 2.27 | 0.12 | 0.34 | 0.58 | 0.26 | 0.14 | 0.01 | 0.18 | 0.18 |
| 吉林 | 1.66 | 0.68 | 0.05 | 0.36 | 0.24 | 0.09 | 0.06 | 0.00 | 0.11 | 0.07 |
| 黑龙江 | 1.32 | 0.58 | 0.03 | 0.27 | 0.20 | 0.09 | 0.03 | 0.00 | 0.10 | 0.04 |
| 上海 | 39.00 | 30.54 | 0.65 | 0.78 | 3.29 | 1.85 | 0.43 | 0.00 | 0.84 | 0.62 |
| 江苏 | 9.38 | 7.36 | 0.18 | 0.28 | 0.64 | 0.34 | 0.09 | 0.02 | 0.28 | 0.19 |
| 浙江 | 21.72 | 18.21 | 0.18 | 0.27 | 2.20 | 0.36 | 0.07 | 0.04 | 0.24 | 0.14 |
| 安徽 | 1.21 | 0.63 | 0.07 | 0.11 | 0.11 | 0.04 | 0.02 | 0.00 | 0.17 | 0.06 |
| 福建 | 11.69 | 9.41 | 0.11 | 0.32 | 1.16 | 0.31 | 0.04 | 0.01 | 0.19 | 0.15 |
| 江西 | 1.35 | 0.55 | 0.05 | 0.43 | 0.10 | 0.04 | 0.02 | 0.00 | 0.10 | 0.06 |
| 山东 | 2.21 | 1.16 | 0.13 | 0.26 | 0.28 | 0.12 | 0.05 | 0.01 | 0.10 | 0.11 |
| 河南 | 0.63 | 0.30 | 0.03 | 0.10 | 0.08 | 0.02 | 0.01 | 0.00 | 0.05 | 0.04 |
| 湖北 | 1.77 | 0.81 | 0.06 | 0.38 | 0.19 | 0.07 | 0.06 | 0.00 | 0.12 | 0.08 |

续表

| 省区市 | 合计 | 务工经商 | 工作调动 | 学习培训 | 随迁家属 | 投亲靠友 | 拆迁搬家 | 寄挂户口 | 婚姻嫁娶 | 其他 |
|---|---|---|---|---|---|---|---|---|---|---|
| 湖南 | 1.10 | 0.52 | 0.04 | 0.22 | 0.14 | 0.03 | 0.02 | 0.00 | 0.09 | 0.05 |
| 广东 | 20.61 | 17.68 | 0.39 | 0.22 | 1.34 | 0.44 | 0.06 | 0.01 | 0.15 | 0.32 |
| 广西 | 1.83 | 1.11 | 0.07 | 0.13 | 0.24 | 0.06 | 0.02 | 0.00 | 0.11 | 0.08 |
| 海南 | 6.79 | 3.70 | 0.35 | 0.67 | 1.16 | 0.22 | 0.05 | 0.01 | 0.20 | 0.44 |
| 重庆 | 3.28 | 1.53 | 0.16 | 0.65 | 0.30 | 0.20 | 0.10 | 0.00 | 0.21 | 0.13 |
| 四川 | 1.40 | 0.68 | 0.09 | 0.22 | 0.10 | 0.09 | 0.03 | 0.00 | 0.10 | 0.08 |
| 贵州 | 2.20 | 1.35 | 0.08 | 0.09 | 0.30 | 0.09 | 0.02 | 0.00 | 0.17 | 0.09 |
| 云南 | 2.69 | 1.83 | 0.09 | 0.11 | 0.38 | 0.07 | 0.01 | 0.00 | 0.10 | 0.09 |
| 西藏 | 5.51 | 4.56 | 0.15 | 0.12 | 0.31 | 0.08 | 0.01 | 0.01 | 0.04 | 0.22 |
| 陕西 | 2.61 | 1.34 | 0.21 | 0.53 | 0.27 | 0.07 | 0.02 | 0.00 | 0.06 | 0.12 |
| 甘肃 | 1.69 | 0.87 | 0.15 | 0.17 | 0.27 | 0.06 | 0.02 | 0.00 | 0.06 | 0.09 |
| 青海 | 5.66 | 3.68 | 0.21 | 0.19 | 0.86 | 0.17 | 0.06 | 0.01 | 0.17 | 0.30 |
| 宁夏 | 5.85 | 3.38 | 0.20 | 0.26 | 1.27 | 0.24 | 0.15 | 0.01 | 0.14 | 0.19 |
| 新疆 | 8.21 | 4.99 | 0.22 | 0.31 | 1.51 | 0.50 | 0.07 | 0.01 | 0.18 | 0.42 |

## 第三节　农民工城市居留意愿变动分析

农民工城市居留意愿反映农民工未来在城市居留的基本想法，也可以在一定程度上判断他们返乡或再流动到其他城市的可能性。本部分通过2012年与2017年上海流动人口监测数据，探索其在这5年间人口、经济等环境变化后，流入上海的农民工群体继续居留城市的意愿变化状况，拟为其返乡进行合理再分布提供客观依据。

### 一、农民工城市居留意愿分析

当前，大城市流动人口中农村人口比重依然占据主要部分，因此流动人口在城市中的居留意愿很大程度上可反映农民工人口的城市居留意愿高低，本部分就以流动人口居留意愿分析为例，揭示最近5年间农民工的居留意愿变动状况。因流动人口监测问卷的问题设计和选项设计在各年中存在较大差异，给居留意愿的多年比较带来一定的困难。2016 年以前居留意愿主要关注长期居留与户籍迁入下的居留意愿状况，相比较而言，2017 年居留意愿的调查口径更为合乎实际，其居留意愿的调查问题设计为“今后一段时间，您是否打算继续留在本地”，问题比较好地反映了一般常住外来人口未来居留城市的意愿表达。因此，对 2017 年居留意愿现状的分析主要根据本问题的回答进行。但是，要进行多年的居留意愿比较，则需对一定的口径进行调整才能更明确体现，本研究采用 5 年及以上的长期居留意愿进行比较分析（如表 5.3.1 所示）。

**表 5.3.1　多年居留意愿问题设计与可选答案的异同**

| 年份 | 问题设置 | | 可选答案 |
|---|---|---|---|
| | 问题号 | 问题 | |
| 2017 | Q313 | 如果您符合本地落户条件，您是否愿意把户口迁入本地? | •愿意　•不愿意<br>•没想好 |
| | Q314 | 今后一段时间，您是否打算继续留在本地? | •是　•否　•没想好 |
| | Q315 | 如果您打算留在本地，您预计自己将在本地留多久? | •1~2 年　•3~5 年<br>•6~10 年　•10 年以上<br>•定居　•没想好 |
| 2016 | Q305 | 您今后是否打算在本地长期居住（5 年以上)? | •打算　•返乡<br>•继续流动　•没想好 |
| | Q306 | 如果您符合本地落户条件，您是否愿意把户口迁入本地? | •愿意　•不愿意<br>•没想好 |
| | Q307 | 您打算什么时候返乡? | •1 年内　•1~2 年<br>•3~5 年　•6~10 年<br>•10 年以后　•没想好 |
| 2015 | Q211 | 您今后是否打算在本地长期居住（5 年以上)? | •打算　•不打算<br>•没想好 |
| 2012 | Q407 | 如果没有任何限制，您是否愿意把户口迁入本地? | •愿意　•不愿意<br>•没想好 |
| | Q408 | 您是否打算在本地长期居住（5 年及以上)? | •打算　•不打算<br>•没想好 |

资料来源：据 2012—2017 年上海流动人口动态监测数据，下同。

### （一）居留意愿总体状况

流动人口监测数据显示，2017 年在不设限制条件情况下，流动人口在沪居留意愿显著高于长期居留意愿。根据调查问题口径的不同，居留意愿呈现出较大的差异，对第一个关于居留意愿的调查问题“如果您符合本地落户条件，您是否愿意把户口迁入本地”的回答中，答“愿意”的占 74.7%，“不愿意”的占 12.8%。考虑户籍迁移的居留意愿应该是一种比较长期的意愿表达，在分析中可看成是“长期居住意愿”。第二个问题为“今后一段时间，您是否打算继续留在本地”，是一种不加任何附加条件的居留意愿表达，比上一题居留意愿回答“是”的比重有较大幅度的提升，达到 90.4%。而根据第三个问题“如果您打算留在本地，您预计自己将在本地留多久”的调查显示，明确表示愿意留在本地（上海）的人占 74.1%，这与第一个问题的回答（74.7%）相当，在这个问题的回答中“5 年以上”的长期意愿为 56.9%（如表 5.3.2 所示）。因此，从上海人口发展而言，常住人口的变动更受不带限制条件居留意愿的影响，而户籍人口增长与长期居留意愿关系更为紧密。

表 5.3.2　2017 年不同问题回答的在沪居留意愿状况　样本量 = 6999

| 问题 1：如果您符合本地落户条件，您是否愿意把户口迁入本地？ | | | | | | | |
|---|---|---|---|---|---|---|---|
| 回答 | 愿意 | 不愿意 | 没想好 | | | | |
| 样本频数 | 5231 | 895 | 873 | | | | |
| 比重/% | 74.7 | 12.8 | 12.5 | | | | |
| 问题 2：今后一段时间，您是否打算继续留在本地？ | | | | | | | |
| 回答 | 是 | 否 | 没想好 | | | | |
| 样本频数 | 6325 | 155 | 520 | | | | |
| 比重/% | 90.4 | 2.2 | 7.4 | | | | |
| 问题 3：如果您打算留在本地，您预计自己将在本地留多久？ | | | | | | | |
| 回答 | 1~2 年 | 3~5 年 | 6~10 年 | 10 年以上 | 定居 | 没想好 | 缺失 |
| 样本频数 | 366 | 835 | 304 | 622 | 3057 | 1141 | 675 |
| 比重/% | 5.2 | 11.9 | 4.3 | 8.9 | 43.7 | 16.3 | 9.6 |

### （二）分性别、年龄的居留意愿

2017 年调查显示，总体上男、女的居留意愿基本相等，基本接近

90%。按“今后一段时间，您是否打算继续留在本地”问题的回答进行统计，回答“是”的女性比重为90.2%，略低于男性的90.5%。不打算和没想好是否继续留在上海的流动人口比重也基本相同（如图5.3.1所示），因此城市的社会、经济环境及生活方式对不同性别人口的吸引力影响不大，不管是男性还是女性均表现出巨大的居留城市的愿望。

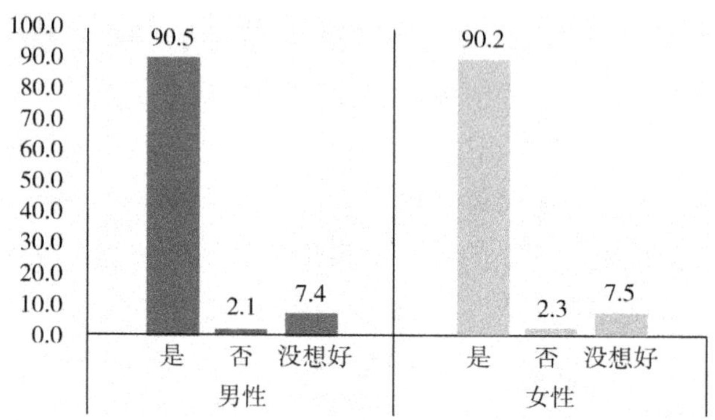


图5.3.1　2017年分性别外来流动人口居留意愿（%）

不同年龄组的居留意愿有较大差异，总体上呈现出“M”形特征。从比重看，30~34岁年龄组的流动人口“打算”继续留在上海的比重最高，达到20.5%，其次是25~29岁组（14.7%）、35~39岁组（14.2%）和40~44岁组（10.9%）。就变化趋势而言，在15~34岁年龄段中，随着年龄的增加，“愿意”继续留在上海的外来流动人口比重不断增加；而在35~59岁年龄段中，随着年龄的增加，愿意继续留在上海的人口比重不断降低；60岁及以上年龄段中，愿意继续留在上海的比重则稍有提升，在整个年龄段中呈现出“M”形特征（如图5.3.2所示）。

究其原因，15~34岁阶段是人生经历两大重要生命历程的时期，即从学生阶段过渡到社会人的阶段，随着年龄的增长，他们在城市的收入和生活逐渐趋于稳定，城市生活习惯和归属感也逐渐增强，因此更愿意居留在城市。而35~59岁人口中，随着年龄的不断增长，受自身发展和家庭等原因的影响，部分流动人口自愿或不自愿地回流到户籍地或者其他地区，一是返乡创业，二是因年龄原因不宜再在外面拼搏或因年龄、健康或子女上学、家庭成员照顾等问题被迫返回家乡，因此表现出这一年龄段人口的回流，整体上比重逐渐下降。而到60岁及以上年龄后，这些人在考虑是否打算继续留在城市这一问题时，主要考虑的是所居住城市的养老服务以及下一代所能支撑的经济状况，如果这两者都没有问题，那么他们就倾向于留在城市养老，再到年龄足够大时，他们则更愿意落叶归根而再回到户籍地。

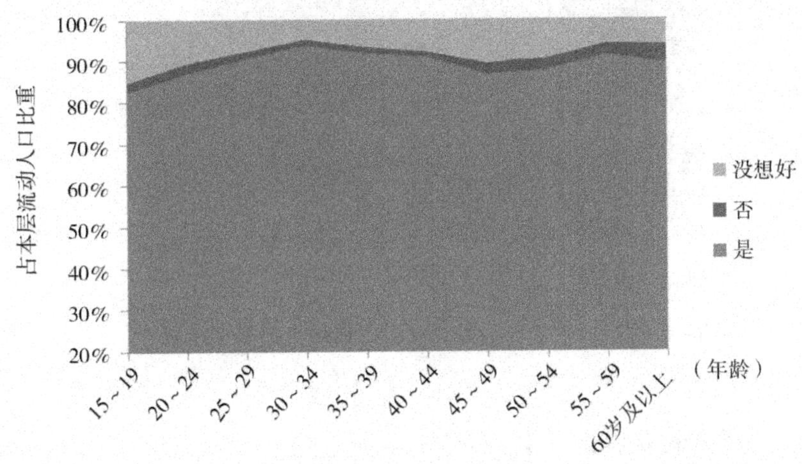


**图 5.3.2　2017 年外来流动人口分年龄在沪的居留意愿**

（三）分婚姻状况的居留意愿

从婚姻状况看，在婚人口居留意愿显著高于非在婚人口①。2017 年，在婚人口居留意愿为 91.0%，非在婚人口为 86.2%，如果把有过婚姻或同居关系看成在婚人口，其居留意愿同样很高，并维持在 91.0%的水平。从更细化的婚姻状况看，在婚人口愿意继续留在上海的比重最高达到 94.9%；其次是初婚和丧偶人口，分别为 90.9%和 90.4%。而未婚群体在整个群体中，留城意愿最低，只有 85.1%（如图 5.3.3 所示）。出现这一状况，有着深刻的社会经济和家庭原因。未婚群体年龄最轻，大部分是刚毕业或到上海时间不久的年轻人，在就业、家庭和日常生活中还未完全安定下来，特别是在经济上还没有或刚刚步入正轨，收入水平总体较低，同时因青年失业比较严重有的人还面临着失业的风险，且居住费用也比较

① 在婚人口指结婚有配偶的情况，包括初婚、再婚人口；非在婚人口为未婚、离婚、丧偶、同居人口。

高，因而影响着他们继续留在上海的意愿。当然，这部分群体也包括暂时在沪求学的学生，毕业后他们或回到户籍地，或留在上海，抑或去其他地区，关于留沪问题大多还没真正考虑。

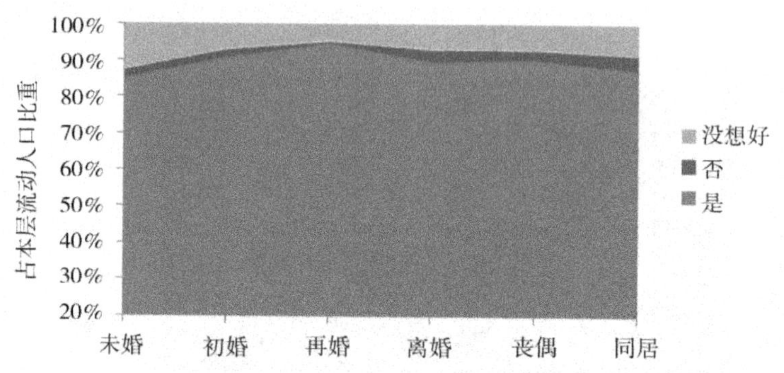


**图 5. 3. 3　2017 年分婚姻状况的来沪人口居留意愿**

（四）分受教育程度的流动人口居留意愿

从人口数而言，愿意继续留在上海的人员，以初中、高中/中专、大学本科和大学专科学历人口为主要对象，但是从各层级的居留意愿看，是随学历升高居留意愿呈现出增长的趋势。

在问卷回答“是”的人口中，比重最高的是初中人口，占 34. 8%，其后依次为高中/中专（21. 0%）、大学本科（16. 2%）、大学专科（13. 0%），但也不能据此而断定是初中人口的居留意愿最高。在计算分受教育程度流动人口在沪的居留意愿时，由于大部分人口集中分布在初中学历水平上，如仅据此数据进行分析会产生与实际相反的结果，所以宜采用分层分析法，即按回答“是”“否”“没想好”的样本占本层人口的比重重新计算各层级的居留意愿。从这种分析的结果看，随着受教育程度的提高，流动人口在沪居留的意愿不断上升，而不愿意或者没想好在沪继续居留的比重则随着受教育程度的提高呈现不断减小的趋势，因此未上过小学人口的居留意愿最低，仅为 78. 3%，研究生的最高，达 96. 4%，其次是大学本科，为 95. 8%（如图 5. 3. 4 所示）。由此可知，受教育程度与流动人口居留意愿的关系非常密切，总体呈现出正相关关系，这也符合一般的认识。

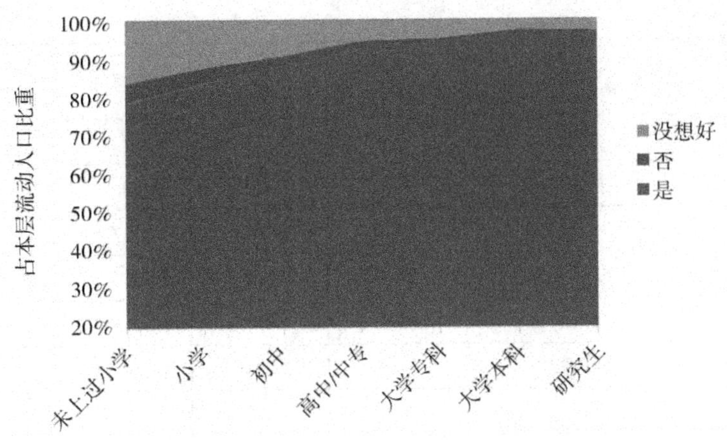


**图 5.3.4　2017 年分受教育程度的外来流动人口居留意愿**

## （五）个体特征差异对居留意愿的影响

调查样本所表现出的统计特征是否与真实情况一致，还需进行差异特征的显著性水平检验。如单从总样本中对“是”“否”及“没有”等的回答进行统计，则居留意愿表现为女性显著高于男性的特征，如女性为 51.1%，男性为 48.9%，这其中的原因是样本中女性数量本来就多于男性，但其实际意愿并没有表现为女性高于男性，而是基本相等。调查数据显示，男女两性对是否继续留在上海的回答中，“是”的回答差异性不显著，男性还略高于女性。而不同年龄、受教育程度及婚姻状况的居留意愿具有非常显著的差异（如表 5.3.3 所示），因此其居留意愿的真实水平可按调查数据进行反映。

**表 5.3.3　2017 年不同个体特征人口的居留意愿差异及其显著性　　单位：%**

| 变量 | | 是 | 否 | 没想好 | LR 检验/Wald 检验 |
|---|---|---|---|---|---|
| 性别 | 合计 | 90.4 | 2.2 | 7.4 | |
| | 男 | 90.5 | 2.1 | 7.4 | |
| | 女 | 90.2 | 2.3 | 7.5 | |
| 年龄 | 合计 | 90.3 | 2.2 | 7.4 | *** |
| | 15~34 岁 | 91.1 | 2.0 | 6.9 | *** |
| | 35~59 岁 | 89.7 | 2.2 | 8.1 | *** |
| | 60 岁及以上 | 90.3 | 4.6 | 5.1 | |

续表

| 变量 | | 是 | 否 | 没想好 | LR 检验/Wald 检验 |
|---|---|---|---|---|---|
| 受教育程度 | 合计 | 90.3 | 2.2 | 7.5 | * * * |
| | 初中及以下 | 86.5 | 3.0 | 10.5 | * * * |
| | 高中/中专 | 92.6 | 1.8 | 5.6 | |
| | 大专及以上 | 95.1 | 1.2 | 3.7 | |
| 婚姻状况 | 合计 | 90.4 | 2.2 | 7.4 | * * * |
| | 已婚 | 91.0 | 2.2 | 6.8 | * * * |
| | 单身 | 86.1 | 2.5 | 11.4 | |

注：* * * $p<0.001$；* * $p<0.01$；* $p<0.05$。

## 二、基于可比较口径的5年间居留意愿变动分析

### （一）2017年与2012年居留意愿变动及其可比性

从来沪流动人口的居留时间看，整体上2012年打算继续留沪（5年及以上）的流动人口比重为78.0%，2017年打算继续留沪的流动人口比重达到90.4%（见表5.3.2、表5.3.6）。实际上，这两个年份的居留意愿并不具有可比性。2017年对流动人口是否打算继续留在本地的调查在时间上包括5年以下的，而2012年则是指5年及以上的居住意愿，所以并不能得出2017年流动人口打算留沪的意愿比2012年的高这一结论，不能将两个年份的数据直接进行对比分析。为了更准确地反映来沪流动人口未来的居留意愿情况，必须对2017年"如果您打算留在本地，您预计自己将在本地留多久"问卷问题的回答结果进行更深入的解构（如表5.3.2所示）。从表5.3.2中可知，流动人口预计在沪居留时间5年以上的人数占来沪人口总数的56.9%，5年及以下的人数占流动人口总数的17.1%，而"打算"继续留在上海又"没想好"居留多长时间的人数占流动人口总数的16.3%。从居留时间长短而言不难看出，"打算"在沪长期居住的流动人口比重，2017年较2012年有较大幅度的降低，"没想好"的比重较2012年却有所增加。出现这一变化的原因，一是由于地区社会经济的发展使区域间经济发展水平的差异有所缩小，上海对其他地区吸引人口引力在逐渐下降；二是受到特大城市人口调控政策的影响，通过群租整治、棚户区改

造及“以房控人”“以业控人”等手段，对人口过密区域进行疏解，人为地控制了部分人员的城市进入；三是农村地区经过几十年的人口向城市及发达地区的大转移后，很多农村已没有更多人再继续流往城市了，同时很多农村地区出现人口“空心化”后自身也产生了很多诸如养老、小孩看护、教育等问题，同时还有部分人员在城市挖掘第一桶金后由于城市的就业压力较大和创业门槛较高等原因而返回家乡就业或创业，因此一定程度上降低了居留城市的意愿。

另外值得关注的是，在2017年上海市外来流动人口调查中，“打算”继续留在上海的流动人口中，明确表示要定居在上海的人数占总人数比重超过四成（43.7%）。个中原因，主要是很多人已习惯了上海的生活方式、生活节奏以及其自身能力、收入状况也允许他及其家人继续留在上海，于是他们更倾向于在沪定居。此外，还受到人口迁移规律——“居留惯性”的影响，即流动个体在一个地方生活的时间越长，越倾向于在此地长期居住，甚至定居。

### （二）对不同统计口径的居留意愿比较分析

从2012—2017年居留意愿问卷设置看，5年以上的“长期居留”意愿问题的设置到2016年均相同，这几年具有可比性，但到2017年调查口径就放大了，变成“今后一段时间，您是否打算继续留在本地”，而不是“5年以上”居留意愿了，因此问卷统计时回答“是”或有“打算”居留的人口比重必然增大，统计显示亦是如此，其数值从2012年的78.0%增加到2017年的90.4%，因而不能判断居留意愿5年来呈现大幅增长，而是统计口径放宽所致。但从2012—2015年问卷中均有“您今后是否打算在本地长期居住（5年以上）”这一问题，但其回答“是”的比例表现为较大的下降趋势，即从2012年的78.0%降到2015年的67.5%，再到2016年的71.9%，而2017年问卷中此项问题则没有设置，因此不好再进行比较了，如从问题“如果您打算留在本地，您预计自己将在本地留多久”回答中提取“5年以上”的居留意愿，但其比重又偏低仅为56.9%（按6~10年组及以上汇总），与2016年“5年以上”的71.9%比例相差甚远，因此这种变动难以让人信服是居留意愿的真实变化，因为从2015年到2016年同一问题的回答比例是增长的，而这一比重与2017年的“如果您符合本地落户条件，您是否愿意把户口迁入本地”问题的回答“愿意”的比重

（74.7%）较为接近。因此，从可比性而言，采用“长期居留意愿”（5年以上）进行比较更为准确。所以，现在存在的一个问题是，2017年的“长期居留意愿”（5年以上）到底是多少？因为2017年的问卷中没有设置此问题。根据2016年“如果您符合本地落户条件，您是否愿意把户口迁入本地”中愿意迁入户口的比重与同年5年以上“长期居留意愿”的比较可知，本年的“同意”迁入户口的比重（74.9%）比5年以上居留意愿（71.9%）高3个百分点，如果2017年的情况与此相近的话，那么其5年以上的长期居留意愿大约在72.0%的水平，即与2016年的比例基本持平（如表5.3.1~表5.3.6所示）。

**表5.3.4 2016年不同问题回答的居留意愿状况** 样本量=7000

| 问题1：您今后是否打算在本地长期居住（5年及以上）？ | | | | | | | |
|---|---|---|---|---|---|---|---|
| 回答 | 打算 | 返乡 | 继续流动 | 没想好 | | | |
| 样本频数 | 5032 | 498 | 142 | 1327 | | | |
| 比重（%） | 71.9 | 7.1 | 2.0 | 19.0 | | | |
| 问题2：如果您符合本地落户条件，您是否愿意把户口迁入本地？ | | | | | | | |
| 回答 | 愿意 | 不愿意 | 没想好 | 缺失 | | | |
| 样本频数 | 5242 | 418 | 700 | 640 | | | |
| 比重（%） | 74.9 | 6.0 | 10.0 | 9.1 | | | |
| 问题3：您打算什么时候返乡？ | | | | | | | |
| 回答 | 1年内 | 1~2年 | 3~5年 | 6~10年 | 10年以后 | 没想好 | 缺失 |
| 样本频数 | 60 | 114 | 139 | 43 | 17 | 124 | 6502 |
| 比重（%） | 0.9 | 1.6 | 2.0 | 0.6 | 0.2 | 1.8 | 92.9 |

**表5.3.5 2015年不同问题回答的居留意愿状况** 样本量=8001

| 问题：您今后是否打算在本地长期居住（5年以上）？ | | | |
|---|---|---|---|
| 回答 | 打算 | 不打算 | 没想好 |
| 样本频数 | 5396 | 730 | 1875 |
| 比重（%） | 67.5 | 9.1 | 23.4 |

表 5.3.6　2012 年不同问题回答的居留意愿状况　　样本量=14993

| 问题 1：如果没有任何限制，您是否愿意把户口迁入本地？ | | | |
|---|---|---|---|
| 回答 | 愿意 | 不愿意 | 没想好 |
| 样本频数 | 11902 | 1205 | 1886 |
| 比重（%） | 79.4 | 8.0 | 12.6 |
| 问题 2：您是否打算在本地长期居住（5 年及以上）？ | | | |
| 回答 | 打算 | 不打算 | 没想好 |
| 样本频数 | 11698 | 1149 | 2146 |
| 比重（%） | 78.0 | 7.7 | 14.3 |

## 三、按落户意愿标准划分的居留意愿变动分析

落户是定居的最终法定形式，落户意愿是长期居留更确切意向的表现。落户意愿从人口群体比重而言，低于一般意义的城市居留意愿，落户意愿的高低，能更准确地反映流动人口较稳定的居留意愿。2017 年关于落户意愿所设置的问题是“如果您符合本地落户条件，您是否愿意把户口迁入本地”，2012 年问卷的相关问题为“如果没有任何限制，您是否愿意把户口迁入本地”，尽管文字表达差异不大，但是统计口径上 2012 年的明显较宽，因此其调查结果也将有一定的差异。通过问卷统计分析，即使口径上不尽相同，但与 2012 年相比，2017 年的城市居留意愿有呈下降的趋势。2017 年愿意在沪落户的外来人口比重（74.7%）比 2012 年（79.4%）有所下降，如果这一数据不足以说明居留意愿下降的话，那么从“不愿意”在沪落户的人员比重的变化也可以佐证“愿意”落户人员比重的变动问题，2017 年“不愿意”落户的比重为 12.8%，比 2012 年的 8.0%有较大幅度的增加，因此侧面可以证明“愿意”落户的人口比重将存在一定程度下降的可能（如图 5.3.5 所示）。这一状况，在性别和不同教育程度人口中也有相应的反映。

从性别方面看，2012 年外来流动人口愿意在沪落户的人员比重中，男性占 39%，女性占 40.3%，女性比男性高出 1.3 个百分点；而到 2017 年，外来流动人口愿意在沪落户的人员，男性占 35.4%，女性占 39.3%，女性比男性高出了近 4 个百分点，但是总体较 2012 年，都有所下降，且男性下

降更快（见图 5. 3. 6）。

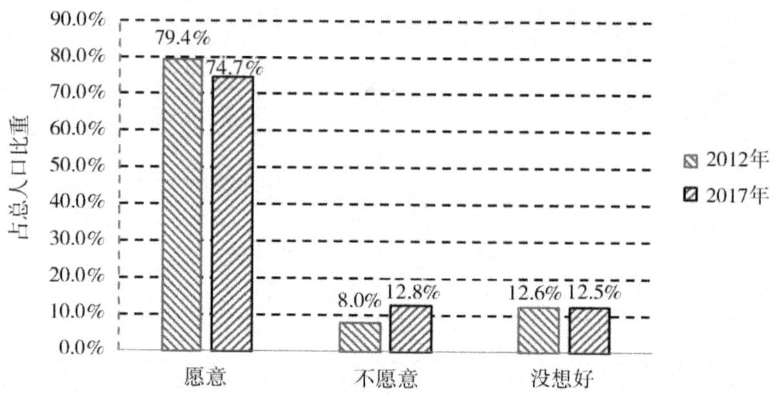


**图 5. 3. 5　2012/2017 年流动人口的落户意愿**

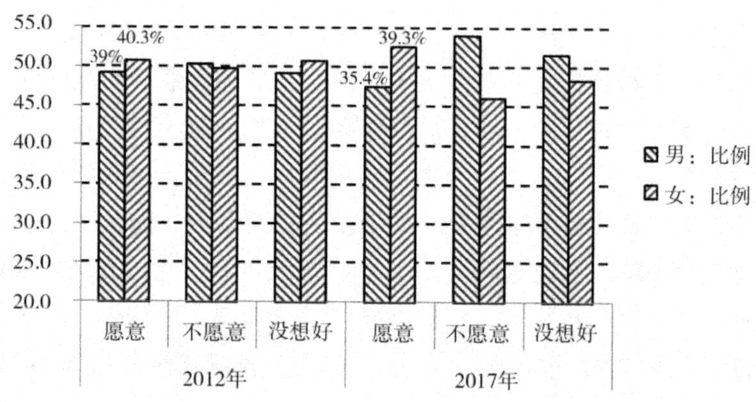


**图 5. 3. 6　2012/2017 年分性别外来流动人口的落户意愿**

从受教育程度看，随着受教育水平的提高，2012 年外来流动人口愿意在沪落户的意愿整体上呈上升趋势，从“未上过小学”人口的 73. 8%增长到“研究生”的 88. 7%。而“不愿意”和“没想好”在沪落户的人口比重则随受教育水平的提高整体上呈下降趋势（如图 5. 3. 7 所示）。2017 年的变动情况与 2012 年相似，所不同的是，2017 年的变化趋势更加明显，从“未上过小学”人口的 59. 4%增长到“研究生”的 90. 9%，同时 2012 年与 2017 年一样，落户意愿最高的并不是学历最高的群体，而是大学本科人口（见图 5. 3. 8）。与 2012 年相比，还有一个变化趋势是，学历较低的群体落户意愿大幅降低，而大学专科及以上学历人口落户意愿均表现为较大的增长，如未上过小学和小学学历人口落户意愿分别下降了 14.4 个和 16.5 个百分点，而大专及以上学历人口均增长了 2 个多百分点（如图 5.3.9 所示）。因此，受教育程度与落户意愿成正比关系，而与不愿意或者没想好在沪落户意愿则成反比关系。

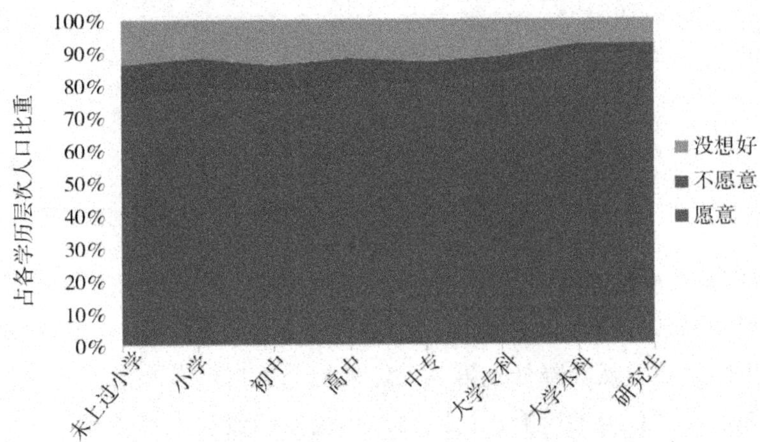


图 5.3.7　2012 年分受教育程度的落户意愿

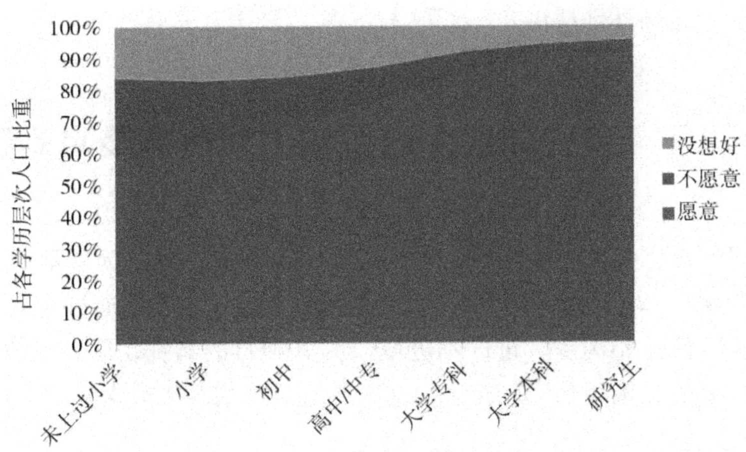


图 5.3.8　2017 年分受教育程度的落户意愿

对于落户意愿的下降，一定程度上可判断一般居留意愿也将出现下降，因为两者间存在密切的关系。落户意愿的这种变化趋势，产生的原因很多，更为重要的有以下几点：第一，大城市居住成本、交通成本等生活成本的增加，使得流动人口在沪实际收益降低；第二，外来流动人口受教育

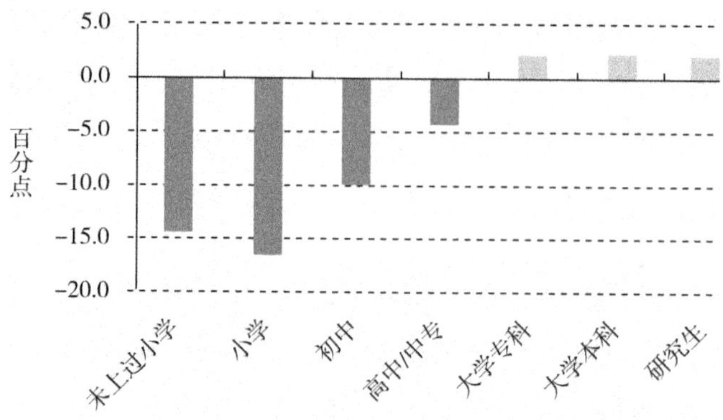


图 5.3.9 与 2012 年相比的 2017 年分受教育程度落户意愿的增长状况

程度大部分在高中及以下水平，而上海经济发展、产业结构正向更高级转型，使得相当部分的外来人口难以适应转型后的工作，加大了竞争压力，他们留下的意愿自然会降低；第三，外来流动人口的落户意愿实际上也受到他们在沪生活环境的影响，社区融入感较低的流动人口更倾向于不愿意在本地落户；第四，是抽样误差的存在，2017 年调查样本的数量以及样本分布的差异，都有可能影响到这种趋势的变化。同样，这些原因也适合于一般居留意愿的变动分析。

## 第四节 多山地区人口城镇化新模式及其问题

人口城镇化类型非常复杂，但按迁移距离划分，可分为就地城镇化和异地城镇化①。20 世纪 80 年代初，我国城镇化方式主要是通过乡镇企业发展的，以“离土不离乡、进厂不进城”为其独特的特征，同时“农转非”也是其重要的政策渠道②。当时催生了“温州模式”“苏南模式”和“珠

① Zhu Y, “Changing urbanization processes and in siturural-urban transformation: reflections on China’s settlement definitions//Champion A,” pp. 207-228.

② 李培林：《流动民工的社会网络和社会地位》，载《社会学研究》1996 年第 4 期，第 42-52 页。

江三角洲模式”，也被誉为我国南方典型的农村城市化模式[①][②]。在多山地区地形崎岖，可供城镇建设的土地极其有限，随着城乡人口大迁移的深入发展，城乡之间的经济、社会及文化力量杠杆不断向城镇倾斜，使得很多农村地区逆转为“依赖”城市而生存的怪现象，特别是人口大量流出地区的三、四线城市，即使是农村人口也不再生产粮食及其他农副产品，而是依靠市场供应。因此，在城镇化动力上也与以往截然不同，经济动力大大下降，代之而起的是社会、家庭等动力因素，因而形成了多山地区农村独特的城镇化模式。

## 一、“家庭需求推动型”的就地城镇化

按李强、陈振华等的界定，所谓就地城镇化是指发生在行政区域内的城镇化[③][④]。本研究把它定义为县域范围内的城镇化，而异地城镇化则为迁移到县域以外的城镇化过程。

### （一）乡村教育集聚型城镇化

农村城镇化进程的加快，促使农村人口、资源迅速向城镇聚集，导致农村教育快速走向衰落，大量学生、教师流向城镇，这也就是所谓的“农村教育城镇化”[⑤]。2012 年国务院出台《关于规范农村义务教育学校布局调整的意见》后，各地掀起了撤并农村中小学校的热潮，很多地方提出“小学进镇，中学进城”的规划部署，大大加快了农村学校学生向城镇学校的迁移。从教育本身而言，在空间上的城镇聚集，有利于教育资源发挥更大的效应，对学校的教学安排、水平提升及学生眼界等具有正向的作用。正如胡俊生所谓的“农村教育的希望‘不在乡村在城镇’”，并提出“当下目标是农村初中县城化”，即“把农村初中全部撤销，学生全部转入

---

① 宋林飞：《中国“三大模式”的创新与未来》，载《南京社会科学》2009 年第 1 期，第1-6 页。

② 许高峰、王炜：《论我国民营经济对区域经济建设与发展的作用——以苏南模式、温州模式、珠江模式为例》，载《天津大学学报》（社会科学版）2010 年第 6 期，第 493-498 页。

③ 李强、陈振华、张莹：《就近城镇化与就地城镇化》，载《广东社会科学》2015 年第 1 期，第 186-199 页。

④ 李强、陈振华、张莹：《就近城镇化模式研究》，载《广东社会科学》2017 年第 4 期，第 179-191 页。

⑤ 杨卫安、邬志辉：《城镇化背景下中国农村教育发展的路向选择》，载《社会科学战线》（教育学）2015 年第 10 期，第 239-246 页。

县城中学就读”①。先不论这种“一刀切”的做法是否合理，但这一过程中，势必导致了很多学生家长到城镇“陪读”而形成大规模的“乡村教育集聚型城镇化”现象。特别是多山地区，乡村分散，山路崎岖不平，交通很不便利，孩子上学均要由长辈陪护，因而形成大量的城镇“教育移民”。

据课题组在江西省会昌县麻州镇的调研，麻州镇地处江西省南部，地形属于小起伏山地（200~500m），镇区地势较为平整，交通条件尚可，但周边均为连绵的山地。全镇共有行政村 16 个，自然村 189 个，乡村较为分散，距离镇区较远。城镇建成区外只有 2~3 个村的学生可以走读上学，其他乡村学生均需寄宿镇区才方便上学。2019 年春全镇有村完小 5 所，共 6 个村，其中学生最多的为 150 人，最少的 56 人，每个年级不到 10 人。有教学点的共 3 个村，学生最多的为 97 人，最少的仅 4 人，教师 1 人。由于生源原因，有 8 个村的小学或教学点被撤并。另外，镇中心小学学生为 2108 人，全镇共有小学生 2824 人。据该镇乡村小学规划，未来村完小将保留 3 所，教学点保留 1 所，因此该镇未来乡村小学在目前 700 多人的基础上，还有 60%的学生需转移到镇中心小学，这将进一步促进“教育移民”型城镇化的发展。还有一个问题是，小学生源总量的急剧下降趋势在加剧。据调查，2005 年麻州镇小学生总数为 4900 多人，至 2019 年春下降为 2800 多人，降幅达 42.4%。这一方面是由于生育率的下降，导致出生人口减少而造成的；另一方面，是很多学生转到县城以及随迁到父母务工的城市就读而产生的。无论怎样，多山地区城镇化动因中，教育移民是其一大重要原因，如当前很多家庭在城镇购房的目的之一，就是为解决小孩的上学问题，这也在客观上促进了城镇房地产业的繁荣。

### （二）婚嫁需求型城镇化

住房是人们赖以生存的重要物质条件之一，住房质量也是居民生活质量的基本体现。长期以来，我国民众大多处于相对贫困的生活状态之中，尽管改革开放后状况有了很大的改善，但住房仍然非常紧张，尤以城镇为甚，因此住房在人们生活中的地位更显得重要。“婚嫁”是一般人生命历程中普遍需经历的事件，男女组建家庭除了两情相悦外，还需要有一定的

① 胡俊生：《农村教育城镇化：动因、目标及策略探讨》，载《教育研究》2010 年第 2 期，第 89-94 页。

物质条件，这些物质条件，最重要的就是稳定的居所，因此建房或购房成了很多人结婚的前提。

传统时期，我国是一个宗法社会，普遍存在“重男轻女”“传宗接代”的思想，现在这一思想的影响仍然存在，因而大部分时期的男女性别比为男性高于女性。据国家统计局数据显示，1949—2018 年，全国性别比平均值为 105.9，最高为 108.2，一般的经济欠发达地区高于经济发达地区。据 2017 年全国人口变动情况抽样调查数据显示，未婚人口性别比高达 144.5，即女性仅占 40.91%[①]。因而在“婚姻市场”上，女性是稀缺“商品”，需要男性通过自身和家庭实力去竞争得来。在大部分适婚女性及其家庭眼里，“住房”是一种身份“镜像”，据它可判断男性处于何种阶层，也是男性“品质”高低的外部符号象征[②]。具有这一外部“品质”的男性一般比较容易找到更理想的配偶，很多男青年也把房产放在婚姻竞争中第一的位置上[③]。人们将婚姻幸福与拥有自己的住房“捆绑”在一起，房产成了适婚人群婚姻决策的重要指标。对于农村一般家庭或贫困家庭的男性，他们不具备产业、财富等方面的优势，因而仅可借助于年龄优势去竞争自己的婚姻，所以一般表现出结婚越来越早的现象，甚至到 26 岁或 27 岁就觉得进入大龄青年行列了，农村早婚一定程度上也存在这一因素的激发作用。

据 Iyigun & Walsh 的研究，当出现较为严重的性别失衡时，性别“稀缺”方将会减少婚前投资（如教育），但其在婚后家庭资源份额却会增加[④]。如果女性为“稀缺”方，此时未婚男性也一般会选择接受更多的教育[⑤]，但不管是婚前还是婚后，住房均是家庭最重要的投资[⑥]。人口城乡迁移大发展后，山区乡村在经济上成了城镇的附庸，乡村依靠城镇而存在，

---

① 《2018 年中国统计年鉴》。

② 李斌、蒋娟娟、张所地：《丈母娘经济：婚姻匹配竞争对住房市场的非线性冲击》，载《现代财经》2018 年第 12 期，第 72-81 页。

③ 廉思、赵金艳：《结婚是否一定要买房？——青年住房对婚姻的影响研究》，载《中国青年研究》2017 年第 7 期，第 61-67 页。

④ Iyigun, M. and R. P. Walsh, “Building the Family Nest: Premarital Investments, Marriage Markets, and Spousal Allocations,” *Review of Economic Studies*, 2007, 74 (2): 507-535.

⑤ Lafortune, J, “Making Yourself Attractive: Pre-Marital Investments & the Returns to Education in the Marriage Market,” *American Economic Journal: Applied Economics*, 2013, 5 (2): 151-178.

⑥ 张路、杨光：《“房产证上的爱情”——婚姻市场与家庭房产产权分布》，载《中国经济问题》2017 年第 3 期，第 17-28 页。

因此人们置业建房或购房首选地是城镇或离城镇较近的人口聚集点。这一状况大大推进了多山地区的城镇化进程，形成因结婚而在城镇购房安家而产生的“婚嫁需求型”城镇化发展。在多山地区城镇，这一现象非常普遍，很多女青年谈对象之一重要的决策依据就是“是否在城镇有房子”。因此，农村家庭购房或建房也成为儿子娶媳妇的直接动机，同时也还存在体现身份地位和改善社会关系等的社会学原因①，这其实在婚姻竞争中也有加分的作用。当然，结婚后，青年男女依然到外地城市务工，其城镇的住房大部分由留守亲属居住甚至空置，这在一定程度上也影响了城镇化质量。

（三）务工者“回乡筑巢”型城镇化

改善生活、提高品质是人们长期的愿望和重要追求，住房是生活质量的重要载体，因此居民一旦经济条件好转最先表现出的需求就是改善居住条件。20 世纪 80 年代末一直持续到 2015 年前后国家密集出台严厉的房地产调控政策，我国农村地区持续了长达近 30 年的“建房热”。在此期间，农村地区几乎家家盖了新房，使中国农村地区的自有住房拥有率达到 97.4%（据 2013 年数据推算）以上②。据《中国统计年鉴》数据显示，人均居住面积也从 1990 年的 17.83 平方米增加到 2016 年的 45.82 平方米。

据课题组对多山地区农村建房的观察，从时间看，多山地区农村建房可分为三个阶段：第一阶段，是从改革开放初期到 20 世纪 90 年代，为住房的改建、扩建时期。多山地区农村居民在自己家原宅基地或宅基地不远的原村寨修建新房，一般未搬出原来居住的村庄。第二阶段，是从 20 世纪 90 年代到 21 世纪前 5 年，全国的道路、交通得到极大的发展，农村建房往往是沿路布局，同时很多居民迁离本村至靠近公路的聚集点，因此这一阶段可看作是农村城镇化的过渡阶段。第三阶段，是从 21 世纪初开始至现在的近十几年中，是农村居民进城进镇的城镇化大发展阶段。这三个阶段与多山地区经济增长、产业发展、人口迁移等状况密切相关。第一个阶段是农村自我发展为主，刚刚开展的农村改革给农村经济注入了巨大的活

① Sargeson. S, “Subduing ‘The Rural House-building Craze’: Attitudes Towards Housing Construction and Land Use Controls in Four Zhejiang Villages,” *The China Quarterly*, 2002, 172: 927-955.

② 社科院．目前家庭住房自有率达到 93.5%，中新网，2013-12-25：http://sh.leju.com/news/2013-12-25/12503831463.shtml.

力，各项事业蓬勃发展，农村主、副业产量均取得了大幅增长，农民逐渐有了“余钱”开始改善住房。这一阶段的人地矛盾还相对较小，农村还需要大量的劳动力，同时城市改革刚刚起步，民营企业还处于萌芽阶段，因而还不能吸引大批人口进城务工经商，农村大部分人也还没到“抛家舍业”去城市的地步，因此建房一般选择本村或离村庄不远的地方。到第二阶段，随着农村人口的增长，人地矛盾逐渐加剧，农村剩余劳动力逐渐增加，同时乡镇企业的发展逐渐取得显著成效，实力也得到较大的增长，客观上需要吸引更多的农村工人到企业务工，促使更多的农村人口进城从事非农产业，这也就诞生了“第一代农民工”群体。同时，务工工资收入也远高于务农收入，农民工打工收入大部分寄回家用，在经济上对流出地农村家庭起到了很大的支持作用，加上很多农村地区交通状况得到大大的改善，因此农村居民建房就普遍选择沿路及人口聚居点。到第三阶段，第一代农民工逐渐进入老年，代替他们的是“新生代”农民工，他们与其父辈有着巨大的差异，已经适应城市生活，普遍不懂农业生产，因而他们回乡后一般聚集在城镇周围购房居住。

农民工把储蓄带回农村首选就是购房或盖房，提高家庭生活水平①。当然，有的人在城镇购房也还有其他多种原因，如投资或资本保值或外地难以成为“市民”及不足以城镇定居等。此外，也有自我表达、攀比或炫耀等因素的作用②。据2016年全国流动人口动态监测数据分析，对农民工未来购房意愿调查中，大部分农民工对未来在何处购房没有明确的规划，但有93.69%的人明确表示不在村里购房。届时的结果是，大量务工寄回的资金将更多地用在城镇购房上，从而大大提升当地城镇化的发展进程，这类城镇化可称之为农民工“回乡筑巢”型城镇化。当前，中西部多山地区城镇的快速发展，有务工人员回乡购房置业的重要影响。

## 二、“候鸟式”异地城镇化

据本研究的界定，迁移到行政区域（县市或直辖市）外城镇的农村人

① 胡建坤、田秀娟：《农民工回乡建房行为研究》，载《农业经济问题》2012年第12期，第53-61页。

② 姜长云：《中国农村住房消费需求研究》，载《调研世界》1999年第10期，第20页、第21-24页。

口城镇化，称为“异地城镇化”。从当前农村人口的迁移结果看，其中大部分务工人员在城镇是暂住的，今后还需返回到原流出地，因此具有“候鸟式”迁移性质，这种城市化是“候鸟式”的异地城镇化。从类型上看，可分为进城务工型、教育迁移型及家庭照料型等异地城镇化。

（一）进城务工型城镇化

我国流动人口尽管近几年连续下降，但总量仍然巨大。据国家卫健委数据显示，2018 年全国流动人口总量为 2.41 亿人，比上年减少 300 万人。随着经济进入新常态，外来人口流动趋于稳定。与外来人口相比，农民工数量变动状况有所不同，其数量仍处于上升阶段。据《2018 年国民经济和社会发展统计公报》显示，2018 年全国农民工总量为 28836 万人①，比上年增长 0.6%，其中外出农民工 17266 万人，增长 0.5%，本地农民工 11570 万人，增长 0.9%。总体上，增长幅度有所下降，如 2017 年增长率为 1.7%，且本地农民工增长快于外地农民工。其中，进入城镇的农民工是人口城镇化的主体，加上其随迁人员可看成为当年城镇增量人口的主要部分。根据 2016 年全国流动人口监测数据，流动人口中农业人口占 82.7%，而 15~59 岁农民工占进城农业人口的 73.46%，60 岁及以上人口占 2.21%，其中 80 岁及以上人口为 0.10%。据此可知，农民工群体占流动人口总量约为 60.75%，因此流动人口中农民工人口仍然占很大比例。同时，14 岁及以下人口占 24.33%，7~14 岁人口数呈现显著的下降趋势，26 岁到达高峰后进入下降通道，45~54 岁人口急剧减少，但至 55 岁后出现一定回升并进入更为缓慢的下降过程（如图 5.4.1 所示）。这一变动趋势，与城镇相关制度及农民工的经济、社会活动紧密相关。0~7 岁很多小孩跟随父母在城镇生活，直至学龄前期。这一时段的城镇教育基本能够满足农民工子女的就学需求。而进入小学阶段后，尽管国家要求当地政府务必解决进城务工人员子女的义务教育问题，但入学相对困难，同时大部分地区异地高考还未放开，加上教材体系不同及就学成本的增加，使很多农民工家庭把子女送回老家就读，因此这部分年龄人口出现了逐渐下降的趋

① “农民工”与“外来流动人口”概念不尽相同，“农民工”一般指进入城镇务工的农民群体，包括本地（县市行政区域以内）和异地（县市或直辖市以外）的农村人口；而“外来流动人口”一般是指“异地迁移人口”，在统计上指流动至县市或直辖市以外行政区域的人口，包括农村人口与城镇人口。

势。15~25岁年龄段，农村新增劳动年龄人口不断进入劳动力队伍，而使进城人口出现大幅增长的趋势，至55岁以后城镇隔代照料人口不断进入，使这段人口年龄曲线出现了一小段稳定时期。同时，进城农村人口中，随迁家属占27.11%，而务工经商者占60.89%，显然以经济性流动为主的局面有较大的改变，而其他社会性迁移上升为31.40%（不含出生人口原因），城镇出生人口也达到7.72%。

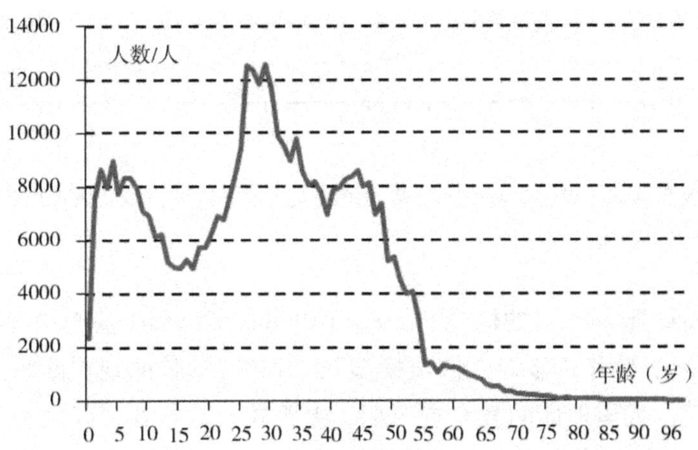


**图5.4.1　进城农村人口的年龄分布**

资料来源：2016年全国流动人口监测数据（调查对象为户主和随迁人员，样本总量428862个）。

农村人口进入城镇后，随着时间的推移，与第一年进城人数相比的“驻留率”呈现逐年下降趋势。具体为到10年后其留城人口不及当初入城时的20%，而20年后，剩下的人口不到5%。根据2016年全国流动人口监测数据分析，进城农村人口前三年驻留城镇的比重下降迅速，第一年仅为入城时的82.68%，第二年为70.60%，第三年仅剩60.99%，第五年流出人数超过半数，到第十年仍然留在城镇的人口仅为进城时的16.11%，到第二十年仅剩3.01%（如图5.4.2所示）。因此，进入城镇的农村人口基本处于流动之中，犹如规模巨大的“流动城市”，且这种流动性每年都发生候鸟式的迁徙变动。从城市化而言，这种变动可看作为“候鸟式”的异地城镇化。

（二）异地教育迁移型城镇化

Rappleye在对国家之间跨国引力研究时，提出“教育迁移”

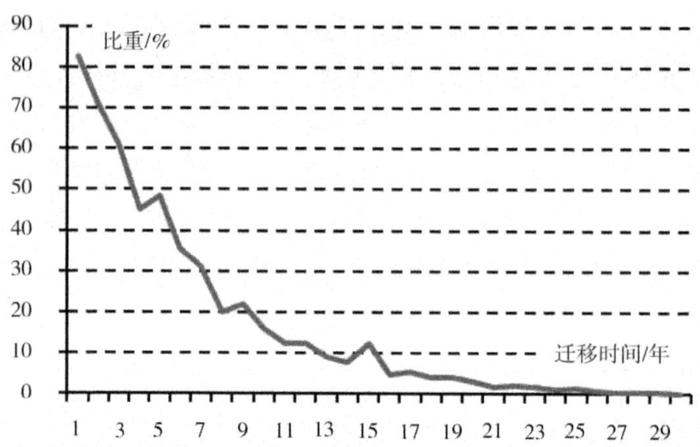


**图 5.4.2 随着时间变动驻留城镇的人口占初进城人口的比重变化**

资料来源：同图 5.4.1。

（Educational Transfer）的概念①，David Phillips 和 Ochs 基于"跨国引力"作用构建起了教育迁移的"四步模型"，对教育迁移的现实路径进行了深入的探讨②。我国地区间教育资源配置差距较大，导致了区域间和城乡间大量的"教育迁移"或"教育移民"现象。其中，"教育迁移"一般是人们为获得更优质教育资源而自发产生的迁移，"教育移民"则往往是政府为促进教育均衡发展对自然条件恶劣、经济贫困或国家大型工程建设地区进行的移民型教育人口转移③。为获得更好的教育机会和发展机会，人们不断地为孩子寻找更优质的教育资源，因此很多家庭为了孩子读书而千方百计地迁移到教育资源好的地区。教育的发展与一个地区的经济、社会、文化有密切的联系，经济发达地区特别是城市聚集了更多的优质教育资源，这些地区又是农民工迁移的目的地，因此务工和教育两股迁移洪流叠加在一起，大大提升了这些地区的城镇化水平。这种因教育迁移而产生的

① Jeremy Rappleye, "Theorizing Educational Transfer: Toward a Conceptual Map of the Context of Cross- national Attraction," *Research in Comparative and International Education*, 1 (3), 2006, pp. 223-240.

② Kimberly Ochs & David Phillips, *Processes of Educational Borrowing in Historical Context. In*: [*Phillips*, D., & K. Ochs. (eds.), Educational Policy Borrowing: Historical Perspectives, Oxford: Symposium Books, 2004]: 7-23.

③ 孙自强：《海南少数民族和贫困地区教育移民检视——基于五大发展理念视角》，载《海南师范大学学报》（社会科学版）2017 年第 4 期，第 85-89 页。

城镇化，可称为“教育迁移型”城镇化。

较高教育水平的农民工在城镇具有更大的发展潜力和空间，无形之中激励了农村的教育投资。特别是城乡二元经济下，乡村之间巨大的经济、社会差距进一步激发了这些农村居民迁入城市，而在就业、户籍等高门槛制度下，只有较高教育水平的人口才可能进入城市正规部门或成为市民①。因此，农村居民对子女的教育越发重视，近十几年来我国农村居民送子女进城接受教育的热情大大高涨。当然，也得益于农村经济的长足发展和务工家庭收入的增长，使农村出现更多富裕家庭的缘故。据2016年全国流动人口监测数据显示，进城农村人口中14岁及以下人口达到24.33%，其中4—14岁学龄人口占18.14%，这部分人口对城镇化率起到了很大的提升作用。当然，其中很多人并不是纯粹的“教育迁移”而是务工人员的随迁人口，无论何种原因，按当前的统计口径，他们已经属于城市人口。另外，流入城镇的农村人口中，还有1.33%是明确称为“学习培训”而来的，据此可知，就学人口占进城农村人口的比重已近20%。

（三）“老漂族”隔代照料型城镇化

当前人口社会出现了两大趋势，一是城乡人口大迁移，二是人口快速老龄化。尽管流动人口近几年总量有所下降，但农民工外出数量仍然处于增长过程中，同时随着城乡迁移的深度发展，迁移模式已由初期的个体农村劳动力进城务工转变为普遍的家庭化迁移，因此迁移中出现了规模巨大的流动儿童和流动老年人口。据《中国流动人口发展报告（2018）》显示，流动儿童从1982年的254万人增长到2010年的3581万人，此后基本稳定并呈小幅下降趋势，到2015年仍达到3426万人，而60岁及以上人口则由2000年的503万人增加到2015年的1304万人，年均增长6.6%，且近年来处于加速增长之中②。2016年单独进城务工的农民工占21.11%，约79%为家庭迁移，其中以2~3人家庭最多，其次是4人家庭，这三类家庭共占农民工家庭的73.50%③。农民工家庭迁移的提升首先是以配偶团聚为

① 邢春冰：《教育扩展、迁移与城乡教育差距——以大学扩招为例》，载《经济学》（季刊）2013年第1期，第207-232页。

② 国家卫生健康委员会：《中国流动人口发展报告（2018）》，北京·中国人口出版社，2018年12月版，第7-9页。

③ 据2016年全国流动人口监测数据的调查样本进行统计分析而得。

先导，其次是子女的随迁，进而导致随迁儿童和随迁老人特别是进城照料孙辈的随迁老年群体的大幅增加。有研究称这部分老年人为“老漂族”[①②]，同时学者根据进城目的的不同，把他们区别为“双漂型”“保姆型”“民工型”及“受养型”等类别[③]，其中“保姆型”是“为了支持儿女事业、照顾第三代而离乡背井的”[④]，可称为隔代照料型“老漂族”。

隔代照料型“老漂族”漂泊在城镇务工子女的身边，一来是子女更好地照料父母，但更重要的是，老年人能帮忙照看未成年孙辈。随着老龄化的加剧、独生子女家庭的存在及城镇化步伐的加快，老年流动人口还将进一步扩大，从城镇社会功能上看，“老漂族”在城镇育幼、养老服务方面一定程度上弥补了公共政策的“短板”[⑤]。流动人口监测数据显示，半数以上的进城农民工家庭有孩子，2016 年全国这类家庭比重达到 55.94%，其中有 61.37%的孩子随父母在城镇生活，并且主要以父母照料为主，比重达到 84.83%，而祖辈隔代照料比重达 15.12%，从 60 岁及以上随迁人口看，以照料孙子女而进城的老人占 14.13%[⑥]。若以 2018 年全国外出农民工 17266 万人及相应的老年人口比例估计，本年全国异地城镇隔代照料的“老漂族”人数不下 420 万人，对流入地区城镇化率将起到一定的提升作用，这种城镇化一定程度上是由“老漂族”隔代照料人口推动的。同时，未来由于“二孩”生育效应的逐渐显现，进城照料孙辈的老年人对城镇化还将产生更深的影响。

## 三、多山地区“半城镇化”现象及其相关问题

城镇化是人口、用地及相关经济、社会要素向城镇集聚的渐进过程，

① 何惠亭：《代际关系视角下“老漂族”的城市适应研究》，载《前沿》2014 年第 9 期，第 157-161 页。

② 易艳阳、周沛：《城市“老漂”群体实态：一个副省级城市证据》，载《重庆社会科学》2016 年第 12 期，第 76-83 页。

③ 卢恒、郑超月：《“流动的公共性”视角下老年流动群体的类型与精准治理——以城市“老漂族”为中心》，载《江海学刊》2016 年第 2 期，第 228-233 页。

④ 杨苏、张佩琪：《“老漂族”面临的政策瓶颈与突破路径——基于广州 H 社区的实证分析》，载《社会保障研究》2015 年第 3 期，第 10-14 页。

⑤ 杨妮、许倩、王艳：《“老漂族”长期定居意愿研究——基于成功老龄化的框架》，载《人口与发展》2018 年第 3 期，第 43-54 页。

⑥ 据 2016 年全国流动人口监测调查样本量计算而得。

也是城镇功能依次由农村、半城镇到城镇的演化过程。城镇化发展中，一般需经历“半城市化”（periurban）过渡阶段，其区域通常是邻近城市的城郊地区，城乡土地利用混杂交错、社会经济结构急剧变化，形成“似城非城”的过渡性地域类型。通常“半城镇化地区”的准入门槛低、新增就业机会多，因而农村刚进入的人口和非农产业形态更容易生存，具有城镇化“孵化器”作用①。就发生机理而言，半城镇化可分为“扩散型”和“集聚型”两类②。扩散型半城镇化往往是母城经济实力强大，城区地价较高，交通、污染等城市问题突出，因而母城的产业、技术、服务等功能不断向周边辐射而形成的，对多山地区而言，一般多发生“集聚型”半城镇化，即由中心城镇对人口的集聚作用而诱发的，也是一种“内生型”城镇化。

但多山地区的“半城镇化”还有一个不一样的特征，就是表现为城镇化“不成熟”“不彻底”及城镇化质量较低等问题。从流入城市的公共服务和制度福利获得而言，“农民工”的异地城镇只能算“半城镇化”③。从户籍状况看，还表现出户籍人口城镇化率低的现象，据《2018 年国民经济和社会发展统计公报》数据显示，2018 年我国户籍人口城镇化率为 43.37%，比常住人口城镇化率低 16.21 个百分点，按有的学者的定义，这部分人则为“半城镇化”人口④⑤。而就其家乡购房产生的城镇化而言，购房者驻留时间大部分人一年不到一半，且城镇的经济、社会及服务等功能发挥亦无法与正常城镇化相提并论，绝大部分已成为消费型城镇，因此这种城镇化也是一种“半城镇化”。城镇化不但人口由农村转向城镇，更重要的是经济发展、社会管理、文化传播、生态治理等一系列活动和功能

---

① 郑艳婷、刘盛和、陈田：《试论半城市化现象及其特征——以广东省东莞市为例》，载《地理研究》2003 年第 6 期，第 760-769 页。

② 贾若祥、刘毅：《中国半城市化问题初探》，载《城市发展研究》2002 年第 2 期，第 19-23 页。

③ LIU X，CAO G，LIU T，et al.，“Semi-urbanization and evolving patterns of urbanization in China：insights from the 2000 to 2010 national censuses，” *Journal of geographical sciences*，2016，26（11）：1626-1642.

④ 王春光：《农村流动人口的“半城市化”问题研究》，载《社会学研究》2006 年第 5 期，第 107-122 页。

⑤ 李飞、杜云素：《“弃地”进城到“带地”进城：农民城镇化的思考》，载《中国农村观察》2013 年第 6 期，第 13-21 页。

也转移到城镇，且比农村有显著的进步①。但很多人口流出区域的城镇已成为农村人口养老的“未来城镇”，以致出现“空城”“半空城”状况，一般是每年过春节前后出现一次“候鸟型”大迁徙，城镇消费也随之潮涨潮落。一年的其他时间，城镇经济则进入慢慢“熊途”，有的地区甚至出现城镇产业、服务及社会管理等难以为继的状况，更不用说是发展问题。这是这种城镇化的特点与不足。

城镇化的发展包括速度和质量两方面的内涵。多山地区城镇人口驻留具有“候鸟型”或“火店型”② 特征，难以提升城镇化应有的质量。据肖祎平等的研究，所谓“城镇化质量”主要包括经济发展质量、居民生活质量、社会发展质量、基础设施质量、生态环境质量等内容③，方创琳等指出，城镇化质量也是衡量城镇化速度是否合理、健康、高效及公平的重要指标④。丁江辉则把城镇生产、就业、基础设施、教育、医疗、治安、保障、消费八大功能拟合成城镇化综合指标并与日本进行对比分析，指出我国与日本城镇化质量相差巨大，2014 年日本城镇化指数为 1.605（指数越高越好），而中国仅为 0.868，日本在 1985 年就已达到 0.928 的水平。从这点而言，当前我国的城镇化质量还处于日本 20 世纪 80 年代初的水平⑤。对多山地区而言，城镇化质量情况更为严重，因此多山地区应该抓住有利时机，拓展思路，以农村经济、社会振兴为重点内容，吸引务工人员回归与创业，切实提升城镇化质量，解决“半城镇化”等问题。

---

① FRIEDMANN J, “Four theses in the study of China’ s urbanization,” *International journal of urban and regional research*, 2006, 30 (2): 440-451.

② 所谓“火店型”人口城镇化，即人口进驻这些城镇就像住旅店一样，只是驻留一段时间，而不是长期居住，留守人口则成为城镇（旅店）的服务与照管人员，流出人员也很少关心城镇本身的发展与建设。

③ 肖祎平、杨艳琳、宋彦：《中国城市化质量综合评价及其时空特征》，载《中国人口·资源与环境》2018 年第 9 期，第 112-122 页。

④ 方创琳、王德利：《中国城市化发展质量的综合测度与提升路径》，载《地理研究》2011 年第 11 期，第 1931-1946 页。

⑤ 丁江辉：《中日城市化高质量发展比较研究——基于两国 1985—2014 年的实证分析》，载《江西社会科学》2018 年第 5 期，第 44-54 页。

# 第六章　多山地区农村流出人口农地依存关系及农地维系探析

从聚落形式而言，城市与乡村是对立的，但城市聚落的形成是在乡村发展的基础上逐渐形成的。从进城农村人口与土地的关系看，我国人口城镇化是一种“弃地”城镇化模式①。在20世纪末之前，我国对城镇化控制比较严格，在城市人口统计中也仅统计“非农业人口”，加上长期以来对城市的严格控制，因此城镇化发展缓慢，并远滞后于工业化和“非农化”。大批农村人口进城务工后，其收入以城市务工收入为主，与农村特别是农地之间的关系逐渐疏远，甚至很多农村土地出现“撂荒”的状况。未来农村流出人口与土地应该怎样维护，特别是他们进城后其权益需怎样保障，将是值得深入探讨的问题。

## 第一节　多山地区农村流出人口农地依存关系及依存意向分析

农地是农村人口赖以生存的物质保障，一旦长期“撂荒”，“熟地”将变为“生地”，农田水利设施也将荒废，对将来的农业生产十分不利。同时，也威胁着国家的粮食安全，一旦社会不稳或出现较大的自然灾害，后果将不堪设想。因此，对农村流出人员的农地依存关系和依存意向进行深入分析，对促进农村流动人口的农地关系维护及农民权益保障具有重要的意义。

① 李飞、杜云素：《“弃地”进城到“带地”进城：农民城镇化的思考》，载《中国农村观察》2013年第6期，第13-21页。

## 一、农村流出人口农地依存关系及依存意向分析

### （一）农地依存关系及依存意向的含义

所谓“依存关系”，很多研究也称之为“依存度”① 或“依赖关系”②③④。美国经济学家 W. A. Brown 在 1946 年提出“依存度”（Interdependence）概念后，在经济学领域，学者们对外贸、产业的经济依存度进行过诸多的研究⑤⑥。就“土地依存关系”而言，总体上包括两层含义：一是从土地收益的概念，即流出人员有多大程度是依赖于土地收入；二是从人员与土地之间维系关系进行界定，就是其联系的紧密程度如何，如一定时间内联系频率多少等。“土地依存度”与“农业依存度”概念类似，根据王英利等的界定，认为“农业依存度”是一个国家或地区经济社会发展对农业发展状况的依存或依赖程度，它可以通过农业各主要指标占地区经济社会发展同类指标的综合比较进行测算⑦。这与邱杰华、林文声等探讨的政府土地“依赖关系”含义一致。因此，农户对土地的“依存程度”也就是农户对农业产业状况的依存或依赖程度，在计量上就是农户收入中农业产值的比重。

而“农地依存意向”，就是农民对其拥有的土地在所有权、使用权等方面的未来处理期望及做法等。研究表明，农民土地依存意向与当前农民对土地的依存度、接触频率没有必然的联系，甚至可能是相反的。大部分农业人口土生土长于农村，他们与土地之间有着天然的联系，对土地有着

① 王英利、陆佩华、游珍、施野、洪佳：《快速城市化地区农业地位变化与农户对土地依存状态》，载《农村经济》2012 年第 11 期，第 85-89 页。

② 邱杰华、何冬华、赵颖：《广州乡村地区发展的土地依赖与模式转型》，载《规划师》2018 年第 10 期，第 106-112 页。

③ 林文声：《土地依赖、社会关系嵌入与农地非市场化流转》，载《农村经济》2015 年第 12 期，第 85-88 页。

④ 李永乐、刘玉山：《“三维”政府竞争分析：土地依赖视角》，载《探索与争鸣》2015 年第 11 期，第 82-87 页。

⑤ 沈利生：《中国外贸依存度的测算》，载《数量经济技术经济研究》2003 年第 4 期，第 5-12 页。

⑥ 李靖：《我国农业对外依存度研究》，载《中国农业大学学报》2009 年第 3 期，第 151-158 页。

⑦ 唐洁、王英利：《农业依存度计算模型与实证研究初步》，载《南通大学学报》（自然科学版）2016 年第 4 期，第 59-64 页。

特殊的情感，与土地之间的关系是难以割舍的。同时，土地也是一份重要的生活保障，是农民进入城市受阻或出现生活困顿时的一条后路选择，客观上是一个农村社会安全的“减震器”，其重要作用不言而喻。因此，深刻认识农民土地依存关系及了解真实的农民土地依存意向具有重要的社会现实意义。

### （二）流出人口农地依存关系及问题

改革开放以后，特别是全国进入工业化和服务经济时代，城镇经济迅猛发展，农村人口就业非农化比重大幅上升，农村产业结构迅速提升，农村居民对土地产出的依赖程度大大降低，对他们而言，土地不再是最重要的生产和生活资料，农村劳动力也逐渐从农业生产中剥离出来。随着进城务工人口的大量增长，很多农村土地出现“代耕”“租耕”现象，同时部分地形条件比较好的土地的农业机械化水平逐渐提高，土地使用权逐渐发生转移，原有法定土地使用权者与土地之间的联系趋于弱化，农民与农地间的紧密程度下降，因此农民的“土地接触频率”大大降低，似乎很多农民对土地拥有已“漠不关心”，但具体情况到底如何？还需进行具体分析。

#### 1. 流出人口农地依存状况

承包地是农民的生存之本，随着城乡大迁移后，很多农民进城务工，其非农化收入大大超过农地收入，使得农民对农地的依存关系和依赖度逐渐下降，甚至有的家庭为了维系农地的承包权而出资雇人耕作和管理。由于农民家庭个体在教育、技能及城镇适应性方面存在的差异，农民对农地的依存程度不尽相同，一般可分为三类农地依存关系，分别为不依赖型、半依赖型及潜在依赖型等类型①。把农民从土地中解脱出来，是国家一直推行的重大决策，也是一件对农民和农村发展有利的事情。早在 1948 年，费孝通先生就指出，中国发展的根本出路就是将农民从土地束缚中解放出来②，经过了半个多世纪的发展，我国农村终于迎来了这一天。改革开放后，我国第一产业 GDP 比重不断下降，从 1982 年最高的 32.8%下降到

① 张学敏：《离农分化、效用差序与承包地退出——基于豫、湘、渝 886 户农户调查的实证分析》，载《农业技术经济》2013 年第 5 期，第 44-52 页。

② 费孝通：《被土地所束缚的中国（Earthbound China）》，载《费孝通选集》，天津·天津人民出版社，1988 年 5 月，第 158 页。

2017 年的 7.9%；就业结构也不断下降，第一产业从业人员比重从 1978 年最高值 83.5%下降到 2017 年的 27.0%，而第一产业就业人口规模的下降则滞后了十几年，从 1991 年才开始从最高值 3.91 亿人逐渐下降到 2017 年的 2.09 亿人，到目前为止释放的农业劳动力近 3 亿人[①]。因此，从宏观上看，国家经济对农业的依存度在大大下降。

从流出人员个体家庭而言，其农地依存度亦不断降低。据 2017 年上海流动人口监测数据分析，流动人口被调查的样本总量为 7000 人，其中“户口性质”为“农业”的 4428 人（不包括“农业转居民”户口者），占 63.25%，这实际为农民工人口，而明确知道家里有地的样本为 2276 人，占农业人口的 51.41%。据此数据分析，实际近半数的农村人口已经失去了农地，而有农地的家庭户均只有 1.6 亩，且不同家庭的差异也很大，最多的达到 60 亩，而最少的只为一分地，不足一亩的达 29.45%。从农业劳动力需求及产出看，不足一亩土地的家庭，完全可以采取政策让其“离农化”，彻底脱离土地而成为城镇人口。从土地收益分析，进城农民工家庭的农地收入主要分为两大来源：一是自家耕种、管理或租种承包地而产生的收益，二是出租承包地的租金收入。但并不是所有有地的家庭均有土地收入，其中有地又有收入的家庭仅为 847 户，占有地家庭的 37.23%，而只占全部农民工家庭的 19.14%。同时，土地每亩产出亦非常微薄，自家耕作、管理的土地年产出为每亩 1266 元，出租给别人耕种每年仅有每亩 250 元的收益。因此，就有收入的农地而言，每亩一年平均收益只为 1119 元，相对于进城务工收入而言则微乎其微（部分数据如表 6.1.1 所示）。

一般地，农地收入占家庭总收入的比重界定为农地依存度，则农民工农地依存度总体相对较低。据 2017 年流动人口监测数据显示，农民工有农地收入的家庭中，农地收入仅占家庭总收入的 2.50%，即农地依存度为 2.50%。若进行全样本的宏观分析，则农地收入仅占农民工家庭总收入的 0.33%。因此，从经济和农地产出而言，农民对土地的依存度低，亦有其经济原因。

① 据《2017 年中国统计年鉴》数据计算。

**表 6. 1. 1　进城农民工家庭及农地产出状况**

| 类别 | 数量/个/元 | 比重/% | 计算指标 |
| --- | --- | --- | --- |
| 农民工家庭总数/a | 4428 | 63. 25 | 占 7000 个样本比重 |
| 明确知道家里有地的家庭/b | 2276 | 51. 41 | b/a |
| 有地但无收入的家庭/c | 1429 | 62. 77 | c/b |
| 有农地又有收入的家庭/d | 847 | 37. 23 | d/b |
| 无地的家庭/e | 2151 | 48. 59 | e/a |
| 承包地自己耕种的家庭/f | 514 | 22. 57 | f/a |
| 承包地转租的家庭/g | 333 | 14. 61 | g/b |
| 有收入的农地平均亩产年收入/h | 1119 | | 所有有收入的农地 |
| 有收入的自耕地平均每亩收入/j | 1266 | | 有收入的自耕地 |
| 转租地亩产收入/k | 250 | | 有收入的转租地 |

资料来源：2017 年上海流动人口监测数据（样本总量 7000 个，其中农民工样本 4428 个）。

2. 流出人口农地依存意向

近几十年来，随着城镇化的加快，农民主动或被动地失地、“弃地”与“离地”趋势显著上升，似乎成为未来农民对土地的一种普遍“意识”或处理土地的一种潜在的“意向”。农民对土地是否真的不在乎了，或土地对他们而言可有可无了？对这一问题，课题组进行了较深入的分析。

土地资源是一种稀缺资源，它是人们生产活动所必需的空间载体。与工业和第三产业相比，其农业价值已相对较低，甚至不足称道，但不同类型的土地有着不同的预期收益，特别是靠近城镇或人口聚集区的土地，其工业、商贸价值非常可观。如近十几年来部分区位好的土地，带给了征地农民巨大的补偿利益，很多人因此过上了富裕生活。同时，地价、房价的非理性上涨更增加了人们对土地价值的潜在预期，有部分家庭为保护土地承包权不被收回而做出“倒贴”给承租人耕种的行为，这也清楚地表明了农民不愿放弃农村土地的意向。因此，就一点而言，让农民主动“弃地”，显然是不可能的。

土地对于农民仍有几大功能。首先，根据土地的“功能性”说，土地是家族声望及家庭主事者能力的表现。历来土地就是农民重要的基本生产资料，对土地的经营状况蕴含着农民的能力声望，经营不好被认为是“无能”的表现。土地也是农民家族化的传统“祖产”，即使土地产权在公有化背景下也一般认为是可以子孙继承的。根据《中华人民共和国土地管理法》的规定，我国第一轮和当前实施的第二轮“土地承包经营期限”均为30年，以后还可顺延，而对在土地承包经营期限内个别承包经营者之间承包的土地只进行“适当调整”。同时，失地、“卖田”在传统文化中向来被看作是一件不光彩的事情，因此守护土地是人们深层意识的一种义务。其次，根据土地情感说，土地是外出人们的乡土情感的依存。历来人们都有故土情结，农民没有了土地，在情感上就没有了“根”。农村独特的田园风光、环境乃至生产、生活方式，对在喧嚣、狭窄的城镇里的人们同样具有很大的吸引力。因此，故土情结、田园情结及环境情结等将强化农民的土地意识①。最后，根据土地保障说，土地是进城务工人员最后退守的“堡垒”和家的所在。城镇就业压力大、竞争性强，农民进城务工普遍缺乏稳定性，同时在城乡二元结构体制下，城市户籍制度的排斥和流动人口社会保障的缺失严重地阻碍了农村人口的城镇化，使农民不敢贸然“进城”。因此，土地就成了农民城镇失业和生活困顿时的重要保障，也是一种农村社会的“减震器”。

从农民工家庭对农地的处置方式看，尽管农地收入不高，但完全“撂荒”的比重也并不大，约占4.23%。而大部分土地由自己或家人耕种的家庭，达到47.38%，其次是亲友耕种，占24.11%，另外是转给私人耕种的达16.95%，转租给企业的仅为0.36%（如图6.1.1所示）。由此可知，农地“代耕代管”从其社会网络而言，基本属于亲友邻居等关系比较紧密的熟人社会的圈内人员，而通过市场化、公司化如“农地流转”形式来耕作的土地的情况较少。一方面表明农村农地使用权剥离的市场化进程比较慢，另一方面是农户对相关的农地流转等市场运作意愿存在疑虑。因为公司运作往往周期比较长，对很多农户而言，担心失去对土地的控制权，一旦出现未知情况则难以把握。这也表明，农民对农地的依存意向仍然强烈。

① 陈成文、鲁艳：《城市化进程中农民土地意识的变迁——来自湖南省三个社区的实证研究》，载《农业经济问题》2006年第5期，第29-34页。

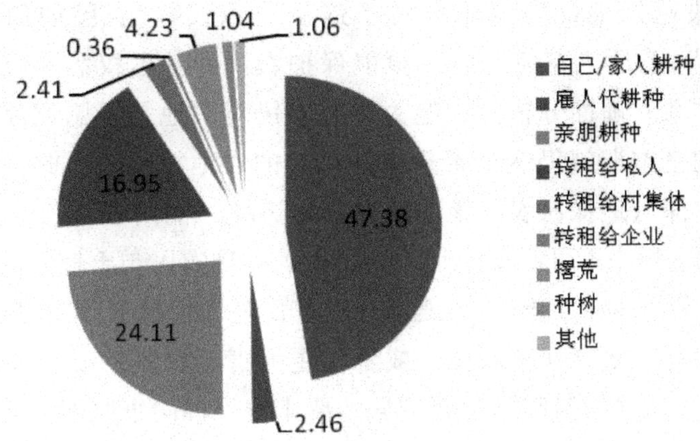


**图 6.1.1　进城农民工家庭承包地由谁在耕种（%）**

数据来源：2017 年上海市流动监测数据。

注：本图中统计范围为“进城农民工”，样本量 N=4428。

## 二、“带地进城”的农地权益保障与农地依存法律关系探讨

### （一）合理的“地权”关系有利于农村经济的发展和农民权益的保护

所谓“农民”，其本义意味他们以从事农业劳动为主要职业，对很多农民而言，在身份上标注为“农业户口”，但他们与土地之间的权属并不具有天然的所属关系。我国的土地所有权与使用权是分离的，历史上曾经亦是如此，“农民”并非土地所有权人，而地权所有关系人则为“地主”。当前的“地权”一般包括土地的使用权、收益权、买卖权、抵押权和继承权等，所有权与其他几大权益往往也是分离的①。总体而言，中华人民共和国成立后，我国实行的土地所有制形式有两种，一种是全民所有制即国家所有制，另一种是劳动群众即农民集体所有制，而集体所有制需服从全民所有制形式。农民对于地权一般不具有完整意义。而正常的“地权”，一般是法律保护的土地合约所规定的土地使用权期限内，以及承担应尽义务前提下，而具有的使用权和合法的收益权。因此，严格而言，当前农民的地权仅是“半地权”，主体是政府，客体是农民。

① 赵德起：《中国农村地权让渡的理论探索与路径选择》，载《财经问题研究》2007 年第 3 期，第 74-80 页。

在城镇化快速发展的背景下，对于这份“地权”，农民如何进城，是“带地进城”还是“弃地进城”更能保护农民的基本权益及维护较好的农地依存关系？前面分析过，绝大部分农民对农地是不愿意放弃的，农民进城后的基本期望仍然是希望保持已有的农地权益。因此，在本研究中，主要更深入地探讨农民该如何“带地进城”的问题。

城镇化进程中不可回避的是，如何正确处理农民与土地间的关系。诚然，从农民权益保护上看，“在逻辑上可能的一切情况下，‘地权归农’都比‘地权归官’更有利于农民，或者说更无害于农民”①。关于农民地权“如何分配”及“如何归属”等问题，要牢牢把握两个原则，即公平原则和效率原则。地权形式是农村生产资料所有制的基本表现，“没有地权”或“地权不明”意味着农民对土地没有长远的预期效益，将严重地影响农民的生产积极性。中华人民共和国成立以来，农村大致经历了三类土地政策，即中华人民共和国成立初期的“农民个体所有，家庭自主经营（1949—1953 年）”、过渡时期的“劳动群众集体所有，集体统一经营（1953—1978 年）”及改革开放后的“家庭联产承包生产责任制（1978 年至今）”。实践表明，农民所有、家庭经营的土地制度农民满意度和积极性最高，而第二种即“集体所有制”则最低②。因此，保障农民的土地权益，让农民与土地间的关系更加紧密，有利于农业生产和农民满意度的提升。

### （二）农民“带地进城”的必然之势

改革开放前的城镇化，农民一般都是“弃地进城”的，土地拥有与城镇身份的取得成了一种交换关系，即“非此即彼”，不可兼得。而取得“城镇户口”成为城镇身份的标志，也是统计为城镇人口的必要条件，因为城镇户籍背后赋予了养老、医疗、就业、升学等远比农村优厚的待遇，对广大农民而言，以“地权”换“身份”是合算的。同时，在城镇化率计算时亦以城镇户籍人口中的“非农人口”为口径，因而城镇化率很低，且发展缓慢。随着城乡人口迁移规模的扩大和程度的加深，且为与国际上城市化率的统计口径相一致，逐渐把城镇化率的计算从“户籍身份”转变为

---

① 秦晖：《农民地权六论》，载《社会科学论坛》2007 年第 5 期，第 122-146 页。

② 刘福海：《建国以来农村三种土地制度的比较》，2005 年 8 月 8 日《中国改革报》，第 4 版。

“属地化”统计。改革开放前，农村人口“进城”途径非常有限，主要包括招生、提干、军人转业、征地安置、城镇招工、家庭团聚等方式，并需办理“农转非”手续。这一时期的《户口登记条例》非常严格，明确规定“公民由农村迁往城市，必须持有城市劳动部门的录用证明，学校的录取证明，或者城市户口登记机关的准予迁入的证明等”，因而严格限制了农民向城镇流动[①]。因为“进城”后，农民就进入了城市福利体系，可享受城镇提供的就业、住房、医疗、养老及升学等福利。而“弃地”实质是以农村“土地”换取“城镇保障”，某种程度而言是超出农民诉求的，从公平而言，它也让农民实现了向上流动的愿望。因此，当时的“弃地”是少“弃”多“得”的“超值交易”行为，农民进城期望非常强烈[②]。

对城镇人口的控制，实质上是城镇养老、教育、空间等有限资源的一种政策层面的“二次分配”，在市场化手段没有发育起来之前，是有其合理性的。但随着城镇经济的迅速崛起，特别是对劳动力需求的大幅上升和市场的加剧发展之后，户籍等行政控制的力量逐渐失去了原来的效力，农民不需要“户口”和“口粮”也能在城镇生存，特别是1998年城镇住房货币化改革后，住房也开始走向市场化，使农民更能完全在城镇自由就业和生活。随着户籍经济功能的逐渐弱化，“失地”补偿标准也低，加上土地预期收入的大幅增长，使农民进城变得犹豫了。20世纪90年代末开始，全国很多地区的农民开始出现“不愿进城”，甚至已“农转非”的大学生频频发生户口迁回农村的“逆”城镇化的现象[③]。因而，通过“弃地”换取“城镇身份”的“手续”逐渐无人问津，农民进城由坚决的“弃地”模式转为自然的“带地”模式，即不迁户籍进城务工的模式。在态度和行为上，农民对“弃地”城镇化由愿意出现较大分化。因此，农民“弃地”城镇化的合理性基础不断丧失，以至《解放日报》发表评论指出“不能把‘弃地’作为进城落户条件”[④]。据2010年国务院发展研究中心《促进城乡

① 肖冬连：《中国二元社会结构形成的历史考察》，载《中共党史研究》2005年第12期，第21-31页。

② 李飞、杜云素：《“弃地”进城到“带地”进城：农民城镇化的思考》，第13-21页。

③ 沈东、张方旭：《从“农转非”到“非转农”：大学生逆城市化流动的个案研究》，载《中国青年研究》2017年第2期，第28-33页。

④ 于文静、王宇：《不能把“弃地”作为进城落户条件》，2014年11月21日《解放日报》，第6版。

统筹发展，加快农民工市民化进城研究》重大课题调查显示，农民工普遍不愿意以“双放弃”（承包地、宅基地）换取城镇户籍，其中83.6%农民工希望保留承包地，且46.0%的人希望自家耕种，27.2%希望有偿流转①。对多山地区而言，土地分散，地形复杂，不利于机械化作业，同时大部分地区远离中心城镇及市场，土地本来属于农民而不给农民，难道要收回政府耕作？这显然不现实，因此农民“带地”进城成为必然趋势。

（三）“带地进城”的“农地依存”法律关系视点

农民“带地进城”还存在诸多法律问题有待解决，而关键是如何确保地权是农民最基本的权利和促进农村经济发展的问题。

1. 农民“地权”主体不明确，“地权”可否回归“农民集体”

“带地”城镇化对农民而言，是合理的，也是人性的，对社会也具有重要的意义。当前农村社保体系还不是很健全，因而土地发挥着重要的社会保险和就业保障的功能。允许农民“带地”进城，则可使他们在城镇“进可攻，退可守”，有利于农村“理性社会”的发展，正如郑杭生所说，有利于“上层永不懈怠、中层永不满足、下层永不绝望”的良性社会构建②。《中华人民共和国农业法》（1993）第十一条规定，农村集体土地所有权属于“农民集体”，且分属三个集体所有，一是“村集体”，二是“乡（镇）集体”，三是“村内集体经济组织”。当前的问题是，所谓的“农民集体”不是一个独立法人组织，没有产权地位和主体地位，因而难以对土地进行有效的管控。有研究者主张农民土地“回归村社”，以增强村社集体“做好事的能力”③。其实，这也是一厢情愿的事情，况且还可能出现“恶政府”的侵害。不少地区土地调整和低保资格审查中就出现过严重侵害农民权益的现象，如果真实行农地“回归村社”政策，这种监管由谁来做？管理的幅度太大，将难收实效。同时，我国实行“家庭联产承包责任制”以后，农村以“村社”为基础的集体经济制度早已瓦解④，“村

① 国务院发展研究中心课题组：《农民工市民化》，北京·中国发展出版社，2011年版，第8页。

② 郑杭生：《五大挑战催生中国式“紧绷”——社会弹性与社会刚性的社会学分析》，载《人民论坛》2009年第10期，第14-18页。

③ 贾林州、赵晓峰：《地权：回归村社 回归农民——兼评贺雪峰〈地权的逻辑：中国农村土地制度向何处去〉》，载《中共宁波市委党校学报》2012年第1期，第64-71页。

④ 李昌平：《大气候》，西安·陕西人民出版社，2009年版，第101页。

社”等“农民集体”组织已是名存实亡，因此当前需要做的是，确立明晰的人格化产权，构建契约为基础的以“农民家庭”为第一责任的“地权”制度。

2. 是“带地”还是“带权”进城及农民权益保障

城镇化过程中，农民“地权”保护问题，主要是“地权”所属关系可能因农地的征收、流转、转让等而出现变更。特别是土地“农转非”过程中，土地价值增长幅度大而出现被其他主体侵占的现象，以流动人口身份进城后，其农地的处分存在这一问题。

“带地”还是“带权”进城，实质是城镇化过程中“农转非”农地的“地权”处置问题。据徐元明等的研究，主要存在五种侵害农民“地权”权益的行为，分别为任意扩大征地范围、补偿过低、不计土地增值、无视合法利益、无失地“低保”的一次性补偿等，其主要原因是“地权”主体不明晰、处理制度不合理、土地市场不完善等行为造成的①。当然，在诸多问题中，“地权”主体不明确是关键，一种惯常逻辑就是，农地属于农村集体组织所有，而集体是准国有制度组织，说到底是国家所有的土地。往往地方政府在国家名义下可轻易地把集体土地所有制转为“国家所有”，而在这种制度“升级”过程中往往不需要农民表决，只需与村社组织协商即可，因为其逻辑是“地权”是“村社集体”所有的，而与农民无关，同时补贴也不直接下发给村民，而发给村社集体。个中发生多少中间环节，一般人是不得而知的。

用地类型变更后，土地升值空间巨大。被征用的“农转非”土地的用地类型从农业用地变为工业、商业或居住用地后，其价值大大提升。但农民的补偿仍以农业用地价值计算，其中的差距或利润巨大，这使农民在社会资源分配中处于不利地位，也导致农民难以甚至不能分享工业化发展带来的土地增值收益②。从某种程度而言，这种做法是对农村和农民的一种“剥夺”，不具有经济合理性及法权的继承性。“低进高出”的征地制度诱发了地方政府更大的征地欲望，农村“地权”“农转非”的“利”主要留

---

① 徐元明、高珊：《城市化进程中的农民土地权益保障》，载《中国土地》2004 年第 3 期，第 31-34 页。

② 钱忠好：《土地征用：均衡与非均衡：对现行中国土地征用制度的经济分析》，载《管理世界》2004 年第 12 期，第 50 -59 页。

给了地方政府，无形中“激励”了他们把农用地转为建设用地的行为①。这也是很多地方政府对征地、城镇化、房产开发等建设乐此不疲的重要原因，毕竟征地的“红利”巨大，城镇化土地都变成了“唐僧肉”，谁都想咬上一口，这是城镇化过程中用地制度的严重问题。这一状况的症结何在？不难发现，根子在“地权”归属上，农民的土地何以会被如此低价地拍卖？原因显然也在此。

从以往的城乡关系而言，是农业支持城镇、支持工业化发展。而到 2006 年全国取消农业税后，某种程度上看，是工业或城镇“反哺”农业或“反哺”农村。这对农业、农村经济都是件好事，但近 10 年城镇化过程中农地征用的巨大“红利”被城镇（政府）收取后，不能不说，是对农村土地特别是农民的一种“不公”。因为地方政府在鼓励农民“进城”“上楼”的过程中，另一方面也在廉价征收农地。根据《中华人民共和国土地管理法》规定，土地补偿费、劳动力安置补助费是按照被征收土地前三年的平均年农业产值计算的，且与被征地的区位、地价变动、增值等因素无关，“补偿款”一次性地支付给农户，但农户以后的生活也就不管了②。而政府在出让土地时往往采用“招拍挂”形式呈几十倍、百倍地获取“超额利润”，但当农民“进城”时又以高昂的价格回购在自己土地上建起的住房。这种情况，不能不让人感到是一种权益的“侵害”。当然，就当前而言，在没有进行较大的“地权”变革的前提下，这一问题着实难以解决。

不管是“带地”进城还是“带权”进城，农民对“地权”应该要有充分的处置权。这种权利要有利于缩短农民与土地之间的距离，能直接参与土地的处置，即有权交付自己的土地给使用人的托管投票权和选择权。在未来农地管理上，可试行“两权制”，即农民享有收益增长共享权和托管选择权。政府对符合国家或区域经济、社会及安全建设等关系国计民生的工程、项目可征用农地，但必须让农民分享该项和事业发展带来的当期福利及未来增长的收益，且农民对土地利用等有决策选择的投票权，福利

① 韦彩玲：《城市化中农民土地权益流失的政策归因及对策》，载《开放研究》2018 年第 1 期，第 34-39 页。

② 张云华：《城镇化进程中要注重保护农民土地权益》，载《经济体制改革》2010 年第 5 期，第 87-92 页。

要直补到农户，村社则负责监管与申报工作。

当然，就“带地”还是“带权”问题，还需分类分析。对于处于城镇化规划区域内的农地，在未被征用时，农户可以“带地”的形式“进城”，农地耕作、管理自行安排。如以流转形式委托给公司经营的农地，则可以农户家庭参股的形式以“村社集体”名义订立使用合同，但需保留农民群体的知情权、建议权和投票权，并有按约定获取农地分红的权利。在农地被征收用作为非农产业或建设用地时，农户则以“带权”形式进城。这种“权”包括股权、期权等，同时必须体现农地的增长预期，且对失地农民需进行必要的生活托底或提供最低生活保障，如购买社会保险等。具体处理可采用政府牵头、村社集体和农民代表参与、第三方运作的多方协商机制进行，切实确保农民权益得到最大限度的保护。

3. “空巢村”农地依存关系维护及农民“带地进城”之后的权属传承

（1）“空巢村”农地依存关系维护。当然，并不是所有土地都能成为城镇化过程中的“香饽饽”，如偏远山区的土地就不会有人问津。从2017年农民工家庭对土地的处置情况分析，农地被“撂荒”的比重并不大，仅占4.23%，即使加上种树的农地也只占5.27%（如图6.1.1所示）。但课题组2015—2016年在赣南多山地区调研时发现，多山地区“空巢村”已出现大片的“撂荒”农地，很多是作为“退耕还林”而撂荒的，还有很多是直接撂荒的。据调查问卷数据显示，730个农户家庭中，农地自耕的占47.40%，这与2017年上海流动人口中农民工家庭的情况相似，租赠给人耕种的占42.06%，“撂荒”的为10.55%，不包括退耕还林部分（如表6.1.2所示）。多山地区地形复杂，水土流失严重，因此退耕还林的农地较多，如把这部分土地一并考虑，则撂荒的情况比较严重。年轻劳动力进城后，“空巢村”的主要矛盾不是农民权益如何保障的问题，因为大部分土地不存在“农转非”征用的可能，同时农地流转所占比例也很小，因此其主要任务是务工人员对农地如何有效维系的问题。就当前而言，最好的形式是推动多山地区农地利用的市场化，引入农业企业，发展特色农业，更好地利用山区农地。同时，也鼓励农民“带地”城镇化，发展山区城镇非农经济。

表 6.1.2　赣南多山地区“空巢村”务工家庭农地维系状况

| 农地维系 | 农户数（户） | 比重（%） |
| --- | --- | --- |
| 自耕 | 346 | 47.40 |
| 租与他人 | 207 | 28.36 |
| 赠予人耕 | 100 | 13.70 |
| 撂荒 | 77 | 10.55 |
| 合计 | 730 | 100 |

资料来源：2015—2016 年课题组赣南 9 乡镇问卷调研数据，样本总量 870 份，已去除缺失样本。

（2）农民“带地进城”之后的权属传承。农村土地承包权一般权属为 30 年，不管“带地”还是“带权”进城，其地权或股权、弃权相应地也不会超过 30 年。那么存在的一个重要问题是，当这些权属到期后，其权利又如何过渡、重新确权或是否可以继承呢？当然，这是一个对未来政策走势的决策问题，但不久的将来一定会遇到的。“空巢村”与一般的乡村不同，因为未来几十年后，难以保证这些村中将还会有村民居住，但是可以肯定，这些村庄进城的人员依然存在。因此，一方面是“实体村庄”的消亡，另一方面是原村民的继续存在并形成“虚拟村庄”。如果“带地进城”的权属可以继承，那么对于没有地权的城镇居民而言，是一种新的不公平。因此，这一问题对未来土地权的归属非常重要，有关部门需进行深入的探讨，并制订出公平、可行的方案。

## 三、农地流转意愿及其处置选择

土地是农业生产的基本要素，土地制度变革是农村改革的重要内容。中华人民共和国成立后，我国土地制度经历了三次方向性的变革。首先，是 1950—1956 年，实行了土地农民所有，农民土地的所有权和经营权“两权合一”。这一时期，主要是废除地主阶级封建剥削的土地所有制，“破旧立新”，打碎旧制度，真正使广大农民成为土地的主人，实行农民的土地所有制。同时，管理上“土地改革完成后，由人民政府发给土地所有证，并承认一切土地所有者自由经营、买卖及出租其土地的权利”。其次，是 1956—1978 年，土地收回为集体所有，并由人民公社统一经营。到 1956 年，农村社会主义公有化改造完成后，土地由“农民所有”完全转为

"集体所有"，并禁止任何形式的流转、买卖等活动，这一制度直到改革开放前没有改变。最后，是1978年后至今，实行家庭联产承包责任制，但土地权属仍然是集体所有，因此此时的土地所有权和经营权处于"两权分离"状态，这是我国农村土地制度最大的变革。直到1984年中央"一号文件"的颁布，国家首次在政策层面上默许了农地流转行为，但法律上还处于滞后状态，而1984年一般可认为是农村土地流转的重启起点[①]。

而在改革开放后，由于人口、经济等环境的变化，进行过多次经营管理方面的土地制度变革，一般认为经历了四个阶段[②③]。主要是从"两权分离"到"三权分置"的转变[④]，其目的是促进土地流转，充分提高土地的利用效率。但我国的土地流转在法律层面上，还经过了较长一段时间才明确起来。直到1988年《中华人民共和国宪法修正案》中才提出"土地的使用权可以依照法律的规定转让"，但仍然没有明确采用何种形式进行转让，而在法律表述上到2001年《中共中央关于做好农户承包地使用权流转工作的通知》中才指出"土地使用权合理流转，符合党的一贯政策"。到2002年通过《中华人民共和国农村土地承包法》后，土地流转才进入以法律为主的规范流转阶段，并于2005年农业部制定《农村土地承包经营权流转管理办法》后，才对农村土地承包经营权流转作了更为系统的规定[⑤]。到2014年提出以"深化农村土地制度改革"为重点的"三权分置"，2015年又提出了"三项改革"[⑥]，至此农村土地流转制度真正进入了快速发展阶段。

---

① 吴光芸、万洋：《中国农村土地流转政策变迁的制度逻辑——基于历史制度主义的分析》，载《青海社会科学》2019年第1期，第86-94页。

② 毕国华、杨庆媛、张晶渝、程小于：《改革开放40年：中国农村土地制度改革变迁与未来重点方向思考》，载《中国土地科学》2018年第10期，第1-7页。

③ 吴光芸、万洋：《中国农村土地流转政策变迁的制度逻辑——基于历史制度主义的分析》，第86-94页。

④ 农村土地的"三权分置"，又是一次中国农村改革的重大创新。它是根据2014年11月国务院《关于引导农村土地经营权有序流转发展农业适度规模经营的意见》提出的，即将土地权能分为"土地所有权、土地承包权和土地经营权"等。随着"土地确权"的完成，"三权分置"大大地促进了我国农村的土地流转。

⑤ 公茂刚、王学真、李彩月：《"三权分置"改革背景下我国农村土地流转现状及其影响因素研究》，载《宁夏社会科学》2019年第1期，第92-101页。

⑥ 2015年中央提出的农村土地征收、集体经营性建设用地入市、宅基地制度改革，即农村土地制度"三项改革"。

多山地区“空巢村”经济发展相对滞后，农业市场化活力还未完全激发，同时由于远离市场、缺乏资金和技术等客观原因，现代化农业和特色农业企业较少，因此农地流转发展慢，农民参与程度较低，农地管理制度仍然是以传统的家庭承包制为主。同时，山区农民普遍对农地流转存在担忧，农村家庭的农地流转意愿很低。2015 年赣南多山地区“空巢村”农地流转意愿仅为 13.13%，绝大部分农民不愿意进行农地流转。调查数据表明，有 40.08%的农户“想自己耕种”或“承包”，他们大多是“担心今后失去土地”或“担心损毁田地”（如表 6.1.3 所示）。究其原因，主要是对农地流转未来的走向和稳定性存在疑虑。

**表 6.1.3　赣南多山地区“空巢村”务工家庭农地流转意向**

| 农地流转意向 | | 农户数（户） | 比重（%） |
|---|---|---|---|
| 不同意 | 想自己耕种 | 209 | 28.59 |
| | 担心今后失去土地 | 283 | 38.71 |
| | 想自己承包，但无资金 | 84 | 11.49 |
| | 担心损毁田地 | 59 | 8.07 |
| | 小计 | 635 | 86.87 |
| 同意 | 不用种地有收入 | 56 | 7.66 |
| | 对土地利用没有更多想法 | 40 | 5.47 |
| | 小计 | 96 | 13.13 |
| 合计 | | 731 | 100.00 |

资料来源：2015—2016 年课题组赣南 9 乡镇问卷调研数据，样本总量 870 份，已去除缺失样本。

同时，很多农户表示，即使“进城”，依然不会放弃农地。调查显示，农户对“如迁到城镇后，对农地的维持态度”的回答，42.48%希望维护现状，有 34.21% 的家庭强调“不管住哪，农地都不会丢弃”，只有 15.31%的家庭提出“如在城镇定居，则不再管农、林地了”，还有 7.72%的人表示对“质量次等地，不再管理”（如表 6.1.4 所示）。从这些回答中，也表明土地在农民心目中的地位依然非常高，即使在当前不能给他们带来更大收入的社会、经济背景下依然如此，这也在一定程度上隐约揭示出农民对未来城市生活稳定性的担忧。因此，要让农民“离农”还要“离地”，提升农村的社会保障水平，排除农民的后顾之忧是必要的前提。

**表 6.1.4　赣南多山地区“空巢村”农户未来对农地的处置态度**

| 如迁到城镇后，对农地的维持态度 | 农户数（户） | 比重（%） |
| --- | --- | --- |
| 维持现状 | 308 | 42.48 |
| 如在城镇定居，则不再管农、林地了 | 111 | 15.31 |
| 不管住哪，农地都不会丢弃 | 248 | 34.21 |
| 质量次等地，不再管理 | 56 | 7.72 |
| 其他 | 2 | 0.28 |
| 合计 | 725 | 100.0 |

资料来源：同表 6.1.3。

## 第二节　多山地区流出人口农地维系策略

未来的中心村镇将有两股人流叠加聚集。一是下山进入中心村镇的人口，二是外出农民工回流人口。因此，这些人口如何安置将成一大难题。多山地区人口下山后其生活、居住等条件将得到大大的改善，但下山农民及回流农民工的就业及生活如何得到保障，同时山区的农地又如何管理、维护，特别是“地权”如何处置等问题，亟待战略性及高层政策、方针的指导。

### 一、农民工返乡意愿及目的地选择

近几年，由于农村经济发展相对放慢及城市就业压力逐渐增大，导致农民工返乡呈现加速提升的趋势（以上海为例进行探讨）。在外来流动人口在沪的居留意愿分析中显示，仍有一定比例的流动人口表示不愿意继续留在上海。那么这一群体离开上海之后，是返回到自己家乡，还是去别的城市，抑或是有其他的选择，其离开的原因又是什么，下面进行相关探讨。

#### （一）农民工返乡意愿状况

20 世纪 90 年代开始，人口城乡间的大转移成为我国社会、经济生活中的一大旋律，此后进城农民工对我国工业化、城镇化和现代化进程产生了重大影响。农民工规模更是逐年增长，据国家统计局《2016 年农民工监测调查报告》，2016 年农民工总量达到 28171 万人，比上年增加 424 万人，增长 1.5%，增速比上一年增加了 0.2 个百分点。但在农民工增量中，本地农民工的增加占据主导地位，占新增农民工总量的 88.2%，同时在跨省区外出农民工中，进城农民工呈现下降趋势，降幅达到 1.1%。当前的农民工发展还有两大趋势：一是与其他地区相比西部地区农民工数量增长最快，吸纳能力逐步增强。据有关统计显示，2016 年西部地区农民工增量占新增农民工的 43.6%。二是外出农民工增速继续回落，跨省流动农民工继续减少。因此，很多城市地区逐渐出现农民工返乡和流出的现象。对上海而言，这一情况又是如何？导致农民工返乡或流出的主要原因是什么？有的不返乡而是离开上海到其他地方，其目的何在？他们又要去哪里？有研究认为，区域经济发展差距的缩小，是农民工不愿意远距离流动的一个重要原因[①]（国家人口与计划生育委员会流动人口服务管理司，2011：28）。那么到底是否如此？所有这些均需进行进一步的探索。

据 2017 年在沪流动人口监测调查显示，明确表示今后“不愿意”留在本地的流动人口占 2.2%，比重并不是很大，而这些人中打算返回家乡的占总数的 80.4%，去其他城市的占 10.7%，还有 8.9%的人表示还“没想好”。2012 年，“不打算”居留城市（5 年以上）的人口占 7.7%，高出 2017 年较大的幅度，且离开上海后表示返回家乡的比重显著较高，为 91.6%，只有 8.4%表示会去其他城市（如图 6.2.1 所示）。如与同口径的 2016 年相比，2012 年“不打算”继续留在上海的占 9.1%，即返乡和继续流动的总和，另外 2015 年“不打算”居留上海的比重与 2016 年的基本相同（如图 6.2.2 所示）。因此，返乡和离开上海的流动人口呈现较大的增长趋势，这一特征与全国的情况类似，但受到调查样本量和调查抽样分布等因素的影响，这一变化究竟是抽样误差还是真实的变动，还需进行更深入的分析。

为了进一步了解返乡人口的基本特征，本研究对受教育程度与返乡人口间的关系进行进一步的探讨，由于 2017 年返乡人口数量（125 人）相对于总人口数来说太少，其分布特征代表性较差，但从返乡人口结构而言，

---

① 国家人口与计划生育委员会流动人口服务管理司：《中国流动人口发展报告 2011》，北京·中国人口出版社，2011 年版，第 28 页。

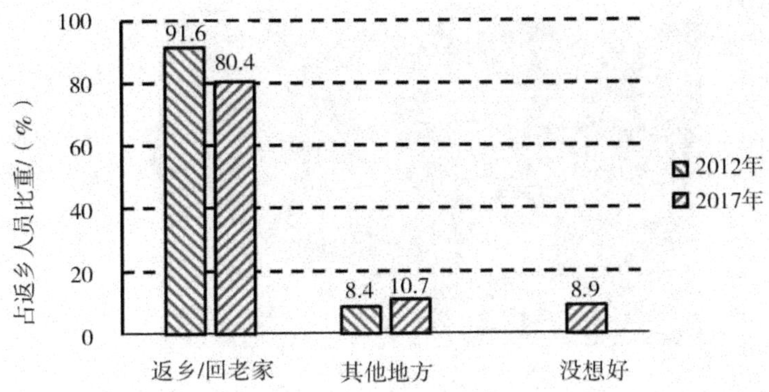


**图 6.2.1　2012/2017 年流出人口目的地选择意愿**

资料来源：2017/2012 年上海流动人口动态监测数据，以下图 6.2.2～图 6.2.9 及表 6.2.1 同此。

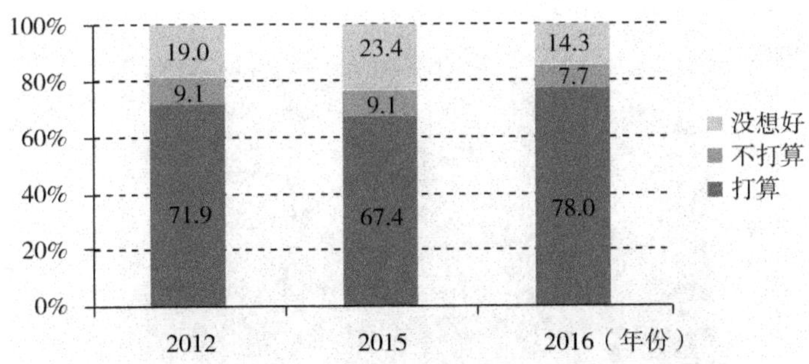


**图 6.2.2　2012—2016 年流动人口 5 年以上居留意愿**

随着学历的上升其人口比重有下降的趋势，到研究生学历返乡人口所占比重降为 0（见图 6.2.3）。因 2012 年和 2016 年返乡人口样本量较大，如 2012 年确定返乡的人口数为 3017 人，2016 年为 498 人，为此选用 2012 年与 2016 年数据进行返乡人口状况分析更为客观，但为了解最新的情况，本研究中依然采用 2017 年数据进行分析（见图 6.2.4）。

总的来看，有意愿离开城市的流动人口中，其受教育程度水平整体较低，主要以初中学历人口为主，此后随着受教育水平的提高，有意愿返回家乡的人口比重则更低。2012 年明确表示要返回家乡的人口中，初中及以下人口占 67.1%；其次是高中/中专学历人口，占 20.7%；到研究生比重降为 0.3%。与 2012 年相比，2017 年学历较低者所占比重有较大幅度的增长，初中及以下人口比重共增长到 69.6%，同时大学本科人口也表现出增

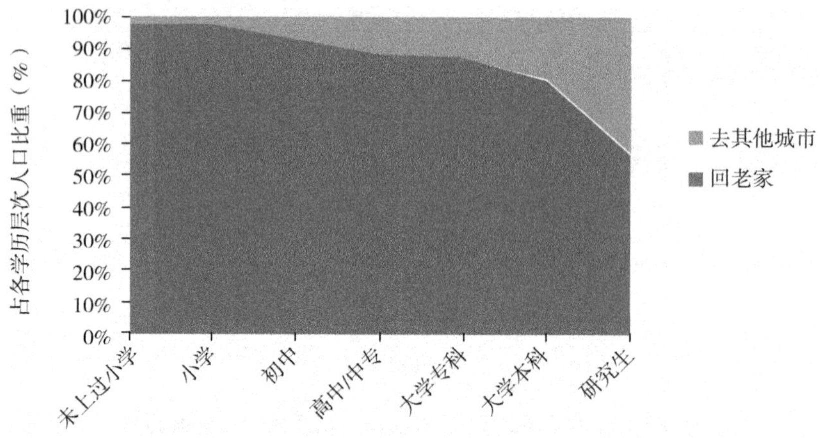


**图 6.2.3　2016 年分受教育程度返乡状况**

注：样本量=3294，P=0.000。

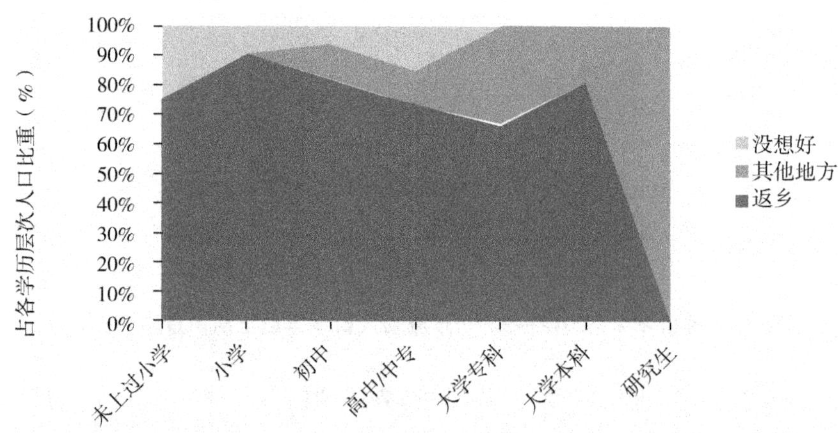


**图 6.2.4　2017 年分受教育程度返乡状况**

注：样本量=156，P=0.011。

长趋势（如图 6.2.5 所示）。

（二）返乡目的地选择

总的来看，返乡人口中大部分返回农村，其次是返回县政府所在地或乡镇。不论是 2012 年还是 2017 年，不同返乡目的地中返回农村的比重最大，2017 年有超过一半（50.2%）的返乡流动人口表示想要回到农村，其次是县政府所在地（21.9%），然后是乡镇政府所在地（14%），仍有 13.8%有意愿返乡的流动人口表示还没有想好要回到家乡什么地方。而

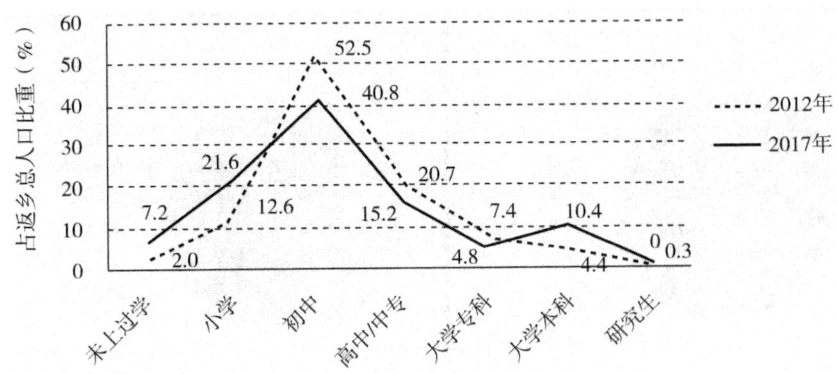


**图 6.2.5　2012/2017 年分学历返乡人口比重**

2012 年的情况与此不同，这年中有意向返回农村的人口比重更高，达到 60.3%；其次是返回乡镇政府所在地，占 12.3%；最后为县政府所在地，为 11.8%；其余为到地级市、省会城市、直辖市等的人口（如图 6.2.6 和图 6.2.7 所示）。

流动人口返乡原因比较复杂，概括起来主要是受经济、社会、个体及家庭等因素的影响。此外，还有其他一些原因的影响，一则并不是返乡流动人口都倾向于返回农村地区，而是在其迁出时，绝大部分流动人口（60.3%）就是来自农村，故返乡到农村的比重也将更高。其次，受地缘因素的影响，从农村迁出的人口在农村多是有土地的，如果外地的经济收入一旦达不到他们的预期，甚至还低于其流出地的收入水平时，则将促动他们回乡就业或创业。再次就是不同家庭、个人的原因，农村“空心化”或大量青壮年劳动力流往城市后，农村地区养老、家庭护理等问题凸显出来，如家里有老人或小孩需要照顾的，则这类家庭多将返乡；最后，随着国家政策对农村地区扶持力度的不断加强，农村创业、就业机会增大，从政策层面上更大程度地鼓励了外来流动人口返回家乡。

（三）返乡原因及其变动

从返乡原因来看，2012 年返乡人口中，由于家庭原因返乡的人口比重最高，达到 25.2%；其次，是因住房困难返乡的，为 18.4%，而自身原因返乡者为 15.5%。在 2017 年返乡群体中，家庭原因和自身原因依然是返乡的主要原因，特别是因照顾小孩和照顾老人返乡的占了很大比重，分别为 23.5%和 13.3%，加之年龄太大因素返乡的（14.3%），成为流动人口返乡

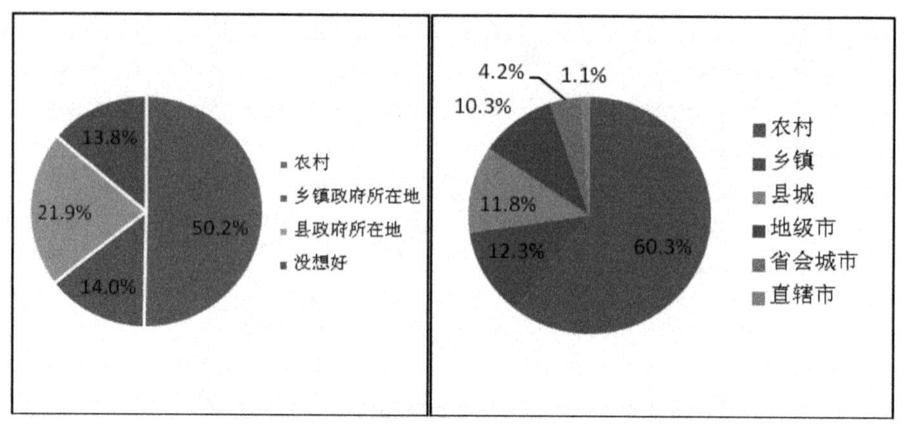


**图 6.2.6　2017 年返乡流动人口区域选择　图 6.2.7　2012 年返乡流动人口区域选择**

的三大主要原因，共占返乡人口总量的一半以上（51.1%）。另外，返乡创业也成为返乡的重要原因，且有增强的趋势。这一人口比重从 2012 年的 8.6%增加到 2017 年的 12.0%，增加了 3.4 个百分点（具体如图 6.2.8 和图 6.2.9 所示）。

因 2012 年与 2017 年流动人口监测问卷中，对返乡原因设置的回答选项不同，有的问题难以比较，但如进行重新分类，调整口径，其可比性将增强，如把返乡原因设置为自身因素、社会与家庭因素、经济因素，则可进行两个年份的比较（如表 6.2.1 所示），总体上，因自身因素和社会与家庭因素返乡的人口比重在增加，而因经济因素返乡的人员比重则呈下降趋势。这一变化特征，与当前的社会、经济发展状况也是相吻合的。当前很多研究表明，城乡流动中社会原因逐渐成为促动人口返乡或区域再分布的主要原因，如婚嫁、两地分居、医疗、家庭照料，特别是年迈长辈和未成年孩子的照料及孩子上学困难等正成为当前城市流动人口的主要社会、家庭问题。而从城镇角度看，如要稳定城市流动人口，提升其城市居留意愿和满意度是一条重要途径，有关部分必须在这些方面着力抓好。

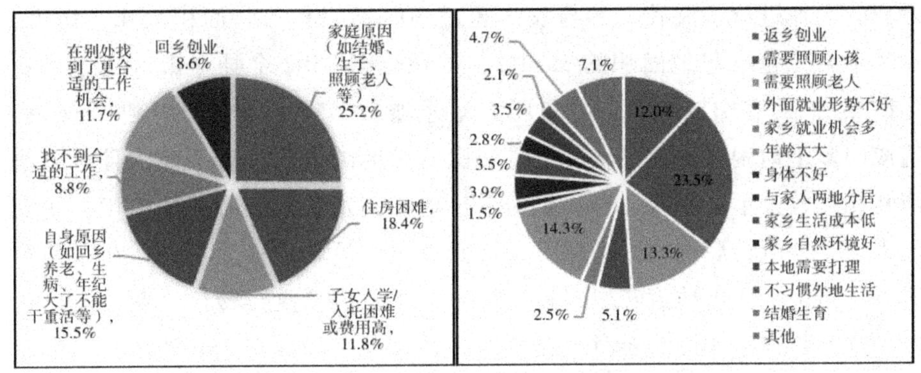


图 6.2.8　2012 年流动人口返乡原因　　图 6.2.9　2017 年流动人口返乡原因

表 6.2.1　流动人口返乡主要原因　　单位：%

| 年份 | 自身因素 | 社会与家庭 | 经济因素 | 回乡创业 |
|---|---|---|---|---|
| 2012 | 15.5 | 37 | 47.5 | 8.6 |
| 2017 | 17.9 | 41.5 | 40.6 | 12.0 |
| 增减 | 2.4 | 4.5 | -6.9 | 3.4 |

注：自身原因包括回乡养老、生病、年纪大了不能干重活等；家庭原因包括结婚、生孩子、照顾老人、子女照顾、入学困难等。

## 二、农民工农地关系维系策略及路径

当前，农村劳动力流向城镇后，其农地处置一般有五种形式：一是自己“亦工亦农”或家庭留守人员耕种，二是寻找邻居、亲友或其他人“出租”，三是雇人“代耕”，四是土地流转，五是撂荒或半撂荒。五种土地处置方式中，比较合理的是土地流转形式，它具有契约关系长期稳定、管理专业水平高、采用公司化运作模式等优点。但目前而言，土地流转形式也还存在土地需集中连片、交易市场不够健全、风险保障性难以预料、契约时间较长、监管力度不健全，以及土地原貌改变难以恢复等问题，具体如表 6.2.2 所示。

调查显示，大多数农村人口不愿意放弃农村土地所有权，因此农民“带地进城”是未来城镇化过程中处理农地关系的一大趋势。从目前五种农地维系方式看，“既省事又省心”且具有较高产出效益的是农地流转形式。据单智等的研究，截至 2016 年 6 月，全国 2.3 亿农户中，有超过 7000

万户的土地进行了流转，参与农户超过30%，农地流转面积为4.7亿亩，占整个第二轮承包地面积的35.1%，并在全国2582个县（市、区）开展了试点①。对多山地区而言，农民大量进城，出现了大量“弃耕”现象，造成很多土地闲置、荒芜，这也是农民对土地的依赖程度不高，且对土地流转相关政策了解不深，导致对未来土地归属及获利效益等的担忧，使农民害怕土地流转后丧失生活保障，因而对土地流转积极性不高。在这种背景下，多山地区土地流转形式相对简单，主要包括无偿转让、互换及出租等，这也是当地农民流转意愿较低的一种表现。随着土地流转投入和劳动力聚集程度的增加，也将导致边际效益递减而出现“内卷化”，加剧土地流转中的相关问题②③。此外，也还存在“强行流转”的现象，这就势必产生土地的变相买卖、权钱交易等问题，从而在农村形成一种新的“圈地运动”，最终损害农民利益。

**表 6.2.2　不同类别农地维系及利用状况**

| 土地维系 | 亦农亦工或留守人员耕种 | 出租 | 代耕 | 流转 | 撂荒、半撂荒 |
| --- | --- | --- | --- | --- | --- |
| 优点 | 劳动时间较为灵活，务工农事两不误 | 土地有人照看，外出人员常年可安心务工 | 较为稳定的契约关系，较好地解决供需矛盾，专业性较强 | 契约关系长期稳定，管理专业性高，公司化运作 | 农户管理自由性大或不用管理 |
| 不足 | 仅以从事较灵活工种为主，距离需离家更近，专业化要求更低；留守人员耕种时，耕种效益降低，处于低度维持状态 | 挑肥拣瘦，耕租关系稳定性较差，多为一年一签，不宜栽种长期投资作物，属于短期获利型，不利于土地肥力保持 | 耕租关系较稳定，需土地质量较高，集中连片、较大规模，存在不法转让，人员素质不齐，追求经济效益为主，引发一定社会问题 | 需集中连片，交易市场不够健全，风险保障性难以预料，时间长，认知程度不一，监管力度面临考验，土地原貌难以恢复 | 较低或没有农地收益，靠天吃饭，土地浪费 |
| 农地产出等级 | 一般 | 较高 | 较高 | 较高或很高 | 无或很低 |

① 单智、韩威：《我国农村土地流转问题探析》，载《中国农业会计》2017年第12期，第44-46页。

② 郭继强：《“内卷化”概念新理解》，载《社会学研究》2007年第3期，第194-208页。

③ 匡远配、陆钰凤：《我国农地流转“内卷化”陷阱及其出路》，载《农业经济问题》2018年第9期，第33-43页。

续表

| 土地维系 | 亦农亦工或留守人员耕种 | 出租 | 代耕 | 流转 | 撂荒、半撂荒 |
|---|---|---|---|---|---|
| 所有权关系与土地紧密程度 | 完全所有；紧密型人地关系 | 完全所有；非租期内的人地关系 | 完全所有；契约时间外的人地关系 | 契约所有；人地关系分离 | 完全所有；人地关系弱 |
| 农户利益维护 | 基本保持或略低 | 低息或贴息 | 一定收益 | 收益较好，亦存在无利风险 | 无利或低利 |
| 应用状况及区域 | 自然条件好的地区采用多 | 部分采用，土地质量好的采用多 | 集中于经济发达地区 | 靠近市场，特色种养殖区多 | 自然条件不佳的碎片化土地多 |
| 发展前景 | 鼓励流转与集中耕种 | 部分维持，创造条件流转 | 规范管理，实施流转 | 加强管理，规范市场，健全保障 | 鼓励种垦，多方式利用 |

注：本表内“人地关系”为土地所有的农户或土地出让者与原有土地之间的土地维系状况。

# 第七章　人口分布合理性及多山地区“空巢村”人口再分布空间选择

人口再分布与区域经济、产业布局间的互动效应，随区域发展程度而增强。从地区而言，经济发达的东部地区，人口“聚集”带来的经济聚集效应明显高于中、西部，人口迁移相对于规模较小的城市所获得的边际效应更大。多山地区“空巢村”人口分布的主要决定因素，是地形因素的影响，因而地势平坦的地方，人口容纳能力强，表现出高度的集聚特征，而地势不平的山区地带，人口则净迁出。在地形因素之上，再考虑经济、社会等因素的影响。

## 第一节　人口分布的社会经济合理性评价

人口空间分布是否合理与自然资源、经济、技术条件等诸多因素有关，其判断的方法很多，一般采用不均衡性指标进行分析。但是，如果脱离了当地的自然资源和技术经济条件而一味地追求某一项或几项指标的均衡性，将会陷入巨大的“技术陷阱”中。因此，需结合当地的资源条件和技术潜力进行综合的判断。下面采用区域分布不均衡性指标和人口经济重心动态变化进行分析，其中不平衡性指标拟用一般不均衡指数（U）、基尼指数（G）、偏离度指数（HD）、泰尔系数（Theil）等指标表示。

### 一、人口、劳动力区域分布不平衡性趋势分析

从全国而言，人口、劳动力等分布的区域不平衡性，可从以下几个方面来分析。在数据分析中，这里选“六普”资料与 2010 年经济、产业数据进行探讨。

（一）不平衡性指标构成

一般不均衡指数（U）。它是一种较为简单的区域不平衡性分析指标，是根据各要素在地域空间的相对比例差距总量进行衡量的，其表达式为

$$U=\sqrt{\frac{\sum_{i=1}^{n}(x_i-y_i)^2}{2n}}\text{。}$$

基尼指数（G）。它是以意大利经济学家基尼（Gini）的名字命名并把洛伦兹曲线应用于收入分配而得来的，后来很多学者把它应用到区域不平衡性的分析中，其表达式可表示为 $G=1-\sum_{i=1}^{n}(2y_i^w-y_i)\cdot x_i$，其中 $y_i^w$ 为第 $i$ 地区的观察要素（如人口等）占整个地域土地面积比重累计数。

偏离度指数（HD）。它反映 $y_i$ 要素在 $x_i$ 区域内分布的离散状况，可采用偏离度指标进行分析。其表达式为 $HD=\sqrt{\sum_{i=1}^{n}x_i\cdot(R_i-1)^2}$，其中 $R_i=\frac{y_i}{x_i}$，当 $R_i>1$，表明 $y_i$ 要素在 $x_i$ 区域内相对集聚，相反 $R_i<1$，则 $y_i$ 要素相对离散，在一个国家中偏离的地区越多，程度越大，则整个国家的综合偏离度越高。

泰尔系数（Theil）。Theil 系数又称泰尔熵，是由 Theil 和 Henri 于 1967 年提出，用于衡量区域差异的重要指标之一，最初用于分析国家之间的收入差距，后来学者们把它应用于有关区域分别均衡性问题的分析上。一般地，Theil 数值越大表明区域间不均衡程度越大，反之则越小。其表达式为

$$T=\sum_{i=1}^{n}y_i\cdot ln(\frac{x_i}{\ })\text{。}$$

其中，以上 U、G、HD 及 T 等指数表达式中，$x_i$ 为第 $i$ 地区占整个地域的人口、劳动力、投资、产出等分别占各自总量的比重，$y_i$ 为第 $i$ 地区占整个地域土地面积比重，$n$ 为行政区域数量。

（二）不平衡性分析

据数据测算分析，相对于区域空间而言，我国总人口与劳动年龄人口的区域聚集程度总体上达到非常高的程度。在四大指标中，基尼系数是以全国为考察对象的综合性较强的测度，它分布在（0，1）之间，其数值的变化反映了人口、经济等要素区域聚集程度的变化：（1）位于 0~0.2，为

绝对平均；（2）位于0.2~0.3，表示比较平均；（3）位于0.3~0.4，表示相对合理；（4）位于0.4~0.5，表示区域集聚程度较大；（5）在0.6以上，表明所考察的要素在区域内高度偏集。2000—2010年，不论是总人口还是15~64岁劳动年龄人口，其基尼系数都很高，几乎接近0.6的高度集聚水平。同时，2010年与2000年相比，基尼系数增加较明显，总人口基尼系数增加了0.0055个百分点，对应基尼系数而言，幅度已经非常大了，而劳动年龄人口基尼系数增长较小，为0.0069个百分点（如表7.1.1所示）。这一指标充分地揭示出，我国近10年从全国而言，人口集聚依然在加剧，而其中又以总人口集聚为主，劳动年龄人口偏集程度相对减小，这与我国人口与区域经济发展趋势是相吻合的。

还有另一种趋势是，根据一般不均衡指数、偏离度指标，在2000年到2010年间，其数值有一定程度的降低，它们与基尼系数反映出的情况相反，这是为何呢？其实结果是不矛盾的，这是以各省（自治区、直辖市）为单位的区域均衡化发展的一种表现。从指数构成上看，U与HD各个区域经济要素与区域面积的对应比较关系，即$x_i \sim y_i$的比较，这一数值的降低，正好说明了各个区域间的差距在缩小，也就是“区域内部”［即以省（自治区、直辖市）为单位］均衡化在增强，但从全国范围而言，集聚格局又在加强。而Theil系数与基尼系数反映的情况具有一定相似性，它是比较$x_i \sim \bar{x}_i$的差异问题，即考察的是以省区为基本区域的离散和集聚问题，与基尼系数考察的范围不同，后者是以全国为范围，因此它们的变动方向基本相似。但还有一点不同的就是，泰尔系数所反映得出的劳动年龄人口变动与基尼系数的相反情况，正好印证了U和HD下降的结论，即从全国范围而言，劳动力集聚在加强，但从省区范围而言，劳动力则呈现更为均衡化的发展趋势。

表 7.1.1　中国人口与劳动力资源区域分布不均衡性状况（相对于区域面积）

| 类型 | 不均衡指数 | 一般不均衡指数（U） | 基尼系数（G） | 偏离度指数（HD） | 泰尔系数（T） |
|---|---|---|---|---|---|
| 类型 | 表达式 | $\sqrt{\dfrac{\sum_{i=1}^{n}(x_i-y_i)^2}{2n}}$ | $1-\sum_{i=1}^{n}(2y_i^w-y_i)\cdot x_i$ | $\sqrt{\sum_{i=1}^{n}x_i\cdot(R_i-1)^2}$ | $\sum_{i=1}^{n}y_i\cdot ln(\dfrac{x_i}{\quad})$ |
| 2000年 | 区域总人口 | 3.4825 | 0.5903 | 3.3779 | 0.6345 |
| 2000年 | 劳动年龄人口 | 3.4799 | 0.5917 | 3.4897 | 0.6678 |
| 2010年 | 区域总人口 | 3.4806 | 0.5958 | 3.2599 | 0.6542 |
| 2010年 | 劳动年龄人口 | 3.4797 | 0.5986 | 3.3251 | 0.6429 |

注：本表据“五普”与“六普”分省区数据分析而得。

## 二、人口分布与资源、技术及社会经济协调性判断

人口、劳动力及其他经济要素相对于区域面积的不均衡性指标所揭示出的，是人口要素在整个区域中的分布及聚集状况，仅据此难以判断其分布是否合理。因为其隐含的条件是区域的经济、资源及其他发展潜力等是同质的，而我国区域间的自然资源和社会经济发展差距非常大，要判断人口经济要素分布的合理性还需结合各区域的资源、技术和社会经济发展程度才更为客观，因此这里依据人口与资源的协调性进行进一步分析。比较表 7.1.1 与表 7.1.2 可知，人口相对于经济、资源等的不均衡性指标比其相对于区域面积指标有显著的降低。从人口相对于“可利用土地”和“水资源”而言，处于分布极端不平衡的状况，2010 年其基尼系数分别为 0.5519 和 0.4330，与 2000 年相比，不平衡程度仍在上升，处于“高度偏离”或“偏离较大”状态，同时水资源不均衡性下降，说明随着缺水地区特别是西部干旱、半干旱区的人口外流，一定程度上减轻了对当地水资源的压力。因此，在人口高度集聚的区域，制约其进一步发展的主要因素是土地和水资源。而人口或劳动力相对于 GDP、固定资产投资和教育投入等的不平衡性，总体水平比较低，依基尼系数标准判断，其程度还处于“比较均衡”和“相对合理”范围。

从 2000 年与 2010 年不均衡性程度比较分析，相对于土地、水资源的聚集程度在增强，而相对 GDP、固定资产投资、教育投入等要素，均衡协调性还在增加，特别是教育投入，相对于人口规模而言，进入了“均衡发

展”阶段，其不均衡性指标（U）从2000年的1.1267降为2010年的0.6729（如表7.1.2所示）。但是，这是一种表象，由于我国发达地区外来人口数量巨大，因此在进行指标比较时，被计算为当地人口数，因此一定程度上削弱了此地区的经济、教育等因子的比重，使得指标“被均衡化”，因为从人均教育经费看，2010年北京最高，达到2697元/人，是最低河南省人均教育经费的3.32倍，因此巨大的社会、经济差距将促进人口在地区间进一步集聚。另外，从泰尔系数出现负值表明，被考察区域中数值比平均值低的地区多，因此一定程度上也反映了两极分化现象比较严重，特别是低水平发展区域比重较大。

**表7.1.2　各区域人口与资源及社会经济协调状况**

| 人口与资源的协调性 | | 一般不均衡指数（U） | 基尼系数（G） | 偏离度指数（HD） | 泰尔系数（T） | 协调性 |
|---|---|---|---|---|---|---|
| 2000年 | 人口相对于GDP | 1.0841 | 0.1453 | 0.4973 | -0.1905 | 比较协调 |
| | 人口相对于可利用土地 | 3.0251 | 0.5449 | 3.0066 | 0.5430 | 高度偏离 |
| | 人口相对于水资源 | 2.5443 | 0.4326 | 3.2760 | 0.3412 | 偏离较大 |
| | 劳动力相对于固定资产投资 | 1.2459 | 0.1371 | 0.6840 | -0.0454 | 比较协调 |
| | 人口相对于教育投入 | 1.1267 | 0.1197 | 0.6383 | -0.0922 | 比较协调 |
| 2010年 | 人口相对于GDP | 1.0080 | 0.1284 | 0.4233 | -0.2054 | 比较协调 |
| | 人口相对于可利用土地 | 3.0341 | 0.5519 | 2.9131 | 0.5341 | 高度偏离 |
| | 人口相对于水资源 | 2.5413 | 0.4330 | 3.1673 | 0.3329 | 偏离较大 |
| | 劳动力相对于固定资产投资 | 1.1757 | 0.1537 | 0.5482 | -0.1477 | 比较协调 |
| | 人口相对于教育投入 | 0.6729 | 0.0139 | 0.3074 | -0.1336 | 高度协调 |

资料来源：人口数据为“五普”“六普”资料，经济数据为2001年、2011年《中国统计年鉴》数，表7.1.3~表7.1.6同此；注：可利用土地以农业用地为准，固定资产投资为15~64岁劳动年龄人口。

## 三、人口经济重心的空间变动分析

人口重心和经济重心，是根据力学原理，把地区人口、经济等质量要素分布形象地理解为分布图上具有确定“点值质量”和“位置距离”的散点群，其平面上的“合力矩”达到平衡的支点，它就是所谓的“人口重心”或“经济重心”。人口、经济等要素属性值的变化将使其重心位置发生变动，“属性重心”的移动，表明各省区人口、经济属性值组合的变化，也就揭示了其空间格局上的改变。

### （一）人口、劳动力重心空间变动：以省区为基本单元

某地区的人口或经济要素重心一般可表示为：$X = \frac{\sum_{i=1}^{n} M_i x_i}{\sum_{i=1}^{n} M_i}$，$Y = \frac{\sum_{i=1}^{n} M_i y_i}{\sum_{i=1}^{n} M_i}$。其中，$M_i$ 为区域 $i$ 的人口或经济等要素的属性值，$x_i$、$y_i$ 为区域 $i$ 的经度和纬度。各区域可看成是空间位置不同的“散点群”，对应这些区块重心的确定，有两种方法：一是把它定位在几何中心，二是定位在行政中心。由于本研究的散点区块是省（自治区、直辖市），其省会中心与属性重心相差较大，因而把它定位在几何中心要相对合理。根据 GIS 分析，计算并导出不同对象区域几何中心位置的经纬度（如表 7.1.3 所示）。

**表 7.1.3　各省（自治区、直辖市）域中心经纬度（以区域几何中心作为重心）**

| 省（自治区、直辖市） | 经度 $X_i$ | 纬度 $Y_i$ | 省（自治区、直辖市） | 经度 $X_i$ | 纬度 $Y_i$ |
|---|---|---|---|---|---|
| 北京市 | 116°11′46″E | 39°49′48″N | 湖北省 | 112°34′48″E | 30°45′4″N |
| 天津市 | 117°23′24″E | 39°2′49″N | 湖南省 | 112°10′48″E | 27°30′0″N |
| 河北省 | 116°36′36″E | 39°0′0″N | 广东省 | 114°8′24″E | 22°53′24″N |
| 山西省 | 112°0′18″E | 36°58′12″N | 广西壮族自治区 | 107°46′12″E | 23°35′24″N |
| 内蒙古自治区 | 122°16′19″E | 44°36′36″N | 海南省 | 109°15′6″E | 19°1′8″N |
| 辽宁省 | 122°15′36″E | 41°34′12″N | 重庆市 | 107°16′12″E | 29°40′48″N |
| 吉林省 | 125°29′24″E | 44°29′24″N | 四川省 | 101°20′24″E | 29°18′0″N |

续表

| 省（自治区、直辖市） | 经度 $X_i$ | 纬度 $Y_i$ | 省（自治区、直辖市） | 经度 $X_i$ | 纬度 $Y_i$ |
|---|---|---|---|---|---|
| 黑龙江省 | 125°19′12″E | 49°2′24″N | 贵州省 | 105°47′24″E | 26°20′24″N |
| 上海市 | 122°58′12″E | 31°57′4″N | 云南省 | 99°43′12″E | 24°16′48″N |
| 江苏省 | 119°57′4″E | 33°19′48″N | 西藏自治区 | 84°56′56″E | 31°4′12″N |
| 浙江省 | 121°43′48″E | 29°49′12″N | 陕西省 | 109°11′24″E | 34°59′24″N |
| 安徽省 | 118°10′48″E | 32°10′12″N | 甘肃省 | 104°20′56″E | 36°39′36″N |
| 福建省 | 119°42′36″E | 26°28′48″N | 青海省 | 94°1′12″E | 34°23′24″N |
| 江西省 | 117°3′36″E | 27°26′24″N | 宁夏回族自治区 | 105°37′48″E | 36°15′36″N |
| 山东省 | 119°20′24″E | 36°15′36″N | 新疆维吾尔自治区 | 83°16′48″E | 41°24′36″N |
| 河南省 | 113°40′12″E | 33°45′4″N | - | - | - |

根据球面距离计算方法，可推导出地球上两点间的距离，因此可得出重心移动的球面距离，因为角度很小，可近似看成直线距离。经过计算发现，2000年至2010年，我国常住人口和15~64岁劳动年龄人口重心均向东南方向移动。常住人口重心由（113°37′48″E，32°30′36″N），即河南驻马店市驿城区朱古洞乡小任楼，移动到（113°44′56″E，32°28′12″N），即河南驻马店市驿城区朱古洞乡前王楼，向东移动7′8″，向南移动2′24″，移动距离12.12千米。而劳动年龄人口重心则由（113°48′36″E，32°38′56″N），即河南驻马店市驿城区刘阁乡汪刘庄，移动到（113°57′36″E，32°37′12″N），河南驻马店市驿城区刘阁乡新庄，向东移动9′，向南移动1′44″，移动距离14.45千米（如表7.1.4所示）。劳动年龄人口向东南移动幅度和距离要略大于常住人口。这主要是我国人口迁移主要以经济性迁移为主而形成的。

**表7.1.4　常住人口与15~64岁劳动年龄人口重心变动情况**

<table>
<tr><td colspan="2" rowspan="2">类别</td><td colspan="2">常住人口重心</td><td colspan="2">劳动年龄人口重心</td></tr>
<tr><td>经度</td><td>纬度</td><td>经度</td><td>纬度</td></tr>
<tr><td colspan="2">2000年</td><td>113°37′48″E</td><td>32°30′36″N</td><td>113°48′36″E</td><td>32°38′56″N</td></tr>
<tr><td colspan="2">2010年</td><td>113°44′56″E</td><td>32°28′12″N</td><td>113°57′36″E</td><td>32°37′12″N</td></tr>
<tr><td rowspan="2">变动情况</td><td>经纬度</td><td>向东7′8″</td><td>向南2′24″</td><td>向东9′</td><td>向南1′44″</td></tr>
<tr><td>直线距离（km）</td><td colspan="2">12.12</td><td colspan="2">14.45</td></tr>
</table>

### （二）经济、产业重心的空间变动

固定资产投资规模和投资方向很大程度上决定了某个区域的产业和经济的结构和发展方向。2000 年至 2010 年间，我国固定资产的投资重点依然大幅度地向东移动，其重心东移了 1°35′24″，同时北移了 12′36″，移动距离达到 172.63 千米。然而，GDP 重心反而向西移动了 1′12″（如表 7.1.5 所示），也一定程度上表明中西部的投资效益在不断地提高，东部地区由于人口、经济、技术和资金高度密集，增长点减少，增长幅度也将逐渐降低，过度密集区“规模不经济”现象已经显现，从这点看，经济重心的适当西移是必然的。第三产业，是一个区域经济发展的指示器，特别是现代服务业发展的意义更为重大。而我国第三产业发展重心仍有较大程度的东移趋势，东移 7′12″，移动距离达到 12.08 千米。因此，对于中西部而言，大力提升第三产业在区域经济发展中的份额是今后产业结构调整的一大方向。

**表 7.1.5　我国经济、第三产业及固定资产投资重心的变动状况**

| 类别 | | GDP 重心 | | 第三产业重心 | | 固定资产投资重心 | |
|---|---|---|---|---|---|---|---|
| | | 经度 | 纬度 | 经度 | 纬度 | 经度 | 纬度 |
| 2000 年 | | 115°37′48″ | 32°51′36″ | 115°45′ | 32°45′36″ | 113°46′12″ | 33°19′48″ |
| 2010 年 | | 115°36′36″ | 32°54′36″ | 115°52′12″ | 32°48′4″ | 115°21′36″ | 32°32′24″ |
| 变动情况 | 经纬度 | 向西 1′12″ | 向北 3′ | 向东 7′12″ | 向北 2′28″ | 向东 1°35′24″ | 向北 12′36″ |
| | 直线距离（km） | 5.87 | | 12.08 | | 172.63 | |

从人口与产业重心比较可知，我国人口与经济间的契合度不高，人口、劳动力重心与 GDP、第三产业及固定资产投资等的区域重心背离现象比较严重。从表 7.1.6 中可知，人口、劳动力与 GDP、第三产业间的重心背离更为明显，均在 150 千米以上，特别是第三产业区域背离更为巨大，且有一定加重的趋势，人口与 GDP 重心背离程度正在缩小。更为引起关注的是，固定资产投资重心与人口、劳动力重心背离正在大幅加大，分别扩大了 59.13 千米和 55.83 千米。这与 GDP 的区域重心移动方向相反，一般而言，经济发展重心的移动与固定资产投资的空间变动格局是相符的，这种巨大的背离现象，是不是由于投资到东中西不同区域而产生的经济效益所引起的呢？从基本数据的分析来看，这一问题的确存在。因此，引导和优

化区域间投资格局，把固定资产投资与人口迁移和区域经济均衡发展结合起来，是决策者今后更应该关注的重要问题。这是我国全国的人口-经济分布态势，其他地区的人口分布状况受此格局的影响。多山地区人口分布首先是在全国人口分布基础格局下，其次受到地形等自然条件的重要影响，产生区域分异而形成其自身特点的。

**表 7.1.6　我国经济、第三产业及固定资产投资重心变动的距离**

单位：千米

| 重心间的距离 | | GDP | 第三产业 | 固定资产投资 |
| --- | --- | --- | --- | --- |
| 2000 年 | 人口 | 191.39 | 200.67 | 92.21 |
| | 劳动力 | 171.98 | 193.63 | 75.79 |
| 2010 年 | 人口 | 181.0 | 202.10 | 151.34 |
| | 劳动力 | 157.79 | 180.01 | 131.62 |
| 变化量 | 人口 | -10.39 | 1.43 | 59.13 |
| | 劳动力 | -14.19 | -13.62 | 55.83 |

从未来我国人口、经济的发展格局而言，据第七次人口普查数据分析，我国人口、劳动力等要素向沿海经济发达地区集聚的势头依然未变，某种程度上还有加剧发展的态势。与“六普”相比，“七普”人口表现出较大的总量增长和区域变动状况。首先，是人口总量增长依然较大。全国人口总量增加了 7896.78 万人，增幅达 5.92%。大部分省（自治区、直辖市）人口数量有较大的增加，增长最多的是广东，达到 2169.21 万人，增幅为 20.79%，其次是浙江，增长 1014.07 万人，增幅达 18.63%。但也有 6 个省（自治区）人口出现绝对下降，主要是东北三省及山西、内蒙古、甘肃等，其中总量下降最大的是黑龙江，达 646.39 万人，降幅为 16.87%。其次，是区域人口出现了较大的变动。与“六普”相比，东部地区人口所占比重上升了 2.15 个百分点，中部地区和东北地区则呈下降趋势，分别下降了 0.79 个百分点和 1.20 个百分点，西部地区虽有所回升，但幅度较小，仅上升了 0.22 个百分点。总体上，全国人口依然向经济发达的东部地区特别是沿海地区集聚，我们所乐见的较大幅度的“中部提升”和“西部回归”趋势并未出现。

从 31 个省（自治区、直辖市）看，东部的北京、天津、上海、江苏、浙江、福建、山东、广东、海南等人口比重均出现较大的提升，其中增幅最大的是广东，上升了1.04个百分点，浙江也增加了0.51个百分点。而中部地区省（自治区、直辖市）则大部分呈下降状态，除河南增长了0.1个百分点外，其他如山西、安徽、湖北、江西、湖南5省均出现下降。在西部12个省（自治区、直辖市）中，增长的有7个，其中增幅最大的为新疆（0.2），下降的有4个省区，降幅最大的是内蒙古（-0.14），青海的比重则基本未变。另外，东北三省比重均呈下降态势且幅度很大，如黑龙江下降0.6个百分点，吉林下降0.34个百分点，辽宁下降0.25个百分点。“七普”数据的分析表明，2010—2020年间，人口区域流动依然由中西部和东北部特别是中部和东北流向东部经济发达地区，由于国家西部大开发战略的推动及西部地区社会、经济的发展，使部分发展基本较好的省（自治区、直辖市）出现人口回归态势。但是，这一阶段，人口东部区域集聚更为显著，具体而言，就是中西部和东北地区发展条件较差地区的人口向东部的集聚，这也将进一步加剧农村地区特别是自然条件较差的多山地区的人口流出，进而加重“空巢村”的相关问题。

## 第二节　新型城镇化对多山地区“空巢村”人口再分布的影响

如上一节所述，区域经济发展、产业布局对人口和城镇化空间格局变动影响巨大。具体来说，就是区域经济发展的极端不平衡性导致公共服务、经济、就业机会和社会资本等要素向发达地区和中心城市集聚，进而促使人口向中心城市迁移，加剧了人口空间分布的不均衡性[①][②]。从多山地区内部而言，城镇间的经济发展差距相对较小，其主要差异存在于公共服务、生存空间及未来城镇发展潜力上，因而使“中心城镇”成为人口聚集的主要承载区，在新型城镇化构建背景下，更提升了其对农村人口的吸引作用。

① 纪韶、朱志胜：《中国人口流动与城镇化格局变动趋势研究——基于“四普”、“五普”、“六普”长表数据的比较分析》，载《经济与管理研究》2013年第12期，第75-83页。

② 刘望保、曾纪璇：《2000年以来我国人口和城镇化空间分布变化》，载《华南师范大学学报》（自然科学版）2015年第4期，第108-115页。

## 一、新型城镇化的含义

城镇化是人类社会、经济发展的必由之路，但由于种种原因，城镇化在其发展过程中出现了诸多的矛盾和问题[①][②]。改革开放后特别是20世纪90年代以后，由于大量农村人口流向城镇使我国城镇化率迅速提升，1978年至2013年间，城镇化率年均增长1.02个百分点，偌大的城镇人口增长量为世界罕见[③]。但大量农业人口转移到城镇却难以融入城市社会，农民工及其随迁家属未能及时穿上城镇的“五件衣服”[④]，无法享受与城镇居民平等的基本公共服务，加剧了城镇中的“二元分割”，给经济、社会发展带来新的隐患[⑤]。同时，有的地方政府好大喜功，或急功近利，将小城镇建设变相为房地产开发，不遵循经济和城镇发展规律，导致农民“被上楼”及出现“半城镇化”甚至“唱空城计”现象。在发展模式上，部分地区再一次出现简单的“摊大饼”发展，形成“有城市无产业”“有速度无质量”的城镇化状态[⑥][⑦]。

鉴于这些问题，党中央、国务院于2014年发布了《国家新型城镇化规划（2014—2020年）》，拟以全新的视角推行具有中国特色的“新型城镇”发展道路，全面提升城镇化质量。从城镇化内容而言，它属于一种“内涵式”城镇化，而非以外延扩张或规模扩张为主要表现的“外延式”城镇化。长期以来，我国城镇化有两种趋势，一是城市化滞后于工业化，直到2004年城镇化率才赶上工业化比重（如图7.2.1所示），城镇化滞后于工业化将导致工厂务工的农民工城市身份长期不能得到认可。二是人口城镇化滞后于土地城镇化。研究显示，2000—2011年中国城镇建成区面积

---

① 李爱民：《我国新型城镇化面临的突出问题与建议》，载《城市发展研究》2013年第7期，第104-110页。

② 刘立峰：《对新型城镇化进程中若干问题的思考》，载《宏观经济研究》2013年第5期，第3-6页。

③ 据《国家新型城镇化规划（2014—2020年）》内容。

④ 即城镇人口所具有的教育、就业、医疗、养老、保障性住房等政策。

⑤ 曾明星、张善余：《中国人口再分布的社会经济合理性及其“多中心集聚”分析》，第71-80页。

⑥ 吴瑞君、曾明星：《人口迁移流动对城乡社会发展的影响》，第10-12页。

⑦ 卢文阳：《新型城镇化面临的形势及发展路径探究》，载《农业经济》2016年第1期，第98-100页。

增长了76.4%，显著快于人口城镇化的增长速度①。快速的“土地城镇化”导致很多地区出现无人气的新区、新城，甚至是“鬼城”的现象，某种程度也是房地产开发过快而导致的。这是一种典型的“外延式”城镇化增长问题。

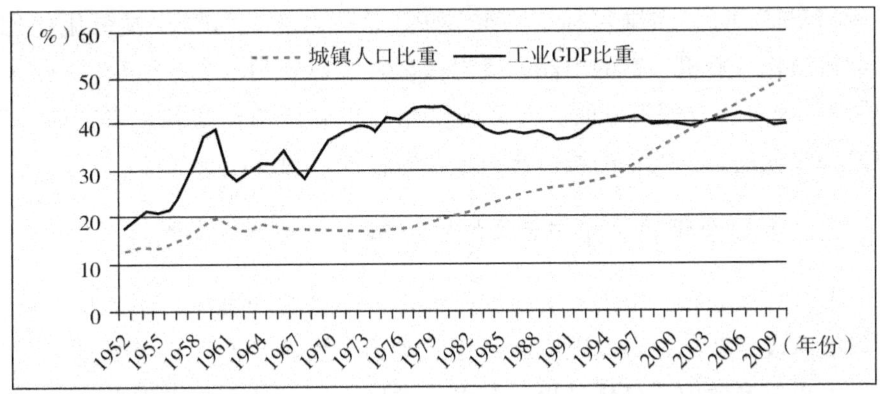


**图7.2.1　1950—2014年中国城镇化及工业化水平比较**

数据来源：2015年《中国统计年鉴》与《新中国50年统计资料汇编》。

所谓新型城镇化，它具有不同以往城镇化的鲜明内涵，其中突出表现为两个方面：一是以人的城镇化为核心，二是把生态文明理念全面融入城镇化进程。“人的城镇化”首先明确了“谁的城镇化”问题，同时突显了外来人口与城镇居民所享受权利的公平性，将解决城镇中的“二元分割”让外来人口特别是农村人口更好地融入城镇社会，摘除其“暂住”帽子，也让居者有其屋，减少“空城”“鬼城”带来的相关问题②③。“生态文明”既包括自然生态也包括城市生态文明，其中城市生态还强调城镇建设过程中，不能“大拆大建”破坏城市文化传承，致使城镇变成“千城一面”的钢筋水泥森林④（刘立峰，2013）。因自2003年后，城镇建设用地采用

① 肖金成、刘保奎：《改革开放40年中国城镇化40年回顾与展望》，载《宏观经济研究》2018年第12期，第18-30页。

② 倪鹏飞：《新型城镇化的基本模式、具体路径与推进对策》，载《江海学刊》2013年第1期，第87-94页。

③ 袁建新、郭彩琴：《新型城镇化：内涵、本质及其认识价值——十八大报告解读》，载《苏州科技学院学报》（社会科学版）2013年第3期，第17-23页。

④ 刘立峰：《对新型城镇化进程中若干问题的思考》，载《宏观经济研究》2013年第5期，第3-6页。

“招拍挂”形式出让，导致地价不断上涨，且由于利益的驱使，地方政府对旧城拆建乐此不疲。此外，段进军等从“新型城镇化”发展的机制、阶段、模式、需求层次、发展空间及发展目标六个方面论述了其内涵，并重点指出新型城镇化由“化地”向“化人”、“非均衡型”向“均衡型”、“一维目标”向“多维目标”等转变①。总而言之，与以往城镇化相比，新型城镇化有着更丰富的内涵，突出体现在“以人为本”“平等”“融入”“质量”及环境友好等方面。新型城镇化是未来城镇构建的主要方向，它将进一步促进农村人口的城镇化进程及农村人口的合理再分布。

## 二、人口合理再分布与新型城镇化构建的必然导向性

人口合理分布，很大程度上就是人口、劳动力与资源、环境及区域经济发展阶段相匹配，最大限度地利用劳动力、资源及产业经济要素，同时发挥人口集聚效应的变化过程。对多山地区而言，还需加上地形、地貌结构而导致的区域空间容纳力等限制条件。城镇是未来人口聚集的重要场所及发展方向，但以往在城镇化过程中，出现的如“半城镇化”“空城”产业结构不匹配等现象，导致农民进城后失业及农民城镇融入等严重问题，最终使很多地区的农民不愿意进城。新型城镇化策略提出后，为构建“宜产宜居”“环境美好”“人际融洽”的新型城镇提供了新的思路，届时城镇将为农民打造理想的“美好家园”，农民不愿进城的问题将能得到一定的解决。

多山地区未来人口合理再分布格局将构建以“县城—中心城镇—一般建制镇（或乡政府驻地）—集镇—聚集型居民点”为模式的一体化人口集聚体系，这也是我国城市体系在村镇层面的重要体现。中心城镇在区域中具有较大的经济腹地、较好的自然条件基础及相对较强的聚集功能②，特别是中心城镇具有较好的地形条件及土地空间容纳能力，这在多山地区是最为重要的。同时，中心城镇产业发展相对其他城镇也具备更好的历史、更为优化的产业结构及培育得更好的农村市场体系，因而能更好地发挥人

① 段进军、殷悦：《多维视角下的新型城镇化内涵解读》，载《苏州大学学报》（哲学社会科学版）2014 年第 5 期，第 38-43 页。

② 杨宏翔：《中心镇：新农村建设的发展极》，载《广西社会科学》2007 年第 11 期，第 5-8 页。

口、产业的聚集潜力①。

新型城镇化建设有助于农村人口选择城镇作为“安居”和“乐业”的安身之地，也是中国经济发展到新阶段后的主要形式。从城市人口规模而言，与世界其他国家和地区相比，很多城市都可界定为“大城市”甚至“超大城市”。据联合国人口组织对世界40个主要国家城市设置标准的调查统计显示，建议设市指标为2万人，除中国以外的日本标准较高为3万人外，在中国很多乡镇亦能达到这一人口规模。因而，在城市化合理的发展格局中，中小城镇的发展尤为重要。李克强总理在2014年《政府工作报告》“三个一亿人”中，重点指出需要发展和完善城镇化体系构建的问题。报告强调，第一个是“促进一亿农业转移人口落户城镇”，第二个是“改造约一亿人居住的城镇棚户区和‘城中村’”，第三个是“引导约一亿人在中西部地区就近城镇化”②。因此，“三个一亿人”对农村人口城镇化发展将起到重要的作用，是指导未来城镇化工作的纲领性文件，同时也表明小城镇是国家层面人口聚集的主要空间载体。对于新型城镇化，客观上也是人口合理再分布的一次重要部署，给各地区人口和城镇发展带来了巨大的机遇，同时也面临着巨大挑战。

## 三、新型城镇化对“空巢村”人口再分布的影响

人口城乡迁移大潮背景下，未来“空巢村”何去何从？是促其消亡或“自生自灭”，还是“振兴”与“扶持”？这是摆在专家、学者等城市发展理论工作者及有关决策部门面前必须回答的重要问题。

### （一）“空巢村”发展选择：“合理振兴”与选择性“易地搬迁”相结合

对于乡村如何发展，近代以来一直是学者们探讨的重要问题③。从发展角度看，其实我国乡村一直都相对落后的，其主要原因是长期社会动荡

① 张之峰、张永良、杨宏祥：《论中心镇的功能与发展》，载《安徽农业科学》2005年第8期，第26-28页。

② 李克强：《以改革创新为动力 加快推进农业现代化》，载《求是》2015年第4期，第3-10页。

③ 王君柏：《乡村振兴：早期（1919—1949）的探索与启示》，载《人文杂志》2019年第1期，第122-128页。

及水旱等自然灾害①。即便是中华人民共和国成立后，对农村发展非常重视，但相对于城镇而言，乡村发展仍然滞后，因此当前提出的“乡村振兴”或“乡村复兴”其实是包括经济、产业及人口的全面复兴。20 世纪 80 年代孟德拉斯结合农村城市化、农村非农产业的急剧转变等社会现实，指出当前法国正处于“农民的终结”（the vanishing peasant）过程中②，当然，孟德拉斯所指的“农民”并不是“farmer”而是“peasant”，是一种“农民身份”。鉴于此，李培林指出，与当时法国相比，当前中国的农民及农村的变化状况有过之而无不及，因而从这个意义讲，中国正从“农民的终结”走向“村落的终结”③。当前的事实亦是如此，有报道显示，中国乡村平均每天消失 80 个④。其实，这种情况在 20 世纪五六十年代的日本已经大量出现，同时从当前日本城市化水平状况也可以得到合理的解释，2017 年末日本城市化率达到 93.02%，位列世界较大国家之最⑤。在国家或区域人口自然增长相对平稳的情况下，城市人口与乡村人口比率之间是此长彼消的关系，城市人口比重的大幅增加，相应地农村人口将大量减少。

乡村城镇化是人类聚落发展中无以阻挡的历史必然，出现“空巢村”或“空心村”亦在所难免，但对于“空巢村”未来的发展道路应该如何安排，则成为当前亟待探明的重要问题。诸多研究表明，当前中国乡村处于“终结”之中，但其终结路径和诱因不尽相同。第一类，是农民产业转型由“非农化”而对农民的终结。发达地区如珠江三角洲等，20 世纪 90 年代 Guldin、Gregory 等发现，这些地区由于非农产业的繁荣直接导致了农民及农村的“终结”⑥，这也是一种传统到现代发展过程中的非连续性中断。

---

① 李金铮：《发展还是衰落：中国近代乡村经济的演变趋势》，载《史学月刊》2013 年第 11 期，第 8-11 页。

② ［法］H. 孟德拉斯：《农民的终结》（李培林译），北京 · 中国社会科学出版社，1991 年版，第 6 页。

③ 李培林：《从“农民的终结”到“村落的终结”》，载《传承》2012 年第 15 期，第 84-85 页。

④ 《全国每天消失 80 个村 江西一村庄仅剩 1 人》，2012 年 10 月 30 日《西安日报》。http：//epaper. xiancn. com/xarb/html/2012-10/30/content_ 155514. htm.

⑤ 盘和林：《日本“乡村消失”的警示》，2018 年 12 月 29 日《环球网》。http：//opinion. huanqiu. com/hqpl/2018-12/13923303. html.

⑥ Guldin，Gregory E，ed. “Farewell to Peasant China：Rural Urbanization and Social Change in the Late Twentieth Century，” *New York*：*M. E. Sharpe*，1997.

第二类，是就地城镇化导致的乡村终结。此种类型，主要发生在城市或中心城镇周边地区的乡村中，某些地区也是郊区化的一种形式。第三类，是人口净迁出导致的人口绝对减少而最终使乡村废弃。大量“空巢村”的出现，就在这种人口经济大背景下发生的。因此，在未来的发展战略上，是否放弃乡村，让其“自生自灭”最终自然走向“终结”，还是最大限度促进乡村发展，让其恢复往日的“人气”和“繁荣”？另外，抑或还有第三条道路可走？这是未来乡村发展的重要选择性问题。2017 年党的十九大报告中提出的“乡村振兴战略”，其实它很好地回答了这一问题，并在 2018 年制订和审议了《国家乡村振兴战略规划（2018—2022 年）》，进一步对乡村发展作了指导性规划。《国家乡村振兴战略规划》第九章中明确提出未来应根据“发展现状、资源禀赋”而“分类推进乡村发展”，在路径选择上走“特色保护，搬迁撤并”的道路，并把乡村具体分为“集聚提升类、城郊融合类、特色保护类及搬迁撤并类”等类型，不搞一刀切。概括而言，未来的乡村振兴战略，就是走“振兴与终结”并举的策略，根据具体情况，分类实施，科学决策。

表面上看“城镇化”与“乡村振兴”战略似乎矛盾，其实它们都是中国未来协调发展的推进器，关乎农村现代化的大局①。未来的农村振兴，并不是恢复以往农村的原貌，或沿着原来的发展道路推进，而是有选择地发展优势产业和有发展潜力的农村地区，具体地对没有发展潜力的乡村将采取“收缩”和“终结”策略。因此，可以根据不同区位和资源条件，选择不同的振兴战略。对于老、少、边区乡村，由于国家安全和少数民族发展的历史影响，可进行保护型恢复发展。边境地区尽管自然条件和发展历史相对较差，但要根据“守土安民”的需要，少采用“市场”作用，应对乡村进行扶持性恢复与发展，甚至进行适当移民，更好地促进边境地区的人口、经济、社会的发展。在非边境的中西部地区，可根据自然条件及社会经济发展历史状况，采取“合理振兴”与选择性“易地搬迁”相结合的策略。对于经济发达地区乡村，则以“易地搬迁”为主保护环境和耕地，并可通过城乡用地“增加挂钩”策略，盘活城镇用地，加快城镇化进程。

① 郎丽娜、吴秋林：《“亚细亚”的终结：中国乡村振兴战略转型模式研究》，载《北方民族大学学报》（哲学社会科学版）2019 年第 1 期，第 11-17 页。

### （二）新型城镇化与“空巢村”人口再分布

根据城镇化发展阶段理论，城镇化率超过30%后，城镇化将进入加速发展阶段，2018年末我国城镇化率达到59.58%，进入城镇化的中期发展阶段。据相关研究判断，未来10~20年内，我国城镇化率仍将有一个较快的提升，届时城镇化率将达到一个新的台阶，目标接近80%的水平甚至更高[①]。当前的主要问题是，农村人口向城镇转移的潜力逐渐释放，近几年从大城市回流的人员也在逐渐增大，这是受多方面因素影响的。一是国际经济波动及城市经济、产业结构调整等的影响，使得城镇就业越来越难，特别是农民工技术技能相对较低，与就业岗位的要求差距越来越大等。二是农村产业发展及能量的逐渐释放，特别是新农村建设、新型城镇化战略的实施及精准扶贫项目的落实等，对农村地区推出了诸多的惠农政策，因而农村地区对农村劳动力的吸引渐渐增强。三是随着生活质量提升、科技发展和农村老龄化的增长，农村居民对子女教育在认识上更为重视，同时农村有更多的老年父母需要照料，因而使外出务工人员从观念和客观行为上由以“经济为主”逐渐回归到以“家庭和社会”为主，这在多年外来人口动态监测数据的“迁移原因”中可得到比较明确的回答。因此，未来的城镇发展难以延续以往以大规模异地城乡迁移为主要推动力的快速扩张形式，因而将逐渐进入以“内涵式”发展为导向的新型城镇化模式。

当前，我国已基本形成“以大城市为中心、中小城市为骨干、小城镇为基础的多层次的城镇体系”[②]。因而，进行新型城镇化建设具有良好的基础。新型城镇化是一种真正意义上的城镇化，它与“半城镇化”“土地城镇”及“农民被上楼”有着本质的区别。更为重要的是，以“中心城镇为依托的城镇化”和“新型城镇化”可更大程度地避免“小城镇，大问题”等，特别是避免小城镇过于分散导致土地严重浪费及“村村点火，户户冒烟”产业发展相关矛盾。新型城镇化，主要需在原有市镇体系构建基础上，丰富城镇人口的各项内容。首先，是以消除制度差距为出发点，如让进入城镇的农村人口穿上“五件制度衣服”。其次，是缩小新进城农民与

---

① 向晶、钟甫宁：《农村人口转移、工业化和城镇化》，载《农业经济问题》2018年第12期，第51-56页。

② 倪鹏飞：《新型城镇化的基本模式、具体路径与推进对策》，载《江海学刊》2013年第1期，第87-94页。

城镇原住民在经济收入上的差距，这里主要可通过职业培训提升新进城农民的生产、生活技能，发掘适合农民的就业项目，最终提升其收入水平，消除经济差距。再次，是构建有效的文化和社区项目，引导新进农民参与社区共建，缩小城乡人口在文化、习惯及生活方式等的差异。最后，是通过邻里互助、沟通共同打造和谐社区。特别是，为新进农民搭台、创造条件，提升其社会资本，并构建长效机制，在促进农民市民化基础上，培育城乡居民感情和友谊，使其达到心理上的融合。

随着新型城镇化的逐渐推进，将对未来“空巢村”人口再分布产生巨大的影响。1990—2017 年，我国自然村数量大量缩减，从 1990 年的 377.32 万个下降到 2017 年的 244.90 万个，自然村日均“消亡”达到 134 个，且呈现加速下降趋势。1990—2000 年间，日均“消亡”65 个，到 2000—2017 年，日均“消亡”175 个（如表 7.2.1 所示），其分年度数量变动如图 7.2.2 所示。

**表 7.2.1　1990—2017 年我国不同时段自然村数量缩减情况**

| 时间段 | 1990—2017 | 1990—2000 | 2000—2017 |
|---|---|---|---|
| 自然村缩减量（万个） | -132.42 | -23.57 | -108.85 |
| 年均减少量/万个 | -4.90 | -2.36 | -6.40 |
| 日均减少/个 | -134 | -65 | -175 |

资料来源：据《2017 中国城乡建设统计年鉴》数；注：1990 年自然村数为 377.32 万个，2000 年为 353.75 万个，2017 年为 244.90 万个。

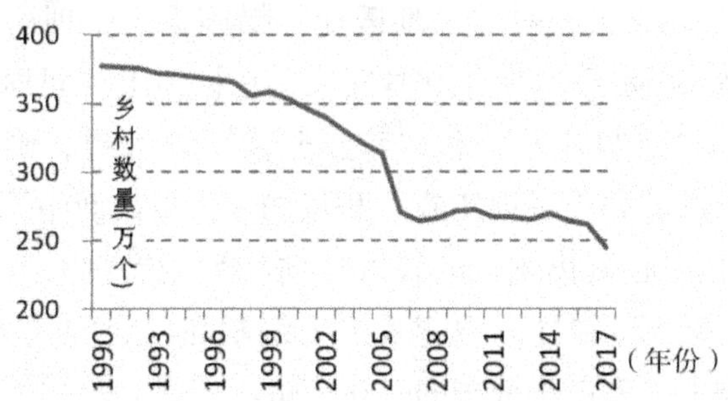


**图 7.2.2　1990—2017 年我国自然村数量变动**

1990—2017 年间，在农村的人口不管是农村户籍人口还是常住人口均呈现不断下降的趋势。户籍人口从 1990 年的 7.92 亿人，下降到 2017 年的

7.56 亿人，常住人口则从 1990 年的 7.84 亿人下降到 2017 年的 5.77 亿人，而进入城镇的农村人口可比较粗略地通过户籍人口与常住人口之差而计算得到。这一差距呈现扩大的趋势，具体从 1990 年的 847.40 万人，增加到 2017 年的 1.79 亿人，据此可知乡村流入城镇的人口也可认为是 1.79 亿人，因此城镇化程度的加深亦可见一斑（如图 7.2.3 所示）。

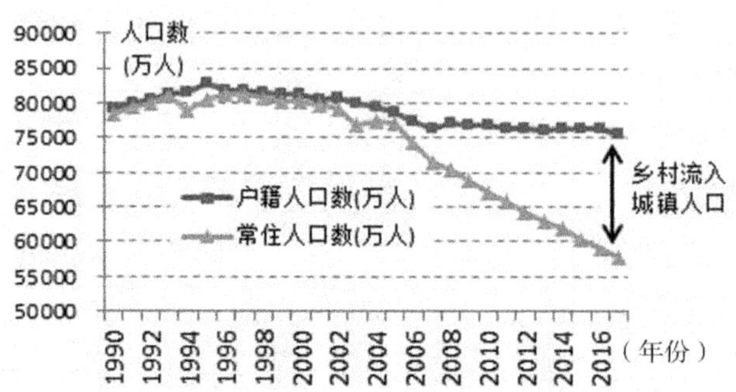


**图 7.2.3　1990—2017 年我国农村人口数量变动**

资料来源：1990—2006 年数据来源于《2017 中国城乡建设统计年鉴》，2007—2017 年数据来源于《2018 年中国统计年鉴》。

新型城镇化的实施可比较好地解决城镇化中存在的相关问题，可大大提升城镇对农民的吸引力，在促进城镇化发展道路上将又是一次有效的提升。"农民下山"或农村"扶贫易地搬迁"规划很早以前就已开始实施，具体是 2001 年开始试点。此后的 2007 年，国务院提出了编制《全国主体功能区规划》的意见，对"易地搬迁"措施提出了理论设计。《全国主体功能区规划》初稿于 2007 年 9 月完成，它将国土空间划分为"优化开发""重点开发""限制开发"和"禁止开发"四大类，确定主体功能定位，明确开发方向①，并强调要实施"积极的人口退出政策"，重点引导区域内人口向县城和中心镇集聚，减轻人口向特大城市中心区过度集聚的压力。在 2009 年国家人口和计划生育委员会编制和出版的《人口发展功能区研究》，其中提出了人口再分布的引导策略。《人口发展功能区研究》把全国分为人口限制区、人口疏散区（收缩区）、人口稳定区和人口聚集区四大

① 丁四保：《中国主体功能区划面临的基础理论问题》，载《地理科学》2009 年第 4 期，第 587-592 页。

人口发展区域，并结合地形、气候、水文、地理因子等人居自然环境适宜性，提出人类生活的不适宜地区、临界适宜地区、一般适宜地区、比较适宜地区及高度适宜地区等。这些研究成果为很多地区进行的“整村搬迁”“内聚外迁”及“扶贫易地搬迁”等策略提供了理论支持和实践指导。自2001—2015年，易地搬迁的贫困人口达到680万人①。同时，据国家发展改革委组织编写的《全国易地扶贫搬迁年度报告（2018）》显示，其后的2016年至2017年间，全国完成搬迁589万人，2018年计划完成280万人，3年共完成870万人的搬迁量。

通过“农民下山”及“易地搬迁”等策略，一方面极大地提升了城镇化程度，另一方面促进了人口的合理再分布。据2006年我国第二次农村普查数据可知，全国乡镇共3.48万个，其中山区乡镇为1.38万个，占乡镇总数的39.73%。从地区分布而言，西部地区比重最高占全体乡镇的42.47%，而山区占24.09%，其次是中部地区和东部地区，东北地区所占比重最低（如表7.2.2所示）。从乡村（行政村）分布而言，乡村总量为63.70万个（自然村329.72万个），其中平原地区乡村数量最多，达38.08%，其次为山区，占30.91%。从山区乡村的区域分布看，西部地区分布多，占14.91%，其次是中部地区为7.70%，再次是东部地区为7.33%（如表7.2.3所示）。

据我国第二次全国农业普查资料显示，真正意义上的“空巢村”可界定为“没有户籍人口且没有户的村”和“户籍人口全部外出且没有户的村”，数据显示，这两类村庄其实是完全意义上的“空巢村”。2006年达到712个。但是，一般意义的“空巢村”是一定比例青壮年劳动力外出的村庄。本研究中界定为50%以上的劳动力外出的即为“空巢村”。地势较高且起伏度大、生态脆弱及地质条件差的山区乡村，很多均属于此类“空巢村”，同时也属于搬迁或调整的范围。随着新型城镇建设的推进，山区农民“下山”“进城”意愿将大大提升。2006年末，平原、丘陵及山区人口分别为3.33亿人、2.34亿人及1.79亿人，其比重分布占44.61%、31.40%及23.99%，如未来仍然保持此比重，根据《2018中国统计年鉴》

① 国家发展和改革委员会：《国家发改委扎实推进易地扶贫搬迁成效显著》，http://www.sdpc.gov.cn/gzdt/201510/t20151016_754953.html.

统计，2017年我国农村人口约为5.77亿人，则2017年常住山区的人口估计为1.38亿人。据国家发改委报告显示，2001—2015年，山区人口年均迁出量为45万人左右，迁出速度较低。而据《全国易地扶贫搬迁年度报告（2018）》显示，至2016年后搬迁速度大大提升，2016年至2018年年均迁出290万人。若山区乡村居民60%迁出，且未来仍然按年均290万人的速度搬迁，则还需29年时间才能搬迁完成。因此，农民"下山"任务仍然艰巨，同时还需建立在新型城镇化建设效果良好的基础上，如仍然走"外延式"城镇化路径，则农民更不愿进城，多山地区农民"下山"将难以实现。

表7.2.2　2006年末我国不同区域和地形中的乡镇数量　　单位：个

| 类型 | 区域 | 合计 | 平原 | 丘陵 | 山区 |
|---|---|---|---|---|---|
| 乡镇数/个 | 合计 | 34756 | 9850 | 11099 | 13807 |
| | 东部 | 8448 | 4110 | 2045 | 2293 |
| | 中部 | 9041 | 2604 | 3834 | 2603 |
| | 西部 | 14761 | 1975 | 4412 | 8374 |
| | 东北 | 2506 | 1161 | 808 | 537 |
| 比重/% | 合计 | 100 | 28.34 | 31.92 | 39.73 |
| | 东部 | 24.31 | 11.83 | 5.88 | 6.60 |
| | 中部 | 26.01 | 7.49 | 11.03 | 7.49 |
| | 西部 | 42.47 | 5.68 | 12.69 | 24.09 |
| | 东北 | 7.21 | 3.34 | 2.32 | 1.55 |

资料来源：据2006年中国第二次全国农业普查资料（农村卷）。

表7.2.3　2006年末我国不同区域和地形中的乡村数量　　单位：个

| 类型 | 区域 | 合计 | 平原 | 丘陵 | 山区 |
|---|---|---|---|---|---|
| 乡镇数/个 | 合计 | 636698 | 242474 | 197439 | 196785 |
| | 东部 | 233137 | 134263 | 52232 | 46642 |
| | 中部 | 187177 | 63983 | 74140 | 49054 |
| | 西部 | 186007 | 29380 | 61716 | 94911 |
| | 东北 | 30377 | 14848 | 9351 | 6178 |

续表

| 类型 | 区域 | 合计 | 平原 | 丘陵 | 山区 |
|---|---|---|---|---|---|
| 比重/% | 合计 | 100 | 38.08 | 31.00 | 30.91 |
| | 东部 | 36.62 | 21.09 | 8.20 | 7.33 |
| | 中部 | 29.40 | 10.05 | 11.64 | 7.70 |
| | 西部 | 29.21 | 4.61 | 9.69 | 14.91 |
| | 东北 | 4.77 | 2.33 | 1.47 | 0.97 |

资料来源：据2006年中国第二次全国农业普查资料（农村卷）。

注：表中乡村为行政村，2006年末行政村总量为637011个，自然村为329.72万个，本表中数据为第二次农村普查填报数。

## 第三节　多山地区“空巢村”人口合理再分布空间选择

中国人口分布“东密西疏”，分布极不均匀，这是由我国独特的自然条件和数千年的社会、经济历史发展而决定的。但近二三十年来，出现人口大规模地向东部沿海及其他经济快速发展地区加速集聚的态势，更大程度上是由我国经济、社会发展和政策倾向性产生的区域发展差别效应而导致的。人口分布受诸多因素的影响，总体上处于不断的变化之中，但多山地区人口合理再分布的影响因素还有其独特性。

### 一、多山地区“空巢村”人口合理再分布的影响因素

多山地区人口合理再分布首先受地形、地貌及土壤、地质等自然环境条件的影响（第一本性），其次是受人文历史等的作用（第二本性），第三是受政府政策及知识、创新等因子的影响（第三本性）①。这与经济学相关理论不同，经济学区位论一般对地理“下垫面”性质不进行区别，如杜能的农业区位论及克里斯·泰勒的中心地理论等，他们把下垫面均假设成为“均质的”。其实，对不同地貌类型区域而言，“下垫面”对人口聚集及产

① 关于人口受地理下垫面“三大本性”（the first nature，the second nature and the third nature）影响的理论，最初由华东师范大学原地理系教授王铮提出。

业活动的影响是巨大的，有时甚至是决定性的。

（一）地形因素是多山地区人口、经济发展难以逾越的天然屏障

经济发展水平受包括人文社会与自然环境等多重复杂因素的影响。相关研究指出，恶劣的地形环境严重阻碍着地区经济的发展，其中70%的贫困县位于地面平均坡度10°以上的山区，而72%的贫困县更是位于地形起伏度50 m以上的地区①。我国基本地形是以自西向东三级阶梯为基础的，再在不同区域叠加微地形特别是起伏度、气候类型而形成分区域地形及气候状况的。对我国而言，人口生产、生活所需的自然条件关键性的主要有两类，一类是水热资源，另一类是地形及土地资源。只要这两类资源具备，一般的生产、生活均能进行。从光热资源而言，除青藏高原高寒气候区及东北大小兴安岭部分冷湿气候区外，全国其他地方均可进行生产生活。而就水资源来说，主要是我国400毫米及以上等降水量线地区，只要土壤、地形起伏度等条件合适也可供人类居住。其实，400毫米等降水量线，是我国一条重要的地理分界线，具体是半湿润区、半干旱区分界线，也是我国种植业与畜牧业的分界线。从耕作类型而言，它也是我国的农耕文明与游牧文明的分界地带，又是西北及北方地区的分界线（如图7.3.1所示）。因此，对人口活动及经济发展而言，自然环境是其最基本的因素，人类的一切经济活动及社会历史的形成均受制于自然“第一本性”。

“地形起伏度”也叫“地势起伏度”，就是单位面积内最低点与最高点的高度差，它是地形状况的重要指标，对人口经济发展、生态环境、人居环境适应性、土壤侵蚀敏感性及地质环境等有重要的影响②③。我国地形起伏度大，总面积中有63.55%起伏超过200米，其中多山地区所占面积比重大，达到43.33%，而2006年人口仅占23.99%（见第二章表2.1.2所示）。地形起伏度与耕地、聚落之间的耦合呈现反向关系，即耕地、聚落

① 周蕾、熊礼阳、王一晴、周秀慧、杨莉：《中国贫困县空间格局与地形的空间耦合关系》，载《经济地理》2017年第10期，第157-166页。

② 郎玲玲、陈维明、朱启疆，等：《多尺度DEM提取地势起伏度的对比分布——以福建低山丘陵为例》，载《地球信息科学》2007年第6期，第1-6页。

③ 谢晓仪、李月臣、曾暄：《重庆地形起伏度及其与人口、经济的相关性研究》，载《资源开发与市场》2014年第6期，第656-659页。

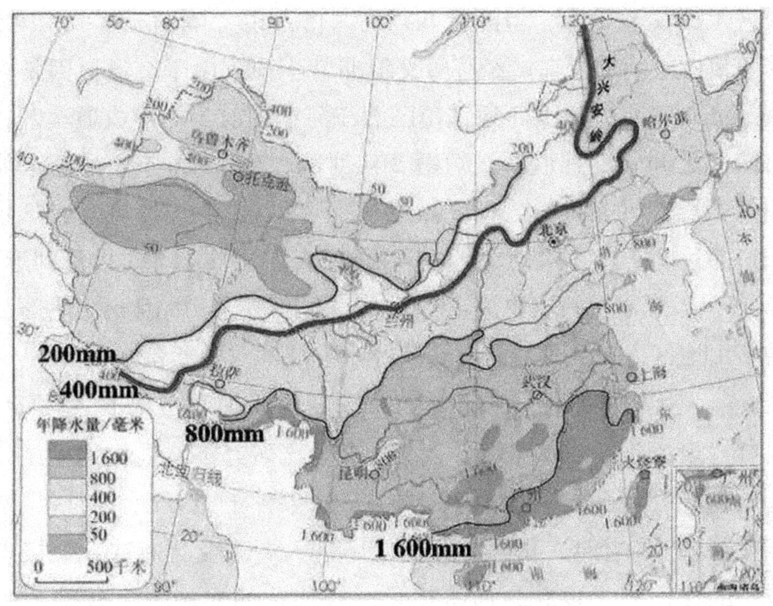


**图 7.3.1 我国年降水量线及其区域分布**

资料来源：《中国国家地理地图》编委会：《中国国家地理地图》，北京·中国大百科全书出版社，2018 年版，第 32 页。

随地形起伏度的增加不断减少①；孙玉莲、赵永涛等以川滇黔地区为研究区域，通过 DEM 方法获取数据，对地形起伏度与居民点密度之间的关系进行分析显示，随着地形起伏度的增大，居民点密度从最大值（1976.92 个/万平方公里）逐渐下降，起伏度达到最大值（>1000m）时，居民点密度则达到最小值（567.69 个/万平方公里）②，因而人口聚集程度随地形起伏度的增加而减少。

从具体的影响因素看，主要是起伏度大，可利用土地减少，使生产、生活不便，导致交通状况差，因而降低了人口的空间容纳能力。如本课题调研区域赣南会昌县麻州镇前丰村，是一个典型的山区乡村，辖自然村 14 个，村小组 18 个，2018 年末全村人口 544 户，共 2687 人。尽管原村址至

---

① 王会豪、任平、张智波：《基于地形起伏度的耕地与聚落耦合关系演变研究——以都江堰市为例》，载《四川师范大学学报》（自然科学版）2017 年第 4 期，第 536-543 页。

② 孙玉莲、赵永涛、曹伟超、于慧、马月伟：《山区人口分布与环境要素关系的定量分析》，载《安徽农业科学》2011 年第 19 期，第 11705-11707 页、第 11710 页。

麻州镇区距离仅 8 千米，但隔着湘江河，俗话说“隔河千里”，因此前丰村与麻州镇区之间的人口、经济等交流非常不便，由于交通原因长期制约着村镇经济的发展。2012 年通往镇区湘江河上的前丰桥建成通车，打通了村域与镇区之间的交通联系。短短 2 年时间，到 2014 年 8 月迁至前丰桥“新农村建设点”的农户达 36 户，共 182 人，加上“土坯房改造”集中安置的农户共达 237 户（规划数），当时全村有农户共 486 户，达到近一半。2018 年底，仍留原村的农户为 24 户，人口仅 96 人。[①] 因此，地形及交通是制约多山地区人口集聚、再分布及经济发展的重要瓶颈。

### （二）人文社会及经济因素依然是人口合理再分布的主要促动力

人口“聚疏”是自然禀赋、人文社会及区域经济共同作用的结果，同时不同的发展阶段具有不同特点，我国自然条件千差万别，各区域发展水平也相差甚远[②]。当前，我国产业发展已进入后工业化时代，直接人力在工农业中的作用趋于弱化，而机械化、智能化的实施需有较好的基础条件，一是人力智能基础，二是规模生产的聚集经济状态。因此，未来的发展必然促使生产走向聚集，进而人类生活也趋于集中，这客观上就要求人口需“下山”“进城”，也揭示了人口城镇化是人类社会发展的必然趋势。2000 多年前，亚里士多德曾说过，人类为了生活而进入城市，为生活得更好而定居于城市。这表明城镇具有更快、更好地改善人们生活的基础和能力，因而也说明了经济因子在人口聚集和人口再分布中的积极作用。有研究表明，当地形等条件较为适合人口居住时，其他资源条件对人口再分布的作用趋弱，代之而起的是经济水平及社会发展因素的影响越来越显著[③]。特别是社会经济发展体制从传统型转向市场型后，生产发展越来越依赖于科学技术及市场主体间的相互协作关系[④]。而多山地区人口分散、交通不便、信息不畅，同时自然与半自然经济状态极大地阻碍着现代生产的发

---

① 据 2019 年 5 月课题组对江西省会昌县麻州镇垇背、前丰、凤形窝及小围四个“空巢村”的调查数据。

② 刘睿文、封志明、杨艳昭、游珍：《基于人口集聚度的中国人口集疏格局》，载《地理科学进展》2010 年第 10 期，第 1171－1177 页。

③ 杜本峰、张耀军：《高原山区人口分布特征及其主要影响因素——基于毕节地区的 Panel Data 计量模型分析》，载《人口研究》2011 年第 5 期，第 90－101 页。

④ 杨晓勇：《合理分布山区人口 促进山区经济发展——对大别山区人口、经济、生态发展的反思》，载《西北人口》1996 年第 1 期，第 19－22 页。

展，不利于人口的脱贫致富，生产率难以提高，很多地方仍然靠天吃饭，这也是大部分贫困人口均出自山区的重要原因。

从人口、社会因素而言，多山地区不利于人口素质的提高。早在1996年，杨晓勇在对大别山区人口、经济、生态发展进行研究时就指出，大别山区人口素质显著低于其他地区，一是高山地形、交通不便、人口分散等不利于教育的发展；二是医疗水平滞后；三是通婚圈狭小，近亲、远亲结婚比例大，不利于出生人口素质提升①。另外，高山的隔阻，使得人们眼见有限，终身学习基础缺失，不利于山村居民从山村社会中获得较好的社会化教育知识。进入21世纪后，人们对教育的要求不断提高，更多人期望通过教育改变自身及家庭的命运，因此但凡有点条件即会为子女创造更好的教育条件，这也是多山地区人口合理再分布的重要动力。

### （三）乡村振兴及居民点撤并等政策对人口再分布起着加速的推动作用

农村人口、经济、产业及教育等政策的实施将深深地影响着未来人口再分布的进程，其中影响较大的政策有乡村振兴、易地搬迁、居民点撤并、土坯房改造、农村学校撤并及农村学校城镇化等。乡村振兴是我国新时期的国家重大战略，借以乡村内生力、城镇辐射力及政策规划力等共同作用，结合各地具体的自然、经济、社会条件，分类、有序地推进乡村人居环境、产业体系、生态环境等转型的城乡融合与联动的综合治理过程，对人口合理再分布影响深刻。如杨忍等提出发展网络型“乡村群”模式促进乡村人口的合理再分布，并强调重要的是需突破线型“中心地”村镇组织模式，打破村域界线，实行统筹规划，最终形成生产、生活的“乡村集群”②。同时，乡村振兴中将对不同发展基础和资源禀赋的乡村实行选择性扶持振兴、易地搬迁及居民点撤并等策略，更大地促进人口的再分布与再聚焦。还有如2012年启动的赣南土坯房改造，对农村特别是山区居民进行了集中布点与安置，大大地促进了人口的合理再分布。所谓“土坯房”，主要包括土坯结构房、木结构房、茅草房及塑料盖顶房等。赣南的土坯房

---

① 杨晓勇：《合理分布山区人口 促进山区经济发展——对大别山区人口、经济、生态发展的反思》，第19-22页。

② 杨忍、文琦、王成，等：《新时代中国乡村振兴：探索与思考——乡村地理青年学者笔谈》，载《自然资源学报》2019年第4期，第890-910页。

普遍建造在生态环境较脆弱、自然灾害频发及设施条件较差的地区。土坯房改造就是通过中央财政资金的扶持，彻底提升农村居民的房屋居住条件、美化村容村貌，使农民安居乐业，最终促进社会和谐发展。同时，也促进了山区居民的“下山”居住，并对原有村落进行了合理化整合。而农村学校撤并与农村学校城镇化，加速推进了农村人口的集聚及城镇化进程。

合理的人口分布是各国政府所追求的主要人口发展目标之一，亦是人口学理论界所关注的重要问题。人口分布是由各地区以往的出生率、死亡率累计作用以及人口在地区间的迁移流动造成的。人口的出生率、死亡率以及迁移率受到经济因素的强烈影响，而对出生率而言，在我国既受到经济、社会等因素的影响，同时更受到政策的刚性作用。当前，我国人口生育率已远在更替水平以下运行了数十年，人口的出生对区域人口的增长成为一个次要因素，而人口规模、结构的巨大变动更多的是由区域迁移所导致的，具体而论是由城乡迁移引起的。当然，人口自然变动对人口规模及结构的变动也均有一定微调作用，但青壮年人口大规模进城务工定居后，农村特别是多山地区农村人口群体呈现出“老、幼、妇、病、残”结构，使人口自然增长率出现城市高于农村的状况。因此，人口自然增长对人口再分布的影响总体上效果将趋于弱化，未来的多山地区人口合理再分布主要由地形、经济社会及政策等因素的综合作用而形成。

## 二、多山地区“空巢村”人口合理再分布相关问题

就外在表现而言，人口在空间中的“区位变动”就是“人口再分布”现象，而人口区域迁移、城镇化则是人口再分布的集中表现。但是，这些人口再分布行为合理与否就需根据它与资源、社会经济要素之间的匹配状况而判断。乡村振兴、易地搬迁、居民点撤并、土坯房改造、农村撤点并校及城镇化等策略，对多山地区人口再分布影响显著，但这些政策在执行过程中需根据各区域的具体情况合理布局，切不可贸然推进。

### （一）乡村振兴与新型城镇化战略关系认识问题

不论是学术界还是政策执行部门，对乡村振兴战略与新型城镇化战略

之间的逻辑关系，均存在一定的模糊认识，甚至把它们直接割裂和对立起来①。城镇化一般表现为乡村人口转移到城镇，结果将导致乡村人口下降、产业等趋于衰弱，而乡村振兴则是对乡村进行复兴，增强其人口、产业、经济等的集聚能力，表面上这是两种"逆反过程"，非此即彼的关系。事实上，据《国家乡村振兴战略规划（2018—2022 年）》显示，乡村振兴策略执行中对被选择的乡村是根据资源禀赋条件进行严格筛选的，并不是撒胡椒面，对大部分乡村进行简单的"复兴"。在乡村振兴战略与新型城镇化战略中，从经济发展和就业岗位创造上看具有"乘数效应"，即在两种战略执行中由于经济发展、振兴及产业细分将提供更多的就业岗位。从人口空间结构而言，也并不是简单地从乡村转入城镇或城市回到农村，而是在一定区域进行重新聚集，并依据社会、经济及产业需求进行调整与匹配，更大地发挥着"规模经济效应"和集聚效应。从这点而言，乡村振兴与新型城镇化是相辅相成的，其发展目的也是一致的。因此，乡村、新型城镇化与乡村振兴之间是相依相存的关系，新型城镇化是乡村振兴的助推器，将促进他们之间的协调发展。

当然，乡村振兴与新型城镇化发展战略之间确实存在对立与割裂的关系。课题组在赣南乡村调研时发现，加强实施新型城镇化策略后，农村居民大幅有序地转移到城镇，同时也就导致了更多"空巢村"的出现。新型城镇化过程中，部分乡村的"消亡"在所难免，但是究竟哪些乡村可"消亡"而哪些是需"振兴"的？为此需有更科学的判断。同时，被选振兴的乡村未来将聚集更多的资源，这也可能导致进一步拉大乡村之间的差距，形成新的发展不平衡状态。

### （二）易地搬迁、居民点撤并、土坯房改造等问题

作为多山地区人口再分布政策执行模式的易地搬迁、居民点撤并、土坯房改造等，从其发生机制和理论逻辑看，既有经济的亦有非经济的因素。如易地搬迁，在近几十年实施过程中，已由非经济因素主导向经济因素主导转变，并在政策治理上更多地与农村扶贫或治贫相关结合，同时在政策框架上提出了"多维空间+生机能力"模式，大多实现了贫困人口的

① 朱进芳：《实施乡村振兴战略需要防范的五个问题》，载《经济纵横》2019 年第 3 期，第 31-37 页。

生活、生产、社会等“三维空间”的切换①。在西方的语域下，易地搬迁更接近其“生态移民”（ecological migration）概念，即因环境破坏或恶化临时或永久主动或被迫离开家园的人或人群②③。在我国历史上移民类型很多，除了生态移民外，很多情况下是有大量“避乱”“避灾”移民。中华人民共和国成立后，“避乱”移民没有了，但有组织的“避灾”移民还存在，特别是躲避地震灾害的移民数量还较大。当前的移民主要有工程移民、生态移民及“扶贫移民”等，其数量还不为少，如自 1949 年至 2008 年，因水利、交通及城市工程建设等工程移民就达 7000 万人之多，仅库区移民则超过 2000 万人④。

改革开放后，我国“易地搬迁”等开始与扶贫政策相结合，并由地方政府自发组织实施，如 1982 年实施的“三西”⑤ 困难人口的扶贫开发迁移，就是集救灾、扶贫和生态保护于一体的典型案例⑥。“易地扶贫搬迁”工程从 2001 年启动以来，取得了显著成效，为众多贫困人口改善了生产生活条件。有研究认为，“易地扶贫搬迁”是最有效的扶贫方式，而生态敏感地带有 76%的县属于贫困县，如“三区三州”⑦ 是深度贫困化地区，集

① 吴丰华、于重阳：《易地移民搬迁的历史演进与理论逻辑》，载《西北大学学报》（哲学社会科学版）2018 年第 5 期，第 113-121 页。

② Brown L R, Mcgrath P L, Stokes B, “Twenty- two dimensions of the population problem,” *Population Reports*, 1969（11）：177-202.

③ WHO, “International Organization for Migration（IOM），” *Discussion Note*：*Immigration and the Environment*, 11 , 2007.

④ 孙中良、余芳梅：《贫困理论视角下水库移民反贫困路径的转变》，载《贵州社会科学》2009 年第 2 期，第 77-81 页。

⑤ 所谓“三西”地区，是指甘肃河西 19 个县（市、区）、定西 20 个县（区）和宁夏西海固地区（8 个县），共计 47 个县（市、区），总面积 38 万平方千米，2010 年农业人口约 1200 万人。这些地区少数民族比较集中，土地贫瘠，多砂碛、戈壁，常年干旱少雨，灾害频繁，植被破坏严重，当地群众生存异常艰难。1982 年被列入全国第一个区域性扶贫开发实验区域，到目前为止，河西已基本脱离贫困迈入小康行列，但其他“两西”仍然较为贫困。

⑥ 白南生、卢迈：《中国农村扶贫开发移民：方法和经验》，载《管理世界》2000 年第 3 期，第 161-169 页。

⑦ 即为西藏、四省藏区（青海、四川、云南、甘肃省）、南疆四地州和四川凉山州、云南怒江州、甘肃临夏州等地。

聚了大量贫困人口[①][②]。何得桂等指出，以“避灾减贫”为内容，以“挖险根”[③]和“拔穷根”为主要目的的新城镇化移民搬迁是实现精准扶贫的最有效的路径[④][⑤]，但在其实施过程中也显示出了一些必须关注的重要问题。“易地搬迁”的区域是基于山区地形、资源及其土壤植被脆弱性进行选择的，一般主张“整村搬迁”。但在实际操作中，出现了对贫困户的“选择性搬迁”现象。据研究显示，这种现象一般表现在“搬富不搬穷”及“四移四不移”等，即搬迁更为富裕和容易搬迁的搬迁对象，同时还表现为“移少不移老、移房不移地、移家不移产、移新不移旧”等问题[⑥][⑦]。就合理性而言，乡村特困户、受居住威胁大农户更应该尽早搬离，但在现实搬迁中，这些家庭适应能力较差，同时搬迁出资按“政府补贴+自筹”模式，不同地区的补贴标准不一，一般不到新居建设成本的1/3，因此特困户自筹资金难以筹集，客观上也影响了其搬迁行为。还应看到的是，特困家庭除“经济实力”弱以外，他们也是村中“社会资本”的“困难群体”，往往“好事”一般不会落在他们头上，如村庄中“有关系”的农户，甚至在本村没有安置地或搬迁指标的情况，他们也能被安置到其他社区中。此外，还出现了一些“冒名顶替”搬迁指标的现象，在何得桂（2015）的研究中，把它称为“背皮搬迁”。一般是指“易地搬迁”政策出台前，有的农户已搬至城镇或指定居民点，本身已不属于当前的扶贫搬迁对象，而采取欺骗手法“顶替”搬迁指标的现象。对“顶替者”往往可获得一定数量的“封口费”，这是政策执行及漏洞监督的问题。

---

① 中国扶贫编辑部：《生态与贫困加减法》，载《中国扶贫》2014年第14期，第1页。

② 宁静、殷浩栋、汪三贵、王琼：《易地扶贫搬迁减少了贫困脆弱性吗？——基于8省16县易地扶贫搬迁准实验研究的PSM-DID分析》，载《中国人口·资源与环境》2018年第11期，第20-28页。

③ 所谓“挖险根”，就是着力解决长期受地质灾害、洪水灾害威胁的农民群众生命财产安全和生活幸福美满的问题。

④ 何得桂、党国英：《西部山区避灾移民搬迁政策执行偏差及其影响研究——以陕南为例》，载《青海社会科学》2015年第4期，第65-74页。

⑤ 乔佳妮：《陕南移民搬迁：预防式治理的扶贫典范——访移民搬迁研究专家、西北农林科技大学副教授何得桂》，2016年4月14日《陕西日报》，第11版。

⑥ 胡润泽：《搬得出 稳得住 能致富——陕西省汉中市移民搬迁安置工作的实践与思考》，载《求是》2013年第16期，第59-60页。

⑦ 何得桂：《城镇化背景下山区避灾移民过程中政府作用分析》，载《前沿》2015年第6期，第17-21页。

值得注意的是，"易地搬迁"一般很难做到"整村搬迁"，而更多采取多村集中安置或跨行政区安置的方式。这在一定程度上，将破坏原有乡村的社会关系和村落文化。因此，在新安置社区中有关组织有必要对社区文化进行重构，这样才能提升新入住居民的社区认同感和社区归属感，这也是新型城镇化建设的重要内容之一。

居民点撤并主要是鉴于乡村人口流入城市后，很多人口在老家依然留有大量住房，最终导致实际意义的"空巢村"（即100%无人村）、宅基地和住宅的闲置及"一户多宅"而进行的旧房撤并现象。2013年以后，"易地搬迁""居民点撤并"与乡镇用地"增减挂钩"政策进行了衔接[①]，因此大大加快了"居民点撤并"速度，同时在执行中也产生了诸多矛盾和问题。从村民的"居民点撤并"意愿看，2013年范乔希和邵景安等对武隆县长坝镇5044户样本的分析结果显示，拆迁意愿弱甚至不愿拆迁的占49.58%，约占一半，而愿意拆迁的往往又是房屋结构较差，同时居住地一般交通不便、零散、地势起伏较大，且房屋周围的耕地存在较大限制因素的农户[②]。在"易地搬迁""居民点撤并"与"增减挂钩"政策衔接后，强制性撤并现象时有发生，有的地区引起了很多矛盾，甚至导致了被撤并农户与拆迁人员的激烈对抗。对"增减挂钩"政策，有一种观点认为，它是一种"新时期的圈地运动"，也是城市霸权意识对农村乡土生活方式的"恶性破坏"[③]。在调研中，这一政策也显示出了对农民"被上楼""假性城镇化"以致土地结构的再次破坏及浪费的加深等问题。对于后面两大问题，主要是由于"增减挂钩"中城镇与乡村特别是边缘山区乡村的土地在耕作熟化程度及土地类型等方面难以与城镇周边土地相比。更为显著的是，边远农村宅基地很多是荒山、荒坡等结构的土地，用于种植林木亦可，但用作耕地则很难，如与城镇周边区域农地置换，实际上是对城镇土地的浪费与"破坏"，因为城镇有现实生产力的土地被换成了荒地，它不具有现实生产力。

---

① 邹英、向德平：《易地扶贫搬迁贫困户市民化困境及其路径选择》，载《江苏行政学院学报》2017年第2期，第75-80页。

② 范乔希、邵景安、李如锋：《城乡统筹过程中农村居民点拆迁意愿分析——以武隆县长坝镇为例》，载《重庆师范大学学报》（自然科学版）2014年第4期，第64-69页。

③ 张飞：《增减挂钩对城乡统筹发展的影响机理与效应研究》，载《中州学刊》2016年第8期，第35-40页。

还有，如赣南的土坯房改造中，问题也比较突出。土坯房改造政策的初衷是改善贫困农户的居住条件，出发点是好的。但在政策执行中，很多对住房结构缺乏甄别，而是一律推倒重建，同时一般也在原址上重建，其结果并没有起到很好的人口合理再分布及推动人口城镇化的作用，甚至还加重了农民的负担。课题组在调研中，还发现有的山区“空巢村”人口几乎迁至城镇了，但大部分农户为了保住原村庄的宅基地，索性借土坯房改造机会而对原房屋进行重建甚至扩建，而建起后的住房亦无人居住，纯粹是为了“占地”。这是对土地资源的浪费，同时也浪费了农民家庭的财富。还有一种情况，就是对农村“砖瓦房”改盖成“琉璃瓦”房的做法。2017年至2018年间，赣南多县市推出了“砖瓦房”必须改盖“琉璃瓦”的规定，要么改盖，要么拆除。其实，这一政策的推行对农村居民住房条件的改善毫无益处，不但增加了农民负担，同时还对当地建筑风格造成很大破坏，更不利于农村古建筑的保护。这种做法某种程度上是一种“政绩工程”，因为即使是大城市农村也还有砖瓦房存在。所有这些问题，需采取切实措施，在多山地区人口合理再分布及新型城镇化的实施过程中进行调整和解决。

（三）农村撤点并校与教育城镇化等问题与矛盾

进入21世纪后农村生源不断下降，为了更好地改善办学条件，优化教育资源配置，提高办学效率，自2001年起国家开始实施“撤点并校”政策。截至目前，“撤点并校”已走过了20年，对优化城乡教育资源配置起了很大的作用，但城镇化、乡村教育等也出现了不少问题。概括而言，主要有以下几个方面：一是增加了农村学生家庭的经济负担及照料成本。2012年9月，国务院在《关于规范农村义务教育学校布局调整的意见》中对“撤点并校”给予了充分肯定，同时也指出存在“部分学生上学路途遥远、交通安全隐患增加，学生家庭经济负担加重”等问题。二是打破了原有教育资源“城市—乡镇—乡村”之间梯度分布格局，促使教育区位发生了改变。三是在加速城镇化进程的同时，对“空巢村”“乡村振兴”等造成了很大的影响。研究显示，“撤点并校”与村庄的“空心化”是一个问题的两个方面，且呈现“同步”发展的状况，使得外出人员对“故土”的眷恋和“家庭羁绊”情感大幅下降，也成为很多人们不愿意“返乡”的原因[1]。

城镇化是不可阻挡的时代潮流，未来中国城镇化率要突破70%，甚至超过80%。2018年末我国城镇化率为59.58%，即使到70%至少还有10个百分点，按14亿人口计算，有1.4亿人进入城镇居住，如达到80%以上，则有超过3亿人要进城。在区域人口迁移中，经济性迁移呈现下降趋势，而社会性及其他原因的迁移则有较大幅度的增长，其中由于子女教育产生的迁移是当前增长的重要方面。中华人民共和国成立后，我国一直重视教育事业的发展，开始是从小学教育特别是农村小学教育发展为起点，采取各种措施使其得到迅速的发展和普及。改革开放后，我国逐渐普及了九年义务教育，在农村地区构建了“一村一小学、一乡一初中”的教育格局，到1996年基本实现了村村有小学的目标[2]。同时，乡村小学基础设施、师资力量得到了较大改善，但农村教育质量却没有得到应有的提升。由于农村经济发展相对滞后，特别是20世纪90年代开始大量农村劳动力向经济发达地区转移后，很多乡村中小学生逐渐向城镇转学，乡村学校生源逐年萎缩，导致很多学校无法正常开课。鉴于这种情况，2001年5月在《国务院关于基础教育改革与发展的决定》中特别强调，要“按照小学就近入学、初中相对集中、优化教育资源配置的原则，合理规划和调整学校布局”。《决定》并指出，农村小学和教学点要在方便学生就近入学的前提下进行“适当合并”。此后，各地农村中小学随即掀起了一股“撤点并校”的浪潮。据《中国教育统计年鉴》数据显示，自2001年至2016年农村小学从41.62万所下降到10.64万所，剩下的学校只为原来的25.57%，相当于3/4的农村小学已被撤并。相应地，农村小学在校生人数从8604.80万人减少到2891.73万人，仅为2001年的33.61%。当然，全国小学生人口2001年至2016年间均呈现逐年下降趋势，从2001年的12543.47万人下降到2016年的9913.01万人，为2001年的79.03%，但即使考虑到全国小学生总量的下降，农村小学学生人数缩减也是显著的。

---

① 刘晶瑶：《十五年“撤点并校”回头看：要坚持什么，警惕什么》，2016年7月5日《新华每日电讯》，第6版。http://www.xinhuanet.com/mrdx/2016-07/05/c_135488981.htm.

② 郭强：《从“麻雀学校”看农村教育城镇化》，2017年8月4日《新华每日电讯》，第6版。

随着农村青壮年劳动力大量流入城镇，加之山区农村地广人稀，山高路陡，交通不便，办学条件不佳，有条件的家庭则逐渐把孩子送往附近的城镇学校就读，这就导致很多农村小学成为规模小、布点散、条件差、质量低的“麻雀学校”“空壳学校”①②。由于村民逐渐变成“市民”，农村“一村一校”的格局纷纷消亡，撤点并校，留下了大量闲置的村落校舍，人去楼空，以往倡导的城乡教育一体化也难以继续实施，使得我国乡村教育面临诸多的困境和挑战③④。在传统乡土社会中，农村教育与村民生活高度融合，在城乡二元体制下，乡村在各个方面变成了“落后”的代名词，农村教育也逐渐置于“边缘化”境地。农村学校的这些发展劣势进一步促动了学生向城市的迁移。据此，有专家尝试性地提出“农村教育城市化”措施以便解决这一问题⑤⑥。如胡俊生（2010）认为，中国城市化发展使农村教育城镇化已成大势所趋，并强调“农村教育的希望不在乡下在城镇”，还提出了“初中进城，小学进镇，集中修建一县一教育园区”等具体的农村教育的城镇化实施办法。

然而，“农村教育城市化”又将带来诸多问题。其中之一，是将使城镇、县城聚集大量的教育移民，同时也将加剧农村人口的非理性转移，加深农村凋敝，加大乡村振兴难度。再者，将造成农村家庭小孩就学成本上升，加重这些家庭的负担及学生的不良适应性。农村学校转型是严重依赖城市中心资源扩散与辐射的，政策性的人口城镇化人为割断了与农村原有文化根脉的联系，可能恶化更远乡村学校的处境⑦。因为农村教育不是城

① 邹运房：《论撤并麻雀学校与创建教育强市》，载《中国农村教育》2006 年第 6 期，第 72-74 页。

② 李程：《高州市多措并举破解“麻雀学校”的办学困局》，载《管理观察》2017 年第 12 期，第 84-85 页。

③ 李森：《新型城镇化进程中我国乡村教育可持续发展的现实困境与战略选择》，载《西南大学学报》（社会科学版）2015 年第 4 期，第 98-105 页。

④ 李森、崔友兴：《新型城镇化进程中乡村教育治理的困境与突破》，载《西南大学学报》（社会科学版）2016 年第 2 期，第 82-89 页。

⑤ 胡俊生：《农村教育城镇化：动因、目标及策略探讨》，载《教育研究》2010 年第 2 期，第 89-94 页。

⑥ 雷福民：《应大力推动农村教育城市化》，载《四川省干部函授学院学报》2010 年第 4 期，第 77-80 页。

⑦ 苏尚锋：《农村教育的空间定位与城市化》，载《河北师范大学学报》（教育科学版）2014 年第 3 期，第 12-15 页。

镇化的简单通道，而是在特定的空间资源与内生文化力量基础上综合作用的结果。因此，很多学者对“农村教育城镇化”提出了质疑。邬志辉(2012)认为“农村教育不能一味城镇化”，强调性地指出农村教育发展不等同于“城镇化”“小学进镇”与“初中进城”，甚至“消灭农村教育”，并认为这些类似的观点是错误的①。若以此发展下去，势必形成县域教育“过度城镇化”状况，其结果是大批农村居民不得不进城陪读，导致“城镇学校人满为患”及“农村学校门可罗雀”。而这一状况又将成为市县政府撤并学校的理由，陷入政策的循环论证之中。此外，至2017年还有专家清醒地指出“农村教育城镇化还有很长一段路要走”②。也有学者认为不论是城市教育还是农村教育均有其各自的特色，它们应在发展目标一致的基础上走多元共生、“和而不同”的发展路径③。

无论未来农村教育的发展路径如何，乡村陪读人口的城镇迁移越来越加剧了“空巢村”的形成，这是一个不争的事实。如果一个农村小学生入城或入镇就读按0.8个陪读人员计算（因有部分距离城镇较近，采用走读形式上学），如按全国小学生总量下降79.03%的幅度扣除农村学生总量的下降，依据2001年全国农村小学生总人口8604.80万人计算，如不发生学生城乡迁移的前提下，则到2016年农村学生总量应该还有6800.31万人，但实际到2016年仅为2891.73万人。因此，相当于有3908.58万农村小学生迁移到城镇就读。按1：0.8配比，则入城的陪护人员可达3126.86万人，加上迁入的学生人数，则因就学而迁入城镇的人口就达7035.44万人。这一就学迁移大军，大大地推动了城镇化发展，同时考验着城镇的承受能力，当然也极大地推动着城镇住房市场的繁荣。

2018年末我国人口城市化率接近60%，未来城市化按达到70%水平计算，且每年增长1个百分点，则我国城市化发展还有10年左右的空间（当然后期速度将放慢）。而农村学生如按90%进城就读，则还有2602.56万农村小学生需进城（据2016年数据预测），再加上陪护人员将达4684.61

① 邬志辉：《农村教育不能一味城镇化——对农村义务教育学校布局调整的思考》，2012年9月21日《中国教育报》，第8版。

② 刘建彪：《农村教育城镇化还有很长一段路要走——再论“麻雀学校”何去何从》，2017年8月9日《新华每日电讯》，第6版。

③ 陈燕：《浅析城市化视角下的农村教育问题》，载《福建论坛》（人文社会科学版）2007年专刊，第237-238页。

万人，仍然是一个巨大的人口迁移量。因此，未来“空巢村”的规模和范围还将继续扩大。

## 三、多山地区“空巢村”人口合理再分布空间选择及其内部布局调整

结合多山地区地形特点及村镇发展基础，构建合理的村镇体系，并在此基础上进行易地搬迁、居民点撤并及土坯房改造等工程建设，以此作为“空巢村”人口合理再分布的重要抓手。同时，明确农村教育是城镇教育的重要组成部分，并在合理的县域村镇体系内，把有选择地推进乡村教育城镇化作为“空巢村”人口合理再分布的突破口。

### （一）多山地区县域村镇体系构建与空间选择

#### 1. 村镇体系构建基本思路

以山、溪、沟、坎等自然形态为基础，构建与调整多山地区村镇体系，切实促进县域内人口的合理再分布。建设部在2000年4月制定的《县域城镇体系规划编制要点（试行）》基础上，于2006年制定并实施了《县域村镇体系规划编制暂行办法》，两年后的2008年又实施了《中华人民共和国城乡规划法》。一方面，体现了国家对我国乡村发展和建设的重视；另一方面，也表明乡村及居民点布局具有自身的科学性，并从国家法律层面明确了“村庄布局”的发展要求，对未来区域城镇化具有重要的影响。当前，乡村发展面临着几个重要问题，一是城乡人口大迁移后，经济欠发达地区城镇实力大大下降，对乡村的带动作用弱化；二是乡村发展的限制因素多，如生态、地形、地质灾害、农田保护、景区控制等均为重要的限制因素，要促进乡村发展需构建合理的村镇体系及外力的带动作用①。

村镇体系调整和重构，很大程度上就是人口与资源的重新配置。因此，如河南省在制订和实施《“十五”城镇化规划》时，提出“三个布局、两个保护和一个管制”三个基本原则，即对县域村镇、产业和设施进行合理布局，对县域资源和环境进行严格保护，对县域空间资源进行科学划定和管制，而更为关键的是需科学确定县域村镇空间布局、产业发展布局和设

---

① 范嘉诚、吴敏、赵华勤、童心：《分区体系指引下的开化县乡村体系规划探索》，载《规划师》2019年第6期，第10-15页。

施配置布局等①。在工业化、城市化及人口大迁移背景下，特别是当前多山地区乡村聚落正面临转型发展和空间重构、调整等关键转型期，其村镇体系构建或调整亦可本着这几大原则进行。具体问题的解决及村镇分类振兴等决策，可据以下思路进行（如图 7. 3. 2 所示）。

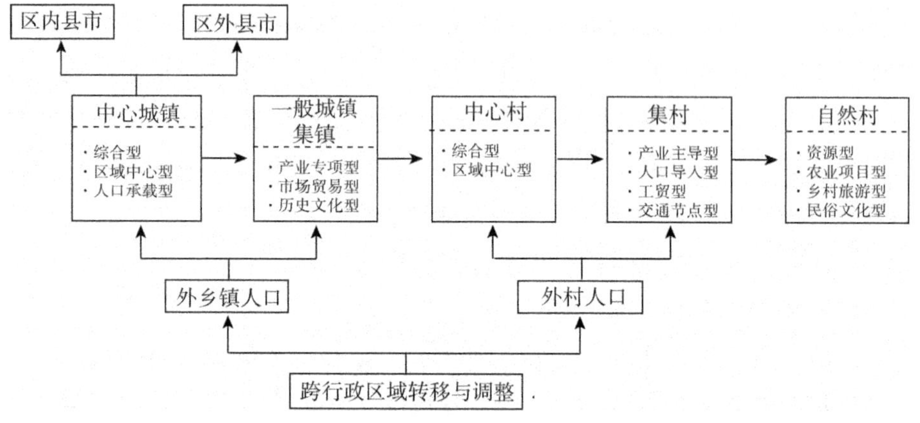


**图 7. 3. 2　多山地区村镇体系构建**

2. 空间布局选择与调整

空间布局选择与调整，具体可结合易地搬迁、居民点撤并及土坯房改造等政策进行。在调整对象选择上，首先，选择人口迁出多的"空巢村"作为切入点。对无人、无特色产业及无特色资源的"空巢村"，可试行"整村搬迁"，这样可以更好地处理"回流人口"再分布及农地权属归属问题。其次，对于留守人口不多的村是"拆"是"留"，需根据具体情况而定。对于综合型、区域中心型两类中心村，留守人口不多甚至为50%以下人口流出的"空巢村"，但其人口回流潜力大，如逢年过节出现大量的候鸟式回流人口，则可保留甚至扩大建设。最后，对于"集村"和"自然村"，如"空巢"程度较高，对于"集村"，除属产业主导型、人口导入型、工贸型、交通节点型村外，可考虑进行撤并或实行引导性迁离。而对于自然村，除资源型、农业项目型、乡村旅游型及民俗文化型等特色村外，可进行撤并与搬迁。

① 戚红年、曹建丰、曹荣林：《快速城市化背景下的城乡统筹规划——以〈河南省镇平县县域村镇体系规划（2009—2020）〉为例》，载《江苏城市规划》2012 年第 5 期，第 21-24 页。

3. “回流人口”再分布问题

对于“回流人口”的再分布与安置问题，主要是考虑其就业发展和居住安置等相关情况。调研发现，对于回乡就业或创业的人员，政府可利用相关政策打造回乡创业园，并结合乡村振兴项目创造更充分的就业，促进村镇经济的发展。在居住地选择上，创业人口往往以人口集聚的“中心城镇”为主，而涉农项目创业或涉农就业人员则以其原来居住的自然村为主。对于这些人员的“居住安置”，重点解决回乡购房的务工人员的居住选择问题，这部分人员近十几年甚至几十年内一般不考虑回乡就业，其回乡购房置业目的是为今后养老或改善家庭成员居住条件的。因此，他们对房屋的质量、区位选择的要求相对较高，一般以“中心城镇”或“县城”为主，所以在购房贷款及相应的落户政策上可实行更为优惠的政策。而对于农地权属归属问题，在当前农民“带地进城”政策背景下，对多山地区生存环境恶劣、生态脆弱的区域，可实行更为宽松的“带地进城”与落户政策，引导山村居民“下山”，鼓励其异地居住。因此，在实施易地搬迁、居民点撤并及土坯房改造等政策时，需根据所构建的合理村镇体系和人口再分布格局进行推进与调整。

另外，值得关注的一个问题是，多山地区由于地形、地理等自然环境原因，有的地区适合建立较大“中心城镇”的地方很少，往往几十千米的一条“溪”“沟”或多条山脉，只有一个或很少的“中心镇”。在居民“下山”、易地搬迁等政策推动下，农村城镇化进程大大加快，但“一镇独大”问题却凸显出来。因此，如何安置、接纳和促进“下山”和“回流”人口的合理再分布，以及“一镇独大”产生的人口过度聚集引发的环境、交通及居住空间挤压等问题，是未来多山地区城镇化所面临和需要解决的又一迫切任务。

（二）农村教育纳入县域村镇体系，合理推进城乡教育一体化进程

农村教育是当前教育体系中的薄弱环节，农村教育资源配置对农村城镇化及城乡人口再分布具有重要的意义。同时，多山地区人口合理再分布与农村教育资源的合理配置有着必然的联系。长期以来，农村教育一直存在“向农”和“离农”两种不同的立场，而“农村教育城市化”就是

“离农”立场的重要表现①。在这一思路下，推动着农村教育从“地方负责、分级办学”向“省级统筹、以县为主”的转变，大大改变了农村教育的现状和面貌。但在这一导向下，客观上又进一步弱化了农村教育，因而产生了未来农村学校是否全部进城的疑问。农村教育是否继续办或怎么办，并不是本课题讨论的重点，但是农村教育发展走向对农村人口分布及人口城镇化产生巨大的影响。因而，正是由于农村教育发展与人口再分布之间存在客观联系，因而需要重点讨论农村学校应该怎样布局或调整等问题。

根据人口与公共服务资源合理配置的原则，即一定比例人口配置相应比例的社会公共服务资源。就教育资源配置而言，一般是按学生数配置而不是按区域人口数配置，这里产生一个问题，就是学生是一个流动群体，即在更优质教育资源开放的情况下，学生家庭将选择优质教育资源，自然就产生了较为次等教育资源的竞争劣势。当乡村学校与城镇学校在此原则下竞争时，乡村学校必然处于劣势。农村学生进城就读也具有“羊群效应”，最终导致农村学校生源的严重流失，以至难以开班，并进入撤并行列。在 21 世纪初实施“撤点并校”政策后，大批农村学校和教学点被撤并，也就是在这一背景下产生的。对于山区而言，小学与居住地比较合理的距离是 4 千米以内，而据 2006 年农业普查数据显示，离最近小学 4 千米以上的村达到 22.0%，而这一比例全国城乡合计为 12.4%。从这点而言，在山区农村保留一定数量的学校是必要的。

如何保持较为稳定的农村学校生源，是否按“自愿”原则选择学校，这些问题的解决必须基于城乡教育发展的全局观念及合理规划才能作出判断。若可“自愿”择校，则必然难以维持农村学校生源的稳定，农村学生向城镇转移是必然的。因此，比较合理的做法是，根据固定居所原则进行“学区”划分，就近上学。当然，这就难免会促进农村居民为孩子上学而进城购房，尽管如此，这也是一条比较有效的生源划分办法。多年进行的“撤点并校”，对改善农村学生的教学条件起到了很好的作用，但某种程度上造成了农村学校的“衰弱”和“凋敝”，也产生了不少问题。鉴于此，

① 葛新斌：《关于我国农村教育发展路向的再探讨》，载《中国农业大学学报》（社会科学版）2015 年第 1 期，第 99-105 页。

2018 年国务院制定并出台了《关于全面加强乡村小规模学校和乡镇寄宿制学校建设的指导意见》，明确指出“乡村小规模学校”和“乡镇寄宿制学校”都是农村义务教育的重要组成部分，并强调要“妥善处理撤并问题”，坚决做到“科学评估、应留必留”等原则处理今后的“撤点并校”。

课题组在对赣南多山地区农村学校相关问题进行调研分析后，认为应把农村教育纳入县域村镇体系，统筹规划，合理推进城乡教育的一体化发展。在“撤点并校”和农村教育城镇化问题上，需根据当地地理特征、人口分布及交通状况等进行综合考虑。在构建起的合理村镇体系中，确保中心城镇和一般城镇至少一所中学和小学。而“中心村”一般人口也比较密集，规模相对较大，因而“中心村”也至少需保留一所小学，对于“集村”是否保留小学或新建小学，则需视生源情况而定。对于已保留的农村学校，有关部门需配置相应的教学资源，切实缩小与城镇学校间的差距，促进城乡学校在硬件设施资源、师资、教学水平等方面的共同发展。农村学校的布局与发展将对人口再分布产生深远的影响，因此需引起充分的重视。

# 第八章　多山地区“空巢村”人口合理再分布破解思路

所谓人口合理再分布，既包括人口的疏密程度和与土地、水资源等资源条件承载力的合理适应性，又包括人口结构、人口变动及人口再生产的合理性，既有静态的合理性，亦有动态的合理性。因此，在对人口再分布进行合理性的政策引导时，必须高瞻远瞩，统筹兼顾，同时还要长计划、短打算，做到科学合理，切实可行。

## 第一节　多山地区“空巢村”人口合理再分布基本思路

基本思路是行为执行的总体方向，对“空巢村”人口合理再分布具体策略的制定和实施具有重要的指导意义。

### 一、多山地区“空巢村”人口合理再分布基本内涵

人口合理分布是国家和区域管理中主体追求的目标和善治的体现①②。由于人口与资源、经济之间互动关系的变化，将使得人口与空间之间的关系处于动态变化之中，因此人口的合理分布与再分布是一个长期的过程。对大部分多山地区而言，人口合理再分布含义主要体现在两个方面：一是山区自然环境对人口的承载容量问题，即是否存在超载的状况；二是多山地区人口内部结构的合理性问题。就当前而言，进行多山地区人口的合理

① United Nations, “Population Distribution Policies in Development Planning,” *New York*, 1981.

② United Nations, “Population Distribution and Migration,” *New York*, 1998.

再分布，重点是逐步、适当、有序地引导山区劳动力及其家庭附属人口向地形、地质及土地容纳能力较大的山区外部迁移[①]。此外，人口再分布也是由各地区以往的出生率、死亡率累积作用以及人口在地区间的迁移流动所导致的。人口的出生率、死亡率以及迁移率受到经济因素的强烈影响，而对出生率而言，在我国既受到经济、社会等因素的影响，同时更受到政策的刚性作用。

“空巢村”未来走何种道路对城乡发展意义重大，无论是搬迁还是恢复发展，均对人口再分布产生重要影响。概括而言，未来“空巢村”发展有三条路径：一是走乡村重新振兴的道路。这条路国家已经非常明确，主要关于资源禀赋好，经济、社会等发展历史条件优越，以及地形、地质条件允许的区域，采取这一策略。二是乡村的“终结”。一般适用于事实上的“空壳村”，其资源、地理条件较差，不适宜人类居住的区域。三是人口搬迁或叫易地搬迁。在政策上易地搬迁是属于区域扶贫政策，但对于多山地区乡村未来发展道路的选择也同样适用。这种搬迁，一般以就近迁移为主，如山区乡村人口迁移到附近发展条件好的村寨或城镇，也可创造条件引导那些自身条件好的家庭，迁移到更远的县城及跨区域迁移等。

## 二、构建区域与城乡一体化机制

当前的经济是开放性的市场经济，一个区域的开发或振兴往往是法律、制度先行，其次是平台打造和项目促动。乡村振兴及“空巢村”人口合理再分布，也应如此。对“空巢村”而言，重点和核心是保障其行政区域内及周边区域的人口迁徙自由，逐步消除区域行政“壁垒”，构建相对平等的外来人口与户籍人口权益保障体系，强化社会服务，完善对接机制等。

目前，我国城乡和区域一体化进程中存在的最大问题，就是现行管理体制和行政区划引起的区域内部发展不协调、发展战略和规划各自独立，造成区域内部产业结构低层次重复，城市间的竞争不断升级，带来区域资源的极大浪费，构成了横亘在一体化进程面前的一道高门槛。在劳动力配置上，情况也相似。因此，在人力资源整合过程中，首先必须转变观念，

① 张善余：《论人口合理再分布是山区脱贫开发的战略性措施》，载《人口与经济》1995 年第 3 期，第 3-9 页、第 22 页。

树立人力资源社会化和市场化等理念。主动打破行业垄断围墙，打破区域分割，放眼区外，放眼全国。尊重市场经济规律，按照劳动价值理论组建人力资源市场，降低人力资源配置成本，合理引进和利用人才，防止人力资源的闲置与浪费。关键是构建人口和劳动力自由流动的进入与退出机制，降低迁移成本，保障自由流动。主要包括构建基于公平的市场化就业制度及在子女就学、医疗、养老等方面的平等待遇等一体化制度。

## 三、管理思路转变与服务提升

在劳动力市场上，对文化程度和年龄上的要求比较普遍，同时也能让求职者接受。就性别而言，在迁入人口中男性比例明显高于女性，因此对于性别调控就是鼓励企业等经济组织多吸纳女性就业，所以要严格执行男女平等的就业政策及创造环境鼓励家庭式迁移，缓解外来人口性别比高对迁入区产生的影响。而对于年龄和文化结构的调节亦存在一个问题，就是它与产业和经济结构关系密切，产业结构未得到提升或调整，文化、年龄等结构将难以调控。因此，人口素质的提升，实际上也是产业结构高级化的过程。

提升人口素质，这是一个宏大的系统工程，需要各个部门、各个系统和不同层次人员的共同努力。从广义上，所谓人口素质，主要指思想素质、文化素质和身体素质等三个方面的含义。就流动人口对区域或城市人口素质的影响而言，主要指其人口结构及其对迁入地区的适应情况。对于迁移区域影响最大和最直接的，是迁入人口的年龄、性别及文化程度等结构素质，这些结构状况对迁入区人口、经济及社会发展的影响非常巨大，但在经济市场化背景下，对人口结构素质的调控，难以采用以往的行政手段来实施，因此只能从经济入手，采用经济门槛和政策指导，对其进行优化和组合。

对人口管理从“管理”转为“服务”，是管理中心下移和管理理念社会化的一个重要体现。对于规模迅速增长的外来人口，迁入区有关管理部门面临着巨大的压力，同时也处于两难的境地。一方面是外来人口给迁入区的公共服务设施、社会治安、社会服务带来的巨大冲击；另一方面，是外来人口本身和社会要求在管理和服务上对其公平对待、一视同仁，以及本着以人为本、着力营造良好氛围的诉求，完善相关服务。迁入区域所面临的矛盾和困难是巨大和前所未有的，因此这就要求相关部门采取更科学的服务技术和手段，接受挑战，打造精英团队，提高服务效率和服务质量。

加强管理，拓展服务，可以从以下几种思路中寻找突破口：一是打造精英团队，提高服务效率，提升服务质量。二是强化组织管理，构建网络化平台。首先，是完善外来人员服务管理组织，建立动态管理机制，把外来人口管理工作纳入社区居民自治范畴；其次，是注重外来人口自治组织建设，为外来流动人口提供便捷高效的服务；最后，是拓展范围，实行分层分类管理。三是以人为本，推行市民化、均等化服务，并以社区归属感营造为前提，强化外来人口城市责任意识。

## 四、观念转变与社区营造

外来人口对流入区域或城市经济、社会发展贡献巨大，但目前很多地区管理层对农民转变为市民的观念滞后，具体体现在对“城市化”缺乏实质的认识，没有全局观念和“城市观念”与“未来发展的观念”，不知道城市化是未来中国人口区域变动的大趋势，目前的流动人口，是未来城市“潜在的、候补的市民”，同时看不到流动人口的经济价值、市场价值以及对城市化的意义。同时，外来人口在城市和社区中的政治权利不对等，导致有的政府官员认为，我是市民选举出来的，只对市民负责。言下之意，“外来人口”不是我要考虑的服务对象。此类种种，需要转变观念，切实认识到外来人口在流入地区或城市中的地位。

所谓观念转变，主要包括三个层面的内容：一是相关管理部门需要转变观念，构建更合理的人口、就业及其他与区域迁移有关的管理体系。二是相关单位和组织在吸纳外来人口就业或对其进行服务时，不要戴着有色眼镜，对外来人口与户籍人口应该一致对待，保质保量进行服务。三是外来人口及其家庭，在就业、生活及社会行为等方面要始终把自己作为城市中的一分子，自觉遵守和爱护共同生活的城市或区域环境，规范自己的行为活动，自行构建城市价值观和生活观，调整心态，自觉找到社会归属感。

人口区域再分布，究其实质就是人口区域流动的分布问题。从庞大的流动大军的结构特点看，年龄一般在18—35岁的青壮年，文化程度大部分是初中和高中人口，约占 69.60%（2010 年），他们大多由发展相对停滞、落后的乡村进入相对高效快速运转的、先进的城市社会，因此其就业、生活、学习、社交圈及婚姻、家庭等从观念到行为模式各个方面都受到很大的冲击。这些迁入人口在一个陌生的社会环境中，先需学会怎样工作和生活，再就是如何与人交往、相处最终融入这个社会。由于文化程度普遍较低，社会适应性也较低，在这个过程中，他们将碰到很多问题和矛盾。

根据有关预测，未来 20~30 年，我国城市化率将达到 70%左右，届时全国总人口达到峰值 15 亿人左右。据此推测，不久的将来还有 5.5 亿~6 亿人要离开家乡转移到城市，因此目前为了工作和梦想来到城市的青年主力军很多就是未来城市化的主要对象。因此，现在是迁入地区或城市对他们产生影响，而未来将是他们对迁入区域或城市产生作用，他们现在的发展、成熟也就是未来城市的发展与成熟，相反，他们的停滞与乱象，也将预示着未来城市的停滞与乱象。所以，从多方面对其进行引导，帮助他们快速发展与提高，并更好地适应社会，是迁入区域与城市社会的责任与任务。

外来人口的社会融入，主要包括经济、社会和心理三个层面的内容。首先，经济层面的适应是立足城市的基础，主要包括职业、经济收入与消费、居住模式、生活方式及权益保障等方面的社会融入。其次，是社会层面的融入，有语言、社会交往、社会组织参与等方面的内容。最后，是心理层面的融入，这是外来人口深层次的社会融入，是一种内化的城市生活方式、价值观念和文化积淀的体现，并在心理上获得满足和情感上获得归宿的重要表现。它是外来人口社会融入的主要标志，只有完成了心理的融入，才算达到真正意义上的社会融入。

## 第二节 "多中心集聚"为导向的"空巢村"人口合理再分布

多山地区人口合理再分布，可从两个方面着力，一是合理的村镇体系构建，二是"多中心集聚"的人口分布格局，两个方面相辅相成。村镇体系是基本框架，是人口合理分布的主线，而"多中心集聚"是分布的主要模式和实施路径。

## 一、人口“多中心集聚”格局及其发展趋势

村镇分布格局形成后，则重点考虑人口如何在这种框架下进行具体布点。随着社会经济的发展与社会结构的转型，我国城镇发展格局逐渐由“单中心蔓延”转化为“多中心集聚”，人口分布的城镇布点随之转为“多中心集聚”模式。研究表明，自 2010 年到 2017 年，我国城市人口开始出现从核心城市向二线城市及农村转移，从东部向中部回流，从中心区向大都市周边和城市群扩散的现象。

有研究指出，我国人口逐渐呈现出“多中心集聚”的发展特征，总体上形成了“三极一带”的增长态势，人口迁移重心已经由珠三角地区转移到长三角地区，人口“多中心集聚”格局得到进一步的加强[①]。同时，随着我国新一轮产业结构调整与城乡协调发展的带动，我国区域人口的再分布格局由向沿海地区迁移的“单向集中”转为“多向集中”，尽管人口向大城市聚集的趋势仍然比较明显，但小城镇在吸纳人口方面发挥了重要的作用。王宁（2016）通过“五普”和“六普”的数据对比分析指出，从迁入人口的增长速度来看，西部地区迁入人口的增速最高，达到 86. 83%，东部次之，为 79. 49%，中部地区为 77. 61%。这表明，“五普”至“六普”的 10 年间，中部与东部在吸引人口迁移方面基本保持一致，这种状况受益于城镇化的推进与国家西部大开发战略的实施，使西部地区在吸引人口回流方面成效显著[②]。尽管沿海发达地区仍是吸引人口集聚的最核心区域，但中西部在吸纳人口回流方面发挥了积极的作用。

除了受城镇化及西部大开发战略的影响，城市产业布局也深刻影响着人口的区域分布。魏守华（2016）发现，目前中国不只是全国性城市（如北京、上海等）和区域性城市（如南京、杭州等），还已成为多中心大城市，许多地级市，如苏州、无锡、常州等地也逐渐形成多中心城市，因此

① 曾明星、张善余：《中国人口再分布的社会经济合理性及其“多中心集聚”分析》，载《南方人口》2013 年第 5 期，第 71-80 页。

② 王宁：《中国人口迁移的变化趋势及空间格局》，载《城市与环境研究》2016 年第 1 期，第 81-97 页。

城市在城镇化发展的进程中，已经逐渐出现多中心集聚的趋势[①]。这主要是多中心集聚的产业结构有利于地区和城镇的总体布局，一定程度上解决了城市中心区由于负荷较大而造成的种种弊端，提高了城市的生产效率。

## 二、“多中心集聚”的人口合理再分布路径

“多中心集聚”的人口分布有利于缓解城市主要功能区负荷过大的问题，提高城乡发展效率，优化城乡产业结构。在城镇化发展进程中，如何对“多中心集聚”的关键因素进行引导和规划，促进城乡功能分区的进一步优化，是人口合理分布过程中亟待解决的重要问题。

### （一）以就业发展为导向

就业作为关系国计民生与宏观经济发展的关键指标，对就业人口的分布和流向具有不可忽视的重要作用。经过改革开放40多年来的发展，我国就业制度逐渐实现了由“统包分配”到“市场导向”的重要变化，就业制度的转变密切影响着劳动力的迁移与职业选择，使就业岗位更加细分，就业方式更为灵活。

截至2017年，我国城镇就业人员的规模有了显著的扩大，城镇就业总人口达4.25亿人，占全部就业人员的54.7%。除此之外，我国农民工总量达2.87亿人，越来越多的农民选择外出务工或转移就业，加剧了农地“撂荒”及“空巢村”现象。在产业结构方面，我国第三产业逐渐成为吸纳就业的主体，就业人数达3.49亿人，占全部就业人口的44.9%，因此我国就业结构已逐渐转变为第三产业占主导地位的“倒三角结构”。在经济类型方面，2017年末我国私营企业和个体从业人员达3.41亿人，约占城乡就业人口的50%。[②] 从这些就业发展趋势可知，未来多山地区就业岗位的创造与经济发展，应以第三产业发展和创业为主，特别是创造条件鼓励回乡农民工自主创业为导向。

为促进人口的“多中心集聚”，政府应进一步发挥劳动就业对人口迁移的导向性作用，在发展中要充分挖掘主要中心城镇的就业潜力，同时也

① 魏守华、陈扬科、陆思桦：《城市蔓延、多中心集聚与生产率》，载《中国工业经济》2016年第8期，第58-75页。

② http://theory.people.com.cn/n1/2018/0807/c40531-30212699.html.

要兼顾“次中心”在经济发展及就业岗位创造中的重要作用。并通过完善“次中心”的就业优惠，促进次中心劳动力结构和社会公共服务设施的建设。中小型城市和乡镇可以采取人才引进、产业帮扶、就业培训等措施，调整区域产业规划，吸引劳动力的回流或常驻。因此，政府需尽快建立就业服务体系，准确定位产业结构导向和劳动力需求，通过“市—镇（乡）—村”三个不同层级的就业帮扶政策，充分发挥就业的导向作用，合理引导人口的“多中心集聚”。

### （二）以产业结构调整为核心动力

近年来，我国产业结构逐步实现了由“二一三”到“二三一”再到“三二一”的巨大转变，第一产业的比重不断下降，服务业的比重稳步提升。当前，我国产业结构已基本形成以服务业为主体的“倒三角形”，就业人口也不断由第一、第二产业向第三产业快速转移。

产业结构的调整对劳动力就业与人口分布具有重要的意义。产业结构影响着劳动力就业的方向及规模，劳动力就业状况又与人口分布息息相关，三者相辅相成。改革开放以来，我国农业就业人口的比重不断降低，农村人口迁移趋势越来越明显，这也是未来第一产业发展的基本趋势。城市在城镇化发展过程中应加强产业调整的整体思维，树立产业结构的功能分区意识。在城市中心外围地区规划多个次中心，从而分散城市中心地区的功能，实现资源在城乡之间的合理配置，避免城市的臃肿和弊端，提升乡村的生产能力。

与此同时，城乡也可以通过规划专业性产业园及工业园的方式，对整体产业结构进行调整，缓解中心区的人口压力，完善各区人力资源配置。各大城市在城市规划时，可以根据各自的实际情况划分出不同的功能区，在完善各区辐射能力的同时，引导城市由“单中心”向“多中心”发展，促进农民的“就地城镇化”与“就近城镇化”，同时保障农民的基本权益。另外，政府应进一步扩大“次中心”及村镇体系为主体的规模和集聚效应，增强其他次级中心的多元性，加强吸纳就业的能力，从而构建多层次的城镇产业体系。

### （三）制度创新契入点：让农民穿好“五件体制衣服”

近年来，我国城镇化速度不断加快，城镇化率不断攀升，城镇化质量却并没有得到大幅度的提高，许多农民还没有享受到社会发展的成果。为了提高城镇化发展质量，完善城镇化整体布局，首先应让有条件的农民穿上“五件体制衣服”，平等地享有就业、教育、医疗、住房及养老等公共服务。这“五件体制衣服”不仅是提高农民生活质量和社会福利水平的重要突破口，同时也是完善人口合理布局的关键要素。

就业是民生之本，只有妥善解决农民的就业问题，才能保证农民的基本生活，并扩大农民可享有的社会福利。教育是促进社会公平的重要途径，在城镇化建设中，理应不断推进教育服务均等化，使农民的后代平等享有受教育的权利。医疗和养老作为衡量国家福利发展水平的关键指标，是推进城乡统筹过程中不可或缺的重要内容。目前我国城乡医疗水平差距较大，医疗保险碎片化现象严重，我国应尽快推出医疗保险的城乡统筹，加快“医养结合”的养老服务模式建设，同时完善农民的医疗与养老保障体系。此外，还应广泛推动其他公共服务的均等化进程，缩小地区与地区之间、城市与城市之间公共服务水平的差距，让大中小城市居民都能平等地享有公共资源。

## 第三节　“内涵式”新型城镇化选择

城镇化是农业现代化与城乡融合发展的重要推动力，在城镇化发展进入稳定期以后，城市反哺农村的能力便会显著增强，城镇基础设施和公共服务在农村的普及率也明显提高。多山地区的城镇化道路与其他地区有些许共性，同时也存在自身的独特性，多山地区在城镇化道路选择的过程中应做到具体问题具体分析。

### 一、“内涵式”新型城镇化

随着社会经济的发展与产业结构的调整，我国城镇化道路逐渐实现了由“扩大城市规模，增加人口数量”到“以人为本”的根本性转变。“内涵式”城镇化即“以人为本”的新型城镇化，“内涵式”城镇化以提高人民生活水平，改善人民就业方式，合理调整产业结构，积极促进城乡统筹为主要内容，着眼于城镇发展的全面性、协调性和可持续性。

长期以来，城镇化的发展水平都存在两个维度的测量标准：其一是城镇化发展的数量，即城镇人口数量和城镇规模；其二是城镇化发展的质量，即城市公共服务、社会保障、产业结构、人居环境等方面的优化升级。“内涵式”城镇化旨在全面提高城镇化发展质量，提高城镇居民和农村居民的消费效用，增强其生产能力，在提升政府公共服务的前提下，实现城乡统筹发展。

提升城镇化发展质量，需摒弃以往“摊大饼”式的城区扩张理念，把着力点放在改善城乡公共服务，加快产城融合等方面。首先，应合理规划城镇与乡村的生活空间，给予城镇居民和农村居民正常的生活、生产用地，扩大城市绿化用地面积，提高乡镇卫生设施和文化设施的覆盖率，大力推动农民农业机械化。其次，应从交通、教育、医疗、公共服务等方面着手，提高城镇居民和农村居民的受教育程度，增强其自身的生产能力，减轻通勤负担，从而促进人口的合理分布。在医疗卫生方面，应加快城乡医疗保险的统筹规划，让更多居民享受到城镇化的发展成果，改善农村地区较为落后的医疗条件。最后，应妥善配置城镇资源与农村资源，在城市规划中重视次中心建设，给予乡村产业一定的优惠政策和补贴，避免城镇规模扩张导致的农地损毁问题。

## 二、“内涵式”新型城镇化空间选择

### （一）优化城镇空间布局

城镇化不仅表现为人口向城镇的集聚，同时也体现在土地、劳动力、教育、医疗等公共资源的城镇化过程。政府应合理规划土地利用，通过调整用地结构优化国土开发，从而完善土地的合理配置。多山地区城镇化需充分考虑地区特色，全面落实城镇空间布局，促进企业向园区集中，改变长期以来土地资源分散造成的土地利用率低、集聚效应不高、环境污染等问题。政府应科学规划村庄和城镇的布局，形成层级分明、布局合理的村镇体系和城乡空间格局。除此之外，农民可采取“三置换”的方法，将集体资产所有权、土地承包经营权、宅基地及住房置换为股份合作社股权、城镇社会保障及城镇住房。多山地区具有独特的地理位置及生态环境，在城镇化发展过程中应准确定位其发展优势，发挥产业特色，从而带动农业现代化和农民就近城镇化的发展。

（二）促进迁移人口合理流动

在"空巢村"易地搬迁的过程中，首先，应明确迁移人口的迁移意愿，摸清迁移人口的主观迁移方向。其次，可按照市、县、镇三级迁移意愿对易地搬迁人口进行分类，对相关城镇的承载力进行评估，综合考虑人口迁移成本、城镇发展战略、产业布局等因素，明确不同地区的市民化标准，引导不同类型的迁移人口向最适合的城镇集聚。促进迁移人口的合理流动不仅有利于实现人力资源的优化配置，同时也推进了居民的市民化进程，有利于社会的和谐稳定。

（三）发挥城市群的带动作用

多山地区城镇化建设应充分发挥城市群的带动作用，以城市群为主体，构建大中小城市及小城镇协调发展的城镇化格局，增强城镇对周边乡村地区的带动能力。同时，应加快发展中小城市，完善县城综合服务功能，推动农业转移人口就地就近城镇化。得益于不同特色的地理环境，多山地区也可以因地制宜发展特色小镇和小城镇，加强以乡镇政府驻地为中心的农民生活圈建设，推动镇村联动发展，满足人民日益增长的美好生活需要。

## 三、构建跨区域劳动力市场及市民化长效机制

越来越多的农村人口进入城镇，为城镇建设增添了重要的力量。但农业转移人口的市民化问题也备受关注，并业已成为新型城镇化的重要任务。因此，要构建开放、完善和有序的劳动力市场，促进进城农民的市民化。

（一）构建跨区域劳动力大市场

区域间的人口与劳动力流动，总而言之，集中到一点，关键就是就业公平问题与身份认定问题，如果这一问题解决好了，其他问题也就迎刃而解了。多山地区尽管经济、产业发展相对滞后，很多地区劳动力市场还处于初级阶段，但打造开放、有序的劳动力市场是促进人口合理再分布的重要内容。

1. 劳动力大市场构建基本原则

（1）区域经济发展、产业结构、产业分工与劳动力需求相结合原则。这一原则是跨区域劳动力市场构建的基础，经济的发展、产业结构的变动，客观上要求劳动力总量和结构与之相适应，因此经济和产业的增长变

动使得人力资源处于动态变化中。从经济发展上看，我国“多中心集聚”化发展特征明显，在人口集聚的中心城镇构建特色性的产业圈，提升就业吸纳能力，繁荣劳动力市场，也是构建跨区域劳动力市场的前提和基础。而这些产业经济圈需有各自的特色，并在深入了解其基本特点的基础上，按各区产业的空间格局与产业结构，进行人口、劳动力的合理引导与配置，将能在人口再分布中发挥各自的独特作用。

（2）政府主导、市场优先的原则。政府主导，统筹兼顾，调度利用各地区的人财物资源，保证市场的高效、快速运作，更好地营造环境，提高公共服务水平。市场优先，充分发挥市场对资源的配置作用，保证效率和各项社会、经济目标的实现。

（3）互利、简化、高效性原则。“海纳百川，有容乃大”，这个“容”包含多方面的内容，其中一点就是制度的融合、统一与包容。这些制度，主要包括户籍、人事、社会保障、市场等制度或机制。要建立一体化的劳动力、人才等人力资源共同市场，就必须在户籍、人才流动与管理、职称评定、档案管理、社会保障、住房、工资、教育等各方面进行协调、接轨，最终达到人力资源的“零障碍”流动，同时降低流动成本，并在互利、简化、高效的原则下形成各区域人口、劳动力自由流动的、开放的制度环境。

（4）先易后难，逐步推进原则。区域劳动力自由市场构建是一项系统工程，必须分地区、分层次、由低到高地逐步推进。当前，区域就业仍然是分割的，从同一城市层面看，首先分割为体制内与体制外，而体制内又分割为全民与集体所有，体制外有个体、股份、三资等所有，从保障机制来看，全民所有制保障较好，集体较差，而体制外有的保障较好，且水平很高，但有的几乎没有任何保障。从城市居民身份看，有分割为城市人口与外地民工，他们进入劳动力市场的机会和成本相差甚远。而每个城市或地区都被分割成这些不同的“块块”，因而在建立统一的人力资源市场时，是必须解决和面对的。

2. 跨区域劳动力大市场构建的思路与策略构架

（1）主要步骤。第一，是统一地区间的体制外人才市场（包括大学生就业和外来人才招聘）和一般劳动力市场，这是第一步，也是发展较为成熟的一步。第二，是建立体制内统一的人力资源市场，形成各区域体制内人力资源的自由流动，这是核心和难点。第三，是建立统一的城乡人力资源大市场，这是最终目标。在建立人力资源市场时，应该本着统一、开放、竞争、有序的原则进行，统一、开放、城乡一体化是目的，竞争、有序是保障。第四，是构建共享性为目的的全国劳动力供需动态信息系统平台。充分、准确的信息是科学管理的基础，建立人人共享的动态信息库是人力资源有效配置的保证。信息不畅和信息不准确，往往是资源配置不合理和管理低效率的主要原因，对劳动力供需而言，岗位余缺、工资待遇、工作环境等信息非常重要。通过信息平台建设，保证准确的、有价值的就业供需信息人人共享，使企业与求职者做到知彼知己、合理配置与自我整合。

（2）对策与思路。第一，废除与人力资源统一市场形成相抵触或不适应的相关法规，实现人力资源市场由政策规范向法治规范转变。第二，统一城乡两个人力资源市场，即统一人才市场、城市劳动力市场、农村劳动力市场（以进城民工劳动力市场为主）。行政手段是保护人力资源市场高效、顺利运行的关键，尽量发挥其在人力资源合理配置中的作用，而不是对某一人力资源群体的保护。人力资源主体凭借其自身的实力、技能参与人力资源市场竞争，政府对人力资源市场的调控主要依靠经济门槛、服务门槛、素质技能门槛，而不是依靠人力资源不同“身份”设立“门槛”。城市居民不具有本市就业技能的，也可以鼓励他们跨市、跨地区就业。第三，培育与建设企业经营者或创业者人才市场，发挥高级管理人才以及综合型、外向型、创新型、投资型、经营型人才的辐射作用，激发人才自主创业。第四，多层次地建立与健全劳动维护与保障的政策和法律体系，把农民工劳动和社会保障纳入相关法律。目前，企业克扣农民工工资和拒绝缴纳社会保险现象还时有发生。为了保障农民工合法利益，建立惩处机制，对数量大、影响恶劣的根据法律进行严惩。第五，采取以“土地”换“身份”或以“土地”换“保障”的方式，加快本地区农村人力资源转移，同时针对农村地区的人口大量迁出、老龄化趋势加重的问题，进行专项治理，探索与构建农村老龄化社会服务与安全保障体系。第六，转变工作方式，加强监督与管理，完善和规范人力资源统一市场体系。制定人力资源市场准入规则，明确市场准入标准，实行严格的证、照制度，定期检查，并建立违规惩戒制度与违规退出制度。第七，全面优化人力资源市场服务人员素质，提高服务质量，强化服务功能。在完善人事代理、人才培训、人才测评的基础上，重点开发人力资源咨询、人力资源诊断、人力资源规划、职业生涯设计等服务领域。

（二）加大进城农民工福利保障力度

当前，有很多研究提出构建“市民化城乡融合机制”的探索，这是好事，也是未来城乡融合中必须达到的一种状态。但在认识上不能简单地将“农民工市民化”等同于户籍的转变，而首先需妥善处理好农民工的各项福利保障问题。农民工市民化意味着让更多的人进入更高水平、更具现代文明的生产方式、生活方式中来，提高农民的生活水平和社会福利水平。

在住房方面，据《2015年农民工监测调查报告》显示，有28.7%的农民工居住在单位宿舍，有11.1%的农民工居住在工地工棚，有4.8%的农民工居住在生产经营场所，与他人合租的比例为18.1%，独立租赁居住的占18.9%。另外，从雇主或单位得到住房补贴的农民工所占比重仅为7.9%，不提供住宿也没有住房补贴的比重达到46%。在“农民工市民化”的过程中，首先，政府部门应切实保障农民工的就业平等权。其次，是保障农民工在城镇中的市民化居住权，因而关键就是完善住房体系，特别是城镇保障性住房向农民工群体开放，简化保障性住房申请程序，为进城务工人员提供方便高效的住房服务。再次，要妥善解决“留守儿童”等问题。政府要在破除城乡二元结构政策框架下，为进城务工子女提供平等的教育机会，保障其受教育的权利。最后，在医疗保险方面，应尽快实现城乡统筹，建立高效便民的区域一体化就医、报销系统，妥善处理异地结算等问题，为进城务工人员提供良好的医疗服务。

## 四、推动乡村振兴战略的发展

（一）创新农村发展路径，鼓励在外劳动力返乡创业

为妥善解决“空巢村”的人口流失问题，当地部门应进一步创新农村发展路径，通过政策优惠、政府补贴等手段，鼓励农村产业结构转型和集约化生产。首先，农村地区可依据地区实际大力发展特色种植、养殖产业和旅游业，由村支部发动农户开展特色种植、养殖产业，通过“合作社+基地+农户”的生产模式激发农户积极性，推动村内特色产业的发展。其次，探索现代化农业生产模式，通过开展农业庄园、家庭农场、农业控股

企业等途径，建立起集约高效的现代化农业基地。

除此之外，政府应统筹城乡人力资源配置，为人才创造有效的发展平台，鼓励进城务工人员返乡创业，通过政策优惠及补贴措施留住人才。改善村内较为闭塞的文化环境，为创新创业扫除障碍，农村应加大教育资源的投入力度，定期为村民举办培训会，通过返乡劳动力的带动作用，破除农村落后的局面，推动农村发展。

（二）加强农村基础设施建设，完善农村公共服务体系

多山地区和农村地区之所以落后于城市发展，主要是因为农村基础设施不健全，公共服务水平低，因此要着力解决农村基础设施问题，通过政府帮扶、群众集资等方式，帮助其建立完备的公共设施体系。

首先，加快农村地区道路交通网络的建设，方便老年人和村内劳动力的生活与出行。长久以来，交通都是制约多山地区文化闭塞的重要原因，只有尽快建立完备的道路和交通网络，才能让更多的农户加强对外交流学习的机会，让青壮年劳动力乐于留在乡村，建设乡村。

其次，农村应配备必要的卫生室、文化站等公共服务设施，提高农村用水普及率，改善农户住房设施及厨房设施，提高燃气普及率，在节约能源资源的基础上，提高农村公共服务质量。村内可以为老人建立互助养老平台，通过提供统一的日间照料室和康复指导，提高老年人生活质量。

# 第九章　多山地区“空巢村”人口合理再分布策略

形式上，“空巢村”的形成是当地居民自由选择的结果，主要是部分年轻劳动力通过外出打工等方式满足生活需求，待收入稳定后，便可能出现家属随迁的现象。但是，从深层次看，有其深刻的社会、经济及历史发展等原因。“空巢村”的发展，使村落出现人口锐减、耕地荒芜、民生凋敝的现象，客观上导致部分村落的“终结”。为缓解“空巢村”现象可能产生的社会问题，促进“空巢村”优化与发展，可选择的做法代表性的有三类，即乡村振兴、易地搬迁及乡村撤并。对多山地区而言，因地形等自然条件的影响，乡村振兴往往更多地采取“选择性”振兴，而“易地搬迁”和乡村撤并模式则是更为普遍的选择。

## 第一节　日本“过疏”问题对策及其治理启示

在一定逻辑上，“城镇化”与农村“空心化”是一个问题的两个方面，从事物发展而言，就是一种“此长彼消”的过程。其实，很多发达国家如英国、法国、美国、日本等，在城市化发展过程中均出现过“空巢村”现象。本书以日本为例通过城市化发展中的农村“过疏”现象及问题分析，探索其在我国多山地区“空巢村”发展中对相应问题的解决有何启示。因为日本与我国具有更相似的文化传统，在城市化发展中也同样出现了农村“空心化”或“空巢村”现象，因而其发展历程及问题的解决对我国“空巢村”将具一定的借鉴意义。

## 一、日本城市化高速发展过程中的过疏问题

日本的城市化过程可谓是一个奇迹，第二次世界大战后其仅用了30多年的时间便完成了城市化进程。城市化率达到发达国家同等的水平，由1950年的37%上升至1975年的76%，成为亚洲第一个进入高度城镇化的国家①。在日本城市化快速发展的过程中，地区之间的不均衡状态也逐渐暴露出来，以东京、大阪为首的地区城市化水平远远领先于其他区域，人口占据全国总量相当大的比重。相应地，日本农村地区也出现了人口急剧减少的“过疏”现象，“过疏化”给农村地区的经济、社会等均带来了沉重的打击。纵观日本的城市化进程，高速发展与不均衡性是最突出的两大特征。

### （一）日本城镇化发展阶段及其特征

日本的城市化历程呈现出明显的阶段性特征。依据其发展水平，学者们将日本的城市化过程划分成几个阶段，依据阶段数量的不同分为三阶段与四阶段两类划分方式，但每种方式中具体的时间节点不尽相同。据韦伟的划分，日本的城市化演进包括三个阶段，即起步于20世纪20年代，发展于战后的高速增长时期，此后进入成熟阶段，经历了标准的“S”形曲线过程②。而更多的学者则将日本的城市化划分成四个阶段，如郝寿义等学者将其历程总结为准备阶段（1868—1920年）、初始阶段（1920—1950年）、发展阶段（1950—1977年）和成熟阶段（1977年至今）等③④⑤⑥⑦。

---

① 顾杨妹：《二战后日本人口城市化及城市问题研究》，载《西北人口》2006年第5期，第56-60页。

② 韦伟、赵光瑞：《日本城市化进程及支持系统研究》，载《经济纵横》2005年第3期，第45-48页。

③ 郝寿义、王家庭、张换兆：《日本工业化、城市化与农地制度演进的历史考察》，载《日本学刊》2007年第1期，第80-91页、第159页。

④ 肖绮芳、张换兆：《日本城市化、农地制度与农民社会保障制度关联分析》，载《亚太经济》2008年第3期，第64-68页。

⑤ 孙波、白永秀、马晓强：《日本城市化的演进及启示》，载《经济纵横》2010年第12期，第84-87页。

⑥ 门晓红：《日本城市化：历史、特点及其启示》，载《科学社会主义》2015年第1期，第146-149页。

⑦ 汪冬梅：《日本、美国城市化比较及其对我国的启示》，载《中国农村经济》2003年第9期，第69-76页。

而沈悦则认为，日本的城市化发展于20世纪30年代，在20世纪50年代中期至20世纪70年代经历了快速增长，并于70年代之后进入饱和状态①。顾杨妹则进一步将20世纪70年代后的日本城市化过程进行细分，对于90年代后的日本人口再城市化予以关注②。虽然学者对于日本城市化进程的划分方式不甚相同，但是就其起步时间点上达成了共识，一致认为日本的城市化始于20世纪20年代。之所以出现不同的阶段划分，是因为四阶段划分方式将起步前的准备阶段也纳入了日本的城市化过程之中，具体的时间节点上两种划分方式也只存在较小的差异。以下是日本城镇化的具体演进历程及其各自的特点：

第一阶段：城镇化发展前奏，明治维新至20世纪20年代

明治维新运动的兴起，拉开了日本向西方学习的序幕。这一时期，日本对政治体制、产业发展、文化风气、教育方式等方面进行一系列改革。在农业方面，政府废除了原有的土地所有制度，允许土地买卖，实施“劝农政策”，推广先进的耕作技术，使农业生产力大大提高。生产力的发展导致剩余劳动力和剩余粮食的出现，从而为工业化和城市化提供了充分的人口和物质基础。这一时期日本的城市化总体水平较低，到1920年人口城市化率仅为20.1%③，但农业与工业的发展为后期城市化的起步打下了坚实的基础。

第二阶段：城镇化的起步阶段，20世纪20年代至20世纪50年代

这一时期日本的城市化开始起步，并经历了小幅波动。20世纪30年代，日本致力于发展资金密集型的重化工业，且工业布局高度集中，形成了太平洋沿岸的京滨、阪神、中京、北九州的四大工业地带，从而吸引了大量劳动力向“四极”聚集。至1940年，日本城市人口占总人口比例达到37.7%，但是随着第二次世界大战的爆发，使城市人口总量大幅下降，城镇化率下降到27.9%。经过战后的恢复重建，至1950年日本城市化率又

① 沈悦：《日本的城市化及对我国的启示》，载《现代日本经济》2004年第1期，第60-64页。

② 顾杨妹：《二战后日本人口城市化及城市问题研究》，载《西北人口》2006年第5期，第56-60页。

③ 唐晓平：《人口都市圈化：日本的经验和中国的前景》，载《南方人口》2006年第2期，第40-46页。

迅速恢复至33.1%，城市人口达到2586万①。

第三阶段：高速发展阶段，20世纪50年代至20世纪70年代

1950年朝鲜战争爆发后，日本经济进入迅猛增长的黄金时期。1956—1973年，日本的工业产值增长了8.6倍，年均增幅13.6%②，同时，城市对劳动力的需求不断上升，吸引了大量的劳动力特别是年轻劳动力从农村涌入城市。此外，农村地区由于生产力的提高以及战后"婴儿潮"的冲击，农村向城市的迁移更为频繁。

这一时期日本人口城市化发展迅速，且大多向东京、大阪、名古屋三大都市圈集聚。1955年日本的城镇人口达到5053万人，城市化率上升为56.1%，到1965年，城镇人口增至6736万人，城镇化率达67.9%，十年间城市化率提升了近12个百分点③。统计还显示，从1955年至1970年间，从地方圈净流入三大都市圈的人口高达750万人④。

第四阶段：平稳增长阶段，20世纪70年代至今

这一时期，日本城镇化进入了平稳缓慢增长的阶段。自20世纪70年代起，四大工业地带的工厂开始向外部区域扩散，同时大都市圈转向发展知识密集型产业，并呈现出向商务职能和高级服务业专门化发展的趋势。因此三大都市圈的净迁入人口趋于减少，人口迁移主要表现为近距离流动和都市圈之间的迁移，城镇化速度明显放缓。1980年日本的城镇化水平达到76.2%，1990年为77.4%，到2000年，这一数字基本持平，为78.8%⑤。因此，人口城镇化进入饱和状态。同时，这一阶段也伴随着逆城市化和东京"单极膨胀"的出现。一方面，中小城镇正在崛起，大都市向周边扩张，人口开始向郊区迁移；另一方面，在全球化和信息化的浪潮下，承担中央商务职能的东京圈作用进一步加强，人口再次向东京聚集，

① 顾杨妹：《二战后日本人口城市化及城市问题研究》，载《西北人口》2006年第5期，第56-60页。

② 郝寿义、王家庭、张换兆：《日本工业化、城市化与农地制度演进的历史考察》，载《日本学刊》2007年第1期，第80-91页、第159页。

③ 顾杨妹：《二战后日本人口城市化及城市问题研究》，载《西北人口》2006年第5期，第56-60页。

④ 中国社会科学院工业经济研究所、日本总合研究所：《现代日本经济事典》，北京·中国社会科学出版社，日本总研出版股份公司，1982年版。

⑤ UNITED NATIONS, "World Urbanization Prospects (1999 Revision)," *New York*, 2001.

出现明显的“单极化”趋势。

（二）非均衡性发展

日本从迈入城镇化进程到城镇化的基本完成，历时三四十年时间，短期、高速的城镇化历程使其暴露出一系列的问题，突出表现在地区间的发展悬殊及不均衡性日益凸显上。日本城镇化的这种不均衡性，体现了大都市圈异军突起的发展态势，无论是人口数量还是经济地位均遥遥领先于其他区域。自1950年起，日本各地的人口开始大规模地向三大都市圈集聚。由于日本工业布局高度集中于太平洋沿岸的狭长地带，其中核心为东京的京滨工业带、大阪的阪神工业带和名古屋的中京工业带等，这些地区也就成了大量人口迁入的目的地，并最终形成高人口密度与高经济密度的东京大都市圈（首都圈）、阪神大都市圈（近畿圈）和名古屋大都市圈（中部圈）。2000年，三大都市圈集聚着日本62.37%的人口（人口密度为757人/平方千米，是全国人口密度336人/平方千米的2.25倍），而其核心区域东京圈、名古屋圈、关西圈，则以10.33%的面积聚集着日本46.73%的人口（人口密度1519人/平方千米，是全国人口密度的4.52倍），也就是说，以1/10的国土容纳了近一半的国民①。

三大都市圈中，又以首都圈人口数量最多，密度最大。首都圈又称东京大都市圈，由8个一级行政区组成，面积为36884平方千米，2008年人口达4131.6万②。其实，人口的这种集聚状况，是自20世纪50年代开始逐渐形成的。1954年，为了协调解决涉及大都市圈发展的诸多问题，日本颁布了以东京为核心的首都圈整备法，1958年又在第一次“首都圈基本计划”中将其范围设定为东京大都市圈中心周围100千米半径，而1968年第二次“基本计划”则根据保持行政区划完整的原则上，将8个都、县整体划入。根据地理位置的不同，首都圈分为内外两个圈层，内圈称东京圈，包括东京都、神奈川县、千叶县和埼玉县，外圈称周边地域，包括茨城县、栃木县、群马县和山梨县③。20世纪80年代以来，东京圈的单极集聚

---

① 阿部和彦：《日本的产业结构升级与城市、地域结构的变化：超大城市化进程中中小城市面临的课题》，载《城市化：中国现代化的主旋律》，长沙·湖南人民出版社，2001年版。

② 原新、唐晓平：《都市圈化：日本经验的借鉴和中国三大都市圈的发展》，载《求是学刊》2008年第2期，第64-69页。

③ 张善余：《世界大都市圈的人口发展及特征分析》，载《城市规划》2003年第3期，第37-42页。

化日益凸显。据统计，到1992年“以东京为中心，由神奈川、千叶、埼玉一都三县构成的东京圈虽然仅占国土全部面积的3.6%，但人口却集聚了3000万以上，占总人口的四分之一”①。相比之下，关西圈和名古屋圈则停止了人口过度集中化的态势②。

鉴于此，近年来日本正努力推进东京大都市圈的改造，目标是建设“多核多圈”的分散型网络地域结构。具体做法主要是，在周边地区加强一批网络联系节点或枢纽的构建，以期形成若干自立性较强的小都市圈。同时提出，东京要弱化经济职能，适当恢复居住职能，以减少日趋膨胀的通勤交通量，并抑制东京通勤圈的不断向外扩张，改善城市生态环境。

（三）“过疏”现象及问题

20世纪50年代后期，伴随着战后日本经济的复苏，工业化和城镇化步伐不断加快，大量农村人口迁入城镇。与三大都市圈人口高度集中的态势相对应，日本的一些农村地区出现了人口急剧的大量外流现象，学者们以“过疏”对其进行界定。“过疏”一词的最早提出是在1966年3月，日本经济审议会地域部《中间报告》中首次使用。《中间报告》指出，在日本经济高速发展进程中，“无论是民间部门的地域动向，还是人口的地域移动，都呈现出强劲的由后进地域向先进发达地域快速流动的趋向。这一流向虽然反映了经济社会向更高水准发展变化相适应的过程，但同时这一经济的地域发展变化也引发了无数的地域问题”③。以日本那贺郡弥荣村为例，“从1960年至1965年5年间，全村人口减少了1842人，约占全村人口的1/3，全村的户数也由1176户减至917户，其中，举家离村者达144户，共502人”④。

日本厚生省人口问题研究所也较早地对日本各大行政区域之间人口迁移的构成展开了研究。他们把迁出地与迁入地划分为大都市地区（三大都市圈）与非都市地区（除三大都市圈以外地域）两类，从而可进一步将迁移活动分为四类：由大都市地区迁往非都市地区、大都市地区之间的迁

---

① 社团法人，日本经济调查协议会：《转型期的日本》（提案集），平成4年版，第544页。

② 田毅鹏：《地域社会学：何以可能？何以可为？——以战后日本城乡“过密—过疏”问题研究为中心》，载《社会学研究》2012年第5期，第184-203页、第245页。

③ 矢田俊文：《国土政策与地域政策：探索21世纪的国土政策》，东京·大明堂，1996年版，第6页。

④ 内藤正中：《过疏和新产都》，今井书店，1968年版，第29页。

移、由非都市地区迁往大都市地区及非都市地区之间的迁移。从1954年起，非都市地区迁往大都市地区的比重在四类迁移中始终占据首位，并在1961年到达顶峰为37.4%，至1966年降至30.9%，仅次于大都市地区之间迁移的比重31.1%。截至1983年，由非都市地区向大都市地区的迁移占总迁移量的24.8%，高于大都市区迁往非都市地区所占的22.2%与非都市圈之间21.4%的迁移比重。由此可见，大都市地区对非都市地区的人口仍然具有相当大的吸引力，由非都市地区向大都市地区的迁移活动仍在持续①。

乡村的过疏化，不只带来人口数量的锐减，也严重地影响到人口的质量。大量青壮年流出，劳动力缺乏，使得过疏地域大片耕地“撂荒”。同时，留守人员大部分为没有掌握先进农业耕作技术的人口，农业生产效率难以提升。过疏地区留守的老年人与儿童，地域活性不足，地方自治制度难以为继，甚至名存实亡。

## 二、“过疏”对策与实施效果

### （一）通过立法加强基础设施建设

1968年，在岛根县知事和县议会议长的倡议下，日本成立了由20个县知事参加的“过疏地域对策促进协议会”和“全国都道府县议长会过疏对策协议会”，进而又成立了由28个县198位众、参两院议员参加的“过疏地域对策自民党国会议员联盟”。此后，以此三个团体为中心，展开了“过疏地域振兴法制定促进运动”，这标志着日本过疏对策的开始②。1970年，日本政府率先制定并颁布了《过疏地域对策紧急措置法》，此后每十年修订并更名一次，一直实施至今。该项立法主要包括四个方面：一是通过改善本地农林渔业经营、引进外来企业、开发本地特色旅游项目等措施以振兴当地产业，增加就业机会；二是着力加强交通设施与通信设施建设，确保过疏地区与其他地区之间保持紧密联系；三是提供养老保障、改善教育条件、完善各项福利政策，保障居民生活的正常运行；四是通过核心村落的整备和培育适度规模的村落，重新调整地区的社会结构。

① 张恺悌：《战后日本的国内人口迁移》，载《人口与经济》1987年第1期，第48-53页。

② 田毅鹏：《20世纪下半叶日本的“过疏对策”与地域协调发展》，载《当代亚太》2006年第10期，第51-58页。

但是有学者认为，虽然该项立法的目标具有多样性，但在实际实施过程中，无论是国家财政投入资金，还是通过地方政府发行“过疏债券”募集的资金，重点都用于道路、港口和通信设施的建设，而没有采取有力措施来促进产业振兴①。结果导致过疏地区的产业结构并未发生很大变化，道路和通信基础设施的优化建设反而加速了年轻人向大城市的迁移。至于作为过疏地域主要产业的农业和林业，则更加缺乏技术和资金支持，自身步履维艰更不必说为过疏地域创造经济价值，因此，认为通过公共事业投资拉动过疏地域的发展无异于饮鸩止渴，短期内可能会带来一部分就业机会，但长久以来只会使得当地经济过度依赖基础设施的建设投资，而缺乏特色产业的发展，一旦投资减少，当地经济便会陷入困境。这些是日本治理“过疏”过程中存在的不足及需要引起注意的地方，对“空巢村”问题解决具有重要的借鉴意义。

（二）借助外部投资发展本地产业

过疏地域由于自身区位条件不佳，往往难以吸引外界的投资，因此为发展本地经济，当地政府常采用“产业致诱”（即招商引资）的方式，为企业提供优惠条件来获取外部资本的入驻。20 世纪 60 年代以来，几乎所有地区都在采取这种开发模式。但是由于各地具体环境、资源状况不一，并非都适合引进现代化企业，除一部分被中央政府划定为产业转移的地区之外，大部分位置偏僻的地区都未能通过这种方式实现地区的工业化和经济发展，甚至有些建成的工业用地毫无用处而遭到废弃，道路等基础设施的改善只是推动了当地资源的外流。这样一来非但没有起到开发过疏地域的作用，反而浪费了大量人力物力。

课题组成员了解到，二十几年前，在福建与江西交界的赣南山区有些类似日本上述的情况。20 世纪 90 年代，在福建与江西两省交界的龙岩和赣南地区，江西方面提议两省修建一条跨省公路，但被福建方面拒绝，原因是福建方面担心公路修通后，福建的森林资源将可能被毁。笔者 1993 年在龙岩调研时，了解到与龙岩交界的江西一侧的森林资源确实在公路修通后大部分被毁坏，而福建一侧的龙岩辖区内的森林却保护得很好。因此，

① 胡霞：《日本过疏地区开发方式及政策的演变》，载《日本学刊》2007 年第 5 期，第 82-95 页，第 159 页。

这也证实了日本在治理“过疏”地区时所表现出的“道路等基础设施的改善反而推动了当地资源的外流”，而对“过疏”地区经济发展未起到良好的促进作用。

（三）“内涵式”发展治理“过疏”

在反省传统开发方式的基础上，一些学者开始提出“内涵式”发展模式。与“外生式”发展相对，“内涵式”发展是在充分考虑自身特点的基础上选择适合本地的发展道路，并且摒弃经济成长一元论，重视人的发展，强调当地居民在地域开发中的主人翁地位。经济学家宫本宪一把“内涵式”发展模式的要点概括为四个方面：一是地区内的居民要以本地的技术、产业、文化为基础，以地区内的市场为主要对象，开展学习、计划、经营活动；二是在环保的框架内考虑地区开发问题，追求包括生活舒适、福利、文化以及居民人权的综合发展目标；三是产业开发并不限于某一种相关产业，而是要跨越复杂的产业领域，力图建立一种在各个阶段都能使附加价值回归本地的地区产业体系；四是建立居民参与制度，地方政府要体现居民的意志，并拥有为了实现地区开发计划而管制资本与土地利用的自治权[①]。

纵观学者们的研究，可以将“内涵式”发展的要点归纳为三个方面：第一，过疏地域的人们要自发行动起来解决当地问题，而非过度依赖政府的扶持和外部资本的投资。第二，在尊重当地生态环境的基础上，借助先进的技术手段对固有资源和传统文化进行再造和创新，以发挥更大的价值。第三，推进“内涵式”产业体系建设的方法，一是根据现代社会需求变化的趋势，发展壮大现有的产业，特别是与区域内生态环境和自然资源相适应的农林业和旅游业；二是要与当地居民生活以及现有产业配套，利用本地资源和技术，依靠本地的资金和管理经营能力促进地域发展。

（四）直接补贴扶持农业发展

大部分的过疏地域自然条件较为恶劣，山区地形不利于耕作，农业生产成本高。但是，在这些地域农业却肩负着双重重任，除了供给生活必需的农产品之外，还具有保持水土、防灾减灾的外部经济效应，因此对过疏

① ［日］宫本宪一：《环境经济学》（朴玉译），上海·三联书店，2004年版，第66页。

地区的农业予以扶持是十分必要的。1999 年底，日本政府正式公布了对丘陵和山地地区的农业补贴政策，在众多补贴类型中，选取了直接补贴的形式扶持过疏地区的农业发展。

补贴对象是过疏地区振兴法、搞活特定农村及山区等八部相关法律和政策划定区域内农业生产条件差的农地，补贴依据为土地的倾斜度。规定稻田的倾斜度在二十分之一以上，旱地在 15°以上的为陡坡地；稻田倾斜度在一百分之一以上，旱地在 8°以上的为缓坡地。依据类型发放相应的补贴金额。属于陡坡地的稻田和旱地，政府分别给予每 10 公亩 21000 日元和 11500 日元的补贴，而缓坡地的稻田和旱地，相应的补贴金为每 10 公亩 8000 日元和 3500 日元。

日本 1995 年加入 WTO 后（1955 年加入“关贸总协定”），受到该组织内农业协定的限制，对本国农业补贴方式进行了调整。在“绿箱”政策允许的范围内选择具体的补贴形式，其中最重要的表现就是由“价格支持”向“收入支持”转变。针对山区、半山区的农业补贴就是一种典型的收入支持，其目的在于弥补不利的自然条件给农民带来的生产成本上的额外投入，从而调动农民从事农业生产的积极性。

而对于此项政策的实施成果，日本政府在 2004 年对 3000 个接受补贴的村落协定责任人进行了问卷调查。结果显示，85%的人肯定了直接补贴的政策对农业生产活动的促进作用，但也有人指出政策存在着一些缺陷。速水佑次郎认为，直接补贴政策并没有认真考虑到机会成本问题，比如将山区的稻田改为最适合日本自然环境的阔叶林同样可以达到水土保持的效果，而耗费的成本或许会更低。对于通过签订村落集体协定的方式来实施直接补贴，他认为会增强村落的约束力，从而限制有能力的农户创新。而且要从根本上解决山区半山区农业问题，不应单纯依靠政策帮扶，而应该根据山区自然条件的特点和优势，探索适合本地的生产技术，调整种植结构和经营方式，开展基于本地优势资源的多种经营①。

### （五）乡村的撤并与重建

日本在应对“过疏化”时，最经常采用的方法是撤销“过疏化”的乡

① 胡霞：《关于日本山区半山区农业直接补贴政策的考察与分析》，载《中国农村经济》2007 年第 6 期，第 71-80 页。

村，对村落进行合并。即通过行政手段，对那些因人口外流严重，已经难以正常维持运行的村落实施迁徙与整合，形成新的中心村落居住区。合并后的村落人口密度大大增加，节约了政府的管理成本，提高了规模效益，同时也为村民自治创造了有利的条件。

日本行政区分为三级架构，全国分为1都（东京都）、1道（北海道）、2府（大阪府、京都府）和43个县（省），每个都、道、府、县下设若干个市、町/村①。作为地方公共团体的市町村基层政府承担了许多行政事务，包括设置与管理初级中学，承担消防工作、提供社会福利与卫生保健等。对村落实行撤并，可以有效防止资源浪费，更好地集中进行基础设施建设。同时，也可以避免无人行使民主自治权利的尴尬局面，从而有利于町村的发展。但也有学者指出，“过疏化”村落基本上是由留守老人、妇女、儿童等弱势群体构成的，其抗风险和持续性发展的能力较弱。所以政府合并村落的政策选择应该格外慎重，以避免产生雪上加霜的意外后果②。

## 三、日本“过疏”对策对“空巢村”治理的直接启示

### （一）明确“空巢村”界定标准

近年来，伴随着我国经济社会的迅猛发展，工业化城镇化步伐大大加快，大批具有较高素质的农村青壮年劳动力由农村向城镇迁移，使得一些农村地区人口锐减，只剩下老幼妇孺留居村内勉强维系生活。这种现象与日本的“过疏化”极为相似，学者们将出现这些现象的村庄称为“空巢村”。对于“空巢村”的概念，国内学者没有形成统一的定义和界定标准，而一般则认为是大量青壮年劳动力永久性或暂时性地向城市迁徙，致使村庄常住人口数量锐减的村庄③。这就给“空巢村”治理特别是相关政策的执行带来困难。一般而言，“空巢村”是以村庄居住的人口占原村庄总人口的比重作为界定的标准，但这也给政策实施带来疑惑，因为存在诸多可

① 王乾、朱喜钢：《日本城市化进程中的町村发展对浙江小城镇发展的启示》，载《小城镇建设》2009年第5期，第89-93页。

② 田毅鹏：《村落过疏化与乡土公共性的重建》，载《社会科学战线》2014年第6期，第8-17页。

③ 彭迈：《“空巢村”现象对新农村建设的影响》，载《中州学刊》2007年第3期，第125-127页。

变因素。如有的村庄留守人口很少，但很多是“候鸟式”人口，也有的村庄候鸟式人口不多，但村庄的房子质量很好，也没有显现出被废弃的迹象，很多是外出务工人员为将来回乡养老而建的。所有这些状况，均为“空巢村”治理及实施撤并、调整带来巨大的界定难题。

而日本的过疏标准早已有法可依，1970 年，日本政府颁布并实施了《过疏地域对策紧急措置法》，该项法案中规定凡符合下列两项条件的町村均被指定为过疏地区：1960—1965 年人口减少 10%以上（此后这一比例被调整至 20%）；近三年的平均财政力指数低于全国平均值。此后每十年对这一过疏化指标进行调整，以使其更符合现实情况。我国“空巢村”治理工作的开展必须首先明确治理对象，尽快制定“空巢村”衡量指标，才能使政策有针对性地落实到位。

（二）探索成因分类治理

“空巢村”的数量庞大，但是其成因千差万别，只有抓住最本质的原因，才能制定出相应的治理对策。自然条件是影响“空巢村”人口迁移的一大重要因素，有些地域资源匮乏、环境恶劣，农业生产条件差，农民难以从中获取相应的经济效益而向大城市迁移，寻求更多的就业机会和更高的经济收入，此类地域“空巢村”的出现是城市化进程的必然结果。因此，在这类“空巢村”中，不适宜进行大规模的投资建设，而应从维持当地留守居民的正常生活出发，为其提供必要的保障措施，对于确实生计难以为继的地方，可考虑实行易地搬迁。另外一些占据特色资源优势却尚未开发的地域，则应区别对待，进行乡村振兴。可借鉴日本“内涵式”发展思路，考虑“空巢村”自身特点，挖掘当地优势进行发展。所谓特色产品可以是名胜古迹，也可以是民谣、歌舞或有形的物产等，根据各自特色选择适合的发展路径实施开发。同时，要注意配套公共基础设施的建设，摒弃唯经济论，重视人的发展，强调当地居民在地域开发中的主人翁地位，建立居民参与制度；地方政府管理也要体现居民意志，给予村庄居民一定的自治权。

# 第二节　基于易地搬迁的人口再分布策略

## 一、易地搬迁的可行性评估

### （一）资金扶持

在“空巢村”易地搬迁的过程中，首先应对资金的筹集与使用进行可行性分析。与城镇周边地区或国家大型项目建设征地不同，“空巢村”的整体搬迁或集聚发展往往缺乏必要的资金支持；政府在倡导易地扶贫的过程中，也存在筹资困难等现象，不能为易地搬迁提供充足的经济支持[①]。因此，政府应妥善解决“空巢村”易地搬迁中的资金问题，首先，对需要搬迁的“空巢村”进行评估，明确搬迁过程中可能存在的各项资金利用需要并加大搬迁的宣传力度。其次，政府可以拓宽易地搬迁的筹资渠道，除了加大政府的财政投入力度外，还可以寻求企业、个人等社会团体的帮助，使资金的筹集方式更加多元化。最后，政府可以通过退耕还林、生态补偿等方式缓解“空巢村”经济困境，促进其进一步优化与发展。除此之外，“空巢村”可以因地制宜发展适合地区种植的农作物、蔬菜、水果等食物，通过与发达地区学校、企业食堂等部门的合作，促进农民创收增收，缓解“空巢村”的经济危机[②]。

### （二）因地制宜

“空巢村”在易地搬迁过程中应对各类村落进行科学的考察与评估，避免“一刀切”的做法。针对交通闭塞、自然灾害频发、生存条件较差的严重贫困地区，可以通过脱贫攻坚政策的扶持广泛组织“空巢村”易地扶贫搬迁。针对限制大规模开发的生态保护区，可以采用退耕还林的方式，组织生态宜居搬迁[③]。针对自然条件尚可，经济发展存在明显短板的贫困

---

① 宋安平：《湖南易地扶贫搬迁的成效、问题及政策研究》，载《湖南社会科学》2018 年第 5 期，第 126-133 页。

② 王春蕊：《易地扶贫搬迁困境及破解对策》，载《河北学刊》2018 年第 5 期，第 146-151 页。

③ 侯顺斌：《易地搬迁社区重建：问题与重建进路》，载《兰州文理学院学报》（社会科学版）2017 年第 4 期，第 63-69 页。

地区，应以补齐短板为重点，通过修建公路、发展特色农林产品等方式解决其经济发展瓶颈。有些地区村民居住较为分散，改善基础设施建设的做法成效不大，可采取农村集聚发展搬迁等方式，向邻近发展状况较好的村庄集聚。有些地区人文历史悠久，则应以保护为主，通过改造老旧房屋，增建旅游设施，发展旅游文化的方式，带动区域经济发展。在宜居的多山地区，采取集聚为主的方式，在不宜居的多山地区，采取下山搬迁的方式①。

（三）尊重村民的搬迁意愿

在是否搬迁选择上，政府应尊重村民的搬迁意愿，制定相应的搬迁扶持政策，鼓励贫困山区的村民下山安家。对需要整体易地搬迁的村庄，首先应取得大多数村民的同意；其次应在全村范围内进行搬迁公示，主动落实各项补偿措施。目前，许多地区试行了“双置换”工作（即以农村宅基地置换城镇住房，以农村承包地的经营权换取城镇社会保障）并取得了一定的成效，各地可以在城乡规划建设用地外选择合适的区域作为安置区，由农民以户为单位提出“双置换”书面申请，再以组为单位商定整体置换方案，由乡镇审核后报批②。

## 二、易地搬迁或集聚发展的原则

易地搬迁或集聚发展应遵循以人为本，因地制宜，统筹规划，逐步推进的原则，切实保障村民权益，维护村民利益，促进“空巢村”的良性发展。

（一）以人为本

以人为本即坚持农民的主体地位。“空巢村”的改善首先应当尊重农民的主体意愿，切实发挥农民的主体作用，充分调动搬迁农民的积极性、主动性、创造性。在易地搬迁的过程中要把维护农民根本利益，促进村落共同富裕作为搬迁工作的出发点和落脚点，不断改善农民的居住状况和工作条件，为农民提供行之有效的社会保障接续措施。其次，要帮助农民转

① 郭敬：《科层博弈中地方扶贫金融创新与风险管控——以中国首只“易地扶贫搬迁项目收益债券”为例》，载《农业经济问题》2017年第3期，第98-108页。

② 罗玉辉：《“三权分置”下中国农村土地流转的现状、问题与对策研究》，载《兰州学刊》2019年第2期，第166-180页。

移就业，切实提高农民的收入与生活水平，不断提升农民的获得感、幸福感、安全感。最后，农村居民点的迁建和村庄撤并，必须尊重农民主体意愿并经村民会议同意，不得强制要求农民搬迁，对于不愿意搬迁的农民，政府也应出台相应措施保障其基本生活需要①。政府应加大搬迁工作的宣传力度和社会保障力度，切实保障村民自身利益，争取让农民成为土地流转和规模经营的积极参与者与受益者，避免走弯路或引发社会不稳定。

（二）因地制宜

因地制宜就是要综合考虑各地实际情况，全面打造适宜村落发展的最优方案。“空巢村”在易地搬迁的过程中要顺应小城镇发展规律及演变趋势，不断优化城镇格局，促进城镇化的有序发展。对于生存条件恶劣、生态环境脆弱、自然灾害频发的村庄，可通过易地扶贫等措施对其进行整体的搬迁与撤并；对于居住过于分散，基本公共服务难以全面布局的地区，则应着重考虑居民点的撤并与整合②。除此之外，政府应综合考虑不同地区的发展状况、区位因素、资源禀赋，通过集聚提升、融入城镇、特色保护、搬迁撤并等思路分类推进，因地制宜地改善地区经济状况及发展条件。对于有地区特色，适宜发展农业、种植业的地区，可以通过农业现代化和机器大生产的方式促进其优化升级。

（三）统筹规划

统筹规划即强化土地空间规划的指导与约束作用，统筹自然资源的开发利用及修复保护，针对不同地区采取不同的土地利用方式，完善地区功能的分化与重组。统筹规划首先应科学划定生态用地、农业用地、林业用地、城镇用地等功能分区，并准确把握生态保护红线、永久基本农田、城镇开发边界等主要控制线，按照不同主体功能区域的定位，开展资源环境承载能力和国土空间开发适宜性的评价。其次，应切实保障主体功能区战略在县乡层面的精准落地，健全不同主体功能区的差异化协同发展机制，实现山水林田湖草区域的整体保护与系统修复③。对于搬迁撤并后的村庄

---

① 朱婷、何得桂：《摆脱贫困：西部地区易地扶贫搬迁质量提升机制研究》，载《特区经济》2018 年第 5 期，第 43-46 页。

② 赵双、李万莉：《我国易地扶贫搬迁的困境与对策：一个文献综述》，载《社会保障研究》2016 年第 2 期，第 106-112 页。

③ 周昊文：《乡村振兴视域下村规民约的困境及出路探析》，载《学习论坛》2017 年第 3 期，第 80-85 页。

原址，也应因地制宜进行复垦或还林，增加乡村生产生态空间。最后，应加强城镇化发展过程中的改革创新，以乡村振兴运动带动乡村高质量发展，促进城市高效率发展。

（四）逐步推进

“空巢村”在搬迁过程中要有明确的搬迁计划，既要加大政策扶持力度，加强典型示范引导作用；又要因地制宜、循序渐进，逐步推动“空巢村”项目的改良与优化。政府应明确搬迁工作的方向，避免出现强迫命令、瞎指挥等现象。首先，应对拟搬迁村庄进行严格的监管与把控，避免为获取补偿款而出现的新建、扩建活动。其次，要统筹考虑拟迁入地的基础条件及公共服务设施建设，促进拟迁入地农业适度规模经营与劳动力转移相适应，尽量避免因“空巢村”迁入产生的各种社会问题。最后，应坚持村庄搬迁与新型城镇化、农业现代化相结合，综合考虑迁入地的居住环境，选择合适区域进行安置，避免新建孤立的村落式移民社区。

## 三、易地搬迁的政策支撑体系构建

（一）政策支撑体系构成

易地搬迁是一项时间长、任务重的系统工程，涉及多个主体的切身利益，需要各主体间的统筹规划与协调合作。浙江省在美丽乡村建设中曾提出“六位一体”的政策规划，这对解决多山地区“空巢村”易地搬迁工作具有一定的指导意义，其政策支撑系统也可以围绕这六个方面展开。

1. 规划先行

由于各地在生态环境、自然资源、人文历史方面均存在一定的差异性，其发展阶段与发展趋势也各不相同。在“空巢村”易地搬迁的过程中，要综合考虑发达地区与欠发达地区的差别，多山地区与丘陵地区的差别，要根据考察结果做好符合迁出地和迁入地实际情况的搬迁规划①。

易地搬迁首先应考虑迁入地道路交通、居民住房、水资源采集等基础设施建设，其次应充分考虑地区产业发展、社会事业管理、生态环境保护等状况。迁入地人口增加可能会导致当地自然资源或公共服务的争端，新

① 张瑞娟：《易地搬迁脱贫的实践经验与对策选择——以陕西省白河县仓上镇灯塔村为例》，载《中国发展观察》2015年第Z1期，第119-121页、第126页。

迁入人口一方面影响着迁入地原有的劳动力市场[①]；另一方面也对迁入地的社会融合提出了新的挑战。因此，政府应妥善处理好迁入地的资源环境问题，做好迁入农户的社会融合与社会保障。与此同时，在“空巢村”易地搬迁的过程中，也应合理规划迁出地的土地复垦和资源开发，促进“空巢村”生态环境的良性运转。

搬迁规划的制定应充分考虑专家、乡镇干部、迁入地与迁出地群众的意见，广泛征集各主体意见提高搬迁规划的合理性与科学性。在搬迁过程中，也可借鉴已迁移地区的先进经验，做到具体问题具体分析，妥善解决各个环节可能遇到的困难[②]。搬迁规划制订后，应坚持其主体地位，防止因人事变动或其他因素造成的搬迁搁置或资源浪费。除此之外，搬迁规划应以产业发展为重点，以要素自由流动为动力，以治理有效为基础，以生活富裕为根本，以生态宜居为目标，从而健全城乡产业融合发展，促进城乡生产要素合理配置，完善城乡公共服务均等化，缩小城乡居民收入差距，促进城乡生态文明体系建设。

2. 优化基础设施建设

基础设施是保证地区生产生活正常运行的重要前提，基础设施建设不仅与生态环境息息相关，同时也影响着区域经济的完善与发展。基础设施主要包括道路交通、基础通信、用水排污、基础用电、垃圾处理等方面，良好的公共基础设施是吸引人口迁入的有效拉力，同时也是产业经济发展的必要因素。与城市相比，我国多山地区的公共服务及基础设施建设均较为薄弱，甚至缺乏必要的用水渠道与公共交通网络。因此要以改善农民生产生活，发展乡镇社会事业为出发点，结合“小城镇发展”及“乡村振兴战略”建设，将基本设施的增量用于农业和乡村开发，推动城市基础设施向小城镇延伸。

在基础设施建设的过程中，首先，要对迁入地原有公共服务进行统一排查，改善老旧破损的公共设施，新建迁入地缺失的基础建设。其次，应广泛开展公共服务宣传教育，帮助居民妥善使用自来水、冲水公厕、清洁

---

① 於泽泉：《易地搬迁破解深度贫困的精准性及施策成效》，载《西北农林科技大学学报》（社会科学版）2017 年第 6 期，第 9-17 页。

② 彭玮：《当前易地扶贫搬迁工作存在的问题及对策建议——基于湖北省的调研分析》，载《农村经济》2017 年第 3 期，第 26-30 页。

能源。与此同时，政府要重点关注饮水安全工程建设，加快清洁能源的开发与利用，推动乡村公路的改造与建设。最后，政府应鼓励社会资本对基础设施领域的投入，建立和完善政府推动与市场推动相结合的多元融资环境。

完善的基础设施不仅是城市发展的重要基础，同时也是城市生活品质和城市文明的有效保障。政府在统一规划迁入地公共设施建设的过程中，应做到全面布局、重点突破。要考虑多山地区地理位置的独特性，在此基础上，完善多山地区铁路、公路、水运等交通运输项目建设，增添电力、煤炭、天然气等动力能源项目，增设通信、电信、信息网络等邮电通信设施。

3. 重视产业发展

迁入地的产业发展既是解决搬迁农民就业的重要途径，也是地区经济发展及农民致富的基础。在“空巢村”易地搬迁的过程中，首先，要以区域协调发展为出发点，仔细分析迁入地优劣及发展潜力，对迁入地实行符合区域发展的功能定位并最终确定迁入地产业布局。其次，应积极推动第一、第二、第三产业优化与升级，推动农业、精深加工业、现代流通业的协同发展，促进其地区产业链及价值链的延伸①。与此同时，也应鼓励迁入地自然环境与旅游、文化、康体等产业的有机融合，挖掘绿水青山、田园风光、乡土文化等资源的优势，打造特色休闲观光村庄和果蔬采摘基地②。除此之外，也可以推动农业与互联网、物联网技术的长效融合，发展“互联网+”农业项目，培育智慧农业、创意农业等新型产业业态，积极推进农村电子商务的发展。

产业发展应以各地自然环境为基础，有序开发当地特色资源，并引入适合当地生产条件的农林牧品种，发挥特色产业的优势③。在此基础上，迁入地可以创建特色鲜明、优势集聚、市场竞争力较强的农林产品优势区，完善优势区标准化生产基地的建设，促进其加工基地及仓储物流基地

---

① 黄震方：《新型城镇化背景下的乡村旅游发展——理论反思与困境突破》，载《地理研究》2015 年第 8 期，第 1409-1421 页。

② 王晓毅：《易地扶贫搬迁方式的转变与创新》，载《改革》2016 年第 8 期，第 71-73 页。

③ 丰凤：《欠发达地区“空巢村”治理与现代农业可持续发展研究》，载《长沙大学学报》2015 年第 6 期，第 9-11 页。

的良性运转，完善品牌与市场营销体系、质量控制体系的优化，形成特色农业产业集群。

当前，我国正在经历着快速的城镇化与新农村建设，农村发展空间巨大，发展机会较多，因此要注重发挥农村地区的环境优越性，推动适合区域发展的产业。“空巢村”在易地搬迁过程中，可以进一步优化迁入地产业集群的发展，以中小企业为主体，促进相关企业、研究机构、行业协会、政府服务组织集结成群①。产业集群发展既是行为主体的一种资源互动，也是市场催生的产业组织模式，是在分工基础上建立起来的竞争性配套与合作，具有产业链条长且人才集中等优势。许多多山地区具有独特的自然风貌与人文历史，可以通过产业集群效应，规划发展文化旅游产业，促进现代农业与服务业的长效融合，推动“空巢村”的良性运转。

4. 关注劳动就业与社会保障

就业是民生之本，社会保障是民稳之基。就业可以帮助搬迁的农民摆脱贫困，促进社会生产，社保则可以保证搬迁农民基本的生活需要，充当社会发展的“减震器”。在就业方面，政府首先应大力实施就业优先战略，着力构建就业市场、就业培训、就业援助、就业扶持、就业目标责任五个相互关联的体系。其次，应采取鼓励创业、促进就业的措施，通过了解迁入地就业情况成立就业创业中心，组织村民进行培训并帮助迁移农户实现再就业。政府可以广泛开展“山上建园区，山下建社区，农民变工人，精准促脱贫”的发展思路，将村民就业与易地搬迁紧密联系在一起，妥善处理农民的就业难题②。

在社会保障方面，政府应做好村民社会保障的转移接续工作。对于没有参加社会保障的村民，应鼓励其加入居民养老保险、医疗保险、失业保险等项目，保障村民基本的生活。土地是农民的重要保障，农民与土地分离则意味着农民生产生活的不稳定。迁入地应妥善解决搬迁农民的各项社会保障问题，解决其基本生活需要，促进搬迁农民的生活稳定③。在贫困

---

① 黄谦、张晓颖：《我国贫困地区生态补偿机制研究——基于武陵山地区的调研》，载《价格理论与实践》2014 年第 6 期，第 48-50 页。

② 刘彦随：《中国典型农区空心村综合整治模式》，载《地理学报》2010 年第 6 期，第 727-735 页。

③ 何良雄、朱怡橙：《空心村形成原因及治理措施探析——以农村城镇化进程为视角》，载《经济研究导刊》2011 年第 26 期，第 24-25 页、第 35 页。

认定方面，政府应充分了解村民的个人信息，着力解决贫困认定中出现的一系列问题，避免“假贫困”现象的产生。除此之外，要积极通过就业培训、增产创收、就业扶持等措施帮助贫困户精准脱贫。

5. 推动社会良性运转

优化迁入地区域良性运转包含迁入地经济、文化、政治、习俗等一系列社会生活的总体优化与发展。迁入地居民的增加一方面对资源环境造成了一定压力，另一方面则产生了一系列社会融合问题。在易地搬迁的过程中，政府应对迁入地人口数量、质量进行评估及预测，通过宣传、教育等方式提升人口结构素质。与此同时，政府应不断促进村民与迁入地生态环境的协调发展，促进迁入地地区的可持续发展。最后，要实现地区良性运行，需不断促进地区生产力的发展。

改革开放以来，党中央根据我国基本国情制定了“三步走”的发展战略，并一步步实现了从解决温饱到总体小康目标的实现，目前，我国社会发展的主要目标是全面建成小康社会。

多山地区“空巢村”是我国实现全面脱贫，解决发展不平衡的重要环节，因此要更加重视迁入地教育、卫生、文化事业的投入与发展，使移居的村民能够获得优质的公共服务。在社会文化方面，政府可以通过开展扫盲运动、老年大学、流动图书室等社区活动，提升地区文化水平。在卫生条件方面，社区可以开展社区医生、社区诊疗室等项目，促进迁入地卫生条件的改善。

6. 重视生态建设与保护

受过度开发的影响，多山丘陵地区的生态环境遭到了严重破坏，水土流失现象较为严重，从而导致各类自然灾害频发。恶劣的自然环境不仅会影响村民的生产生活状况，同时也会妨碍区域整体的发展。

在“空巢村”易地搬迁的过程中，可以通过退耕还林、退耕还草等方式修复其自然生态。我国亚热带湿润地区修复能力较强，人口迁出减少了迁出地无序开垦造成的人为破坏，一定程度上有利于当地生态环境的恢复。

现如今，许多风景优美的自然区都得益于媒介的推广与传播。“悬崖上的村庄”——南太行山郭亮村因其独特的地貌被旅游爱好者关注，现已成为著名的旅游文化景点；浙江安吉也得益于自身良好的生态环境大力发展农家乐，最终成为当地村民的重要收入来源。因此，在生态环境建设与保护过程中，可以加快多山地区自然风景区的开发与宣传，缓解多山地区的贫困状况与经济困境，不断促进多山地区自然环境与经济效益相结合，“绿水青山就是金山银山”正在成为现实。

（二）易地搬迁的目标设置

易地搬迁是一个各方相互关联的系统工程，其目的是要使“空巢村”的移民能够“迁得出，留得住，可兴业，能致富”。在搬迁过程中，首先应保证迁入村民的基本生活稳定。其次应促进迁入村民的增产创收与经济可持续发展，在提高村民生活水平的前提下，鼓励村民就业创业，最终促进迁入地社会的良性运转。

1. 迁得出

我国多山地区之所以出现“空巢村”，首先是由于其经济发展受到了自然资源的严重制约，农村劳动力无法通过生产维持其基本生活需要，加之交通不便、教育资源匮乏等因素，多山地区村民只能选择外出务工。在迁出地推力因素的影响下，年轻劳动力首先选择迁移到经济相对发达的地区，一旦有了稳定的收入，便会出现家属随迁的现象，并以此享受城镇较为优质的公共服务。与此同时，迁出地的老人、儿童则继续留守在农村，使得村落耕地荒芜，村落逐渐凋敝。

为了解决“空巢村”留守人群的贫困及生活问题，首先应保证多山地区具有适宜村民生活的迁入地，使留守人群可以“迁得出”。关于迁入地的选择，也应考虑距离、教育状况、公共设施等方面。针对整体易地搬迁的地区，政府应选择合适的聚集区，通过筹建新房、统一搬迁等方式，促进多山地区居民生活水平的提高。

目前，迁出地农民不愿意搬迁的主要原因是迁移资金的缺乏。为了提高农户的迁移意愿，首先应保证其宅基地、承包地的有序流转，使农户的土地通过流转转化为可靠的迁移资金。自 2010 年起，我国对农村土地、林地进行了一系列的确权工作，并延长其承包期，土地流转受到了一定范围的限制，因此要适当扩大流转范围①。与此同时，应尽快落实农业转移人

① 卢泽羽、陈晓萍：《中国农村土地流转现状、问题及对策》，载《新疆师范大学学报》（哲学社会科学版）2015 年第 4 期，第 114-119 页。

口市民化的政策，促进城镇建设用地增加规模与吸纳农业转移人口落户数量挂钩的政策，健全由政府、企业、个人共同参与的农民市民化的成本分担机制。

目前，全国人大通过的《土地管理法修正案（草案）》，允许土地所有权人通过出让、出租等方式交由单位或者个人使用。为我国集体土地上的非农开发及农村公租房建设创造了条件，有利于降低建房成本，促进迁移农民在城镇购房或租房。

2. 留得住

城镇地区较为优越的就业机会及公共服务是促使迁出地农民迁移的重要因素，为了使搬迁农户能够在迁入地安居乐业，政府应给予搬迁农户一定的资金支持，促进搬迁农户的生活稳定，并为其提供基本的社会保障。

在公共服务方面，首先，应使搬迁农户平等地享受迁入地的基本公共服务，享有就业、教育、医疗等公共资源。在促进搬迁农户稳定生活的同时，鼓励其增产创收。此外，应鼓励迁入地放宽落户条件，允许农业转移人口在就业地落户，增加教育资源供给，保障随迁子女接受义务教育的权利，给予农民随迁子女同样的教育机会。其次，要尽快将农业转移人口纳入城镇社区卫生服务体系，为其提供基本医疗卫生服务，扩大大病医保和城镇医疗保险的覆盖面。再次，应把进城落户农民纳入城镇社会保障体系，落实农村养老、医疗保险转入城镇后的转移接续工作，做到社会保障工作的“广覆盖”，保障迁入居民的基本生活稳定。最后，应把城镇落户农民纳入城镇住房保障体系，对符合条件的农户采取多种住房救济方式，给予其一定的住房补贴，满足搬迁农户基本的住房需求。

在社会融合方面，政府可以鼓励迁入地开展社区活动，完善村民档案，组织社区送温暖，不断加快当地居民与迁入农户的社会融合。社会融合的发展不仅有利于区域社会稳定与社会良性发展，同时也有利于地区影响力的扩大，从而有效促进地区经济发展。

3. 可兴业

就业是民生之本，离开了原有的承包地（林地），迁移者为维持生活需要，关键是要保障其就业权利及稳定收入。得益于多山地区奇特的自然环境，迁入地区可以发展有特色的农林产业及其深加工产业，利用当地优势吸引区域外资本，发展有比较优势的加工业和文化旅游产业。

首先，迁入地应发展符合当地生产条件的优势产业，发展壮大县域经济布局，加快培育区域特色文化，拓宽农民就业空间①。其次，迁入地要加快引进能广泛吸纳就业的产业，结合新型城镇化建设引导产业梯度转移，创造适合农户转移就业的机会，推动农村转移就业示范基地建设。再次，迁入地要加强与发达地区的劳务协作，积极开展有组织的劳务输出，实施乡村就业促进行动，大力发展乡村特色产业，推动乡村经济的多元化发展，为农户提供更多的就业岗位。最后，迁入地应结合农村基础设施建设，鼓励采取以工代赈的方式吸纳农户。

与此同时，迁入地要有序开展公共就业服务及职业技能培训。政府部门需收集现有岗位信息并及时发布，加强地区就业政策的宣传与传播，为农户提供免费的咨询与考核，消除就业歧视，全面落实地区就业创业政策。同时，还应充分利用城镇的教育资源，推广迁入地短期技能培训及长期职业教育，增加农村转移人口专业技能培训的针对性、有效性及实用性，从而帮助更多的迁移农户向高层次、高收入岗位转移就业，不断提高迁移农户的就业质量及劳动报酬水平。

4. 能致富

为了提高迁出农户的收入水平及生活满意度，政府需大力扶持迁入地经济社会发展，满足迁入地生产生活需要，增强农村转移人口对城镇生活的认同感。无论是易地脱贫还是集聚搬迁，最根本的目的都是改善城乡居民生活环境，提高居民生活水平。因此，易地搬迁过程中，也应坚持市场、政府、农民三者之间的统一，拓宽产业发展新渠道，挖掘产业建设新潜力，培育经济发展新动能，促进城乡居民收入差距的缩小。

在完善“空巢村”易地搬迁的过程中，首先应增加迁移人口的工资性收入，使农村居民实现非农化就业，鼓励返乡农民工积极创业，扩大农民的就业机会，发挥农民增收主渠道的作用。其次要挖掘经营性收入增长潜力，以创业带动就业，为其他农民创造更多工资性收入，加快实施农村创业富民行动计划，积极落实各类创业扶持政策，带动农民就业增收②。再

---

① 陈杰、苏群：《土地流转、土地生产率与规模经营》，载《农业技术经济》2017 年第 1 期，第 28-36 页。

② 杨淑琼、刘河元：《“空巢”村农民主体缺位与农村劳动力转移》，载《农业现代化研究》2009 年第 3 期，第 325-328 页。

次应释放财产性收入增长红利，大力发展农村劳务合作社、民宿合作社、休闲观光农业和乡村旅游合作社等股份合作经济组织，拓展新型集体经济发展路径，支持集体经济组织抱团、联合、易地发展，做大做强富民载体，让广大农民获得稳定分红收入。最后应拓展转移性收入增长空间，坚持“全覆盖、多层次、保基本、可持续”的方针，建立健全社会保障托底网络，推进城乡居民养老保险全覆盖，完善城乡低保制度，完善城乡统一的基本医疗保险和大病保险制度。

### （三）制度选择与权益保障

#### 1. 制度选择

##### （1）完善农村土地利用制度

对农民而言，土地是重要的生活来源，农民的迁移意愿与土地流转制度息息相关。目前，我国对农村土地流转采取“完善‘三权’分置的制度”，二轮土地承包期到期后可按照规定再延长 30 年，这对稳定农业经营、促进农村农业发展具有积极意义[①]。因此，在促进“空巢村”易地搬迁的过程中，要依法维护进城落户农民的土地承包权、宅基地使用权、集体收益分配权，尊重进城落户农民土地转让的主观意愿。

当前，户籍变动政策要求农民与农村“三权”脱钩，但不应以强制手段要求农户退出“三权”，要通过柔性政策促使有条件的农户安心落户城镇。在搬迁过程中，要坚持依法、自愿、有偿的原则，以农民为主体，通过政府政策的扶持与引导促进市场资源配置。土地经营权流转不得违背承包农户意愿、不得损害农民权益、不得改变土地用途、不得破坏农业综合生产能力和农业生态环境。

为了提高农户的落户意愿，现有土地制度应当作出一定调整。随着迁移人口的增加，农村剩余人口大幅度减少，土地保障功能不断下降。当前土地政策过于强调稳定性，难以转让且年限较长，缺少合理的退出机制，应着力解决土地转让的边界问题。当前土地流转仅局限于村落内部，转让范围较小且土地定价困难，因此应进一步完善土地的财产属性[②]。

---

① 史常亮：《农户土地流转收入效应的异质性分析》，载《学习与实践》2015 年第 3 期，第 37-46 页。

② 龙花楼、李裕瑞、刘彦随：《中国空心化村庄演化特征及其动力机制》，载《地理学报》2009 年第 10 期，第 1203-1213 页。

首先，应健全土地承包登记制度，建设起方便群众查询，利于服务管理的土地经营权信息应用平台。厘清土地权与身份权之间的关系，进一步推进城市土地和农村建设用地挂钩的机制，通过农地置换解决进城农民工的住房问题。在此基础上，可以鼓励承包农户依法采取转包、出租、互换、转让及入股等方式促进承包地和林地的流转；鼓励有条件的地区制定相应的扶持政策，引导农户承包地的长期出租并以此促进其转移就业；鼓励农民采取互换并地的方式解决承包地碎片化问题，在同等条件下，集体经济组织成员享有土地流转优先权，但也应允许村外、乡内、县内的村民和企业及社会资本参与土地的承租与开发。土地承包经营权属于农民家庭，土地是否流转、价格如何确定、形式如何选择，应由承包农户自主决定，流转收益应归承包农户所有，流转期限应由流转双方在法律规定的范围内协商确定。

其次，要加强土地流转的管理与服务。有关部门应制定合理的流转市场运行规范，加快发展多种形式的土地经营流转市场，依托农村经营管理机构健全土地流转服务平台，完善县乡村三级服务和管理网络，建立土地流转监测制度，为流转双方提供信息发布、政策咨询等服务。

农村盘活土地流转，不但可以促进土地规模化种植和集约化经营，还可以提高土地使用效率，避免撂荒，是农业发展的必然趋势。农民可以将承包经营权出租给公司或个人，并从中收取一定的租金，也可以通过土地入股等形式获取一定分红。土地承包人依照农村土地承包法的规定，有权将土地承包经营权采取转包、互换、转让等方式流转，流转的期限不得超过承包期的剩余期限，未经依法批准不得将承包地用于非农建设。

最后，要继续扶持农户发展农业、林业生产，重点培育从事专业化、集约化农业生产的家庭农场，使之成为引领适度规模经营、发展现代农业的有生力量。集体经济组织要积极为承包农户开展多种形式的生产服务，通过提供统一服务降低生产成本，提高生产效率。有条件的地区应根据农民意愿统一连片整理耕地，将土地折股量化、确权到户，经营所得收益按股分配，也可以引导农民以承包地入股组建土地股份合作组织，通过自营或委托经营等方式发展农业规模经营，结合实际不断探索和丰富集体经营的实现形式。

（2）盘活农村存量建设用地

盘活农村存量建设用地即完善农民闲置宅基地和闲置农房政策，探索宅基地所有权、资格权、使用权“三权分置”。在“空巢村”易地搬迁过程中，应落实村落宅基地集体所有权，保障宅基地农户资格权和农民房屋财产权，适度放活宅基地和农民房屋使用权。在符合土地利用总体规划的前提下，应允许县级政府通过土地利用规划调整村庄布局，有效利用农村存量建设用地①。

全国人大讨论通过的《中华人民共和国土地管理法修正案（草案）》规定：征收农村村民住宅要按照先补偿后搬迁、居住条件改善的原则，尊重农村村民意愿，采取重新安排宅基地建房、提供安置房等方式，保障其居住权，并将被征地农民纳入相应的养老等社会保障体系。土地管理法草案探索宅基地自愿有偿退出机制，鼓励进城落户的村民依法有偿退出宅基地。

通过深化农村产权制度改革，可以全面激活农村各类资源，尽快打通“资源变资产、资产变资本”的渠道，实现农村资源的资产化、资本化与财富化，为农民持续稳定增收开辟新的渠道和来源。

（3）为搬迁居民提供多样化的选择

“空巢村”易地搬迁是指整个区域间的人口迁移，在迁移过程中，政府应给予村民更多的选择权，允许其出让住宅和承包地的经营权，从而获取一定的经济补偿。等价置换对农民而言操作简单，农民可以选择购买商品房来弥补自己的损失。对于物质基础薄弱的地区，则可以采取“双置换”。政策运行应当充分尊重农民土地承包权和宅基地权益，探索农民自愿退出宅基地及承包地后的回购、置换措施。与此同时，也可以为迁移农民提供经济适用房或廉租房、子女免费义务教育、城镇最低生活保障等措施，多方面保障农民的生活权益②。

开展农村“双置换”政策是深化农村改革、破除二元结构、节约土地利用、推进城乡统筹发展的重要举措。首先，农村“双置换”政策应由农

① 李伯华、曾菊新、胡娟：《乡村人居环境研究进展与展望》，载《地理与地理信息科学》2008年第5期，第70-74页。

② 彭迈：《农村劳动力转移后“空巢村”的隐忧与治理》，载《经济与管理研究》2008年第4期，第49-53页。

民自主申请，并选择相应的房屋补偿方式及社会保障方式。实施“双置换”政策，必须保证土地利用总体规划中耕地和基本农田数量不减少，提高农业规模化经营水平，实现节地水平和产出效益双提升[①]。其次，实行“双置换”政策应注重住房补偿置换与国有土地房屋征收标准的接轨，同时注重社会保障制度与被征地农民保障水平之间的衔接。目前，地方政府多采取统一建造居民区，为农民搬迁居住提供场所的做法。在被纳入搬迁户时，地方政府会根据当地平均价格对村民原有居所进行估价，之后将其与安置房价格进行对比，如果原居所价值高于安置房，农民则可以在免费入住安置房的基础上获得一定的差价补助。如果原有居所价值低于安置房，那么农民需对其进行补差价，没有一次性支付能力的农户，可以选择贷款等方式。如果农民选择现金补偿，则不需要迁入安置地区，可根据当地政府划分的区域自建房屋或利用补偿款另行购买商品房。除此之外，村民在进行集体搬迁的过程中，仍可以保留农村户口，并继续享受国家对农户的政策补贴。

2. 迁出农民的权益保障

（1）购房落户

在购房落户方面，首先应对村民进行摸底调查，了解迁入村民的基本信息，通过调研状况制定适宜的补贴措施，推动农民集中居住路径和操作方法的改善。针对有一定经济基础的村民，可以采取政府补贴等方式帮助其购置商品房；针对较为贫困的村民，则可以采取提供安置房的方式免费供其居住，但产权归政府所有。

在农民建房问题方面，要明确政策方案，完善农村村民建房管理的有关规定。在宅基地置换方面，应重点完善宅基地置换政策，制定宅基地平移措施，明确宅基地归并的范围和标准，激活农村土地生产要素。除此之外，政府应鼓励安置房的建设与开发，在商品住房等开发项目中配套建设安置住房的，按安置住房建筑面积占总建筑面积的比例计算应予免征的安置住房用地相关的契税、城镇土地使用税[②]。

① 刘彦随：《中国东部沿海地区乡村转型发展与新农村建设》，载《地理学报》2007 年第 6 期，第 563-570 页。

② 徐勇：《挣脱土地束缚之后的乡村困境及应对——农村人口流动与乡村治理的一项相关性分析》，载《华中师范大学学报》（人文社会科学版）2000 年第 2 期，第 5-11 页。

（2）构建平等的就业权利

首先，要形成平等竞争、规范有序、城乡统一的人力资源市场，建立健全劳动者平等就业、同工同酬的政策规定，提高城乡收入水平。其次，应健全人力资源市场的法律法规体系，依法保障农村劳动者和用人单位的合法权益，完善政府、工会、企业共同参与的协商机制，构建和谐的劳资关系。最后，应落实就业服务、人才激励、教育培训、资金奖补、金融支持、社会保险等就业扶持相关政策，加强政府的就业援助计划，对存在就业困难的农民进行分类帮扶。

（3）平等享有基本公共服务

为保障迁出农民的基本权益，首先应解决人口集聚与服务供给之间的矛盾，在促进社会发展的同时，为农民提供平等有效的公共服务。

首先，保障迁出农民子女受教育的权利。为充分保障迁出农民子女受教育的权利，一是应做到优化教育资源配置，使学生教育流动与教学发展相适应，充分考虑由于迁入人口增多导致的校舍不足、教育资源紧缺等问题；二是加大对县城和重点城镇学校的资金投入，加快其扩建步伐，缓解“上学难”的问题。

其次，优化公共卫生服务。在易地搬迁的过程中应合理配置城乡医疗服务资源，加大对县和小城镇的医疗机构建设，扩大小城镇医疗机构规模，提升其医疗服务水平。同时，也应加快跨区域医疗保险平台的整合，简化医保报销程序，落实异地报销体系建设。

再次，落实社会保障制度。落实城乡社会保障制度，为迁出农民提供平等的养老、医疗、失业、工伤、生育保险制度，这是迁移人口市民化的关键途径，也是提高迁移人口安全感和幸福感的必要前提。在经济发展较为落后的地区，可以采取广覆盖、低标准的社会保障制度，在保障迁出农户基本生活需求的前提下，尽可能地减轻农民工和企业的负担。政府可以采取增加公共财政支出的方式，不断缩小城乡社会保障的差距，逐步将农户的社会保障水平向城镇靠拢。为有就业意愿但难以就业的易地扶贫搬迁户发放一定的就业援助补贴，并帮助其参加就业培训，促进贫困户的脱贫增收。

最后，落实住房保障政策，改善迁出农户的居住条件。对于多山地区而言，土地及住房资源均较为稀缺，政府无法通过计划配置资源。因此，在“空巢村”易地搬迁过程中，政府可以通过优先发展经济适用房、廉租房等政策为迁出农户提供安置地。除此之外，还可通过对城镇周边农地宅基地的调整，在原有基础上新建公租房，不仅可以帮助迁出农户解决住房问题，也保证其稳定收入。同时，应妥善建立保障房的退出机制，提高其利用率。

（四）人口空间变动与资源配置

1. 非宜居山区的人口流出是一种必然趋势

在市场经济条件下，市场在资源配置中起基础性作用。“空巢村”的出现是市场经济条件下人口迁移的必然趋势，无论是易地搬迁还是集聚搬迁，都表现为迁移人口的空间变动，涉及各种社会资源的配置。虽然“空巢村”人口的空间变动离不开政府的规划与调控，但迁移过程中市场仍旧占据主导作用。首先，迁移人口往往选择流向工作机会更多、劳动收入更高、生活条件更优越的地区，而社会资本往往流向回报率更高的产业和区域。当人口规模较小时，改善山区基础设施和公共服务的投资回报率也较低。

多山地区教育资源较为匮乏，教学质量不高，教师队伍规模较小，许多学生为接受良好的教育，不得不每天往返于居住区与教育资源更好的地区。与此同时，居住分散也使基层医疗卫生服务难以得到有效发展。除此之外，“空巢村”留守老人也面临着严重的养老服务缺失的问题。因此，在居住较为分散的山区实现基本公共服务“均等化”较为困难，政府的投资回报率也较低。与公共基础设施的普及相比，易地搬迁是一种成本低但成效显著的方案。目前，易地脱贫已成为我国脱贫攻坚的重要经验，易地搬迁或集聚发展也促进了多山地区“空巢村”的进一步发展。

首先，易地搬迁可以促进土地的集中化管理，对农村分散的土地进行统一规划与利用，对农村功能用地进行重新分配，将土地按照实际情况分为农业生产区、农民生活区、休闲娱乐区等功能分区，并进一步开发符合当地特色的产业，促进“空巢村”的优化升级。这样既能利于农村经济的发展，也能合理利用宅基地资源，避免造成土地资源的浪费。

其次，易地搬迁可以推动农村发展，人口集中对于完善基础设施具有带动作用，一定程度上降低了基础设施的建设成本，提高了公共设施的使用效率，使道路交通、用水排污、垃圾集中处理等公共服务建设更易实现。

最后，易地搬迁可以提高农户生活水平。人口集中会带动学校、医院等基本公共服务的发展，也会增加商业场所及文化娱乐场所，提高村民的生活水平，完善区域公共服务建设。

2. 发展小城镇是多山地区人口集聚的主要模式

人口合理再分布应与当地城镇发展规划相结合，小城镇的发展有利于提高人口密度，提高基础设施的利用率，为农村非农产业发展提供了丰富的劳动力，同时也促进了周边服务业的优化升级。

（1）人口集聚为产业发展创造了成本优势

人口集聚与产业发展息息相关，产业集聚则有利于提高劳动生产率，进一步形成规模经济。相同产业在地理区位上的集中能够使供应商更有效率地配置资源，从而降低其运输成本、库存成本和交易成本。人口集聚为企业提供了充足的劳动力，减少了企业的后顾之忧①。与此同时，产业集聚可以使产业内部及时获取发展信息，促进信息的传播与扩散。产业集聚能够较为轻松地获取产品售后与服务，降低原材料成本与销售成本。人口集聚为产业发展创造了成本优势，促进产业以更高的生产率来配置产品、提供服务，为企业提供竞争优势。

（2）人口集聚促进了产业分工与合作

人口集聚能够更好地发挥企业的比较优势，促进规模经济发展与产业结构升级，提高资源的利用效率，催生出新的企业。相对集中的顾客群体降低了企业的投资风险，投资者往往更易于发现市场的机遇。在产业集聚地区工作的人员更容易发现产品或生产服务的缺口，从而建立新的企业。除此之外，产业集聚区域的准入条件低于其他地区，并且具备良好的设备和技术基础，更易创办新的企业，促进产业内部的分工与合作。

（3）人口集聚有利于打造区域品牌优势

人口集聚为区域品牌优势的打造提供了条件，有利于提高区域品牌的知名度，从而提升企业整体形象。在此基础上，由于产业集聚产生了诸多便利条件，也会吸引投资商前来投资。集聚效应的发挥依赖于企业间生产网络的连接与沟通，集聚一方面带来了竞争，引发了各个企业对市场资源

① 薛俊侠：《农村劳动力转移与农村就业结构的调整优化》，载《现代经济探讨》2004 年第 2 期，第 59-61 页。

的争夺，另一方面则在行业内形成了较为稳定的行业标准。绩效好的企业能够从竞争中获益，而绩效差的企业则会因此感受到竞争压力。

（4）人口集聚可以加快城镇的基础设施建设

人口集聚带动了城镇基础设施的建设，同时也提高了基础设施的利用率。通过强化中小城市和小城镇的产业功能、服务功能和居住功能，可以不断加快城镇改造，完善城镇基础设施建设，优化基本公共服务的提供。城镇基础设施的完善与优化不仅有利于吸引农民工返乡创业，同时也可以吸纳更多劳动者在城镇落户，完善城镇职能扩展，提高居民生活水平。

## 第三节　其他政策及配套措施分析

配套政策的构建对人口合理再分布非常重要，主要包括“空巢村”流出人口农地福利维系、道路系统、农地流转、农民创业就业、农村教育、养老、医疗以及“空巢村”安全机制等配套制度体系构建等。

### 一、“农地流转模式”构建

多山地区人口合理再分布的重心应围绕生态环境保护及耕地合理利用，重视“空巢村”迁出农户的农地维系与利用。我国多山地区农田面积较小且碎片化现象严重，难以进行机械化大生产，退耕还林是一种较为合理的选择。在此基础上，可以通过发展经济林木、林下养殖的方式，促进农林产品的生产与流通。宜农则农，宜林则林，引进适合当地自然条件的优良品种，提高农产品的质量，从而提高居民收入。

促进土地流转一方面可以盘活现有土地资源，增强农村土地的利用效率；另一方面可以让搬迁农户获得更多收入，解决他们的后顾之忧。在促进土地流转的过程中，首先要允许农民以宅基地换取城市廉租房和低价房，让农民买得起住房。其次要推进土地使用权改革，让农民有更多的选择权与自主权，并从中获得一定的收益。

为了更好地促进土地流转，可以取消土地的集体所有制，统一为国家所有。这种做法一方面解决了现有土地二元分割的制度，消除了农民的搬迁顾虑；另一方面也加强了政府统一管理的能力，提高了土地的利用效率。除此之外，许多试点地区也采取了土地股份制改革，鼓励村民将土地折价入股，通过统一经营的方式提高土地的利用率和现代化程度。

首先，在土地流转的过程中，要统筹农村各类土地的利用率，乡镇土地可以预留一定比例的建设用地发展农村和小城镇。政府要制定切实可行的用地规划，在不占用农田的前提下预留一定比例的建设用地指标，并实行县级备案。与此同时，政府也应鼓励农业生产与村庄建设用地的复合利用，发展农村新产业新业态，拓展土地使用功能①。

其次，政府应进一步完善土地经营权和宅基地使用权的变更机制。通过推进集体经营性建设用地入市和宅基地改革等方式，完善农村承包土地经营权和农民住房财产权抵押贷款改革制度的改革。

最后，政府应全面落实土地承包经营权登记工作，完善农村承包地的“三权分置”制度，在依法保护集体所有权的前提下，平等维护农户土地经营权。通过建立农村产权交易平台加强土地经营权流转及规模经营的管理服务，从而加强农用地用途管制。

## 二、促进多山地区人口“资源型”集聚

为尽快实现以人为核心的新型城镇化发展目标，全面促进农业转移人口市民化进程，政府需要创新现有体制机制，在发展生产的基础上促进城乡要素融合发展。目前，我国产权交易市场不够完善，土地制度一定程度上影响了资源的配置效率，产权无法在市场中自由流转，严重影响了城镇化进程的推进和农民权益的保障。

虽然通过“三集中”“三置换”的办法可以实现集体土地承包权、宅基地及住房、集体资产所有权的股份化运作，但是在股权馈赠、转让、继承、流动的约束下，土地流转仍旧处于探索阶段。“三集中”“三置换”措施可以使城乡空间布局不断优化，改变长期以来土地资源分散造成的土地利用率低、集聚效应不高、环境污染严重等问题，农民可以将集体资产所有权、土地承包经营权、宅基地及住房置换成股份合作社股权、城镇社会保障和住房，实现农民的居住地转移和身份转变。

① 魏清泉：《城乡融合——城市化的特殊模式》，载《城市发展研究》2017 年第 4 期，第 28-31 页。

为促进多山地区资源的集聚，政府应保证资源在城乡之间的自由流动，政府应尽快破除阻碍城乡融合发展的各项因素，为农业农村发展增添新的动力。首先，政府应全面促进农村各类资源的合理流动和优化配置，深化集体产权制度改革，健全农村产权交易市场体系，赋予农民更多的财产权利。其次，应完善农村资产清查、经营、招投标项目的制度建设，促进集体经济市场的健康发展。与此同时，也要深化农村土地“三权分置”改革，全面落实农村土地承包经营权确权登记工作，引导土地承包经营权的有序流转。再次，应不断激活资本要素，拓宽金融支持与投融资渠道，健全资金的投入保障机制，加快形成财政优先保障、金融重点倾斜、社会积极参与的多元投资格局，把更多金融资源配置到农村经济社会发展的重点领域和薄弱环节。最后，应把人力资本开发放在首要位置，畅通智力、技术、管理三方面的下乡通道，培养更多具有专业技术的人才，鼓励城镇各类人才到农村创业创新，营造良好的市场环境。除此之外，也应加大对返乡下乡“双创”人员的支持力度，解决其在用地、信贷、保险、社保等方面的障碍。

### 三、鼓励农民“创业型”就业

近年来，大量多山地区的劳动力选择远离乡村，迁移到城镇工作，随着年龄的增加与城镇化发展，许多已迁出劳动力选择了返乡创业。这些人群不仅具有一定的资金积累，同时也掌握了较为专业的技能，对市场情况较为熟悉，能做到因地制宜发展特色产业，带动乡村经济的发展。地方政府可以着手开展“返乡人员开发区”项目，为返乡人员提供政策优惠及奖励，鼓励农民工群体返乡创业。

随着城镇化的发展，城市与乡村之间也出现了产业结构及社会生活的差异，乡村社会可以借鉴城镇地区的先进经验，因地制宜发展适合地区经济的特色产业，充分发掘乡村发展潜力，促进乡村产业结构的优化与升级①。

另外，应大力支持返乡大学生创业，大学生群体不仅具有较为先进的

① 牛凯：《中国农村产业结构调整对农村经济增长影响的实证研究》，载《浙江农业学报》2012年第1期，第150-157页。

知识与技能，同时也更加了解乡村的实际情况及市场需求，可以通过互联网技术将农村与城镇的市场相互连接，创造新的发展机遇①。2018 年，全国共有 600 多个贫困地区通过发展电商成功脱贫，成为“淘宝村”。阿里巴巴通过“一县一品”的方式帮助贫困地区发展优势产业，而返乡大学生则可以作为农村产业发展的中坚力量。

与线下营业相比，电子商务的门槛较低，启动资金较少，削弱了中间商的利润，使农村商品直接对接全国市场。另外，电子商务的普及也为地区发展营造了良好的学习氛围，村民可以通过电脑操作完成商品交易，不仅可以使乡村发展更有竞争力，还有助于乡村培育、吸引和留住人才，促进了城乡融合②。

在鼓励农民创业就业的过程中，应根据各地产业布局和发展需求，广泛开展非农就业培训和技能培训，提高农民转移就业技能。培训工作的开展应围绕企业和迁移农民的实际需求进行，提高培训的针对性与实用性，实现职业培训与企业用工需求的有效结合。除此之外，政府应加大培训项目的投入，有培训意愿的农民均可参加政府组织的就业创业培训。

对实现非农就业的离土农民，应大力开展岗位技能培训和转岗培训，保障离土农民的就业稳定性，提高离土农民的就业质量。最后，鼓励农民向第三产业发展，激发农民自主创业的积极性，促进农村地区的经济发展。

## 四、促进城乡“融合型”发展

城乡融合发展是指打破城乡发展之间的壁垒，逐步实现城乡生产要素的优化配置和合理流动，促进生产力在城市和乡村之间的合理分布，逐步缩小城乡之间的差别，使城市和乡村融为一体。在多山地区人口合理再分布的探索中，除了发展小城镇，也需重点关注集聚发展的农村地区，促进城乡融合发展。首先，要加强城乡之间的经济交流与协作，优化生产资

① 崔翠利：《大学生农村基层就业激励机制研究》，华东师范大学硕士学位论文，2010 年。

② 徐杰舜：《城乡融合：新农村建设的理论基石》，载《中国农业大学学报》（社会科学版）2008 年第 1 期，第 61-67 页。

源、劳动力资源在城乡之间的合理布局和协调发展[①]。从生态环境的角度来看，城乡融合是对城乡生态环境的再调整，有利于促进城乡健康发展。

城乡融合发展是城乡居民经济上的共同发展，收入差距的缩小提高了农村的消费水平，在一定程度上推动了社会的繁荣昌盛。城乡融合发展有利于城乡之间劳动力、资金、技术、公共服务的共享。

城乡融合发展是实现城乡发展一体化的重要途径，有利于实现以人为本的新型城镇化目标，促进城乡居民基本权益平等化、城乡公共服务均等化、城乡居民收入均衡化、城乡要素配置合理化，以及城乡产业发展融合化[②]。在今后的发展中，要进一步破除传统体制的弊端，使市场在资源配置中起决定性作用，更好地发挥政府的作用，推动城乡要素的自由流动、平等交换，推动新型工业化、信息化、城镇化、农业现代化的同步发展，加快形成工农互促、城乡互补、全面融合、共同繁荣的新型工农城乡关系。

目前，我国城乡生产要素的自由流动尚未建立，要素市场改革明显滞后，生产要素在城乡之间的流动受到诸多限制，严重制约城乡融合发展水平的提升。

首先，农民融入城市的障碍较多，农民市民化进程缓慢。其次，城乡资金缺乏双向流动的有效渠道，现存农村金融机构有效供给不足，农村资金外流严重。最后，土地城镇化速度显著快于人口城镇化速度，一方面造成了城镇土地利用的低效率；另一方面使农民无法分享城镇化发展的优势，加剧了城乡发展的不平衡程度。

此外，还需从以下几点进行着力：

1. 产业振兴是城乡“融合型”发展的基础和关键

要实现城乡发展的一体化联动，首先，应运用城市资本要素带动周边农村发展，引导公共服务资源向农村投入与聚集。发挥中心城镇的辐射作用，带动周边农村地区的产业升级。其次，应增强乡村“造血”功能，合理调整城乡产业布局，健全城市消费向农村流动的政策体系，推动城乡互

① 刘春芳、张志英：《从城乡一体化到城乡融合：新型城乡关系的思考》，载《地理科学》2018年第10期，第1624-1633页。

② 陈婉馨：《乡村振兴与城乡融合机制创新研究》，载《人民论坛·学术前沿》2018年第3期，第72-76页。

动、产业融合。将资源型产品的开发利用和劳动密集型产业发展布局到广大农村，降低生产成本，增加农村就业机会，促进农村经济的发展①。最后，应推进农业供给侧结构性改革，目前我国农业发展主要矛盾已由总量不足转变为结构性矛盾，因此须尽快转变农业发展方式，提高农业创新力、竞争力和全要素生产率，走质量兴农之路。

2. 促进城乡生产要素的融合互动

要按照平等、开放、融合、共享的原则，积极引导人口、资本、技术等生产要素在城乡之间的自由流动，促进城市公共资源和公共服务向农村延伸，加快推动城市资本、技术、人才的下乡进程，实现城乡要素双向融合互动和资源优化配置。通过建立城乡融资机制，将乡村资源优势、生态优势转化为经济优势、发展优势，推进农业由增产导向转向提质导向，增加优质农产品的供给和服务，走一条绿色可持续发展道路。

3. 优化城乡融合的体制机制

当前，促进城乡融合的重点是全面深化城乡综合配套改革，构建城乡统一的户籍登记制度、土地管理制度、就业管理制度、社会保障制度，促进生产要素在城乡之间的自由流动，实现城乡居民生活质量的等值化，使城乡居民能够享受等值的生活水准和生活品质②。

由于我国农村地区地域辽阔，居住分散，加之发展基础薄弱，长期投入不足，农村居民人均公共资源占有量远远低于城镇居民。在全面建成小康社会的关键时期，农村地区已经成为全面建设小康社会的短板。为此，应尽快建立完善城乡融合的政策体系，坚持农业农村优先发展的政策，始终把“三农”工作放在全面建成小康社会，实现社会主义现代化的首要位置，逐步实现城乡公共资源和基本公共服务均等化。

4. 推动转移人口市民化

转移人口市民化是多山地区城镇化发展过程中至关重要的一环，推动转移人口市民化首先需放宽落户条件，制订非户籍人口在城市落户的具体方案。其次政府可推行居住证制度，提高城市基本公共服务水平，推进城镇基本公共服务对常住人口的全覆盖。最后，政府应进一步建立农业转移

① 毕夫：《城乡融合是带动乡村振兴的核心引擎》，2018 年 1 月 22 日《中国青年报》，第 2 版。

② 周凯、宋兰旗：《中国城乡融合制度变迁的动力机制研究》，载《当代经济研究》2014 年第 12 期，第 74-79 页。

人口市民化的激励机制，维护进城落户农民在农村的合法权益，将财政转移支付同农业转移人口市民化挂钩。对于已解决自身就业的农民，应重点关注转移人口的社会融入，提升社会稳定性。“空巢村”易地搬迁以迁入相邻乡镇和县城为主，这种做法一定程度上减少了迁移的成本，另一方面也有利于移民的社会融合。

## 五、配套服务体系构建与完善

基本原则就是先让进城农村人口穿上“五件体制衣服”，再创造条件，促进其在城镇的发展，提高他们的生活满意度。

### （一）户籍制度调整及以吸引“回流”人口为目标的政策构建

#### 1. 放开户籍审批，构建城镇户籍的自愿申报制度

当前户籍制度对人口流动的阻碍作用大大削弱，农村人口进城主要担心的问题，就是是否可“带地进城”及小孩上学需要户籍等问题。在人口城乡迁移大势下，多山地“空巢村”地区人员流出比重大，对于被界定为人口“迁出区”的地区，可探索实行县域范围内的户籍自由迁移制度，且可“带地”进城。如此，则可彻底消除“空巢村”农民的进城担忧，最大限度地促进人口合理再分布。

#### 2. 完全取消户口对劳动力流动的限制，保证农村劳动力享受居民待遇，确保人力资源自由迁徙，自由择业

由于户籍制度、人事管理以及各地社会保障体制的不同，各地在就业方面有着不同的保护制度。1995 年，劳动部颁布了《农村劳动力跨省流动就业管理暂行规定》实施对外来劳动力的总量控制，相应地，部分城市相继推出了《单位使用外地劳动力管理办法》相关规定，并与随后制定的一系列配套政策，如《单位使用外地劳动力批准书》《外出人员就业登记卡》《就业证》等证卡对企业招工和人力资源流动进行了层层的限制。同时，还有部分地区人为增加企业利用外来劳动力的用工成本，分别向外来劳动力和企业收取一定费用。尽管很多地区就业形势发生了深刻的变化，甚至频频出现“民工荒”，但相关管理部门的管理思路和管理理念没有与时俱进，还停留在十几年前的思维上，使得外来劳动力就业障碍依然较大，因此必须加大力度整合，确保人力资源自由择业，形成统一的劳动力大市场。

3. 改革、整合人力资源区域流动与行业流动的人事制度，改人力资源“审批制”为“准入制”，促进人力资源在各地区企业、事业、机关之间自由流动，形成同城效应，以保证劳动力流动的“零障碍”

以法律为基础，双方协商为原则，合理订立人事、劳动合同，以契约的形式建立劳动合作、工作合作关系。目前存在和必须改变的情况，是在订立合同、契约时用人单位对违约金、合同期等有关重要款项的规定往往采取一言堂的做法，而不是建立在合理协商的基础上，造成流动时的高昂成本，让人望而生畏。同时，所谓市场化，很大程度上仅仅局限在企业组织中，而行政、事业或准事业单位的人事进入与退出机制依然“固化”，所谓的自由流动很多只是理论研究上的话题，区域间、行业间的劳动力自由流动格局还远未形成。

同时，还需改革现行人事档案管理制度，以县市及以上行政区域为单位，以事业性、公益性、服务性为原则，实行社会化、信息化、集中化、标准化规范管理。档案是个人成长及从业经历的记录，起着个人学校、工作、生活轨迹真实性证明的作用，但是现在的档案跟其诞生之日一样，更多地对人力资源流动起卡、限、阻的作用，因此建议档案实行统一管理，只要对方单位需要、本人同意及相关手续合理就可以调出，并就有关与个人隐私无关的信息上网，方便有关方面查询、求证。建立以学历、能力、业绩为主要标准的现代化档案管理系统。

4. 建立合理统一的人才职称评定与职务晋级体系

由于经济发展水平、行（职）业、技术水平等的差异，使得各地相同职称或相同职务人才的实际水平和工作能力相差甚远，由于职称评定的要求和口径的不同，往往使得某一地区或单位的高职称人才实际能力比另一地区或另一单位较低职称人才能力低的现象，并且这一现象在地区之间非常的普遍，因此这一现象加重了人力资源市场供需假象，同时也加重了人才引进和人才流动的困难。所以在进行人力资源整合与建立一体化人力资源市场之前，必须统一人才职称评定标准，为人才流动和其他后续人才工作提供保证。具体工作可以联合各地区人事局、编制委及负责人才引进的相关部门共同商讨。

重点关注技术职务或职称的评定工作，这里提出以下几点参考建议：一是根据已有成果、绩效重新审核已评技术职务；二是对一些时效性较强的专业、岗位，建立动态技术职务评定机制，职务能上能下；三是打破唯学历评级做法，建立以能力等级为核心的人力资源评价体系，探索无学历专业“奇才”的评价标准，如手工艺专业人才及其他特殊人才；四是按照统一标准、统一项目、统一指标、统一代码的要求，建立各类人力资源指标体系。

### （二）加快城乡一体化的教育、养老及住房等保障体系构建

给予进城农村家庭子女入学、入托的市民化待遇，解决子女教育的后顾之忧。农村家庭子女特别是留守儿童进城就学困难较多，需出台相应的政策对其进行关怀，不但要从“硬件”上让其入得了“学校”，而且“软件”上还要对其生活、心理进行关照和帮助。如在学校周边由政府搭台成立互助型“陪读公寓”，在租金、安全、交通区位等为陪读家庭考虑，让小孩更能安心上学，促进其健康成长。

对于多山地区的养老，包括两个方面的问题：一是留守老年人口的养老问题，二是务工人员未来的养老安排及社会保障的对接等方面的问题。前一群体的养老，是一个现实问题，是当前需要解决的紧迫任务。除组织人员对年轻人外出后的“纯老家庭”进行定期跟踪、关怀外，还可尝试在城镇设立“老年公寓”，动员这些人员迁入居住，也可以借助“政府+社会+家庭”三方的力量，构建特色“养老社区”，为留守老年人提供生活、出行、医疗、陪护及紧急情况处理等服务，减轻外出务工家庭的后顾之忧，让其安心务工。

对于后一群体，即外出农民工群体的养老问题，需未雨绸缪，提早规划。在现代社会，社会保障制度既是社会稳定的安全网，也是人们生活和迁移所必须考虑的一项重要经济指标，随着家庭结构和人们思想观念的变化，养儿防老模式逐渐转变为社会养老和制度养老，社会保障体系变得日益重要，特别是在人力资源迁移流动过程中是一个需重点考虑的问题。当前，农民工在务工地的参保率还不是很高，因此要拓宽渠道让其选择在户籍地参保，当然当前实施的“新农保”农村居民均可参加，缴费低（200~300元/年），其保障水平也比较低，尽管如此，也还有不少村民没有参加，是否可对比较困难的群体及50岁以上的群体实行免费参保（精准扶贫家庭已经实行免费参保）。还有一个就是务工人员外地参保的区域转接问题。当前，很多地区的社会保障体系在相互对接上还存在问题，主要是标准不统一，口径参差不齐，有保障与无保障共同存在，相互不联通，账户不能划转等。因

此，为提高外来务工人员的参保率和参保水平，必须建立可划转的全国统一的社会保障体系，放眼全国特别是与主要经济发达区域接轨、协调。

对于就业、就学、社会保障和医疗保障而言，大部分地区出台了相关政策，而唯有进城农村家庭的居住问题很少有相关优惠政策。安居才能乐业，居住状况是个人与家庭生活质量最重要的指标。因此，可以尝试在购房安居方面，给予务工回乡的农民在城镇购房安家方面的政策性补贴，如考虑贴息、直补、贷款及房价上进行优惠和方便。

（三）加强多方参与的社会安全预警机制构建

由于青壮年人口的大量流出，"空巢村"人口安全问题异常突出，建立人口安全预警应急机制非常迫切和必要。人口大量流出的农村地区生存压力大，政府把更多的精力投入了经济建设和社会发展上，而一些重要的社会安全职能客观上出现了一定的"弱化"现象。由于青壮年人口外出，而留守的老人、儿童因年龄、健康状况等原因，无力应对各安全危险事件，如自然灾害、水火安全及人为伤害如偷盗、骗取、抢劫等。同时，也因留守人员的教育程度普遍较低，缺乏必要的安全防御知识和意识等，因而在"空巢村"地区构建多方参与的安全预警机制更为重要。

这种安全体系的构建，需以"政府-组织-社会-个人"为基础，采取多方参与的形式设立网络化、可视化的安全预警与响应系统。一是在组织与参与力量上，重点是以政府主导，实行全民参与。这里可以村民小组、村委会、公安等部门进行网络化构建，形成即时信息的传递与共享。二是充分利用网络技术，构建可视化预警系统。对交通要道、村庄人口聚集点及事故易发地段设立视频监控，确保发生安全事故时能充分掌握信息，并便于追防。三是设立随访检查、信息预报与跟踪制度。通过自上而下和自下而上两条线掌握"空巢村"安全情况，"自上而下"，重点是进行定期随访和跟踪；"自下而上"，则通过村民随时预报安全部门随时接访，这一方面公安部门已经能做到，关键是要有充分的警力，能做到随时、及时地出警。四是配备警力，专人负责，同时打造多方参与的联防机制。"空巢村"地区最大的困难是出现安全事件后，无法组织有效的防御。同时，对人口安全能起到一定保障作用的因素，还处于无组织的原始状态，因而需对它们进行"格式化"和"程序化"，集中一切可做防御的力量，并把它们整合到"预警体系"中，激发出"人口安全"防御的新活力。

# 第十章　实证研究：基于赣南9乡镇“空巢村”人口再分布的实践分析

赣南位于江西省南部，毗邻广东、福建两省，行政区划上为赣州市，辖15县市及3个区。赣南为盆地地形，整个地势四周高中间低，中间低山丘陵起伏，小型盆地散布其间，东部为武夷山余脉，西部为南岭山脉，南部为九连山脉（如图10.0.1所示）。全区面积为3.94万平方千米，其中低山丘陵占61%，盆地占17%，山地占22%①，因而83%的面积为低山丘陵及中低山，全境属于典型的低山地区。区域平均海拔为300～500米，最高海拔为2061米，最低仅80米。该区为亚热带季风性湿润气候，多年平均降水量为1607.6毫米。赣州市是江西11个地区级城市中面积最大和人口最多的城市，2018年末全市户籍总人口为981.46万人，但经济发展相对滞后，2018年人均GDP为3.25万元②，位居全省末位。赣南多山地区人口流出严重，“空巢村”现象普遍。本部分通过赣南9乡镇的访谈和问卷调查，对该地区“空巢村”留守人员生存、养老、家庭照料、农村城镇化及“回流”人口合理再分布等问题进行更深入的探索。

## 第一节　调研样本特征及典型“空巢村”人口状况

2015年8月—2016年7月间，课题组就多山地区“空巢村”人口合理再分布及农村城镇化等问题，对赣州市会昌县麻州镇及站塘、永隆、洞头、富城、右水、高排、晓龙、中村8乡进行了访谈与问卷调研。其中，

① 唐玉英：《赣州年鉴》，赣州・方志出版社，2008年版。

② 据赣州市《2018年国民经济和社会发展统计公报》数据。

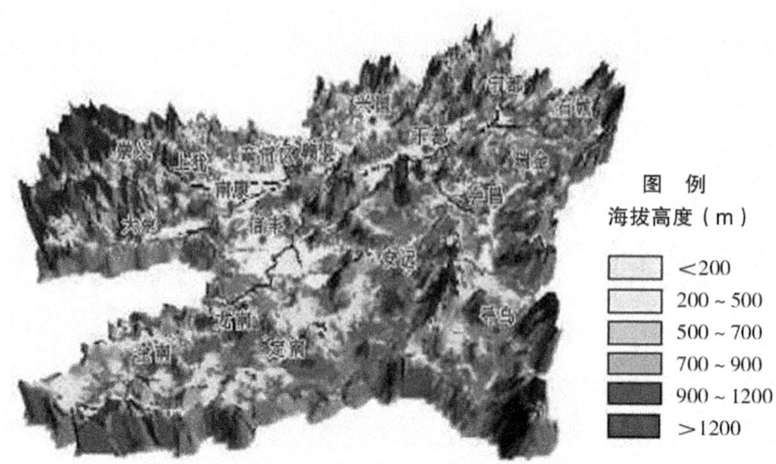


**图 10.0.1　江西省赣州市地形图①**

访谈了县发改委、国土资源局、县委农工部、农业局、卫生和计划生育委员会（现为卫生健康委员会）、统计局及房产局等部门，同时对 9 大乡镇政府办、土管所及派出所进行了访谈。另外，对麻州等 9 乡镇“空巢村”农户进行了问卷调查，共发放问卷 1000 份，回收有效问卷 870 份。

## 一、调研样本特征及赣南“空巢村”人口状况分析

### （一）被调研样本基本特征

在抽样调查中，样本特征不等于总体特征，但样本越大样本特征越接近总体特征。当然，这也与抽样方法有很大的关系，一般分层抽样（PPS 抽样）真实性更强，一般随机抽样样本特征可能出现偏态分布，但不管怎样，一定程度上可反映总体特征的分布趋势。在赣南会昌县 9 乡镇“空巢村”870 个留守人口农村家庭样本中，男性占 76.67%，女性占 23.33%。这一比重难以说明男性远多于女性，而与农村文化有很大的关系，农村家庭一般接待陌生人（调研人员）的是家中男性，且是家庭中的主事人，因而出现被调研人员中男性比例明显偏高的趋势。从婚姻状况看，未婚样本占 3.89%，已婚占 87.38%，另外离婚为 2.59%，丧偶占 6.13%。而年龄结构则以老年人口占绝大多数，45 岁及以上人口占 61.12%，其中 60 岁及

① 资料来源：https：//max. book118. com/html/2018/0114/148731836. shtm.

以上人口占30.62%（如图10.1.1所示）。在文化结构中，主要以小学、初中文化人口为主，初中及以下文化程度人口占85.82%，高中（含中专）占11.20%，大专及以上占2.98%。

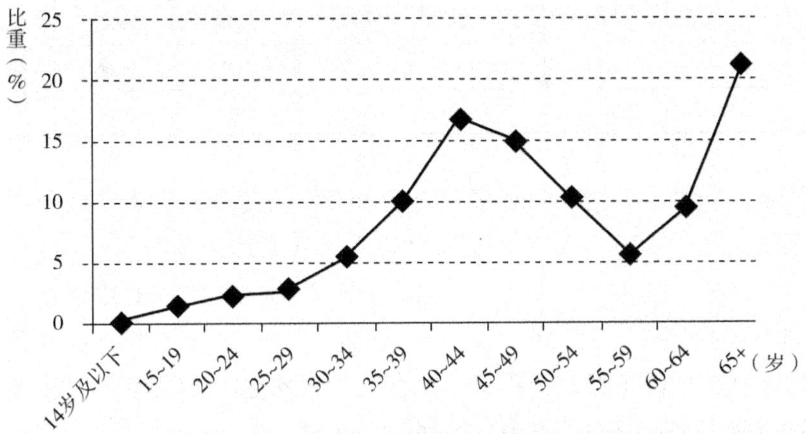


**图10.1.1 赣南9乡镇“空巢村”农户调研样本年龄结构**

（二）被调研家庭经济状况

被调研区域中，无论是镇区居住还是乡村居住的农村居民，其经济状况均比较困难。据调查数据显示，镇区居住的家庭年总收入平均为6.29万元，年人均收入为9103元，劳均收入为1.86万元；而乡村居住的家庭年总收入为3.34万元，年人均收入为6631元，劳均收入为1.40万元（如表10.1.1所示）。从全国和江西省收入情况看，2015年全国农村居民年可支配收入为11421.7元，江西省农村居民可支配收入为11139元，赣州为7786元[①]。因此，总体上被调研区域农村居民收入在全国和江西均处于较低水平，基本与赣州市平均水平持平。同时，城镇居住家庭的收入比乡村居住的家庭高，且从家庭年结余而言，城镇家庭也比乡村家庭高出许多。这一方面是能移居城镇的农村家庭，原来的经济基础及劳动技能也相对较好；另一方面，移居城镇可能也给这些家庭带来了更高的收入，如方便务工和经商活动等。但还应注意到，从人均耕地而言，没有表现出居住乡村的家庭耕地比城镇居民更多的特点，因此为照顾农村土地而不愿移居城镇对大部分农村居民而言是个伪命题。

① 据《2016年中国统计年鉴》《2016年江西统计年鉴》数据。

表 10.1.1　2015 年赣南 9 乡镇“空巢村”农户家庭经济状况

| | 家庭年总收入/万元 | 家庭年人均收入/元 | 家庭年劳均收入/元 | 家庭月均生活费用支出/元 | 家庭年收入结余/万元 | 人均耕地/亩 | 有地家庭比重/% |
|---|---|---|---|---|---|---|---|
| 镇区 | 6.29 | 9103 | 18642 | 2649 | 3.03 | 1.21 | 65.29 |
| 乡村 | 3.34 | 6631 | 14045 | 1320 | 1.8 | 0.66 | 89.38 |
| 合计 | 4.82 | 7867.18 | 16343.50 | 1984.37 | 2.41 | 0.94 | 77.34 |

从收入来源分析，被调研家庭的收入主要来自务工收入，且主要以本地务工、经商收入为主。本地务工、经商的家庭达 40.05%，以收入主要来源为外地务工的占 1/4 以上，而以农业产业为主要来源的比重较小，仅占 15.25%的家庭（如表 10.1.2 所示）。同时，还应该指出的是养老保险及政府、社会救济等财政转移支付类，在一般家庭收入来源中所占份额不高，这也是未来在家庭养老中，需加以注重的一个方面。

表 10.1.2　2015 年赣南 9 乡镇“空巢村”农村被调研家庭收入主要来源

| 收入来源 | 样本选项/个 | 选项比重/% | 个案比重/% |
|---|---|---|---|
| 农业产业所得 | 118 | 15.25 | 22.48 |
| 本地务工 | 225 | 29.07 | 42.86 |
| 本地商贸收入 | 85 | 10.98 | 16.19 |
| 外地务工收入 | 194 | 25.06 | 36.95 |
| 子女供给 | 92 | 11.89 | 17.52 |
| 养老保险 | 31 | 4.01 | 5.90 |
| 政府、社会救济 | 9 | 1.16 | 1.71 |
| 其他途径 | 20 | 2.58 | 3.81 |
| 合计 | 774 | 100.00 | 147.42 |

### （三）赣南“空巢村”人口状况分析

调研样本的组内分析可靠性比组间分析的高，因此通过组内分析，可判断类似区域的一般状况①。调查样本显示，总户数为 848 户，家庭共有人口 5549 人，因而户均人口为 6.54 人，远远高于全国和赣南平均家庭结

① 样本组间关系就是群体之间关系，如不同的性别、年龄、婚姻、学历等结构状况；而组内关系则是同一群体内所具有的特质等，如高收入群体所具有的消费观念、生活满意度等的不同关系。

构（2017年为3.65人），这与留守人员老年人较多有很大关系，他们把成家后的子女全部计算为一家人。同时，也反映了在城乡人口大流动背景下，“家”的概念已经越来越模糊，没有传统农耕时期以“分灶而食”作为一个“家庭”那么明确。长期外出务工的子女与老家父母也没有财产和行为上的“分家”，而是分别居住而已，老年人在家照料小孩或田地等，因而心理上与外出子女还是一个“家”。从家庭结构上看，这是一个“扩展型家庭”，而现代家庭更多的是“平权家庭”。在家庭人口中，“有经济收入人口”占总人口的比重为48.19%，而“外出务工人口”占家庭总人平均为28.01%，且它占“有经济收入人口”的比重达到58.12%（如表10.1.3所示）。这里“外出务工人口”一般是指跨行政区至少是县市以上行政区的务工人口，因此家庭从业人员中平均近58.12%的人外出务工，如加上进入本县市城镇务工的人口，则其比重至少在60%之上。

据《赣州统计年鉴》数据，2016年末赣州市户籍农业人口为717.15万人，若外出务工人口占农业总人口比重按课题组对赣南9乡镇“空巢村”调研问卷中的所占比重28.01%计算，则赣南外出务工人口约为200.87万人，若以占乡村劳动力人口（即有经济收入人口）420.67万人的比重58.12%推算，则外出务工人口为244.49万人[①]。显然，这两种方法的外出人口推算数据相差较大，若按它们的平均数计算，则为222.68万人，即2016年赣州全市农村外出务工人员达到222.68万人，还不包括进入赣州市域城镇务工的人口。据此可知，乡村进入城镇务工的人口数量非常巨大。另外，从另一数据也可侧面佐证这一事实。2016年末赣州市户籍人口为970.78万人，而常住人口为858.87万人，净流出人口111.91万人，这还不包括从乡村流入本市城镇的人口。据人口普查数据可知，跨省市流动的人口一般远少于市内的城乡流动人口，因此从农村流入城镇的人口要远高于跨行政区的净流出人口数。如此巨大的乡村人口流出，产生大量“空巢村”在所难免。

---

① 有关2016年赣州市人口数源自《2017年赣州统计年鉴》，下同。

表 10.1.3 赣南 9 乡镇"空巢村"农户调研样本状况（户、人、%）

| 类别 | 户数 | 家庭结构 | 家庭人口总数 | #有经济收入人口 | #外出务工人口 | #占有经济收入人口比重 |
|---|---|---|---|---|---|---|
| 人口数/户数 | 848 | 6.54 | 5549 | 2674 | 1554 | - |
| 比重 | - | - | 100 | 48.19 | 28.01 | 58.12 |

注：总样本量 N=870，系统缺失为 22 个。

## 二、典型个案：基于赣南山区四个"空巢村"的分析

赣南经济发展在江西乃至全国属较为落后的地区，也是典型的人口流出区域，因此"空巢村"现象非常普遍。表 10.1.4 为赣南"空巢村"中普通的四个村的情况，从区位和发展层次而言，四个村可分为三类，一是中心城镇的毗邻村——垇背村，距离中心城镇 3~5 千米，且交通方便；二是距离中心村镇较远的远郊村庄——前丰村，距离中心城镇 5~10 千米，交通不便；三是距离中心城镇更远的典型山区村庄——凤形窝和小围村，距离中心城镇 10~20 千米，交通非常不便。从"空巢村"的空心率看，垇背村空心率为 48.31%，根据本研究对"空巢村"的界定，即本次空心率超过 50%界定为"空巢村"，但垇背村未超过 50%，严格来讲不能算是"空巢村"。但课题组调研时发现，垇背村在原村址的人口大部分已迁出，其中约 1/4 迁至本村与中心城镇交界的松岗岽集村，迁移人口为 308 人，共 70 户，如扣除松岗岽集村人口数，在原村人口仅为 273 人，共 31 户，空心率为 75.71%（部分数据如表 10.1.4 所示）。其他三个村的空心率均在 90%以上，前丰村最高，达到 96.43%，被调研的四个村"空心率"合计达到 85.99%。

从留守人口结构看，"空巢村"老龄化趋势非常严重。60 岁及以上人口占留守人口总量的比重为 28.13%，远远高于户籍人口老龄化比重 12.74%的水平。如果按真正山区村庄计算（即不计垇背村人口），其他三个村留守人口老龄化率则高达 44.69%。但也发现，性别结构未表现出女性远高于男性的特征，同时未成年人口结构亦未出现偏高的状况，这与全国的情况不太一样。这一方面是家庭迁移发展的结果，为了孩子上学，很多山区家庭的小孩已经迁入附近城镇，从表 10.1.4 中可知，0~14 岁人口

在三个山区村中只有1人。而往往在老家留下男性老年人口照顾家里的产业等事务，因此表现出留守人口中男性高于女性的状况。

调研还发现，原老家在山区且有小孩上学的家庭往往分成“三个家”，即外出务工的年轻人一个“家”，老年女性在城镇照顾上学孩子一个“家”，而在老家“看家护院兼照顾产业”的老年男性一个“家”。这种状况大大增加了山区家庭的养老、陪护的压力。另外，从人口结构看，这些农村地区已没有能力和潜力再往城市输送劳动力了，这一状况在当前的中国农村地区比较普遍，因此也预示着我国农村向城镇的大规模劳动力转移即将结束。

**表10.1.4 2019年5月赣南山区四个“空巢村”留守人口状况**

单位：人、%

| 类别 | | 垇背 | | 前丰 | | 凤形窝 | | 小围 | | 合计 | |
|---|---|---|---|---|---|---|---|---|---|---|---|
| 户籍人口 | | 1124 | | 2687 | | 1139 | | 812 | | 5762 | |
| 户籍户数 | | 224 | | 544 | | 226 | | 212 | | 1206 | |
| 留守人口 | | 581 | | 96 | | 56 | | 74 | | 807 | |
| 留守户数 | | 101 | | 24 | | 14 | | 39 | | 178 | |
| | 年龄段 | 人口数 | #女性 | 人口数 | #女性 | 人口数 | #女性 | 人口数 | #女性 | 人口数 | #女性 |
| | 0~14 | 94 | 32 | 0 | 0 | 0 | 0 | 1 | 0 | 95 | 32 |
| 留守人口 | 15~34 | 176 | 74 | 12 | 8 | 0 | 0 | 5 | 2 | 193 | 84 |
| | 35~49 | 120 | 48 | 45 | 28 | 10 | 5 | 5 | 2 | 180 | 83 |
| | 50~59 | 65 | 24 | 16 | 10 | 14 | 6 | 17 | 9 | 112 | 49 |
| | 60+ | 126 | 55 | 23 | 15 | 32 | 15 | 46 | 22 | 227 | 107 |
| 空巢村空心率 | | 48.31 | | 96.43 | | 95.08 | | 90.89 | | 85.99 | |
| | 0~14 | 16.18 | 34.04 | 0.00 | 0.00 | 0.00 | 0.00 | 1.35 | 0.00 | 11.77 | 33.68 |
| | 15~34 | 30.29 | 42.05 | 12.50 | 66.67 | 0.00 | 0.00 | 6.76 | 40.00 | 23.92 | 43.52 |
| 年龄结构 | 35~49 | 20.65 | 40.00 | 46.88 | 62.22 | 17.86 | 50.00 | 6.76 | 40.00 | 22.30 | 46.11 |
| | 50~59 | 11.19 | 36.92 | 16.67 | 62.50 | 25.00 | 42.86 | 22.97 | 52.94 | 13.88 | 43.75 |
| | 60+ | 21.69 | 43.65 | 23.96 | 65.22 | 57.14 | 46.88 | 62.16 | 47.83 | 28.13 | 47.14 |
| | 合计 | 100.00 | 40.10 | 100.00 | 63.54 | 100.00 | 46.43 | 100.00 | 47.30 | 100.00 | 43.99 |

数据来源：据四村村委会统计数，统计时间为2019年5月底。

注：表中四个村庄均为行政村，人口及户数根据村域范围统计，包括村域内新建的“集村”人口数；“空巢村”空心率是村域半年及以上常住人口占户籍人口比重。

## 第二节　新型城镇化与人口合理再分布实践

赣州城镇率相对较低，2017 年为 48.6%①，而被调研地区仅为 45.24%②，因此城镇化道路还有比较长的路要走，同时也具有较广阔的增长空间。赣南多山地区城镇化发展具有其独特的路径，当前呈现出“新农村建设点—集村—中心城镇”人口集聚的发展格局。赣南多山地区每个行政村，一般设有 1～2 个新农村建设点，而这些建设点的地址选择分为两类，对于地形和自然条件相对较好的村，则其选址于本村，而地形崎岖、自然条件不足于建设人口聚居点的村庄，则跨村选址而形成“集村”，同时根据家庭经济条件，政府也要引导性地把人口导入到中心城镇。

### 一、中小城镇的毗邻村：以迁往“集村”和“城镇”为主

在四个被调研的村中，垇背村为中心镇麻州的毗邻村，其迁移分为两大部分：一是约 70 户迁往与中心城镇交界的“集村”——松岗岽；二是迁往城镇，人口共 543 人，其中迁往中心镇麻州的为 72 户，迁入县城 51 户。“松岗岽集村”，是 20 世纪 80 年代后逐渐自发形成的，土地仍属垇背村，与位于中心镇的麻州村交界。至 2019 年 5 月，全“集村”人口约为 750 人，约合 180 户，其中外村人口达到 450 人左右，包括右水、中村、站塘、洞头、高排、周田及长岭等乡镇人口 20 多户，还有 50～60 户为垇背村周边村落的人口。

所谓“集村”，它与行政村和自然村不同，主要是由于地形、自然资源、产业政策及市场等因素影响，自发地对其他行政区域人口的吸引而形成的人口聚集点，一般没有村委会等行政机构。“松岗岽集村”的形成，主要是由于地形及地理区位原因而形成的，它距离中心镇麻州 3 千米，地形平坦、开阔，且在土地权属上，在土地确权前属于麻州村、垇背村及湘江村三村交界的“公地”，也是行政上的“三不管”区域，加之因为本区

① 曾文明．赣州市政府工作报告（赣州市第五届人民代表大会第三次会议），2018 年 1 月 6 日．http：//www.797sun.com/html/news/201801/5150170_ 1.html.

② 据 2018 年 2 月会昌县第十七届人民代表大会第三次会议《县政府工作报告》数据。

域亦非耕地和林地，而是黄泥岗型“荒地”，因而当时无人关注。起初，松岗岽只有2户人家（亦有一定距离）和一个原知青垦殖场驻地及一个206国道边供路人歇息的“茶亭”。这两户人家一户是垇背村烂泥口曾姓住户，另一户是20世纪80年代初到松岗岽烧制砖瓦的垇背村禾上岽小组的曾庆俵和曾流俵兄弟，砖瓦窑在21世纪初已停烧，后来他们跟其他几位兄弟也就迁居至此。

20世纪90年代后，随着城镇化进程的加速，人口开始向交通要道和城镇聚集。松岗岽是国道和多个村道的交会处，同时也由于中心镇规划范围划到了松岗岽交界处，因而提升了此区域的地位，并使其成了人口聚集的重要节点。加上土地权属为“三不管”地，又进一步吸引了更多村民迁此建房。随着人们对土地权属重要性认识的觉醒，此地就成为各村村民争抢的焦点，人口也就迅速集聚起来了。

一般农村对多个行政区域间难以确定的土地的抢占方式，往往以不动产建设的形式“抢占”，形成既成事实，先占先得。由于争抢得厉害，后来，有土地纠纷的三个村坐下来协商，最后达成了土地权属划分协议。因此就这样这一地区就成了三个村的村属“公产”。后来，垇背村把村委会也搬到了此地。20世纪90年代中期后，城镇国有土地开始实行出让政策，但由于价格较高，因而很多村民就购买村属土地建设“小产权房”。因此为了各自的利益，各村村委会就对松岗岽所属的土地进行市场化转让，因而几年时间整个松岗岽的土地就被购买一空。进入2000年后松岗岽随即迎来了一波“建房热”，在几年时间里就形成了完整的“集村”。从成因看，“松岗岽集村”的形成，是城市化、市场化及政府制度化管理的综合结果。一般而言，行政管理上的“公地”，往往形成“悲剧”，但松岗岽的“公地”在制度化管理后形成了一个完整的“集村”，这对于农村城镇化而言，是一个比较典型的现象。很多地区“集村”的发展，是农村人口向城镇聚集的前奏或中转站，松岗岽集村也表现出了类似的功能。直到2015年课题组到松岗岽集村调研时，有很多较早迁入的居民已转让了此地的房产，而到县城或城镇去购房了。

## 二、中小城镇的远郊村：以“新农村建设点”为重要依托

还有一个现象，就是自然条件相对较好的远郊村，除人口迁出至城镇

外，“新农村建设点”是其重要的聚集中心。与山区乡村相比，远郊村一般特色产业发展相对较好，有相当部分村民不愿意离开原村子，在新农村建设政策实施后，原来人口聚集的居民点进一步得到加强而成为重要的人口承载区。如调研区域的前丰村就是如此，前丰村属于中心城镇麻州镇的远郊村，到目前为止，该村迁往中心城镇的人口为45户，人口数达222人，在2006年开始设立“新农村建设点”后，人口逐渐向新的建设点迁移，至2019年5月，前丰村新农村建设点迁入的户数达到36户，人口182人，迁往“建设点”和城镇的人口数占全村户籍人口总数的15.04%，同时还未包括大量外出务工的人员，全村2687人留守原村的仅为96人。前丰村由于地理位置及土地资源较为优越，已发展成为麻州镇的蔬菜基地和花卉基地，特别是花卉远销广东珠三角等地。因此，对于区位和自然条件较优越的村庄，特别是特色农业较发达的地区，以农业项目、特色项目振兴新农村，是一条比较好的路径。

## 三、典型山区村：以易地搬迁为主导

典型山区村庄，一般距离中心城镇较远，道路崎岖，地形复杂，自然条件相对恶劣，如果没有特殊项目，如特色农业、山区林木、特色果业、茶油、茶叶、菌类等项目，或乡村旅游、文化、民俗等项目，则这类村庄可考虑“整村搬迁”。但如果整村搬迁，管理可耕种土地又将成为一个难题，然而20世纪五六十年代的赣南对这个问题有很好的解决方案，那就是进入山区“作山寮”管理农地。所谓“作山寮”，它是客家话，即季节性或临时性对山区作物、田地或山林等进行耕作与管理，而耕作者大部分时间居住在“光边村”（非山区）或城镇，农忙时移居山区。这种形式，在20世纪五六十年代出现比较多，当时赣南部分“光边村”居民到山区开荒造田，种植粮食，进行候鸟式的“作山寮”耕作模式。当然，如果山区不适合特色项目的发展，对其宜耕土地，则可采用“作山寮”的形式进行耕作与管理。同时，对其他的非耕作人口可以全部迁居城镇，即以易地搬迁为主导，对该类山区人口进行合理再分布。其实，被调研的凤形窝、小围村部分农地管理就是采取这种形式进行的。如凤形窝村，截至2019年5月，全村1139人226户，迁至城镇的为1083人，共212户，其中迁至镇区的占大部分，为186户，留守人口仅14户56人，其中还包括迁至本村的新农村建设点7户37人，而真正在原村址的人口仅19人，基本上全村人口已迁离山区。还有，小围村情况也类似。小围全村812人共212户，留守39户74人（有的家庭是部分迁离），迁至城镇的194户758人，其中迁至镇区的为184户。因此，这一村庄也可实施整村性的“易地搬迁”。

## 第三节 “空巢村”人口合理再分布相关治理问题

“空巢村”人口合理再分布问题很多，较为重要的主要包括流出人员福利保障与维护、留守人员的养老与未成年儿童等护理服务、“回流”人口合理再分布和产业发展以及政府对留守人员相关护持政策的实施等问题。

### 一、流出人员福利保障、维护与留守家庭的服务需求

#### （一）流出人员福利保障的维护

流出人员福利保障的关键是土地权益的维护与继承问题，这也是城镇化过程中农村居民最关心的问题，同时也是土地是“撂荒”还是“耕种”的决策性选择问题。据《中华人民共和国土地管理法》（2004年修订）第三十七条规定，“禁止任何单位和个人闲置、荒芜耕地”。“承包经营耕地的单位或者个人连续二年弃耕抛荒的，原发包单位应当终止承包合同，收回发包的耕地”。因此，这也是有的农户雇人“赔本”耕作土地的重要原因，说到底，还是对土地未来的利益存有较高的预期。从农地维护看，大部分家庭的农地都在耕作之中，如赣南多山地区林地种植经济作物的占64.11%家庭，且有一定收入的占48.47%，而“没有任何管理与开发”的亦达35.89%（如表10.3.1所示）。因此，总体上，赣南多山地区对山林等农地的耕作、管理相对较好。

2006年国家全面取消农业税，这也是“工业反哺农业”的一种体现。同时，为了鼓励农民多种粮、种好粮，自2006年开始，国家出台了农资综合直补政策，使得很多农户直接受益。据调查，赣南地区农业直补标准一般为耕地120~150元/亩，林地50~60元/亩，发放形式是直接进入农户账户。因此，尽管补贴不是很大，但也给农户带来了一笔固定收入。同时，

各地的情况不尽相同，大部分耕地补贴已经到位，收到补贴的家庭占93.31%，而林地补贴面较窄，占农户的74.45%。从补贴的利用方向看，很多家庭把它用于日常生活开支中，占32.51%，用作农林生产投资的家庭仅占17.62%（如表10.3.2所示）。

**表10.3.1 “空巢村”林地管理及效益状况** 单位：户、%

| 林地管理与效益 | 调研样本 | 比重 |
| --- | --- | --- |
| 种植经济果树、林木，有较大产出 | 99 | 13.83 |
| 种植经济果树、林木，有一定产出 | 248 | 34.64 |
| 种植经济果树、林木，没有产出 | 112 | 15.64 |
| 没有任何管理与开发 | 257 | 35.89 |
| 合计 | 716 | 100.00 |

**表10.3.2 “空巢村”农地政策性补贴及利用状况** 单位：户、%

| 农地补助 | 调研样本 | 比重 |
| --- | --- | --- |
| 补助用作日常生活开支 | 238 | 32.51 |
| 补助用作农林生产投资 | 129 | 17.62 |
| 补助较小，对生产、生活作用不大 | 178 | 24.32 |
| 农地有补助，林地没有补助 | 138 | 18.85 |
| 没有收到任何补助 | 49 | 6.69 |
| 合计 | 732 | 100.00 |

对于流出人员农地维护和福利保障而言，农村居民主要是对农地未来收益的预期上。同时，土地对农民而言是一种保障及心理的归宿，也是农村居民的“根”，没有土地就没有了“根”，也没有区域归宿感。因此，土地当前能给他们带来多少利益对很多人而言，其实并不重要。由此可知，要促进农民进城或加速农村城镇化，关键是要解决农民的农地归宿问题，如果普遍实行“带地进城”政策，则农村城镇化将大大加快。

（二）留守家庭服务需求

尽管多山地区“空巢村”留守人口老龄化程度很高，但大部分还是在从事有收入的工作或照顾孩子与老人。2015年赣南“空巢村”留守人口中，从事有收入工作（包括个体户、临时工等）的人口比重为56.0%，虽然没有工作，但照顾老人、孩子的人口占37.25%，真正没有工作的（含丧失劳动能力、退休等）为6.74%（如表10.3.3所示）。由于留守人口中，老年人口比重高，其健康状况相对较差，比较健康的人口仅占14.99%，有慢性病或严重慢性病的占18.98%。因此，从医疗费负担而言，普遍认为比较困难，表示“可以承担”的仅占24.31%，其他的均为有困难甚至很困难，还有3.78%的家庭表示“基本无力支付”（如表10.3.4所示）。因此，对留守人口而言，养老、医疗及家庭护理是其重要的需求，也是最大的问题所在，政府应该采取有效措施，包括最大限度地发挥非政府组织、志愿者、社区互助等组织形式的作用，解决留守人员的实际困难与问题。

**表10.3.3　“空巢村”留守人口就业状况**　　　　单位：人、%

| 被调研样本目前的工作 | 调研样本 | 有效百分比 |
|---|---|---|
| 从事有收入的工作（包括个体户、临时工等） | 457 | 56.00 |
| 没有工作，照顾小孩 | 253 | 31.00 |
| 没有工作，照顾老人 | 51 | 6.25 |
| 其他（如含丧失劳动能力、退休等） | 55 | 6.74 |
| 合计 | 816 | 100.00 |

**表10.3.4　“空巢村”留守家庭老年人医疗费用支付负担状况**

单位：户、%

| 医疗费承受 | 调研样本 | 有效百分比 |
|---|---|---|
| 可以承担 | 193 | 24.31 |
| 有点困难 | 406 | 51.13 |
| 很困难 | 165 | 20.78 |
| 基本无力支付 | 30 | 3.78 |
| 合计 | 794 | 100.00 |

城镇的繁荣、生活设施的便利以及公共服务的完备，是农村居民所向往的。因此，很多农村居民明确表示进入城镇能使他们“生活方便、生活质量显著提高”（26.79%）。更多的认为居住城镇是因为“上学方便、医疗服务好”（43.65%），这其实跟留守家庭在小孩上学和老年人养老、医

疗等护理需求分不开。还有8.68%的人口强调能使“精神愉快，娱乐活动丰富”，另外10%左右的人认为也能增加收入，仅有不到5%的人口表示“没有太大变化”（如表10.3.5所示）。当前，很多家庭青壮年子女外出务工后，一般认为，影响父母最大的三个问题主要是“日常生活无人照顾，尤其是生病时”（59.7%）、“内心孤寂空虚”（24.6%）及“从事体力过重的家务劳动”（11.3%）。而父母外出影响孩子的最大问题，分别是“缺乏亲情造成心灵孤独”（36.83%）、农村老家的“教育设施和水平落后”（31.97%）及“经济困难不能保证健康成长”（25.19%）等。

表10.3.5　“空巢村”人口移居城镇可能带来的好处　单位：人、%

| 居住城镇可带来的影响 | 调研样本 | 比重 |
| --- | --- | --- |
| 生活方便，生活质量显著提高 | 213 | 26.79 |
| 上学方便，医疗服务好 | 347 | 43.65 |
| 精神愉快，娱乐活动丰富 | 69 | 8.68 |
| 收入有较大增加 | 57 | 7.17 |
| 收入有一定增加 | 20 | 2.52 |
| 以上均有 | 51 | 6.42 |
| 没有太大变化 | 38 | 4.78 |
| 合计 | 795 | 100.00 |

从养老方式选择上，“空巢村”留守人员普遍认为子女养老（42.07%）、自我养老（36.33%）是未来养老的主要选择模式，而对政府养老和敬老院养老方式的选择相对较少（如表10.3.6所示）。其实，这也是东方传统文化的主要特征，不管是城镇还是农村，我国选择居家养老和家庭养老的比重都很高。留守人员“内心孤寂空虚”的心理状态非常严重，必须引起高度重视，心理健康是身体健康和生活质量提升的重要影响因素。多山地区留守人员平时娱乐活动非常单调，主要以听广播、看电视、打牌及串门、聊天等活动为主（如表10.3.7所示）。在农村有关康体、健身及其他参与型的文化、观赏、体验、旅游等设施或活动非常少，同时留守人员既没有时间也没有这样的经济基础，加上生活圈子较小，农村生活相对单调，因此也有人产生了精神抑郁等症状。所以，加强农村文化建设、丰富留守人员日常生活是非常必要的。

表10.3.6 “空巢村”留守人员养老模式选择 单位：人、%

| 养老模式 | 调研样本 | 百分比 |
|---|---|---|
| 子女养老 | 337 | 42.07 |
| 自我养老 | 291 | 36.33 |
| 政府养老 | 127 | 15.86 |
| 敬老院养老 | 20 | 2.50 |
| 混合养老 | 26 | 3.25 |
| 合计 | 801 | 100.00 |

表10.3.7 “空巢村”留守人员平时的娱乐活动 单位：人、%

| 娱乐活动 | 调研样本 | 样本比重 | 个案比重 |
|---|---|---|---|
| 参加体育运动 | 102 | 10.71 | 18.65 |
| 串门、聊天 | 276 | 28.99 | 50.46 |
| 收音机、电视、报纸、广播 | 345 | 36.24 | 63.07 |
| 打牌、打麻将 | 172 | 18.07 | 31.44 |
| 呆坐 | 44 | 4.62 | 8.04 |
| 其他 | 13 | 1.37 | 2.38 |
| 合计 | 952 | 100.00 | 174.04 |

## 二、“回流”人口合理再分布及产业发展

当前，对“空巢村”人口再分布而言，自然因素和经济因素是最重要的影响原因，而对人口合理再分布作用更大的是经济因素，因为其可变性强。所谓经济因素，说到底就是产业发展状况，人口聚集或流出是就业岗位及经济收益变动的主要表现。以至刘凤朝在研究经济社会发展与人口空间分布的关联性时指出，我国在改革开放前，人口空间分布主要受自然条件、行政调控及卫生水平的决定作用，而改革开放后，主要受经济水平、教育发展的影响，并强调未来教育需求将成为人口迁移考虑的重点①。尽管多山地区自然禀赋较差，但它仅为影响人口分布的一个约束因子，而主

① 刘凤朝：《经济社会发展对人口空间分布影响研究》，北京·科学出版社，2013年版，第131-136页。

要还受经济与教育水平变动的决定作用。因此，有关部门进行人口合理再分布决策时，需重点考虑经济、就业及教育等因素对人口聚集的影响。当前而言，对“空巢村”经济发展起阻碍作用的，主要是由于交通不便、人才缺乏以及因青年人进城务工而使劳动力短缺产生的不利影响。同时，也有不少被调查者认为，“国家政策扶持缺乏”也是多山地区“空巢村”经济发展的重要障碍，占被调查家庭的24.48%（如表10.3.8所示）。

**表10.3.8 “空巢村”经济发展的障碍** 单位：人、%

| 影响村庄经济发展的障碍 | 调研样本 | 样本比重 | 个案比重 |
|---|---|---|---|
| 劳动力短缺，青年人多进城打工 | 159 | 17.30 | 28.65 |
| 国家政策扶持缺乏 | 225 | 24.48 | 40.54 |
| 缺乏人才 | 141 | 15.34 | 25.41 |
| 交通不方便 | 181 | 19.70 | 32.61 |
| 农村基层干部不干实事不为农民谋福利 | 29 | 3.16 | 5.23 |
| 市场信息获取滞后，导致盲目种植，最后价格太低，农产品卖不出去 | 115 | 12.51 | 20.72 |
| 人均耕地少，种植作物单一，收入少 | 69 | 7.51 | 12.43 |
| 合计 | 919 | 100.00 | 165.59 |

城镇化是未来农村社会发展的必然，其模式是选择“就地城镇化”还是“异地城镇化”，却很难定夺，这也为人口的集中迁移安置带来了决策上的困惑。多山地区近几十年来，经济得到了长足的发展，人们生活得到持续改善，这是毋庸置疑的。但从多山地区城镇化特点看，很多城镇普遍属于“消费型城镇”，靠异地城市“供养”。具体而言，就是很多城镇的发展依赖于劳动力外出而汇回的务工收入，且很多农村居民完全依赖于家庭成员的外出务工收入而生活，同时有的农村地区甚至不生产粮食、蔬菜，大部分依赖“市场供应”，出现“农村依赖城镇而存在”的反常局面。同时，城镇中很多产业、行业也呈现发展滞后的问题，有的地区原来较为完整的农业体系和工业体系已不复存在，从2008年的金融危机及其他时段经济发达地区的经济波动性对多山地区城镇经济、市场产生的巨大波动性影响也可看出这一问题的所在。如果依赖区外供养的利益链条被截断，其后果是灾难性的。因此，多山地区在集中建设中心城镇的同时，需未雨绸

缪，发展当地特色经济，创造就业岗位，吸引回流人口就业和创业。特别是应构建起能支撑城镇生存的农产品生产供应基地，使生活必需品不应完全依赖外部调入。同时，对多山地区而言，这也是进行人口合理再分布的关键所在。

## 三、政府对留守人员的扶持及政策作为空间

政策支持是欠发达地区经济、社会发展的重要动力，一个地区或一个家庭在经济发展的“原始积累”难以完成时，外力的支持促其完成“积累”非常必要。对多山地区政府而言，扶持当地社会、经济、产业的发展，也应从这些方面着力。社会、经济、产业的发展与合理布局，是人口合理再分布的基础与前提。

### （一）政府对留守人员的政策帮扶

政府对留守人员的帮扶政策作为空间非常广阔，除对经济发展的引导之外，政府更需在儿童教育、育儿服务、为老服务、改善居住环境、规范住房市场、加强农村道路基础设施建设及解决治安问题等方面进行着手。多山地区“空巢村”家庭最希望政府提供帮助（如表10.3.9所示）。其实，从全国而言，就学、养老及住房是三大重要的民生问题，农村与城镇莫不如此。但农村家庭和城镇家庭相比，从教育而言，对农村家庭孩子是能否上学的问题，而对城镇孩子是能否上较好学校的问题。而对养老而言，农村养老更大程度上，是老人的“生存问题”，而城镇老人则是享受更好养老服务的问题。

留守儿童生活、教育、成长及心理等也是值得关注的重要问题，自城乡间发生大规模迁移后，这些问题也在逐渐形成和扩大之中。据全国妇联的研究报告，截至2010年，全国农村留守儿童为6102.55万人，占农村儿童数量的37.70%，占全国儿童的21.88%，且未来很长一段时间内仍将长期存在，并有可能在一定范围内继续增长[①]。诸多研究也显示，留守儿童不但存在比较严重的生活困难，同时还存在一定的心理问题。根据邬志辉、李静美的研究，留守儿童分为完全留守、父亲外出留守及母亲外出留

① 全国妇联：《我国农村留守儿童、城乡流动儿童状况研究报告》，http://www.women.org.cn/allnews/02/3906.html.

守等情况，不同类别的留守儿童留守对他们的心理有不同的影响。研究表明，儿童对父母均有情感依赖。在学习阶段，特别是母亲对儿童的影响非常重要，调查显示，母亲外出的留守儿童学习成绩、健康、自信心及社会交往能力等均表现出较差的状况①。母亲的缺位对儿童成长的影响非常大，因此对政府而言，除对留守儿童进行关怀、帮助以外，还需创造条件如进行资金、项目等支持，增加就业岗位，以促进农村劳动力就地转移，或帮助外出务工人员进行家庭迁移等。

**表 10.3.9 “空巢村”最希望政府提供帮助的种类** 单位：户、%

| 政府帮助类别 | 调研样本 | 样本比重 | 个案比重 |
|---|---|---|---|
| 希望解决小孩的就学问题 | 85 | 8.86 | 18.85 |
| 在建房、购房方面有一定优惠政策 | 126 | 13.14 | 27.94 |
| 希望有更好的育儿服务 | 85 | 8.86 | 18.85 |
| 希望有更优质的老年服务 | 122 | 12.72 | 27.05 |
| 设法改善居住环境 | 106 | 11.05 | 23.50 |
| 提供资金支持，帮助发展经济 | 147 | 15.33 | 32.59 |
| 解决好当地的治安问题 | 57 | 5.94 | 12.64 |
| 组织劳务输出，保证外出家人能有一个稳定的工作 | 62 | 6.47 | 13.75 |
| 发展当地经济，家人可以在家乡赚钱，不用外出打工 | 139 | 14.49 | 30.82 |
| 提供农业技术支持 | 20 | 2.09 | 4.43 |
| 加强农村道路等基础设施建设 | 10 | 1.04 | 2.22 |
| 合计 | 959 | 100.00 | 212.64 |

### （二）为老服务需求及政策作为空间

老龄化是世界性大趋势，中国也是如此。而多山地区青壮年大部分外流后，老龄化状况更加严重。实质上，“空巢村”是“空巢家庭”问题的延续和发展，但又远非单个“空巢家庭”问题的总和，如城市“空巢家庭”照料问题可通过市场化来解决，而“空巢村”照料则没有办法市场

① 邬志辉、李静美：《农村留守儿童生存状况调查报告》（叶敬忠、吴慧芳、孟祥丹：《中国农村留守人口——反思发展主义的视角》，北京·社会科学文献出版社，2015 年版），第 47-55 页。

化。这正是当前“空巢村”养老问题的一大难点，具体地说就是“空巢村”养老服务社会化问题。在养老服务方面，农村“空巢家庭”与城市家庭不同，城市养老服务可以社会化，而“空巢村”养老服务难以转为社会化，关键是劳动力缺乏形成“有钱购买不到服务”的状况。这一问题如何解决，是否可以创造条件尝试“集中养老”或“异地养老”等模式？所有这些，均须有新的思路和规划。

调查显示，“空巢村”老人很期望村庄（村政府）或社区能在以下几个方面为老年人做些服务：首先，有 35.71%的受访者认为，“组织文娱活动，方便老人相互交流”是为老服务的首选；其次，是“为老人提供低劳动强度的工作，保证其经济收入的同时充实生活”，占 31.16%；再次，是“提供便捷廉价的家政和医疗服务”，占 18.97%；最后，是“定期上门走访”，为 10.47%（如表 10.3.10 所示）。所有这些，对村委会或社区而言，是可以做到的，因此可作为一项为老服务政策进行实施。

**表 10.3.10　“空巢村”老人最希望居住的村庄或社区应做些什么**

单位：人、%

| 服务类型 | 调研样本 | 样本比重 |
|---|---|---|
| 为老人提供低劳动强度的工作，保证其经济收入的同时充实生活 | 253 | 31.16 |
| 组织文娱活动，方便老人相互交流 | 290 | 35.71 |
| 定期上门走访 | 85 | 10.47 |
| 提供便捷廉价的家政和医疗服务 | 154 | 18.97 |
| 综合服务 | 30 | 3.69 |
| 合计 | 812 | 100.00 |

### （三）新型城镇化构建中的城镇身份认同及社区归宿感提升

新型城镇化构建过程中，进城农民对城镇身份的转变和认同对其思想观念和城镇社会融合有重要的影响。所谓“身份”是指一种出身或社会位置的标识，而“认同”则指旨在表达与他人相似或相异的归属感和行为模式。心理学上认为，“身份认同”的本质是心灵意义上的归属①。而据社会

① 张淑华、李海莹、刘芳：《身份认同研究综述》，载《心理研究》2012 年第 1 期，第 21-27 页。

身份认同理论创始人 Tajfel 的观点，认为社会身份认同是“自我概念”的重要组成部分，获得群体内的社会身份认同可提升个人的自尊。因此，进城农村居民要更好地融入城镇社会，首先需要获得城镇社会身份认同。身份认同更具体地表现为一种“社区归宿感”，从其含义上看，就是居民把自己看成社区中一员的一种心理状态。社区归属感的主要影响因素是社会关系、社会环境感受度及社区活动参与程度等。当前，多山地区“空巢村”进入城镇的居民在城镇社区中的融入程度及社区归宿感相对较高，基本能融入社区的达到约 80%，而“与邻居很陌生”和“难以融入城镇”的进城农村居民约为 20%（如表 10. 3. 11 所示）。这些数据是小城镇样本中反映出来的，如果在更大的城市中，进城人员的背景、结构、来源更为复杂的情况下，进城农村人口的社区归宿感必然将会在一定的程度上下降。因此，对相关部门和组织而言，要通过互助型社区关系构建、良好型社区环境营造及全员参与的社区活动来提升居民的社区归宿感，最终形成城乡居民的深度融合，是很必要的。

**表 10. 3. 11　已进城“空巢村”居民的社区归宿感　　单位：人、%**

| 社区归宿感 | 调研样本 | 样本比重 | 个案比重 |
|---|---|---|---|
| 与邻居相处比较融洽 | 193 | 28. 64 | 40. 46 |
| 有急事可找邻居帮忙 | 208 | 30. 86 | 43. 61 |
| 没有从外地迁入的陌生感 | 143 | 21. 22 | 29. 98 |
| 与邻居很陌生 | 74 | 10. 98 | 15. 51 |
| 难以融入城镇 | 56 | 8. 31 | 11. 74 |
| 合计 | 674 | 100. 00 | 141. 30 |

# 参考文献

[1] Anselin L, D A Griffith. Do Spatial Effects Really Matter in Regression Analysis [J]. Paper of the Regional Science Association, 1998, 65: 11-34.

[2] Blarel B, Hazell P, Place, et al. The Economics of Farm Fragmentation: Evidence from Ghana and Rwanda [J]. World Bank Economic Review, 1992, 6 (2): 233-254.

[3] Brown L R, Mcgrath P L, Stokes B. Twenty- two dimensions of the population problem [J]. Population Reports, 1969 (11): 177- 202.

[4] Fan, C. C. Interprovincial Migration, Population Redistribution, and Regional Development in China: 1990 and 2000 Census Comparisons [J]. Professional Geographer, 2005 (57): 295-311.

[5] Friedmann J. Four theses in the study of China' s urbanization [J]. International journal of urban and regional research, 2006, 30 (2): 440-451.

[6] Gmelch, G. Return Migration [J]. Annual Review of Anthropology, 1980 (9): 135-159.

[7] Guldin, Gregory E, ed. Farewell to Peasant China: Rural Urbanization and Social Change in the Late Twentieth Century [M]. New York: M. E. Sharpe, 1997.

[8] Gunnar Myrda. L. Asian Drama: An Inquiry into the Poverty of Nations [M]. New York, Pantheon Books, 1968.

[9] Iyigun, M. and R. P. Walsh. Building the Family Nest: Premarital Investments, Marriage Markets, and Spousal Allocations [J]. Review of Economic Studies, 2007, 74 (2): 507-535.

[10] Jeremy Rappleye. Theorizing Educational Transfer: Toward a Conceptual Map of the Context of Cross- national Attraction [J]. Research in

Comparative and International Education, 2006, 1 (3): 223-240.

[11] Kimberly Ochs & David Phillips. Processes of Educational Borrowing in Historical Cont ext [M]. In: Phillips, D., & K. Ochs. (eds.) . Educational Policy Borrowing: Historical Perspectives. Oxford: Symposium Books, 2004: 7-23.

[12] Lafortune, J. Making Yourself Attractive: Pre-Marital Investments & the Returns to Education in the Marriage Market [J]. American Economic Journal: Applied Economics, 2013, 5 (2): 151-178.

[13] Liu X, Cao G, Liu T, et al. Semi-urbanization and evolving patterns of urbanization in China: insights from the 2000 to 2010 national censuses [J]. Journal of geographical sciences, 2016, 26 (11): 1626-1642.

[14] M. Makiwane, S. A. Kwizera. An Investigation of Quality of Life of the Elderly in South Africa, with Specific Reference to Mpumalanga Province [J]. Applied Research in Quality of Life, Sep., 2006 (1): 297-313.

[15] Meng, L., M. Q. Zhao, and Wu D. S. Li. Joint Migration Decisions of Married Couples in Rural China [J]. China Economic Review, 2015, (38): 285-305.

[16] Michael S. Rendall, Alden Speare, Jr. Elderly poverty alleviation through living with family [J]. Journal of Population Economics, Nov., 1995 (9): 383-405.

[17] Ottaviano G I P, Puga D. Agglomeration in the global economy: a survey of the new economic geography [J]. World Economy, 1998, 21 (6): 707-731.

[18] Russell King, Jill Mortimer and Alan Strachan. Return Migration and Tertiary Development: A Calabrian Case - Study [J]. Anthropological Quarterly, Vol. 57, No. 3, Jul., 1984: 112-124.

[19] Sargeson. S. Subduing ‘The Rural House-building Craze’: Attitudes Towards Housing Construction and Land Use Controls in Four Zhejiang Villages [J]. The China Quarterly, 2002, 172: 927-955.

[20] United Nations. Population Distribution Policies in Development Planning [M]. New York, 1981.

[21] United Nations. World Urbanization Prospects (1999 Revision) [M]. New York. 2001.

[22] Wang Wenfei Winnie, Fan C Cindy. Success or Failure: Selectivity and Reasons of Return Migration in Sichuan and Anhui, China [J]. Environment & Planning A5, 2006: 939-958.

[23] Who. International Organization for Migration (IOM) [R]. Discussion Note: Immigration and the Environment, 2007 (11).

[24] Zhu Y. Changing urbanization processes and in siturural-urban transformation: reflections on China' s settlement definitions//Champion A, Hugo G. New forms of urbanization [R]. Aldershot: Ashgate, 2004: 207-228.

[25] [法] H. 孟德拉斯. 农民的终结 [M]. 李培林, 译. 北京: 中国社会科学出版社, 1991.

[26] [日] 宫本宪一, 朴玉, 译, 环境经济学 [M]. 三联书店, 2004: 66.

[27]《中国国家地理地图》编委会. 中国国家地理地图 [M]. 中国大百科全书出版社, 2018 (8): 32.

[28] 阿部和彦. 日本的产业结构升级与城市、地域结构的变化: 超大城市化进程中中小城市面临的课题 [A]. 城市化: 中国现代化的主旋律 [C]. 长沙: 湖南人民出版社, 2001.

[29] 安祥生. 山西省城市化类型的划分 [J]. 经济地理, 2000 (4): 50-54.

[30] 白南生, 卢迈. 中国农村扶贫开发移民: 方法和经验 [J]. 管理世界, 2000 (3): 161-169.

[31] 本刊编辑部. 多措并举破解农村"留守"困局 [J]. 中国民政, 2016 (12): 1.

[32] 毕夫. 城乡融合是带动乡村振兴的核心引擎 [N]. 中国青年报, 2018-01-22 (2).

[33] 毕国华, 杨庆媛, 张晶渝, 程小于. 改革开放40年: 中国农村土地制度改革变迁与未来重点方向思考 [J]. 中国土地科学, 2018 (10): 1-7.

[34] 边雪, 陈昊宇, 曹广忠. 基于人口、产业和用地结构关系的城

镇化模式类型及演进特征——以长三角地区为例［J］．地理研究，2013（12）：2281-2291.

［35］曹玺雯，聂明建．怀化农村留守人员问题及应对措施［J］．作物研究，2014（7）：864-866.

［36］曾明星，张善余．中国人口再分布的社会经济合理性及其“多中心集聚”分析［J］．南方人口，2013（5）：71-80.

［37］柴民权．农民工代际研究的困境与出路［J］．广东社会科学，2016（1）：199-206..

［38］陈成文，鲁艳．城市化进程中农民土地意识的变迁——来自湖南省三个社区的实证研究［J］．农业经济问题，2006（5）：29-34.

［39］陈芳惠．村落地理学［M］．台北：五南图书出版公司，1984：114-132.

［40］陈建兰．经济较发达地区农村空巢老人养老问题实证研究［J］．中国农村观察，2009.4.

［41］陈建兰．中国“空巢”家庭研究述评［J］．天府新论，2008（2）：105-109.

［42］陈杰，苏群．土地流转、土地生产率与规模经营［J］．农业技术经济，2017（01）：28-36.

［43］陈坤秋，王良健，李宁慧．中国县域农村人口空心化——内涵、格局与机理［J］．人口与经济，2018（1）：28-37.

［44］陈明星．城市化领域的研究进展和科学问题．地理研究，2015（4）：614-630.

［45］陈蓉．中国人口报［N］.2018-2-1（3）.

［46］陈婉馨．乡村振兴与城乡融合机制创新研究［J］．人民论坛·学术前沿，2018（03）：72-76.

［47］陈伟，王喆，杜德瑞．中国城市化的“两个滞后”与农地转用的长期压力［J］．江西财经大学学报，2014（1）：51-60.

［48］陈兴中，孙丽丽，李富忠．第三代农民工务工期望变化分析［J］．中国劳动，2011（3）：15-17.

［49］陈亚辉．新老两代农民工行为和需求比较研究——基于珠三角的实证调查［J］．调研世界，2013（1）：38-40.

［50］陈燕．浅析城市化视角下的农村教育问题［J］．福建论坛（人文社会科学版），2007 专刊：237-238.

［51］陈玉福，孙虎，刘彦随．中国典型农区空心村综合整治模式［J］．地理学报，2010（6）：727-735.

［52］程连生，冯文勇，蒋立宏．原盆地东南部农村聚落空心化机理分析［J］．地理学报，2001（4）：437-446.

［53］程维明，周成虎，柴慧霞，赵尚民，李炳元．中国陆地地貌基本形态类型定量提取与分析［J］．地球信息科学学报，2009（6）：726-737.

［54］仇保兴．新型城镇化：从概念到行动［J］．行政管理改革，2012（11）：11-18.

［55］崔翠利．大学生农村基层就业激励机制研究［D］．华东师范大学，2010.

［56］崔功豪，马润潮．中国自下而上城市化的发展及其机制［J］．地理学报，1999（2）：106-115.

［57］代以胜．“空巢村”对新农村建设的影响及对策探讨［J］．达州新论，2010（1）：58-61.

［58］单智，韩威．我国农村土地流转问题探析［J］．中国农业会计，2017（12）：44-46.

［59］丁刚，胡联升．中国区域人口安全发展态势及其空间集聚效应研究：基于 GPCA 模型和 ESDA 方法［J］．哈尔滨工业大学学报（社会科学版），2010（6）：83-93.

［60］丁江辉．中日城市化高质量发展比较研究——基于两国 1985-2014 年的实证分析［J］．江西社会科学，2018（5）：44-54.

［61］丁四保．中国主体功能区划面临的基础理论问题［J］．地理科学，2009（4）：587-592.

［62］定军．多个省份农民工回流明显 这几省常住人口甚至净流入［N］．经济日报，2019-4-5.

［63］董欢，郭晓鸣．新型城镇化与农业现代化：第一代农民工的转移取向及其多元影响——四川省调研数据的实证［J］．人口与发展，2013（6）：19-25.

［64］杜本峰，张耀军．高原山区人口分布特征及其主要影响因素——基于毕节地区的 Panel Data 计量模型分析［J］．人口研究，2011（5）：90-101.

［65］段进军，殷悦．多维视角下的新型城镇化内涵解读［J］．苏州大学学报（哲学社会科学版），2014（5）：38-43.

［66］段小梅．经济发展水平与城市化特点［J］．重庆商学院学报，2001（2）：39-40.

［67］范红忠，李国平．对我国生产与人口分布现状与问题的比较分析［J］．预测，2003（6）：28-32.

［68］范红忠，李国平．生产集中、人口分布与地区经济差异．经济研究［J］．2003（11）：79-86.

［69］范嘉诚，吴敏，赵华勤，童心．分区体系指引下的开化县乡村体系规划探索［J］．规划师，2019（6）：10-15.

［70］范乔希，邵景安，李如锋．城乡统筹过程中农村居民点拆迁意愿分析——以武隆县长坝镇为例［J］．重庆师范大学学报（自然科学版），2014（4）：64-69.

［71］方创琳，王德利. 中国城市化发展质量的综合测度与提升路径［J］. 地理研究，2011（11）：1931-1946.

［72］费孝通．被土地所束缚的中国（Earthbound China）［C］．费孝通选集［M］．天津：天津人民出版社，1988（5）：158.

［73］丰凤．欠发达地区“空巢村”治理与现代农业可持续发展研究［J］．长沙大学学报，2015（6）：9-11，26.

［74］封志明，张丹，杨艳昭．中国分县地形起伏度及其与人口分布和经济发展的相关性［J］．吉林大学社会科学学报，2011（1）：146-151.

［75］符平．漂泊与抗争：青年农民工的生存境遇［J］．调研世界，2006（9）：20-25.

［76］付振奇，陈淑云，洪建国．农村劳动力流动的区位选择：影响因素及区域差异——基于全国 28 个省份农民个体行为决策的分析［J］．华中师范大学学报（人文社会科学版），2017（5）：45-56.

［77］葛新斌．关于我国农村教育发展路向的再探讨［J］．中国农业

大学学报（社会科学版），2015（1）：99-105.

［78］公茂刚，王学真，李彩月．“三权分置”改革背景下我国农村土地流转现状及其影响因素研究［J］．宁夏社会科学，2019（1）：92-101.

［79］辜胜阻，朱农．中国城镇化的区域差异及其区域发展模式［J］．中国人口科学，1993，（1）：7-16.

［80］顾宝昌．新农村建设：“迁出去”和“引回来”［J］．人口研究，2006（5）：32-48.

［81］顾杨妹．二战后日本人口城市化及城市问题研究［J］．西北人口，2006（5）：56-60.

［82］郭焕成，韩非．中国乡村旅游发展综述［J］．地理科学进展，2010，29（12）：1597-1605.

［83］郭继强．“内卷化”概念新理解［J］．社会学研究，2007（3）：194-208.

［84］郭敬．科层博弈中地方扶贫金融创新与风险管控——以中国首只“易地扶贫搬迁项目收益债券”为例［J］．农业经济问题，2017（3）：98-108.

［85］郭强．从“麻雀学校”看农村教育城镇化［N］．新华每日电讯，2017-8-4（6）．

［86］郭晓鸣，周小娟．老一代农民工：返乡之后的生存与发展——基于四川省 309 位返乡老一代农民工的问卷分析［J］．中国农村经济，2013. 10：53-62.

［87］国家发展和改革委员会．国家发改委扎实推进易地扶贫搬迁成效显著［EB/OL］. http://www.sdpc.gov.cn/gzdt/201510/t20151016_754953.html.

［88］国家计划生育委员会．2010 中国流动人口发展报告［M］．北京：中国人口出版社，2010.

［89］国家人口与计划生育委员会流动人口服务管理司．中国流动人口发展报告 2011［M］．北京：中国人口出版社，2011：28

［90］国家卫生健康委员会．中国流动人口发展报告 2018［M］．北京：中国人口出版社，2018（12）：7-9.

［91］国务院发展研究中心课题组．农民工市民化［M］．北京：中国发展出版社，2011：8.

［92］韩家彬，刘淑云，张书凤．农地确权、土地流转与农村劳动力非农就业——基于不完全契约理论的视角［J］．西北人口，2018（03）：11-22.

［93］郝寿义，王家庭，张换兆．日本工业化、城市化与农地制度演进的历史考察［J］．日本学刊，2007（1）：80-91，159.

［94］何得桂，党国英．西部山区避灾移民搬迁政策执行偏差及其影响研究——以陕南为例［J］．青海社会科学，2015（4）：65-74.

［95］何得桂．城镇化背景下山区避灾移民过程中政府作用分析［J］．前沿，2015（6）：17-21.

［96］何惠亭．代际关系视角下“老漂族”的城市适应研究［J］．前沿，2014（9）：157-161.

［97］何良雄，朱怡橙．空心村形成原因及治理措施探析——以农村城镇化进程为视角［J］．经济研究导刊，2011（26）：24-25，35.

［98］何悦．涪陵区乡“空巢村”发展存在的问题研究［J］．农村经济与科技，2016（3）：202-203.

［99］何悦．新型城镇化进程下涪陵区乡“空巢村”治理的思路［J］．农村经济与科技，2016（4）：222-223.

［100］贺汉魂，廖鸿冰．“归巢”农民工：“空巢”村庄农业发展的生力军［J］．经济师，2007（12）：51-52.

［101］贺雪峰．城乡建设用地增减挂钩政策的逻辑与谬误［J］．学术月刊，2019（1）：96-104.

［102］侯顺斌．易地搬迁社区重建：问题与重建进路［J］．兰州文理学院学报（社会科学版），2017，34（04）：63-69.

［103］侯晓光．城镇化背景下农村中小学教育的生存境遇及改进路径［J］．基础教育研究，2014（11）：3-6.

［104］胡建坤，田秀娟．农民工回乡建房行为研究［J］．农业经济问题，2012（12）：53-61.

［105］胡俊生．农村教育城镇化：动因、目标及策略探讨［J］．教育研究，2010（2）：89-94.

［106］胡润泽．搬得出 稳得住 能致富——陕西省汉中市移民搬迁安置工作的实践与思考［J］．求是，2013（16）：59-60.

［107］胡霞．关于日本山区半山区农业直接补贴政策的考察与分析［J］．中国农村经济，2007（06）：71-80.

［108］胡霞．日本过疏地区开发方式及政策的演变［J］．日本学刊，2007（05）：82-95+159.

［109］黄锦东．城乡建设用地增减挂钩制度的演进及机理——基于制度变迁理论的分析［J］．国土资源情报，2019（1）：40-46.

［110］黄谦，张晓颖．我国贫困地区生态补偿机制研究——基于武陵山地区的调研［J］．价格理论与实践，2014（06）：48-50.

［111］黄荣清．1980 年代以来北京市城市化过程中人口分布的变化［J］．人口研究，2005（5）：19-26.

［112］黄震方．新型城镇化背景下的乡村旅游发展——理论反思与困境突破［J］．地理研究，2015，34（08）：1409-1421.

［113］纪韶，李舒丹．城市化进程中农民工生活方式的转变［J］．广东社会科学，2010（2）：39-47.

［114］纪韶，朱志胜．中国人口流动与城镇化格局变动趋势研究——基于“四普”“五普”“六普”长表数据的比较分析［J］．经济与管理研究，2013（12）：75-83.

［115］贾林州，赵晓峰．地权：回归村社 回归农民——兼评贺雪峰《地权的逻辑：中国农村土地制度向何处去》［J］．中共宁波市委党校学报，2012（1）：64-71.

［116］贾若祥，刘毅．中国半城市化问题初探［J］．城市发展研究，2002（2）：19-23.

［117］姜长云．中国农村住房消费需求研究．调研世界［J］，1999（10）：20，21-24.

［118］金其铭．农村聚落地理［M］．北京：科学出版社，1988（4）：3-13.

［119］科斯，阿尔钦，诺斯，等，刘守英，等，译．财产权利与制度变迁［M］．上海：上海人民出版社，1994：266-294.

［120］匡远配，陆钰凤．我国农地流转“内卷化”陷阱及其出路［J］．

农业经济问题，2018（9）：33-43.

［121］赖波平．关于山区农民进城安置的调查与思考［J］．老区建设，2012（5）：38-41.

［122］郎丽娜，吴秋林．“亚细亚”的终结：中国乡村振兴战略转型模式研究［J］．北方民族大学学报（ 哲学社会科学版），2019（1）：11-17.

［123］郎玲玲，陈维明，朱启疆，等．多尺度DEM提取地势起伏度的对比分布——以福建低山丘陵为例［J］．地球信息科学，2007（6）：1-6.

［124］雷福民．应大力推动农村教育城市化［J］．四川省干部函授学院学报，2010（4）：77-80.

［125］李爱民．我国新型城镇化面临的突出问题与建议［J］．城市发展研究，2013（7）：104-110.

［126］李斌，蒋娟娟，张所地．丈母娘经济：婚姻匹配竞争对住房市场的非线性冲击［J］．现代财经，2018（12）：72-81.

［127］李炳元，李钜章．中国1：100万地貌图图例系统和地貌类型的探讨［C］．见：中国1：100万地貌图编辑委员会，中国科学院地理研究所编．地貌制图研究文集［M］．北京：测绘出版社，1986：52-59.

［128］李炳元，李钜章．中国地貌图（1：400万）［M］．北京：科学出版社，1994.

［129］李炳元，潘保田，韩嘉福．中国陆地基本地貌类型及其划分指标探讨［J］．第四纪研究，2008（4）：535-544.

［130］李伯华，曾菊新，胡娟．乡村人居环境研究进展与展望［J］．地理与地理信息科学，2008（05）：70-74.

［131］李昌平．大气候［M］．西安：陕西人民出版社．2009：101.

［132］李程．高州市多措并举破解“麻雀学校”的办学困局［J］．管理观察，2017（12）：84-85.

［133］李德明，陈天勇，李贵芸．北京市老年人的生活满意度及其影响因素分析［J］．中国临床心理学杂志，2005（1）：58-60.

［134］李飞，杜云素．“弃地”进城到“带地”进城：农民城镇化的思考［J］．中国农村观察，2013（6）：13-21.

［135］李红艳．电视内外：作为文化阶层的服务业 农民工研究［M］．北京：中国农业大学出版社，2014：28.

［136］李金铮．发展还是衰落：中国近代乡村经济的演变趋势［J］．史学月刊，2013（11）：8-11.

［137］李靖．我国农业对外依存度研究［J］．中国农业大学学报，2009（3）：151-158.

［138］李克强．以改革创新为动力 加快推进农业现代化［J］．求是，2015（4）：3-10.

［139］李淼，李巧兰．流动人口的边缘性与村治秩序的震荡——以鄂西灵村为例［J］．华中师范大学学报（人文社会科学版），2000（2）：12-17.

［140］李培林．从“农民的终结”到“村落的终结”［J］．传承，2012（15）：84-85.

［141］李培林．流动民工的社会网络和社会地位［J］．社会学研究，1996（4）：42-52.

［142］李强，陈振华，张莹．就近城镇化模式研究［J］．广东社会科学，2017（4）：179-191.

［143］李强，陈振华，张莹．就近城镇化与就地城镇化［J］．广东社会科学，2015（1）：186-199.

［144］李强．社会学的“剥夺”理论与我国农民工问题［J］．学术界，2004（4）：7-22.

［145］李若建．广东省外来人口的定居性与流动性初步分析［J］．人口研究，2007（6）：45-54.

［146］李森，崔友兴．新型城镇化进程中乡村教育治理的困境与突破［J］．西南大学学报（社会科学版），2016（2）：82-89.

［147］李森．新型城镇化进程中我国乡村教育可持续发展的现实困境与战略选择［J］．西南大学学报（社会科学版），2015（4）：98-105.

［148］李四光著，张文佑编译．中国地质学［M］．上海：正风出版社，1953：9.

［149］李怡涵，牛叔文，王君萍．中国不同职业省际迁移人口的空间分布特征及影响因素研究［J］．西北人口，2016（6）：10-16.

［150］李永芳．新时期以来农民建房问题与耕地保护问题的思考［J］．当代中国史研究，2011（1）：63-70.

［151］李永乐，刘玉山．“三维”政府竞争分析：土地依赖视角［J］．探索与争鸣，2015（11）：82-87.

［152］廉思，赵金艳．结婚是否一定要买房？——青年住房对婚姻的影响研究［J］．中国青年研究，2017（7）：61-67.

［153］廖文根．新型城镇化的难点是人的城镇化——访民建中央副主席辜胜阻［DB/OL］．人民网，2013. 1. 16. http：//theory. people. com. cn/n/2013/0116/c40531-20215710. html.

［154］林盛中，郑玮钧．论黑龙江省人口分布及科学引导［J］．人口学刊，2009（5）：17-22.

［155］林文声．土地依赖、社会关系嵌入与农地非市场化流转［J］．农村经济，2015（12）：85-88.

［156］刘传江，程建林．第二代农民工市民化现状分析与进程测度［J］．人口研究，2008（5）：48-57.

［157］刘春芳，张志英．从城乡一体化到城乡融合：新型城乡关系的思考［J］．地理科学，2018，38（10）：1624-1633.

［158］刘凤朝．经济社会发展对人口空间分布影响研究［M］．北京：科学出版社，2013（1）：131-136.

［159］刘福海．建国以来农村三种土地制度的比较［N］．中国改革报，2005-8-8。

［160］刘鸿雁．山西省迁移人口分布格局演变及影响因素研究［J］．科技创新与生产力，2015（2）：9-13.

［161］刘继来，刘彦随，李裕瑞，胡银根．2007—2015 年中国农村居民点用地与农村人口时空耦合关系［J］．自然资源学报，2018，（11）：1861-1871.

［162］刘建彪．农村教育城镇化还有很长一段路要走——再论“麻雀学校”何去何从［N］．新华每日电讯，2017-8-9（6）．

［163］刘洁，王宇成，苏杨．中国人口分布合理性研究——基于发展方式角度［J］．人口研究，2011（1）：14-28.

［164］刘晶瑶．十五年“撤点并校”回头看：要坚持什么，警惕什么

[N]．新华每日电讯，2016-7-5（6）．http：//www. xinhuanet. com/mrdx/2016-07/05/c_ 135488981. htm.

［165］刘立峰．对新型城镇化进程中若干问题的思考［J］．宏观经济研究，2013（5）：3-6.

［166］刘睿文，封志明，杨艳昭，游珍．基于人口集聚度的中国人口集疏格局［J］．地理科学进展，2010（10）：1171-1177.

［167］刘胜康．意识形态的相对独立性——读恩格斯《致康·施米特》［J］．贵州民族大学学报（哲学社会科学版），1993（1）：9-16.

［168］刘盛和，王雪芹，戚伟．中国城镇人口“镇化”发展的时空分异［J］．地理研究，2019（1）：85-101.

［169］刘望保，曾纪璇．2000 年以来我国人口和城镇化空间分布变化［J］．华南师范大学学报（自然科学版），2015（4）：108-115.

［170］刘彦随．中国典型农区空心村综合整治模式［J］．地理学报，2010，65（06）：727-735.

［171］刘彦随．中国东部沿海地区乡村转型发展与新农村建设［J］．地理学报，2007（06）：563-570.

［172］刘艺敏，朱炎，严浩军，等．上海市老年人生活满意度及影响因素的调查分析［J］．同济大学学报（医学版），2004（6）：517-519.

［173］刘玉屏．农民工语言行为的社会研究［J］．求索，2010（8）：74-76.

［174］龙花楼，李裕瑞，刘彦随．中国空心化村庄演化特征及其动力机制［J］．地理学报，2009，64（10）：1203-1213.

［175］卢成仁．流动中村落共同体何以维系——一个中缅边境村落的流动与互惠行为研究［J］．社会学研究，2015（1）：166-190.

［176］卢恒，郑超月．“流动的公共性”视角下老年流动群体的类型与精准治理——以城市“老漂族”为中心［J］．江海学刊，2016（2）：228-233.

［177］卢文阳．新型城镇化面临的形势及发展路径探究［J］．农业经济，2016（1）：98-100.

［178］卢泽羽，陈晓萍．中国农村土地流转现状、问题及对策［J］．新疆师范大学学报（哲学社会科学版），2015，36（04）：114-119.

［179］鲁西奇．散村与集村：传统中国的乡村聚落形态及其演变［J］．华中师范大学学报（人文社会科学版），2013（4）：113-130.

［180］陆学艺．农民工问题要从根本上治理［J］．特区理论与实践，2003（7）：31-36.

［181］罗玉辉．“三权分置”下中国农村土地流转的现状、问题与对策研究［J］．兰州学刊，2019（2）：166-180.

［182］门晓红．日本城市化：历史、特点及其启示［J］．科学社会主义，2015（1）：146-149.

［183］穆光宗．中国的人口分布和经济发展——对四普和三普资料的比较分析［J］．江淮论坛，1994（2）：31-35.

［184］内藤正中．过疏和新产都［M］．北九州：今井书店，1968：29.

［185］倪鹏飞．新型城镇化的基本模式、具体路径与推进对策［J］．江海学刊，2013（1）：87-94.

［186］宁静，殷浩栋，汪三贵，王琼．易地扶贫搬迁减少了贫困脆弱性吗？——基于8省16县易地扶贫搬迁准实验研究的PSM-DID分析［J］．中国人口·资源与环境，2018（11）：20-28.

［187］牛凯．中国农村产业结构调整对农村经济增长影响的实证研究［J］．浙江农业学报，2012，24（01）：150-157.

［188］欧璟华，姚树洁，武斌．中国“空巢村”：陕北农村案例研究［J］．当代经济科学，2015（4）：72-80.

［189］潘海生，曹小峰．就地城镇化：一条新型城镇化道路——浙江小城镇建设的调查［J］．政策瞭望，2010（9）：29-32.

［190］盘和林．日本“乡村消失”的警示．环球网，2018-12-29. http：//opinion. huanqiu. com/hqpl/2018-12/13923303. html.

［191］彭竞．延边地区人口回流的变化博弈分析及策略研究［J］．人口学刊，2014（5）：96-104.

［192］彭迈．“空巢村”的隐忧与治理［J］．安阳师范学院学报，2008（1）：61-64.

［193］彭迈．“空巢村”现象对新农村建设的影响［J］．中州学刊，2007（3）：125-127.

［194］彭迈．农村劳动力转移后“空巢村”的隐忧与治理［J］．经济与管理研究，2008（4）：49-53.

［195］彭玮．当前易地扶贫搬迁工作存在的问题及对策建议——基于湖北省的调研分析［J］．农村经济，2017（03）：26-30.

［196］戚红年，曹建丰，曹荣林．快速城市化背景下的城乡统筹规划——以《河南省镇平县县域村镇体系规划（2009—2020）》为例［J］．江苏城市规划，2012（5）：21-24.

［197］齐小兵．国外回流人口研究对我国回流农民工研究的启示［J］．人口与经济，2013（5）：41-47.

［198］钱忠好．土地征用：均衡与非均衡：对现行中国土地征用制度的经济分析［J］．管理世界，2004（12）：50 -59.

［199］乔佳妮．陕南移民搬迁：预防式治理的扶贫典范——访移民搬迁研究专家、西北农林科技大学副教授何得桂［N］．陕西日报，2016-4-14（11）.

［200］秦晖．农民地权六论［J］．社会科学论坛，2007（5）：122-146.

［201］邱杰华，何冬华，赵颖．广州乡村地区发展的土地依赖与模式转型［J］．规划师，2018（10）：106-112.

［202］沈东，张方旭．从“农转非”到“非转农”：大学生逆城市化流动的个案研究［J］．中国青年研究，2017（2）：28-33.

［203］沈利生．中国外贸依存度的测算［J］．数量经济技术经济研究，2003（4）：5-12.

［204］沈续雷，王桂新，孔超．中国人口分布和经济发展空间不均衡性对比研究［J］．人口与发展，2009（6）：69-73.

［205］沈玉昌．中国地貌区划（初稿）［M］．北京：科学出版社，1959：24-29.

［206］沈悦．日本的城市化及对我国的启示［J］．现代日本经济，2004（1）：60-64.

［207］盛虎．“空巢村”的治安状况及治理对策研究［J］．湖北警官学院学报，2017（3）：61-67.

［208］史常亮．农户土地流转收入效应的异质性分析［J］．学习与实

践，2015（03）：37-46.

［209］史毅．户籍制度与家庭团聚——流动人口流入地的身份认同［J］．青年研究，2016（6）：11-21.

［210］矢田俊文．国土政策与地域政策：探索 21 世纪的国土政策［M］．东京：大明堂，1996：6.

［211］宋安平．湖南易地扶贫搬迁的成效、问题及政策研究［J］．湖南社会科学，2018（05）：126-133.

［212］宋林飞．中国“三大模式”的创新与未来［J］．南京社会科学，2009（1）：1-6.

［213］苏春慧，毕如田，刘慧芳，郭永龙．贫困山区农户土地流转及撂荒行为探究——基于山西省和顺县 275 份农户问卷调查［J］．农学学报，2019（2）：89-96.

［214］苏尚锋．农村教育的空间定位与城市化［J］．河北师范大学学报（教育科学版），2014（3）：12-15.

［215］孙斌栋，石巍，宁越敏．上海市多中心城市结构的实证检验与战略思考［J］．城市规划学刊，2010（1）：58-63.

［216］孙波，白永秀，马晓强．日本城市化的演进及启示［J］．经济纵横，2010（12）：84-87.

［217］孙玉莲，赵永涛，曹伟超，于慧，马月伟．山区人口分布与环境要素关系的定量分析［J］．安徽农业科学，2011（19）：11705-11707，11710.

［218］孙中良，余芳梅．贫困理论视角下水库移民反贫困路径的转变［J］．贵州社会科学，2009（2）：77-81.

［219］孙自强．海南少数民族和贫困地区教育移民检视——基于五大发展理念视角［J］．海南师范大学学报（社会科学版），2017（4）：85-89.

［220］谭炳才．促进农村人口就地城镇化［N］．广州日报，2004-6-22.

［221］谭琳．新“空巢”家庭——一个值得关注的社会人口现象［J］．人口研究，2002（4）：36-40.

［222］唐洁，王英利．农业依存度计算模型与实证研究初步［J］．南

通大学学报（自然科学版），2016（4）：59-64.

［223］唐晓平．人口都市圈化：日本的经验和中国的前景［J］．南方人口，2006（2）：40-46.

［224］唐玉英. 赣州年鉴［M］．北京：方志出版社，2008.

［225］陶然，徐志刚．城市化、农地制度与迁移人口社会保障——一个转轨中发展的大国视角与政策选择［J］．经济研究，2005（12）：45-56.

［226］田孟，贺雪峰．中国的农地细碎化及其治理之道［J］．江西财经大学学报，2015（2）：88-96.

［227］田毅鹏．20世纪下半叶日本的“过疏对策”与地域协调发展［J］．当代亚太，2006（10）：51-58.

［228］田毅鹏．村落过疏化与乡土公共性的重建［J］．社会科学战线，2014（06）：8-17.

［229］田毅鹏．地域社会学：何以可能？何以可为？——以战后日本城乡“过密—过疏”问题研究为中心［J］．社会学研究，2012，27（05）：184-203，245.

［230］汪冬梅．日本、美国城市化比较及其对我国的启示［J］．中国农村经济，2003（9）：69-76.

［231］王春光. 农村流动人口的“半城市化”问题研究［J]. 社会学研究，2006（5）：107-122.

［232］王春光．新生代的农村流动人口对基本公民权的渴求［J］．民主与科学，2000（1）：18-20.

［233］王春光．新生代农村流动人口的社会认同与城乡融合的关系［J］．社会学研究，2001（3）：63-76.

［234］王春蕊．易地扶贫搬迁困境及破解对策［J］．河北学刊，2018，38（05）：146-151.

［235］王飞鹏，王君玲，林琴波．农村空巢老人的养老困境及对策研究——以重庆市潼南县Z村调查为例［J］．西北人口，2013（1）：67-72.

［236］王会豪，任平，张智波．基于地形起伏度的耕地与聚落耦合关系演变研究——以都江堰市为例［J］．四川师范大学学报（自然科学

版)，2017（4）：536-543.

［237］王君柏．乡村振兴：早期（1919—1949）的探索与启示［J］．人文杂志，2019（1）：122-128.

［238］王良健，陈坤秋，李宁慧．中国县域农村人口空心化程度的测度及时空分异特征［J］．人口学刊，2017（5）：14-24.

［239］王宁．中国人口迁移的变化趋势及空间格局［J］．城市与环境研究，2016（1）：81-97.

［240］王乾，朱喜钢．日本城市化进程中的町村发展对浙江小城镇发展的启示［J］．小城镇建设，2009（05）：89-93.

［241］王武林，安和平．空巢老人特征及其生存质量状况分析［C］．“社会学与贵州‘十一五’社会发展”学术研讨会暨贵州省社会学会第四届会员代表大会论文集，2005.

［242］王晓毅．易地扶贫搬迁方式的转变与创新［J］．改革，2016（08）：71-73.

［243］王英利，陆佩华，游珍，施野，洪佳．快速城市化地区农业地位变化与农户对土地依存状态［J］．农村经济，2012（11）：85-89.

［244］王云，马丽，刘毅．城镇化研究进展与趋势：基于CiteSpace和HistCite的图谱量化分析．地理科学进展，2018（2）：239-254.

［245］王宗萍，段成荣．第二代农民工特征分析［J］．人口研究，2010（2）：39-47.

［246］韦彩玲．城市化中农民土地权益流失的政策归因及对策［J］．开放研究，2018（1）：34-39.

［247］韦璞．贫困少数民族山区农村老年人社会支持网与生活满意度关系研究［J］．南方人口，2007（1）：45-50.

［248］韦伟，赵光瑞．日本城市化进程及支持系统研究［J］．经济纵横，2005（3）：45-48.

［249］魏清泉．城乡融合——城市化的特殊模式［J］．城市发展研究，2017（04）：28-31.

［250］魏守华，陈扬科，陆思桦．城市蔓延、多中心集聚与生产率［J］．中国工业经济，2016（8）：58-75.

［251］邬志辉，李静美．农村留守儿童生存状况调查报告［C］．叶

敬忠，吴慧芳，孟祥丹．中国农留守人口——反思发展主义的视角［M］．北京：社会科学文献出版社，2015（8）：47-55.

［252］邬志辉．农村教育不能一味城镇化——对农村义务教育学校布局调整的思考［N］．中国教育报，2012-9-21（8）.

［253］吴丰华，于重阳．易地移民搬迁的历史演进与理论逻辑［J］．西北大学学报（哲学社会科学版），2018（5）：113-121.

［254］吴光芸，万洋．中国农村土地流转政策变迁的制度逻辑——基于历史制度主义的分析［J］．青海社会科学，2019（1）：86-94.

［255］吴瑞君，曾明星．人口迁移流动对城乡社会发展的影响［J］．人民论坛，2013（4）：10-12.

［256］吴瑞君，朱宝树．中国人口的非均衡分布与“胡焕庸线”的稳定性［J］．中国人口科学，2016（1）：14-24.

［257］吴涛，彭道黎，谢晨，黄东，袁梅，彭伟．退耕还林政策10年评价——退耕还林工程社会经济效益监测大学生农户问卷调查总报告［J］．经济研究参考，2011（67）：11-37.

［258］吴文庆，王立勇．我国水利基础设施现状、问题与对策［J］．宏观经济管理，2011（11）：36-38.

［259］向晶，钟甫宁．农村人口转移、工业化和城镇化［J］．农业经济问题，2018（12）：51-56.

［260］肖冬连．中国二元社会结构形成的历史考察［J］．中共党史研究，2005（1）：21-31.

［261］肖金成，刘保奎．改革开放40年中国城镇化40年回顾与展望［J］．宏观经济研究，2018（12）：18-30.

［262］肖绮芳，张换兆．日本城市化、农地制度与农民社会保障制度关联分析［J］．亚太经济，2008（3）：64-68.

［263］肖祎平，杨艳琳，宋彦．中国城市化质量综合评价及其时空特征［J］．中国人口·资源与环境，2018（9）：112-122.

［264］谢先全，晏路明．福建城市化类型的数值划分［J］．地域研究与开发，2004（1）：21-24.

［265］谢晓仪，李月臣，曾喧．重庆地形起伏度及其与人口、经济的相关性研究［J］．资源开发与市场，2014（6）：656-659.

［266］谢永飞，段成荣，郭静．离土不离乡农民工的基本状况研究——基于2010年全国人口普查数据的分析［J］．南方人口，2013（3）：73-80.

［267］邢春冰．教育扩展、迁移与城乡教育差距——以大学扩招为例［J］．经济学（季刊），2013（1）：207-232.

［268］熊汉富．空巢家庭：一个应当关注的老年群体——北京大学身边无子女家庭探析［J］．人口研究，1998（3）：51-53.

［269］徐辉，汪发元，黎东升．山区弱势留守人员问题研究［J］．安徽农业大学学报（社会科学版），2012（7）：76-79.

［270］徐杰舜．城乡融合：新农村建设的理论基石［J］．中国农业大学学报（社会科学版），2008（01）：61-67.

［271］徐勇．挣脱土地束缚之后的乡村困境及应对——农村人口流动与乡村治理的一项相关性分析［J］．华中师范大学学报（人文社会科学版），2000（02）：5-11.

［272］徐元明，高珊．城市化进程中的农民土地权益保障［J］．中国土地，2004（3）：31-34.

［273］徐增阳，甘霖．农民流动与村民自治——流出村和流入村的分析［J］．浙江师范大学学报（社会科学版），2006（3）：15-20.

［274］许高峰，王炜．论我国民营经济对区域经济建设与发展的作用——以苏南模式、温州模式、珠江模式为例［J］．天津大学学报（社会科学版），2010（6）：493-498.

［275］许学强，叶嘉安，张蓉．我国经济的全球化及其对城镇体系的影响．地理研究，1995，14（3）：1-13.

［276］薛凤旋，杨春．外资：发展中国家城市化的新动力：珠江三角洲个案研究．地理学报，1997（3）：193-206.

［277］薛俊侠．农村劳动力转移与农村就业结构的调整优化［J］．现代经济探讨，2004（02）：59-61.

［278］薛莹莹，沈茂英．成都市人口分布与区域经济协调发展研究［J］．西北人口，2009（2）：84-87.

［279］杨宏翔. 中心镇：新农村建设的发展极［J］．广西社会科学，2007（11）：5-8.

［280］杨剑，蒲英霞，秦贤宏，何一鸣．浙江省人口分布的空间格局及其时空演变［J］．中国人口·资源与环境，2010（3）：95-99.

［281］杨凌．调查表明农村留守劳动力年龄老化素质走低［N］．河南日报，2006-08-10（3）.

［282］杨妮，许倩，王艳．“老漂族”长期定居意愿研究——基于成功老龄化的框架［J］．人口与发展，2018（3）：43-54.

［283］杨忍，文琦，王成，等．新时代中国乡村振兴：探索与思考——乡村地理青年学者笔谈［J］．自然资源学报，2019（4）：890-910.

［284］杨淑琼，刘河元．“空巢村”农民主体缺位与农村劳动力转移［J］．农业现代化研究，2009（3）：325-328.

［285］杨苏，张佩琪．“老漂族”面临的政策瓶颈与突破路径——基于广州H社区的实证分析［J］．社会保障研究，2015（3）：10-14.

［286］杨卫安，邬志辉．城镇化背景下中国农村教育发展的路向选择［J］．社会科学战线（教育学），2015（10）：239-246.

［287］杨晓勇．合理分布山区人口促进山区经济发展——对大别山区人口、经济、生态发展的反思［J］．西北人口，1996（1）：19-22.

［288］姚上海．结构化理论视阈下农民工社会角色转型问题研究［J］．学术论坛，2010（8）：20-25.

［289］姚树洁，吴斌，宋林．中国贫困地区的“空巢村庄”：陕北农村迁移的案例研究［J］．当代经济科学，2010（7）.

［290］姚引妹．经济较发达地区农村空巢老人的养老问题——以浙江农村为例［J］．人口研究，2006（6）：38-46.

［291］伊藤善市．地域活性化の戦略-格差·集積·交流［M］．東京：有斐閣，1993.

［292］易文彬．村落城镇化类型及其发展趋势［J］．江西社会科学，2017（6）：223-229.

［293］易艳阳，周沛．城市“老漂”群体实态：一个副省级城市证据［J］．重庆社会科学，2016（12）：76-83.

［294］於泽泉．易地搬迁破解深度贫困的精准性及施策成效［J］．西北农林科技大学学报（社会科学版），2017，17（06）：9-17.

［295］于文静，王宇．不能把“弃地”作为进城落户条件［N］．解

放日报，2014-11-21.

［296］袁建新，郭彩琴．新型城镇化：内涵、本质及其认识价值——十八大报告解读［J］．苏州科技学院学报（社会科学版），2013（3）：17-23.

［297］原新，唐晓平．都市圈化：日本经验的借鉴和中国三大都市圈的发展［J］．求是，2008（02）：64-69.

［298］原新，王海宁，陈媛媛．大城市外来人口迁移行为影响因素分析［J］．人口学刊，2011（1）：59-66.

［299］张飞．增减挂钩对城乡统筹发展的影响机理与效应研究［J］．中州学刊，2016（8）：35-40.

［300］张好收．我国农田水利设施面临的问题及对策［J］．新乡学院学报，2011（5）：19-22.

［301］张建．异地城镇化存在的问题［J］．城乡建设，2013（3）：25.

［302］张恺悌．战后日本的国内人口迁移［J］．人口与经济，1987（1）：48-53.

［303］张路，杨光．“房产证上的爱情”——婚姻市场与家庭房产产权分布［J］．中国经济问题，2017（3）：17-28.

［304］张瑞娟．易地搬迁脱贫的实践经验与对策选择——以陕西省白河县仓上镇灯塔村为例［J］．中国发展观察，2015（Z1）：119-121+126.

［305］张善余．论人口合理再分布是山区脱贫开发的战略性措施［J］．人口与经济，1995（3）：3-9，22.

［306］张善余．世界大都市圈的人口发展及特征分析［J］．城市规划，2003（03）：37-42.

［307］张世兵，彭蝶飞，丰凤．“空巢村”治理与现代农业可持续发展研究［J］．农业现代化研究，2015（3）：181-187.

［308］张世兵，彭蝶飞．“空巢村”对现代农业的影响［J］．高等农业教育，2014（7）：101-106.

［309］张世兵，彭蝶飞．“空巢村”农民问题及新型农民培养路径——基于湖南省 5 县 10 村的实证研究［J］．湘潭大学学报（哲学社会科学版），2014（1）：85-88.

［310］张淑华，李海莹，刘芳．身份认同研究综述［J］．心理研究，2012（1）：21-27.

［311］张甜，朱宇，林李月．就地城镇化背景下回流农民工居住区位选择——以河南省永城市为例［J］．经济地理，2017（4）：84-91.

［312］张祥晶．区域在业人口疏密分异及与影响因素的联动模式——以浙江省为例［J］．社会科学论坛，2011（5）：230-235.

［313］张骁鸣，保继刚．旅游发展与乡村劳动力回流研究——以西递村为例［J］．地理科学，2009（3）：360-367.

［314］张学敏．离农分化、效用差序与承包地退出——基于豫、湘、渝 886 户农户调查的实证分析［J］．农业技术经济，2013（5）：44-52.

［315］张义，何晓杰．东北朝鲜族移民型“空巢村”的治理困境与路径选择［J］．边疆经济与文化，2011（7）：38-39.

［316］张益丰．土地流转、农业适度规模化及农户增收的多维度检视——基于三省 584 户农业经营户调研数据的实证研究［J］．经济学家，2016（04）：89-102.

［317］张云华．城镇化进程中要注重保护农民土地权益［J］．经济体制改革，2010（5）：87-92.

［318］张之峰，张永良，杨宏祥．论中心镇的功能与发展［J］．安徽农业科学，2005（8）：26-28.

［319］赵德起．中国农村地权让渡的理论探索与路径选择［J］．财经问题研究，2007（3）：74-80.

［320］赵双，李万莉．我国易地扶贫搬迁的困境与对策：一个文献综述［J］．社会保障研究，2016（02）：106-112.

［321］郑风田．加强农田水利建设刻不容缓——今年中央一号文件为何定位农田水利建设［J］．价格理论与实践，2011（1）：19-20.

［322］郑风田．我国农田水利建设的反思：问题、困境及出路［J］．湖南农业科学，2011（1）：1-7.

［323］郑杭生．五大挑战催生中国式“紧绷”——社会弹性与社会刚性的社会学分析［J］．人民论坛，2009（10）：14-18.

［324］郑艳婷，刘盛和，陈田．试论半城市化现象及其特征——以广东省东莞市为例［J］．地理研究，2003（6）：760-769.

［325］中国扶贫编辑部．生态与贫困加减法［J］．中国扶贫，2014（14）：1.

［326］中国科学院地理研究所．中国1：100万地貌制图规范（征求意见稿）．北京：科学出版社，1987.

［327］中国社会科学院工业经济研究所，日本总合研究所．现代日本经济事典［M］．北京：中国社会科学出版社；日本总研出版股份公司，1982.

［328］钟祥浩，刘淑珍．中国山地分类研究［J］．山地学报，2014（2）：129-140.

［329］周光霞，林乐芬，余吉祥．土地城市化、人口城市化与城市经济增长［J］．经济问题探索，2017（10）：97-105.

［330］周昊文．乡村振兴视域下村规民约的困境及出路探析［J］．学习论坛，2017（03）：80-85.

［331］周凯，宋兰旗．中国城乡融合制度变迁的动力机制研究［J］．当代经济研究，2014（12）：74-79.

［332］周蕾，熊礼阳，王一晴，周秀慧，杨莉．中国贫困县空间格局与地形的空间耦合关系［J］．经济地理，2017（10）：157-166.

［333］周楠．城镇化进程中“空巢村”的现象分析［D］．山西大学硕士论文，2012.6.

［334］周廷儒，施雅风，陈述彭．中国地形区划草案［J］//中华地理志编辑部编．中国自然区划草案［M］．北京：科学出版社，1956：21-56.

［335］周晓虹．流动与城市体验对中国农民现代性的影响——北京“浙江村”与温州一个农村社会的考察［J］．社会学研究，1998（5）：58-71.

［336］周祝平．中国农村人口空心化及其挑战［J］．人口研究，2008（2）：48-55.

［337］周祖根，严春松．人口分布与第三产业布局［J］．中国人口科学，1993（5）：52-54.

［338］朱进芳．实施乡村振兴战略需要防范的五个问题［J］．经济纵横，2019（3）：31-37.

［339］朱婷，何得桂．摆脱贫困：西部地区易地扶贫搬迁质量提升机制研究［J］．特区经济，2018（05）：43-46.

［340］朱宇．户籍制度改革与流动人口在流入地的居留意愿及其制约机制［J］．南方人口，2004（3）：21-28.

［341］朱云成，陈浩光．试论人口分布与经济发展的关系［J］．人口与经济，1983（1）：27-31.

［342］社团法人，日本经济调查协议会．转型期的日本（提案集）［M］．平成四年：544.

［343］邹英，向德平．易地扶贫搬迁贫困户市民化困境及其路径选择［J］．江苏行政学院学报，2017（2）：75-80.

［344］邹运房．论撤并麻雀学校与创建教育强市［J］．中国农村教育，2006（6）：72-74.

［345］左大康．现代地理学辞典［M］．北京：商务印书馆，1990：699.

# 后　记

本书是基于笔者所主持的国家社会科学基金项目“新型城镇化背景下多山地区‘空巢村’人口合理再分布问题研究”的成果修改而成的，同时由华东师范大学社会发展学院出版基金资助出版。笔者老家是江西赣南山城会昌县，生于斯，长于斯，对会昌特别是麻州镇的一草一木都非常熟悉和热爱。从孩提到青年时期的家乡记忆，尽管青涩，但非常美好，农村物质生活不甚丰富，但生活过得悠闲、自在和快乐，家乡深刻的记忆常常萦绕心头。

20世纪80年代初期，山村外出务工的人员很少，大部分家庭皆以种地为业，偶有部分劳动力在农闲时到附近地区务工，农忙时回到村里干活，这也是所谓的“离土不离乡”“进厂不进城”模式。当时，很多家庭在农忙时自觉结成互助组相互帮助，大部分互助组是邻居之间结成的，有的是亲戚之间结成的，劳动时大人、小孩一起上，场面非常热闹，颇有生产大队时的情景。尽管农忙比较劳累，但因人多快乐，也不觉得累。吃饭时大家在一起，也是一件非常开心的事情。到20世纪90年代中期以后，农村外出务工的人越来越多，山村也逐渐失去了往日的热闹，同时随着经济条件的改善，很多村民建起了新房，逐渐搬离了原来聚居的村落，旧村庄渐渐凋敝，失去了人气和活力。进入2000年后，大量农村人口涌入城市，经济不发达且多山的赣南地区更是受到了前所未有的冲击，有的村庄整村外迁，或剩下不愿意走的老人，或条件较差的住户。农村往日的热闹、繁荣再也难以找寻，笔者回到老家时，每每心中异样地感慨。当然，在农村城市化快速发展的过程中，“空巢村”的出现是一种普遍现象，也是必然的。但这一状况出现后，对农村及城镇而言，也产生了诸多的新问题，因此笔者本着对农村深厚的感情及较深入的了解，以此为选题并于2014年申请国家社会科学基金资助，以便更深入地研究多山地区“空巢村”的相关问题。

课题获得资助后，自2014年8月开始，笔者与课题组成员对赣州市会昌县城和麻州镇及其周围的8个乡进行了为期两年多的调研，对当地相关部门及很多村庄进行了实地考察，获取了丰富的一手资料，同时进行了分乡村与城镇的问卷调查，共获得有效问卷870份（户）。本研究的胜利完成，得益于课题组团队的精诚合作及其他诸多人员的可贵指导与帮助，谨以本著作的出版致以他们最真诚的谢意！

2014年8月，课题组对会昌县城及9乡镇进行了为期20多天的实地调研，时任会昌县总工会副主席的蔡超勇先生进行了全程陪同，烈日当空，夏日炎炎，蔡主席带领我们一路跋山涉水，还义务为课题组联系调研人员及处理相关事宜，事务繁杂、辛苦，他不辞辛劳、毫无怨言，为此非常感谢他！在交通出行、调研协调等方面，麻州中学教师刘善有也提供了极大的帮助。还有，诸多县城政府部门及乡、镇、村等领导为本次调研也提供了诸多协助，如会昌县委农工部刘春斌主任、国土资源局张主任、农机局宋剑平副局长、人口计生委周文东主任（现为县审计局局长）及农业局刘达森局长等领导同志。在乡镇访谈及问卷调研中，特别要感谢时任永隆乡党委书记刘金祥、麻州镇镇长钟显根和党委办刘主任、中村乡乡长刘胜煌、富城乡党委书记郭东华、站塘乡党委书记吴泽民、洞头乡党委曾富有书记和刘志福副书记、右水乡党委书记杨志、高排乡宣传委员曾祥林和邓教导员、晓龙乡党委书记温旺东和组织委员廖建有等，感谢他们为本课题研究的进行提供无私的帮助和指导！

在2015—2019年，课题组人员陆续进行了多次典型“空巢村”实地考察，其间得到了麻州镇相关领导和被调研村委会人员的大力帮助，首先是麻州镇人大副主席曾冬盛先生，感谢他为典型村调研开展进行的人员推荐与联系工作。在进村入户调研中，特别要感谢时任前丰村支书陈福才、小围村主任陈万良、桃丰村主任邹长洪、坳背村支书曾宝林等的热情帮助，谢谢他们在百忙之中放下手中的重要工作为本课题调研做向导及进行重要数据的采集。另外，在“集村”和农村小学城镇化问题调研时，感谢麻州镇松岗崇集村住户曾流表和东红村小学校长邹振有的大力支持！在课题进行及报告构思、撰写过程中，感谢华东师范大学人口研究所各位前辈、同人桂世勋、朱宝树、丁金宏、吴瑞君、高向东、黄晨熹等教授的悉心指教及宝贵建议！在调研执行及数据处理方面也感谢笔者的几位研究生吴菲菲、张剑与王子林等同学的参与和辛勤付出。课题报告于2019年6月底递交国家社科办并于2020年2月正式结项，笔者对参与本课题评审的各位专家、学者表示衷心的感谢！

乡村城镇化、“空巢村”问题，涉及未来城镇的发展和乡村的振兴，是一个问题的两个方面。提升乡村城镇化水平，并非要否定乡村的振兴，反之亦然，这是一个各自具有重要选择性的问题。未来的城镇发展，也不是涓滴性漫射式发展，而是选择自然条件及发展基础和潜力好的城镇进行“多中心聚集”式发展，对乡村振兴而言，亦选择条件优越、历史文化积淀深厚的乡村进行挖潜、振兴，而对于没有发展潜力、人员大量流失真正意义上的“空巢村”，则实行撤并消亡或易地搬迁，这也是本研究中提出的一条“选择性振兴”路径。对于“空巢村”无论迁与不迁，均需解决的重要问题是“空巢村”人员的农地维系、留守儿童、老人的家庭照料、就学、安全及医疗、养老等服务问题。就当前而言，进行人口集中居住及构建服务社区，拓展市场化家庭服务，同时解决回流人口就业等问题，是未来更好解决“空巢村”问题的重要路径。

**曾明星**

**2021年2月20日于上海闵行嘉怡水岸**